21世纪普通高等院校系列教材

西华师范大学2018—2020年校级重点教改项目——
“教师资格制度背景下教师教育模式创新研究”（jgxmzd1）

# 教 育 学

# JIAOYUXUE

主 编 赵鹏程
副主编 石 娟 赵永勤

西南财经大学出版社
中国 · 成都

**图书在版编目(CIP)数据**

教育学/赵鹏程主编 .—成都:西南财经大学出版社,2020. 3
ISBN 978-7-5504-4267-2

Ⅰ.①教… Ⅱ.①赵… Ⅲ.①教育学—师资培训—教材 Ⅳ.①G40

中国版本图书馆 CIP 数据核字(2019)第 279681 号

**教育学**

主　编　赵鹏程
副主编　石　娟　赵永勤

策划编辑:李邓超
责任编辑:冯雪
助理编辑:陈何真璐　王青杰
封面设计:杨红鹰　张姗姗
责任印制:朱曼丽

| | |
|---|---|
| 出版发行 | 西南财经大学出版社(四川省成都市光华村街 55 号) |
| 网　址 | http://www.bookcj.com |
| 电子邮件 | bookcj@foxmail.com |
| 邮政编码 | 610074 |
| 电　话 | 028-87353785 |
| 照　排 | 四川胜翔数码印务设计有限公司 |
| 印　刷 | 郫县犀浦印刷厂 |
| 成品尺寸 | 185mm×260mm |
| 印　张 | 19. 75 |
| 字　数 | 464 千字 |
| 版　次 | 2020 年 3 月第 1 版 |
| 印　次 | 2020 年 3 月第 1 次印刷 |
| 印　数 | 1— 3000 册 |
| 书　号 | ISBN 978-7-5504-4267-2 |
| 定　价 | 39. 80 元 |

# ▶▶ 总序

为推进中国高等教育事业可持续发展，经国务院批准，教育部、财政部启动实施了“高等学校本科教学质量与教学改革工程”（下面简称“本科质量工程”），《国家中长期教育改革和发展规划纲要（2010—2020）》也强调全面实施“高等学校本科教学质量与教学改革工程”的重要性。这是落实“把高等教育的工作重点放在提高质量上”的战略部署，是在新时期实施的一项意义重大的本科教学改革举措。“本科质量工程”以提高高等学校本科教学质量为目标，以推进改革和实现优质资源共享为手段，按照“分类指导、鼓励特色、重在改革”的原则，对推进课程建设、优化专业结构、改革培养模式、提高培养质量发挥了重要的作用。为满足本科层次经济类、管理类教学改革与发展的需求，培养具有国际视野、批判精神、创新意识和精湛业务能力的高素质应用型和复合型人才，迫切需要普通本科院校经管类学院开展深度合作，加强信息交流。在此背景下，我们协调和组织部分高等院校特别是四川的高校，通过定期召开普通本科院校经济管理学院院长联席会议，就学术前沿、教育教学改革、人才培养、学科建设、师资建设和社会科学研究等方面的问题进行广泛交流、研讨和合作。

为了切实推进“本科质量工程”，2008 年的第一次联席会议将“精品课程、教材建设与资源共享”作为讨论、落实的重点。与会人员对普通本科的教材内容建设问题进行了深入探讨并认为，在高等教育进入大众化教育的新时期，各普通高校使用的教材与其分类人才培养模式脱节，除少数 985 高校定位于培养拔尖创新型和学术型人才外，大多数高校定位于培养复合型和应用型经管人才，而现有的经管类教材存在理论性较深、实践性不强、针对性不够等问题，需要编写一套满足复合型和应用型人才培养要求的高质量的普通本科教材，以促进人才培养和课程体系的合理构建，推动教学内容和教学方法的改革创新，形成指向明确、定位清晰和特色鲜明的课程体系，奋力推进经济管理类高等教育质量的稳步提高。与会人员一致认为，共同打造符合高教改革潮流、深刻把握普通本科教育内涵特征、满足教学需求的系列规划教材，非常必要。鉴于此，本编委会与西南财经大学出版社合作，组织了三十余所普通本科院校的经济学类、管理学类的学院教师共同编写本系列规划教材。

本系列规划教材编写的指导思想是：在适度的基础知识与理论体系覆盖下，针对普通本科院校学生的特点，夯实基础，强化实训。编写时，一是注重教材的科学性和前沿性，二是注重教材的基础性，三是注重教材的实践性，力争使本系列教材做到“教师易教、学生乐学、方便实用”。

本系列规划教材以立体化、系列化和精品化为特色。一是除纸质教材外，还建设课件、视频、案例、习题等数字化教学资源；二是力争做到“基础课横向广覆盖，专业课纵向成系统”；三是力争把每种教材都打造成精品，让多数教材能成为省级精品课教材、部分教材成为国家级精品课教材。

为了编好本系列教材，我们在西南财经大学出版社的协调下，经过多次磋商和讨论，成立了首届编委会。首届编委会主任委员由西华大学管理学院院长章道云教授担任。2017 年，由于相关学院院长职务变动，编委会的构成也做了相应调整。调整后的编委会由西南财经大学副校长张邦富教授任名誉主任，蒋远胜教授任主任，李成文教授、张华教授、周佩教授、赵鹏程教授、董洪清教授、傅江景教授任副主任，二十余所院校经济管理及相关学院院长或教授任编委会委员。

在编委会的组织、协调下，该系列教材由各院校具有丰富教学经验并有教授或副教授职称的教师担任主编，由各书主编拟订大纲，经编委会审核后再编写。同时，每一种教材均吸收多所院校的教师参加编写，以集众家之长。自 2008 年启动以来，经过近十年的打造，该系列现已出版公共基础、工商管理、财务与会计、旅游管理、电子商务、国际商务、专业实训、金融经济、综合类九大系列近百种教材。该系列教材出版后，社会反响好，师生认可度高。截至 2017 年年底，已有 30 多种图书获评四川省“十二五”规划教材，多个品种成为省级精品课程教材，教材在西南地区甚至全国普通高校的影响力也在不断增强。

当前，中国特色社会主义进入了新时代，我们要建设教育强国，习近平总书记在党的十九大报告中对高等教育提出明确要求，加快一流大学和一流学科（简称“双一流”）建设，实现高等教育内涵式发展。“双一流”建设的核心是提升学校自身的办学水平，关键是提高人才培养质量和学科建设水平，同时办学声誉得到国际社会的认可。为此，高等学校要更新教育思想观念，遵循教育教学规律，坚持内涵式发展，进一步深化本科人才培养模式改革。而教材是体现高校教学内容和方法的知识载体，是高等院校教学中最基本的工具，也是高校人才培养的基础，因此，高校必须加强教材建设。

为适应“双一流”建设的需要，全面提升高校人才培养质量，构建学术型人才和应用型人才分类、通识教育和专业教育结合的培养制度，满足普通本科院校教师和学生需求，需要对已出版的教材进行升级换代。一是结合教学需要对现有教材进行精心打造。具体而言，贯穿厚基础、重双创的理念，突出创新性、应用性、操作性的特色，反映新知识、新技术和新成果的学科前沿；利用数字技术平台，加快数字化教材建设，打造立体化的优质教学资源库，嵌入可供学生自主学习和个性化学习的网络资源模块。二是根据学科发展的需要，不断补充新的教材，特别是规划旅游类、实训类、应用型教材。

我们希望，通过编委会、主编和编写人员及使用教材的师生共同努力，将此系列教材打造成适应新时期普通本科院校需要的高质量教材。在此，我们对各经济管理学院领导的大力支持、各位作者的智力成果以及西南财经大学出版社员工的辛勤劳动表示衷心的感谢！

21 世纪普通高等院校系列教材编委会

2018 年 5 月

# ▶▶前言

加拿大学者马克斯·范梅南认为“教育学是迷恋他人成长的学问”。如何让教育活动变得令人迷恋是每一位教师需要学习与思考的问题。这一思考从职前教师教育阶段就开始，是职前教师培养的必备内容。职前教师通过教育知识的理论学习，树立坚定的教育信念与远大的教育理想，在实践中锻炼与提升教学能力。

教育学作为教师教育必修课程，是职前教师充实理论知识、提升教师专业素养的重要内容。本书是西华师范大学教师教育学院教师在长期的教育学教育教学实践基础上，依照《教师教育课程标准》《教师教育振兴行动计划（2018—2022年）》等文件精神，结合全国中小学教师资格考试改革政策，为更好地把职前教师培养成基础教育所需的合格师资而编写的。

为了便于读者的学习与理解，我们在编写体例与框架上做了尝试性的创新。第一，在体例上，每章章首有“学习导航”“思维导图”；每章以“教育瞭望”的形式导入，每节中含“名人名言”“案例分析”“知识考查”等模块，以对知识内容进行拓展与说明；章后有“理解与反思”“拓展阅读”。这种体例极大地提升了内容的丰富性、趣味性、可读性，有助于职前教师以教材为钥匙，在教师的引导和帮助下，构建合理的认知结构，开启自主学习之门。第二，在内容上，本书注重理论与实践的紧密结合，采用“教育瞭望”“名人名言”“案例分析”等形式，立足实际，灵活地呈现理论知识，将教育学理论知识与社会实践紧密结合，使职前教师在理论学习中对照实践，促进其实践性知识的养成。

本书由西华师范大学教师、教育学院院长赵鹏程教授担任主编，石娟、赵永勤担任副主编。编写组成员分工如下：总体框架设计由赵鹏程负责，修改与统稿工作由石娟、赵永勤负责；第一章导论由赵鹏程编写；第二章教育的产生与发展由朱芸莹、赵正编写；第三章教育目的由张丕芳编写；第四章教育功能由赵鹏程编写；第五章教育制度和第六章教师由殷洁编写；第七章学生由张丕芳编写；第八章课程由赵永勤编写；第九章课堂教学与课外活动由冯光伟编写；第十章学校德育由赵永勤编写；第十一章班级管理与班主任工作和第十二章教育评价由石娟编写。

本书的编写与出版得到了西南财经大学出版社的鼎力支持。在编写与出版过程中，编写组与西南财经大学出版社李邓超编辑多次沟通，在此特意对李邓超编辑的付出表示感谢！本书是站在前人的肩膀上编写而成的，在编写过程中，参考和吸收了同行专家的相关研究成果，在此向有关作者表示诚挚的谢意！

由于教师教育课程建设和改革始终处于不断探索和完善的过程之中，本书未能全方位、全面地兼顾所有的知识内容，加之编写团队水平所限，还存在诸多不足，恳请同行专家与广大读者批评指正，我们将虚心听取意见，以便不断改进与完善。

编者

2020 年 3 月

# 目录

# 第一章 导论

**■学习导航**

（1）了解教育内涵，理解教育活动的基本构成要素及其关系。(重点)

（2）识记教育学史上的代表人物，了解他们的代表作及学术观点，能够结合实际做出评价。(重点)

（3）正确认识教育学在教师教育中的地位和作用，初步形成教师教育专业必备的积极专业情感和态度。(难点)

（4）掌握学习教育学的方法。

**■思维导图**

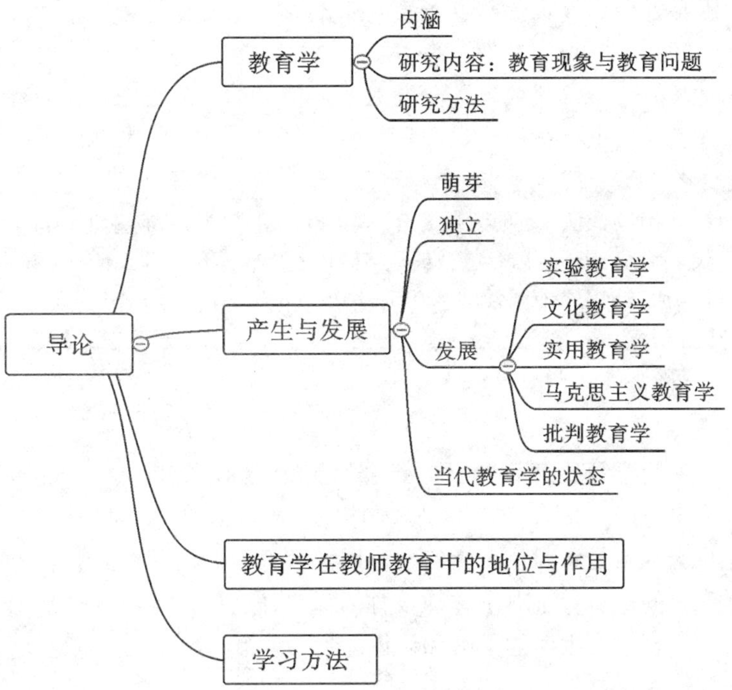

■教育瞭望

**浅谈孔子的为师之道——《论语》对现代教师的启迪**

孔子被称为“至圣先师”，他在学生的心目中是一位有威信的老师，这种威信更多地来源于他的德行。“颜渊喟然叹曰：‘仰之弥高，钻之弥坚，瞻之在前，忽焉在后。夫子循循然善诱人，博我以文，约我以礼，欲罢不能，既竭吾才，如有所立卓尔，虽欲从之，末由也已。’”足见孔子在学生眼中的形象之高大。孔子能取得这样高的评价，获得世人的尊敬，与他注重修养、自我完善是分不开的。孔子对自己有很高的要求，除了要求自己“终身向学”外，还极重视自己的道德修养。“子曰：‘德之不修，学之不讲，闻义不能徙，不善不能改，是吾忧也。’”由此可以看出孔子非常重视自己的德行。他认为一个人只有自己品德高尚才能去影响他人。教育者更应该注重自己的操守，以身作则，只有这样才能让学生信服，才能更好地实行自己的教育观。

现代教师也要时刻记住并践行孔子的教育思想。苏霍姆林斯基曾说过：“人的所有方面和特征的和谐，都是由某种主导的、首要的东西决定的，在这个和谐里起决定作用的、主导的成分就是道德。”“道德是照亮一切方面的光源。”这里强调的就是道德的作用。而教师的思想道德和行为操守对学生的成长有巨大的影响。“在培养学生道德品质和人格特性的过程中，教师不仅要指导学生掌握社会价值观念和行为规范，更要充当起示范者的角色，通过自己的一举一动，给学生提供活生生的榜样。”教师的职业特点决定了其在社会中应该是模范公民，教师在学生甚至公民心中的威望就来自他的道德和学识。“教师作为社会文化价值与道德准则的传递者，极易被学生看作代表和具有这些价值和准则的人。”因此，培养高尚的思想道德，提升自身的人格修养，不仅是教师发展的必行之路，更是作为人成长的必经之途。

总之，《论语》中孔子的“师道”思想是一种先进的教育观，对现代教师具有极高的借鉴意义。孔子的“师道”思想为我们确立了一个优秀教师的行为准则和应该具有的思想境界，也让我们看到了教师的快乐和价值。作为现代教师，我们要不断地从《论语》中汲取智慧，永远铭记“学高为师，德高为范”。

资料来源：张金萍. 浅谈孔子的为师之道：《论语》对现代教师的启迪［C］// 吉林市东方智慧教育咨询服务有限公司. 全国智慧型教师培养体系建构模式学术会议一等奖论文集. 吉林：吉林市东方智慧教育咨询服务有限公司，2016：1476-1482.

教育学作为一门学科，有着自己的研究对象、研究任务以及漫长的发展历史。教育学是从事教育事业的工作者，特别是教师以及未来的教师必须掌握的理论知识。因此，本章首先从教育学是一门什么样的学科以及教育学的研究对象和研究方法是什么、教育学是怎样产生的、教育学对于教师教育的重要性、如何学习教育学四个方面展开，帮助受教育者对教育学有大体的了解和认识。

# 第一节　教育学的研究对象和方法

学习和了解教育学是从事教育工作的必要需求。无论是从事教育学理论工作，还是从事教育学实践工作，只有全面地了解和认识教育，人们才能够将工作做得更好。那么，什么是教育？教育是由什么组成的呢？

## 一、教育的内涵、组成及其形态

### （一）“教育”的由来

“教”和“育”这两个字最早出现在我国的甲骨文中。在甲骨文中，“教”是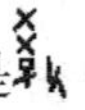=（爻，算筹）+（子，孩童）+（支，手持鞭子、棍杖），表示惩罚学子，监督学生作算术；“育”是=（人，指女人）+（倒写的“子”；，表示出生的婴儿），表示妇女生子。最早将“教”和“育”两个字结合在一起的是孟子。他提出：“得天下英才而教育之，三乐也。”在西方，“教育”一词来源于拉丁文“educare”，其本意是“引出，自潜在物中引发”[①]。中西方的教育含义侧重点不同：在中国，“教”和“育”的侧重点在于成人对孩子的管理和养育；西方的“教育”是对于孩子内在潜力的引导。

19 世纪末之前，“教育”一词在我国还很少出现，大部分人会用“教”和“育”来代替。一直到 20 世纪初，从日语转译过来了“教育”一词，将“教”和“育”合在一起的使用方式才慢慢被大家接受并运用。

### （二）教育是什么

对于“教育是什么”这一问题，不同人也有不同的立场和观点。例如，英国著名教育学家斯宾塞认为，教育是为完美的生活做准备；美国教育学家杜威提出“教育即生活，教育即学生个体经验的不断增长，教育即生长”；捷克的夸美纽斯认为，人只有受过恰当的教育后，才能成为真正的人。

美国教育哲学家根据教育定义的陈述方式将多种多样的教育定义划分为描述性定义、规定性定义和纲领性定义。描述性定义是指对被定义对象做适当描述并对如何使用对象做适当说明，如“教育是培养人的活动”。规定性定义是指作者自己所创造的定义。换句话来说，就是指不管别人是怎么定义的，我在自己的文章中表达了“我认为它是这样的”，并且自己下的定义可以让文章自圆其说。纲领性定义是一种关于定义对象应该是什么的界定，它指向实践，例如，“教育应该是有计划、有目的的活动”。

对教育最为常见的两种解释是：“广义的教育是指有目的性的对于人的知识、人的品德、人的体质产生塑造性的影响的活动，无论是否有组织。”“狭义的教育是指学校教育，这种专门将上一代的文化遗产和所累积的知识、价值和技能传递给下一代的活

① 李北达. 牛津现代高级英汉双解词典［M］. 香港：牛津大学出版社（中国），1984：378.

动。”[①] 总而言之，教育就是有目的、有意识地培养人的活动，这也是教育区别于其他现象的根本特征，同时也是教育的本质特征。

【知识考查】

教育的本质特征是（　　）。

A. 社会性　　B. 培养人　　C. 阶级性　　D. 生产性

答案：B





### （三）教育要素

作为促进人类发展和社会进步的实践活动，教育具有自己独立的社会系统。教育系统由“教育者”“受教育者”和“教育影响”三部分组成。这三者既相互独立又相互制约，构成一个完整的实践体系。在教育系统中，这三者缺一不可。

1. 教育者

因为教育有广义和狭义之分，所以教育者也是有广义和狭义之分的。按照教育的广义解释，一切能够增进人的知识和技能，影响人的思想品德发展的活动都能称为教育。那么，在生活中，任何对于人的知识、能力和品德等产生影响的人都是教育者。也就是说，在家庭教育中，父母就是教育者；在学校教育中，从事学校的教育管理工作的人以及专职教育人员就是教育者；在社会教育中，通过一定的活动或经验对于人的发展具有促进作用的人都是教育者。在狭义教育中，教育者专指教师。

真正意义上的教育者是指有明确意图或教育目的，能够通过自身的行为活动促进人的知识、技能和品德等发展的人。所以，教育者应该真正做到“学而不厌，诲人不倦”，在掌握专业知识和技能的同时，把握时代的变迁，探索时代精神；做到关心、爱护、尊重学生，促进学生全面发展和健康成长。因此教育者具有主体性、活动的目的性和社会性等基本特征[②]。

2. 受教育者

受教育者也有广义和狭义之分。

广义上的受教育者是指在各种教育活动中以学习为主要目的的人，包括在各级各类学校和组织中的学生、在家庭教育中的子女以及在社会教育中的受教育者。

狭义上的受教育者大多数是在校学习的儿童、少年和青年，但随着终身教育体系的发展，受教育者的范围扩大到成人甚至整个社会的人。同时，随着教学形式的变化，教育不再是之前以教师为中心的“填鸭式”“灌输式”教学模式，受教育者在教学过程中起着重要的作用。在教育过程中，受教育者是教育活动的主体，如果只有教育者的参与是达不到教育效果的。所以，受教育者应该充分发挥自己的自主性，将从教育者那里学到的知识、技能等内化成自己的知识、思想和才能等，构成自己的知识体系，从而完成学习任务，达到学习目标。

---

① 陈友松. 当代西方教育哲学［M］. 北京：教育科学出版社，1982：26.

② 袁世勋. 教育学新编［M］. 成都：西南交通大学出版社，2016：3.

3. 教育影响

教育影响即教育活动中教育者作用于受教育者的全部信息，既包括信息的内容，也包括信息选择、传递和反馈的形式，是形式与内容的统一①。教育影响是连接教育者和受教育者的中介和桥梁，是除了教育者和受教育者之外的一切的总和。

教育影响主要包括两个方面：第一，在内容上，教育影响包括教育内容、教育材料或教材；第二，在形式上，教育影响有教育方法、教育手段、教育组织形式等。

教育者、受教育者和教育影响既相互独立又相互依存，这三者并不是简单的相加，而是有机结合的整体。没有教育者，教育活动没办法开展，受教育者就得不到有效的指导；没有受教育者，就会失去教育的主体和实行的意义；没有教育影响，就好比“无源之水，无本之木”，再好的教育意图、发展方向也无法实现。所以，教育是通过以上三种组成要素的有机结合构成的一种社会实践活动系统。

**（四）教育形态**

教育形态是指以上三个基本要素所构成的教育系统在不同的时空背景下的变化形态，也是“教育”理念的历史实现②。从目前教育学的研究来看，教育形态的划分主要有：教育系统自身的标准；教育系统所依赖的运行场所或空间标准；教育系统所依赖的时间标准。从教育系统自身的标准出发，教育形态被划分为“非制度化的教育”和“制度化的教育”；从教育系统所依赖的场所或空间标准出发，教育形态被划分为“家庭教育”“学校教育”和“社会教育”；从教育系统所依赖的时间标准出发，教育形态被划分为“农业社会教育”“工业社会教育”与“信息社会教育”。

1. 非制度化的教育与制度化的教育

非制度化的教育是指没有独立形成教育形式的教育。这种教育没有从日常的生活、生产中脱离出来，更没有相对独立的社会机构和制度化行为。过去的学校教育就是非制度化的教育，直至现在这种教育依然存在。非制度化的教育追求“教育不应再限制于学校的围墙之中”。如库姆斯的非正规教育观念、伊里奇的“非学校化社会”理念、构建学习化社会的理念。

制度化的教育是相对于非制度化的教育而言的，是拥有专门的教育人员、组织机构和运行制度的教育形态。今天我们所谈的教育和相关的教育改革就是这种教育形态。

制度化的教育是人类教育文明的重要产物，它推动着人类文明的发展和社会的进步。但是，制度化教育也有不足之处。美国教育学家、非学校化运动的倡导者伊里奇指出：真正的教育是有创造性的，而现在所实行的制度化教育将人们限制了起来。他提倡“改造学校自身、打破学校在整个教育体系中的垄断地位、挖掘并发挥整个社会的教育潜质”③。面对不同的观点，我们应该辩证地看待问题，更加理智地看待它们之间的优点和缺点。



① 李帅军. 教育学［M］. 北京：北京师范大学出版社，2012：5.

② 全国十二所重点师范大学联合编写. 教育学基础［M］. 北京：教育科学出版社，2014：7.

③ 伊万·伊里奇. 去学校化社会［M］. 吴康宁，译. 汉英双语版. 北京：中国轻工业出版社，2017：3.

2. 家庭教育、学校教育和社会教育

以家庭为单位进行的教育活动叫作家庭教育；以学校为单位进行的教育活动叫作学校教育；以社会为单位进行的教育活动叫作社会教育。

在人类的历史长河中，家庭教育起着重要的作用，在很长一段时间里，家庭教育都是人类教育的最重要方式。对青少年而言，家庭教育是人生的第一课堂。很多的教育名著就是以家庭教育为背景而创作的，例如洛克的《教育漫话》。而在我国，"家学"文化的保存、发展和继承对我国的家庭教育起到了重要作用。《颜氏家训》是颜之推总结自己的经历和经验，用来训诫子孙的著作，这也是我国封建社会第一部系统的、完整的家庭教育教科书。现在，人们开始重新重视家庭教育，如何做到家庭教育和学校教育结合以促进学生更好发展也成为人们关注的热点。同时，随着科学技术的发展，"在家上学"也成为一种可能，但如何实现和规范实施还是一个值得研究的课题。

学校教育拥有自己的独特之处，它具有专门的组织机构、专门的教师人员、较充裕的教育经费、专业的教学模式、及时的反馈和评价机制等。学校教育是历史经验的结晶，在现代的教育形态中具有主导性。当然，现在的学校教育并不是十全十美的，如何改进学校教育，促进青少年更好的发展仍值得我们关注。

社会教育在原始社会时期就已经存在。原始社会，人们举行的各种仪式或宗教活动，都是具有社会教育意义的。社会教育又被划分为社会传统教育、社会制度教育和社会活动或事件教育等。社会传统教育是指一个社会的社会风尚对人们产生的教育影响；社会制度教育则是当下社会的政治、经济、文化等方面的制度对个体各方面素质的塑造；社会活动或事件教育是指人们通过各种社会经验获得的教育。

学校教育、家庭教育和社会教育各有各的特色，它们在教育体系中既相互独立，又相互作用，彼此密切联系，不可分割。随着社会的发展、教育观念的不断更新，学校教育、家庭教育和社会教育之间的关系变得更加密切，任意一种教育形式的失误都会影响受教育者的健康发展。所以，我们要充分利用好家庭教育、学校教育和社会教育的资源，更好地发挥各教育形态的优势，形成教育合力；同时，我们也要处理好家校合作、校校合作以及学校、家庭、社区之间的关系。这样才能够更好地建立终身教育体系和建设学习化社会。

3. 农业社会的教育、工业社会的教育和信息社会的教育

农业社会的教育、工业社会的教育和信息社会的教育形态的产生和变迁有着密切的关系，是适应不同的生产力发展阶段以及建立于其上的经济形态和生产关系变革的结果①。因此，看待这三种教育形态需要考虑其所处时代的生产力、经济形态以及上层建筑的特征。而且，农业社会的教育不等同于农业教育，工业社会的教育也不等同于工业教育，信息社会的教育更不等同于信息教育。前者是基本的教育形态，后者是专门的教育类型。更需要注意的是，这三种教育形态都是在前一种教育形态基础上建立的，是对前一种教育形态的批判、修正和重构，是一种历史的延续。关于这三种教育形态及其特征，我们会在下一章具体介绍。

---

① 全国十二所重点师范大学联合编写. 教育学基础［M］. 北京：教育科学出版社，2014：10.

【名人名言】

教育不能创造什么，但它能启发儿童的创造力以从事于创造工作。

——陶行知

## 二、教育学的研究对象

任何学科都有自己的研究对象。教育学是一门重要的学科，那么它的研究对象是什么呢？研究对象的科学性和准确性是衡量一门学科是否成熟的重要标志。毛泽东同志曾在《矛盾论》中写道："科学研究的区分，就是根据科学对象所具有的特殊的矛盾性。因此，对于某一现象的领域所特有的某一种矛盾的研究，就是构成某一科学的对象。"①

教育学所研究的对象就是我们前面介绍的人类特有的社会现象——教育。具体来说是研究教育问题、教育现象，揭示教育规律。当然，只有有价值的、能够引起社会关注的教育问题和教育现象才能构成教育的研究对象。

教育现象就是以研究人为主体内容的社会实践活动的外在表现形式。对教育现象有三个方面的规定：第一，教育现象是一种客观存在，是可感知、可认识的；第二，教育现象是各种形式、各种类型、各种模式的教育事实；第三，教育现象以教与学为主体。

规律是事物内部或事物之间的本质联系，是客观存在的、不以人的意志为转移的。关于教育的基本规律有两大类：一是教育和社会关系之间的规律，如教育与政治、经济、文化等方面的联系；二是教育和受教育者的身心发展关系之间的规律。当然，教育规律不只有这两类，但其他规律也是在这两类规律的基础上发展而来的。我们对于教育规律越了解，就越能够更好地促进教育事业和人的发展。因此，我们应该科学、实事求是地对待教育规律，在实践中合理运用它们。

【知识考查】

根据经验科学的标准，科学教育学的研究任务是（　　）。

A. 描述教育现象，揭示教育规律　　B. 揭示教育规律，确立教育理想

C. 揭示教育规律，规范教育行为　　D. 研究教育实践，解决教育问题

答案：A

## 三、教育学的研究方法

教育学的研究方法是通过某种途径，有组织、有计划、系统地进行教育研究和构建教育理论的方式。教育学的研究也和其他社会科学一样，应从研究马克思主义理论、历史和现状三个方面进行。马克思主义不仅为教育学研究提供了科学的研究论，而且教育学的科学研究还要以马克思主义教育思想为指导，从而获得分析和解决教育问题的方法。

① 毛泽东. 毛泽东选集［M］. 北京：人民出版社，1964：297.

目前，常见的教育学研究方法有以下几种：

1. 观察法

观察法是指研究者通过感官和辅助仪器，有目的、有计划化地对处于自然情况下的客观事物进行感知、观察，从而获得经验事实的一种研究方法。观察法在自然科学的研究中起到重要的作用。俄国著名的生理学家巴普洛夫的座右铭就是“观察、观察、再观察”。观察法的类型主要包括自然观察法和实验室观察法；参与式观察法和非参与式观察法；定量观察法和定性观察法；直接观察法和间接观察法等。

运用观察法获取实验资料的过程是一个复杂的操作过程，需要经历准备、实际观察、资料整理和分析三个阶段。观察法的具体步骤如下：

（1）观察的准备工作。

①明确研究问题、观察目的，确定观察对象和观察内容。比如，小学语文课师生间的课堂互动情况就可以作为研究问题进行探讨。研究者可以通过研究小学语文教师与学生之间的课堂互动情况，具体分析小学教师与学生在课堂的互动行为，分析不同程度下的师生互动情况对学生发展的影响，尝试建构良好的师生互动行为模式。这就是研究目的。研究对象就是某小学中某一名语文教师的某次课上的全体学生和这名教师之间的互动行为。明确了研究问题、研究目的和观察对象，还没有办法进行操作，我们还要将问题进一步分解细化。在这个例子里，研究内容是指师生间的互动行为事件。我们需要分析影响师生间互动行为的因素有哪些；互动的形式是什么；在互动频次上，谁更加主动；等等。我们可以将互动形式作为一个项目进行分析，分析通过提问、讨论和教师反馈的方式对师生互动进行统计。提问可以分为教师提问和学生提问两种，教师提问又可以分为集体提问和个人提问，分析师生间的提问频次就可以了解学生学习的主动性情况。讨论形式可以分为老师和个人、老师和小组以及老师和全班同学，针对他们的讨论频次、时长和讨论结果进行记录分析，了解学生在课堂中的活跃程度，了解学生对于教师所讲知识的理解情况。研究者通过分析教师对于学生回答问题的反馈，了解学生对于教师反馈情况的反应，寻找引导学生参与到课堂中，发挥学习自主性的方式。

②选择观察类型、方法和途径。观察者必须根据研究目的、观察目的的具体情况和观察条件等选择适合的观察类型、观察方法和观察途径。例如研究目的是理论证明，观察者就需要很多的定量资料，所以选用的观察类型就应该是定量的、结构的、封闭的。观察方法可以分为参与观察法和非参与观察法，在观察者有条件的情况下，可以参与到观察过程中与被观察者打成一片，这就是参与观察。而观察途径要根据观察者的自身情况进行选择，观察途径包括参与被观察者的各种活动、参观、访谈和实地参与考察等。

③设计实施方案。实施方案主要包括：研究课题；观察目的、任务；观察对象、范围（观察谁）；观察内容（需要哪些资料）；观察地点；观察的方法、手段（选择哪种观察方法、观察用什么仪器设备、设计记录表格等）；观察步骤与观察时间的安排（观察的次数、间隔时间、程序，每次观察持续的时间）；其他（包括组织、分工和有关要求）。一份好的实施方案需要先进行调查研究，甚至有些时候需要进行预观察，在得到初步经验之后再实施。实施方案在实施过程中也不是一成不变的，需要根据实际

情况不断调整与补充。

（2）实际观察。

观察者在实际观察前，要做好准备，与被观察者建立一种较和谐的关系，为能够更好地观察奠定基础。在观察中也要注意：灵活地执行观察计划；抓住观察重点；做好观察记录。在观察的过程中，观察者要做到仔细观察、认真倾听、询问细节、查看详情和思考反省相结合。

（3）观察资料的整理和分析。

在结束观察之后，观察者需要及时将记录下来的资料进行整理、分析。整理和分析观察资料分为以下四步：第一步，对资料的初步整理，是指对各部分的现场观察情况进行回忆，把每一部分的观察记录进行通读、调整，可以将之前记录模糊、不完整的部分补齐，保证资料的准确性和完整性；第二步，对资料的再次整理，将资料根据项目进行分类，然后再详细阅读资料，对观察资料进行编码；第三步，通过对整体事件的掌握，借助工具对资料进行分析和概念化处理；第四步，将资料和分析文件进行总结，写出观察报告。注意事项：首先，观察者所使用的资料必须是按照科学方法的程序获得；其次，如果资料是通过多种方式获得的，观察者必须要将观察所获得的资料与其他方法获得的资料做比较，发现问题可再次核实；最后，如果观察是以小组进行，观察者需要将资料进行对比，确保资料的准确性，若有差异，需要对具体情况进行核实。

2. 文献法

文献法是通过搜集、整理和分析教育文献，形成对教育的科学认知的方法。文献主要有第一手文献、原始文献、搜索性文献和参考性文献。

文献法的基本步骤有以下几步：

（1）提出课题或假设。

文献法是指对已有的理论、事实等，以及现有的文献进行重新分类或再次整理分析。提出课题或假设的前提就是研究者在对已有的文献进行深入了解之后，发现文献中的空白点、疑点，或者现有理论与当前事实存在矛盾或不相符的情况，又或者现在缺少对某一专门理论的研究。

（2）进行研究设计。

首先要设计研究目标。研究目标是指使用可以操作的定义方式，将课题、假设设计成具体的、可操作的、可重复的、可以解决专门问题并具有一定意义的文献研究活动[①]。例如，随着改革开放的不断深入，小学教育的课程内容也在不断改变，依据现在的事实和当前提倡的素质教育和创新教育思想，针对改革开放40年以来小学教育的课改内容的变化进行研究。于是，建立"搜索改革开放40年以来关于课改内容的专著和文章"，进行分析、整理、收纳和做出综述的研究目标。研究设计还要针对研究程序、研究人员、研究时间和经费等进行详细的设计和步骤规划。

（3）搜索文献。

首先，要确定自己的搜索方向，也就是明确研究课题的范围和性质。其次，要了

① 孟庆茂. 教育科学研究方法［M］. 北京：中央广播电视大学出版社，2013：83.

解可以通过哪些途径获得自己所需要的文献。最后，熟悉主要的文献索引和目录分类的方法和技能。搜索文献的策略一般是从宽到窄、从近到远、从易到难的路线。我们刚刚开始搜索文献时，可以同时查找相近、相关文献资料，将文献范围定得宽一些，在进行初步了解之后，再逐渐缩小搜索范围，最后将范围锁定在较核心的文献上，这样可以在研究者确定了基本方向之后，进一步明确具体的研究课题。

搜集文献的渠道有很多，主要有图书馆，档案馆，博物馆，社会、科学、教育事业单位或机构，学术会议和个人交往，计算机互联网等。

（4）整理文献。

整理文献是文献法的重要环节，包括对文献的阅读、记录、鉴别、分类处理和制作文献综述。

文献的阅读需要遵循有效的阅读原则和适当的阅读方法。阅读原则主要有计划性原则、顺序性原则、批判性原则和同时性原则。我们阅读文献时，要具有一定的计划性，才能够把握好阅读速度，保证按时完成任务；同时，也需按照一定的顺序，例如，先原文后综述，先一般后专业，先理论后应用，先书籍后文献，先近期后远期等。我们在阅读过程中，要保持批判性原则，多思考，不可人云亦云；同时，还要不断搜集新的文献来进行补充，这样才能够获得更有效的、更有价值的文献资料。阅读方法一般会分为浏览、粗读和精读三种。我们拿到文献，可以先通过粗略的浏览，对文献的内容、价值有个大体判断。粗读是了解文献的基本观点，获取文献中的主要事实和数据；我们要通过了解大量文献，了解学科、专业概貌，熟悉知名研究者的研究风格和研究方法，抓住某一争论的问题焦点、发展动向和最新成果。精读则是在粗读的基础上进行的，通过精读，我们不仅要全面地掌握文献的实质，挑选出对自己的研究最有价值的内容，还要不断地思考，发现问题并寻求解决问题的方法。

文献的记录是指将文献中对自己研究有价值的资料保存下来。我们可以在阅读时通过一些符号将文献中的重点、难点等标记出来，或在文献的空白处记下自己的见解；在对文献中的情报资料进行摘录时，不可断章取义，还应注明书名、文献的题目、作者姓名、版本、出版时间、期刊年号和期号等，以便日后查阅；若有需要，研究者要对于文献的观点、事实等进行概括，切不可随意发挥或曲解原意。

文献的鉴别主要是辨别文献的真假及质量高低。鉴别方法主要分为外审和内审。外审是对文献本身的鉴别，可以与同时期的同类出版物比较，看是否符合时代特点；或与作者的其他内容进行比较，分析其语言风格；分析文献的体例是否相符；分析文献中的前后基本观点、思想是否一致。内审是对文献内容的鉴别，主要是看文献中记载的事件是否与其他书籍记载的一致；或用真品实物来验证文献的真伪；或将文献中的记载与文献背景、作者生平事迹和思想进行对照。

完成了文献的鉴别，就进入了文献的整理环节。文献的整理就是将自己已经熟悉的、经过鉴别的文献进行创新性的分析、综合、比较、概括等思维加工的过程①。常见的整理方法有以下四种。

①归纳法：从文献记载的同类事实中归纳共同点或规律性的东西。

---

① 杨小薇. 教育研究的原理与方法［M］. 上海：华东师范大学出版社，2010：233.

②演绎法：根据文献资料和其他线索已经证实的事理，推导出与文献记载有关的结论。

③比较法：对已有文献记载的人物、事件、时间、地点等线索进行比较，确定某些事实。

④辩证分析法：对文献内容的历史发展、演变进程和相互之间的关系进行辩证分析，得出关于事实或原理的全面、系统的看法。

（5）进行文献综述。

将整理好的文献，针对某一学科或某一专题中的研究成果、问题和发展趋势等进行综述。

3. 调查法

调查法是指有目的、有计划、系统地对相关的教育历史状况和现状进行分析、搜集材料的方法。调查法可以分为全面调查、重点调查、抽样调查、个案调查等。调查的方法主要有观察、谈话、问卷等。

调查法的基本步骤分为以下四步。

（1）先确定调查研究的问题或课题，再根据研究问题确定研究对象。

研究问题或课题规定了研究方向和研究目的。根据研究方向和研究目的确定研究对象和研究地点，方便调查研究的开展。

（2）拟订调查计划。

调查计划包括调查的目的、对象，调查的范围、地点和时间，调查的方法、手段和步骤等。

（3）实施调查。

首先，调查开始前要编制并准备调查问卷、访谈提纲等；其次，要进行预调查，根据预调查的情况可以发现之前没有预料到的问题，并及时补充、修改访问提纲、调查问卷，调整工作计划。

（4）整理调查材料，撰写调查报告。

调查者根据搜集到的资料，通过科学的分析整理，挖掘调查资料中的本质特征。文字、图片资料可以通过质化分析，数字、图表等可以通过量化的科学分析进行研究，再通过分析出的结果得出结论，完成完整的调查报告。

4. 实验法

实验法是指研究者为验证某种结构对某种环境、控制某种条件而进行研究的方法。实验法分为等组实验法、单组实验法、循环实验法。变量有自变量、因变量、无关变量。

实验法的基本步骤有以下四步。

（1）实验前的准备工作。

进行实验之前要做好理论研习、方案设计、环境的选取和设计、设备和测量工具的准备等工作。理论是实验的基础，所以实验前一定要弄清楚实验中涉及的重要概念，分清课题中各种变量的关系，建立自己的实验理论框架。方案的设计要从实际出发，注意控制各方面的因素。

（2）实验方案的实施。

研究者要主要抓好对实验自变量和无关变量的控制，同时应正确使用实验和测量工具，尽可能保证实验的精确性和准确性。在实验开展过程中，研究者一般应严格按照实验方案进行，不得随意更改实验程序和措施。

（3）实验资料的搜集和整理。

实验过程中任何对检验假设有用的资料都要进行搜集。搜集时，要秉持客观、准确的原则。在记录实验资料时要认真，保证资料的可靠性。在分析和整理实验资料的基础上，将实验结构简明扼要地表达出来。

（4）实验结果的验证。

为确保实验结果的准确和可靠，研究者可以通过一些方法对实验结果进行验证。主要的验证方法有四种。第一种，从实验程序上检验，全面地考察整个实验过程，检查实验过程的各个环节。第二种，用实验系数进行检验①。第三种，与其他有关的已确定的有关定理、定论进行对照，若结果一致，则证明实验结果是可靠的，否则实验结果的准确性就值得怀疑。第四种，重新进行实验，若两次结果相符、差别不大，则证明实验结果是可靠的。

## 第二节　教育学的产生和发展

研究一门学科，了解它的产生和发展是必不可少的。教育学是人类社会的发展和人类社会实践经验的丰富的产物，是随着社会对于教育的需求日益增长产生和发展起来的。虽然关于教育方面的问题人类已经研究了上千年，但是教育学仅有二百多年的历史。教育学的产生和发展主要有以下几个阶段。

### 一、教育学的萌芽

教育学的萌芽期在奴隶社会和封建社会，之所以被认为是萌芽阶段，是因为人们在这一时期对于教育的认识主要停留在经验和习俗的水平，还没有系统的、理性的认识，大多数的教育思想和经验都零散地出现在他们的哲学、政治等著作中，没有形成完整的体系，也没有形成一门独立的学科②。因此，该时期又被称为“前教育学时期”。

在中国，教育学的萌芽时期的代表人物和代表作有：由孔子的弟子整理的论述孔子思想的《论语》；论述孟子思想的《孟子》；曾子的《大学》、子思的《中庸》、乐正克的《学记》等。《论语》中通过记载孔子和其弟子的问答，传递了孔子的教育思想及经验。如主张“有教无类”，广受弟子；实施因材施教、启发诱导，学以致用等。《孟子》讲求“四心”，“恻隐之心，人皆有之；羞恶之心，人皆有之；恭敬之心，人皆有之；是非之心，人皆有之”。大学以“三纲领，八条目”来指引教育目的和为人做事的目标。《中庸》是一篇思辨性极强的哲学类文章，要求学生能够做到“博学之，审问之，慎思之，明辨之，督学之”。《学记》是我国最早的，也是世界上最早的专门论述教育、教学问题的论著，被称为“教育学的雏形”，它倡导教学要“未发先豫”“长

---

① 李秉德. 教育科学研究方法［M］. 北京：人民教育出版社，1987：73.

② 袁世勋. 教育学新编［M］. 成都：西南交通大学出版社，2016：12.

善救失”等。

西方的教育先哲们如柏拉图、亚里士多德、昆体良等也有很多丰富的教育思想和经验。柏拉图的《理想国》不仅仅是哲学、政治学方面的著作，还是一部教育理论著作，它总结了当时雅典和斯巴达的教育思想，主要的教育目的是培养“哲学王”；亚里士多德被马克思认为是“古代最伟大的思想家”，他认为教育最终的目的是发展人的理智。昆体良的《论演说家的教育》又称为《雄辩术原理》，论述了儿童的教育问题，它是西方最早的教育著作。

虽然这些教育思想还没有从哲学、政治等分化出来，且关于教育的论述大多停留在表述经验方面，没有理性的分析和整理。但是，我们不得不承认这些教育思想都是深刻且精辟的论点，并且指导了当时的教育活动，为之后的教育发展产生了深远的影响。

**【名人名言】**

如果学习只在模仿，那么我们就不会有科学，就不会有技术。

——［苏联］玛克西姆·高尔基

## 二、教育学的独立

17 世纪以后，随着资本主义生产力的发展和社会的进步，教育也逐渐得以发展。这个时期的教育家们，开始撰写一些体系比较完整的教育著作，有关教育学的思考也开始从哲学和政治中脱离出来。同时，他们对于教育学的问题从描述性过渡到理论性的说明，使得教育学体系逐渐完整，渐渐成为一门较独立的学科。

英国科学家弗兰西斯·培根，在《论科学的价值和发展》一书中最早提出把教育学作为一门独立的学科。捷克著名的教育家夸美纽斯撰写的《大教学论》（1632 年）被认为是西方教育思想史上第一部教育学著作，他认为教育是“将一切事物教给一切人的艺术”，这本书代表着教育学独立形态的开始。德国哲学家康德最早在哥尼斯堡大学讲授教育学，他将教育学首次带入大学课程。德国的教育学家特普拉在哈勒大学担任教育学教授，成为历史上第一位教育学教授。他编写的《教育学研究》（1780 年）是第一本以教育学命名的著作，这标志着教育学学科的基本形成。德国的教育学家赫尔巴特更是创造了完整的教育体系，被称为“现代教育学之父”和“科学教育学的奠基人”。他的《普通教育学》（1806 年）被认为是第一本现代教育学著作，是教育学独立的标志。

独立形态的教育学，已经有了自己明确的研究对象、专业概念、专门的研究方法、研究机构和系统的教育著作。这一时期的教育学不仅形成了独立的体系，并且随着教育实践的发展、唯物主义哲学和其他各门科学的发展，人们对于教育现象产生了高度抽象的和更合乎规律的认识，教育学的理论化、科学化的水平得以提高，教育学逐步地从现实的描述走向理论的论证，从理论的类比走向科学的说明。但是，由于资产阶级的阶级性和世界观的局限性，人们对教育的一些根本问题的说明仍具有不科学性①。

① 南京师范大学教育系. 教育学［M］. 北京：人民教育出版社，2005：6.

**【知识考查】**

夸美纽斯的《大教学论》理论论证采取的主要的方法是（　　）。

哲学思辨　　B. 经验描述　　C. 自然类比　　D. 科学实验

答案：C





## 三、教育学的发展

随着心理学、社会学、伦理学等学科的发展，教育学不仅不断地从其他学科中吸取研究成果来丰富和充实自己，而且还开始借鉴其他科学的研究方法。由于研究方法的不同，教育学出现了很多不同的教育派和教育著作。这个时期，我们称为“教育学的发展时期”和“教育学的多样化时期”。

### （一）实验教育学

19 世纪末 20 世纪初，在欧美一些国家出现了一种以自然科学的实验法来研究儿童教育的理论，这种教育流派叫作“实验教育学”。他们的主要代表人物有梅伊曼和拉伊，梅伊曼首先将实验教育思想称为“实验教育学”，拉伊出版了《实验教育学》，具体阐述了实验教育学思想。

实验教育学的基本观点是：反对以赫尔巴特为代表的思辨教育学；提倡在教育研究中运用实验心理学的方法和成果，使教育研究更加科学化；建议将教育研究分为提出假设、进行试验和验证三个阶段；主张用实验、统计和比较的方法探究儿童心理发展过程的特点和智力发展水平[①]；认为运用实验数据才能够更加准确地进行教育改革和评价。

该理论通过运用定量的方法来研究教育，促进了教育的发展；但是，由于实证主义和自然研究方法的影响，实验教育学的研究方法也受到极大的限制。并且，在他们的观点中将定量研究方法看作唯一的研究教育的方法，这种观点是不可行的。

### （二）文化教育学

19 世纪末德国出现了文化教育学流派，其代表人物和代表作有：狄尔泰的《关于普遍妥当的教育学的可能》、斯普朗格的《教育与文化》、利特的《职业熏陶、专业教育、人的陶冶》等。

文化教育学的基本观点：人是一种文化的存在，人的历史是一种文化的历史。同时，教育是在一定的社会背景下进行的，所以教育过程应该是一种历史文化的过程。以此推理，适合教育的研究方法，应该是精神科学或者文化科学，也就是以理解或解释的方式进行；教育的目的就是要将促进社会历史进步的客观文化向个体的主观文化转变，将个体的主观世界引向博大的客观文化世界，培养完整的人格[②]；实现教育目的的主要途径是通过“陶冶”和“唤醒”构建良好的师生关系，发挥教师的主导性和学生的自主性。

---

① 袁世勋. 教育学新编［M］. 成都：西南交通大学出版社，2016：15.

② 全国十二所重点师范大学联合编写. 教育学基础［M］. 北京：教育科学出版社，2014：20.

文化教育学对于德国乃至世界20世纪的教育的发展，在教育的本质、教育目的、师生关系等方面产生深远影响。但是，文化教育学的思辨气息和哲学色彩过重，并且不能够很好地针对教育问题提出操作性的指导。它夸大了社会文化价值的相对性，忽略了客观规律①。

**（三）实用教育学**

19世纪末20年代初在美国出现了一种新的教育思潮，代表人物及代表著作是杜威的《民主主义与教育》、克伯屈的《设计教学法》。实用教育学也是在批判赫尔巴特的教育观点的基础上提出来的，特别是杜威的思想，对20世纪全世界的教育产生了深远的影响，是典型的“美国”教育学。

实用教育学的基本观点是：第一，教育和生活是一体的，教育不应该是为了以后的生活做准备；第二，教育是学生个体经验持续的增长；第三，学校即社会，儿童应该在学校学到社会中所需要的态度、知识、能力等；第四，教育不应该是以教师为中心，应该是以学生为中心；第五，教育应该通过实践活动开展，儿童在各种活动中获得经验从而达到教育的效果；第六，教师应注重对儿童的独立体验、发现能力的培养，尊重儿童的差异性②。

实用教育学是美国教育文化的体现，它推动了教育的发展；但是，它忽略了知识的系统学习以及教师在教育活动中的主导作用，模糊了学校的特质。

**（四）马克思主义教育学**

马克思主义教育学主要包括两个方面：一方面是马克思、恩格斯以及其他马克思主义作家们的教育思想；另一方面是针对马克思主义的基本原理对现代教育的发展和问题等的研究。主要代表人物和代表作有：克鲁普斯卡娅的《国民教育和民主主义》，这是第一部运用马克思主义观点对教育学和教育史进行论述的著作；苏联教育学家凯洛夫的《教育学》；杨贤江编写的我国第一部用马克思主义来阐述教育观点的著作。

马克思主义教育学的基本观点是：第一，教育是一种社会历史现象，在阶级社会里具有鲜明的阶级性，不存在脱离社会影响的教育；第二，教育起源于生产劳动，任何劳动方式和性质的变化都会影响教育形式和教育内容；第三，教育的根本目的是培养全面发展的人；第四，教育要和生产劳动相结合，是培养全面发展的人的唯一途径；第五，教育与社会的政治、经济、文化既相互独立，又相互制约，存在着一种相互作用的关系；第六，马克思主义唯物辩证法和历史唯物主义是教育科学研究的方法论基础③。

马克思主义的产生为教育学的发展奠定了科学的方法论基础，但由于我们有时理解和运用马克思主义理论不当，会犯一些简单化、机械化的错误，这是我们在学习和发展马克思主义的过程中应该注意的问题。



① 全国十二所重点师范大学联合编写. 教育学基础［M］. 北京：教育科学出版社，2014：20.
② 同①.
③ 薛晓阳. 教育原理与策略［M］. 镇江：江苏大学出版社，2016：11.

### （五）批判教育学

批判教育学是20世纪70年代之后兴起的一种教育学派，也是当前西方教育理论占主导地位的流派。主要代表人物和代表作品有：弗莱雷的《被压迫者教育学》、鲍尔斯与金蒂斯的《资本主义美国的学校教育》、布迪厄的《教育、社会和文化的再生产》等。

批判教育学的基本观点是当代资本主义社会的教育是维护现实社会的不公平和不公正的工具，它是造成社会差异、歧视和对立的根源。批判教育学流派的教育者们认为教育与社会是相对应的，有什么样的政治、经济和文化环境，就有什么样的学校教育机构，社会的政治意识形态、文化形态、经济结构都制约着学校教育的教育目的、教育内容等，学校教育在一定程度上是复制现有社会阶层的工具，若处于不利地位则难以在学校教育系统中获得成功①。然而，人们已经把社会的不公平和不公正现象看作自然的事实。批判教育学的目的就在于揭示这些不公平和不公正现象背后的利益关系，唤醒人们的意识。

批判教育学是通过实践批判的方式和态度，揭示现实生活中的利益关系，使教育从无意识的层面上升到有意识的层面。21世纪的批判教育学还在继续发展，对于批判教育学对西方教育和我国教育的影响，我们应该给予积极的关注。

**【案例分析】**

**批判教育学启发教育学整体认识**

国内学术界对批判教育学的关注既源于对理论的探索，也来自反思的需要。于伟表示：“中国教育经过几十年的发展，已经取得了相当的成就。与此同时，比照2020年中国教育改革提升质量、促进公平的目标，我们也要不断反思教育中存在的不公平等诸多问题。批判教育学是一个重要的工具和视角，对我们认识当前存在的教育问题有一定的启示和帮助。”

黄志成认为，批判教育学对我国教育改革、课程改革的启发意义深远。以师生关系为例，批判教育学认为，一个教学过程由教师和学生两方面组成，学校教学中教师和学生都是平等的，是双向的教育。但是我们现在的教育更多的是“教师对学生”，而不是“教师和学生”。

在课程方面，批判教育学反对将教材分割过细，提倡主题教学。黄志成告诉记者，主题教学是将很多学科的问题组合到一个课题中进行教学。例如，在教授“贫民窟”这个单词时，还要让学生思考，为什么会有贫民窟，是什么原因造成贫民窟卫生条件很差等更为深刻的问题，以启发学生开展调查和思考。他表示，这样的教学课程更具有启发性。

批判教育学认为，学习不只是学习知识，更重要的是认识社会。“促进批判思维的发展往往通过对话产生，让学生自己去讨论，而不是强迫学生学习。”黄志成说。在东北师范大学教育学部副教授周霖看来，当前国内有些审辩思维的研究，其

---

① 全国十二所重点师范大学联合编写. 教育学基础［M］. 北京：教育科学出版社，2014：21.

实就是批判性思维。他认为，中国的学生普遍在批判性思维方面很弱，这种思维的缺失，某种程度而言就是我们缺乏创造力、缺乏创新人才、缺乏创新型思维的重要原因。

批判性教育带给人们启发的不仅是对具体教学方法的思考，还有对教育本身的整体认识。于伟认为，现在国内有一种倾向，就是谈到美国教育就是如何好，那么美国教育存在什么问题？西方教育与阶层的固化和流动存在什么问题？批判理论会帮助我们对这些问题有更清醒的认识。

近年来，国内学者从不同学科角度介绍、讨论批判教育学的研究成果数量明显增多，总体而言，国内学术界对批判教育学的关注度呈上升趋势。有学者表示，期待未来批判教育学能给中国教育理论研究和实践带来更多启发。黄志成认为，批判教育学研究在国内尚未形成气候，整体而言还处于介绍认识的阶段。于伟也告诉记者，“当前国内专门从事批判教育学研究的学者和机构比较少。”从理论基础的角度而言，中国学者其实有不错的条件。于伟认为，中国有批判教育学的理论基础和情感基础。尽管当前还处于翻译和介绍外国研究成果的阶段，批判教育学中有利于研究中国教育现状的内容仍然需要学术界进一步探索。

资料来源：耿雪．批判教育学启发教育学整体认识［N］．中国社会科学报，2016-02-24（2）．

**请思考：**我们应该如何看待和处理批判教育学对我国的影响？

## 四、当代教育学的状况

随着科学的进步和时代的发展，教育学领域正不断出现新的成果，这也打开了新的教育世界的大门。当代教育学的具体特征有以下五个方面。

### （一）教育学研究的领域不断扩大

20世纪初，教育学的研究领域主要是学校教育，而且重点关注在学校教育过程中发现的问题。随着教育学的发展，当代教育学研究的重点已经从微观的教育教学过程扩展到宏观的教育规划，从教育的内部关系扩展到教育的外部关系，从基础教育扩展到高等教育，从正规教育扩展到非正规教育，从学校教育扩展到社会教育，从对正常儿童的教育扩展到对一些有特殊需要的儿童的教育，从儿童青少年的教育扩展到成人教育、老年教育等①。随着对教育学关注问题的不断扩展，教育学的研究领域正日益扩大。

### （二）教育学和其他学科高度融合，呈现方式多样化

随着对教育学研究的深入，仅仅依靠哲学和心理学的发展，已经不能够满足教育综合化发展的趋势。这种趋势导致教育学的研究基础进入了更加宽广的学科领域，如社会学、经济学、法学、人类学、管理学等。不同的人从不同的理论基础出发，形成不同的教育观和不一样的教育学研究模式，相互交流、取长补短，重现了教育史上百家争鸣的盛况。

① 李帅军．教育学［M］．北京：北京师范大学出版社，2012：14.

（三）教育学研究的学科分化和综合加深

20 世纪中叶以后，原来教育体系的“四大板块”已经发展成了教育学的主要分支学科，随着教育学研究基础和研究模式的多样化，教育学也迅速进行了学科分化。但是，在教育学高度分化的同时，又表现出高度综合的状态。这种综合模式表现在教育学的子学科与子学科之间、子学科与边缘学科之间又出现新的教育学知识点，例如课程哲学、教学技术学等。教育学目前已经形成了一种以教育学为中心、科目门类众多、内容丰富、较为完整并具有独特组织结构的学科体系，它呈现出的多层次、多类型、多形式的发展态势，深化了研究的问题，丰富了研究视野和学术观点之间的交流。

（四）教育学研究与教育实践的关系更加密切

传统的教育学研究是将自己定位为一种形而上学的研究，研究者对教育中存在的问题往往是从哲学和伦理学的角度出发提出自己的观点。当代的教育学更加注重在一定的时空背景下，教育在实践过程中存在哪些问题，问题产生的原因和应该如何解决这些问题。同时，当代教育实践的发展也需要教育理论的支持，为教育学更好地发展提供助力。一些当代的教育理论工作者也打破和教育实践工作者之间的隔膜，扭转了陌生和对立的局面，进行多种形式的接触、对话和交流。

（五）教育学加强了对自己的反思，形成了元教育学

教育学的发展离不开学者们对教育学自身的反思，其目的是检视教育研究活动的目的、性质、价值和知识等。元研究是反思某一学科的研究行为，而不是为了形成学科理论。因此，对教育学的反思研究，就形成了元教育学。元教育学的研究内容包括教育学研究对象的知识、逻辑起点的知识、发展史和历史分期的知识、知识陈述形式的知识、教育学理论和教育学实践关系的知识等。对元教育学的研究，极大地提高了教育学研究者的理论自觉性，提高了教育学理论的清晰度和科学性，为未来教育学的发展和教育变革产生巨大的作用。

## 第三节　教育学在教师教育中的地位与作用

教育学主要是研究如何培养人，如何促进人的进步和发展。教育学的发展离不开教育学的教育作用。教育学是教育体系中其他学科发展的前提。教育学服务的对象有职前教师、在职教师及对教育感兴趣的社会人员。本节重点讨论教育学对教师教育发挥的作用和教育学在教师教育课程体系中的学科地位。

### 一、教育学的教师教育价值

（一）教师教育中的教育学现状

首先，教育学的教育对象有四类：一是师范生，他们是未来的教师人选；二是教育专业的研究生，他们是正在学习教育学和研究教育的人，可能成为未来的教育学研究者；三是教育实践者，包括教师，从事教育的管理者和科研人员等；四是非教师职业的大众。然而，教育专业的研究生和教育实践者，在工作方面会有一定的交叉，所以，他们都可以被认为是教育实践者。

【名人名言】

在教师手里操着幼年人的命运，便操着民族和人类的命运。

——陶行知

随着教育的不断发展，教育实践者的教育越来越被大家重视。以前，教师教育是在入职前完成，除非教师想要继续提升学位，否则将不会再学习教育学。然而，时代在变，对教师的要求也在不断变化，教师不再是简单地掌握专业知识，还需要将个人的知识、理论以及意识投入到实践中。现在，学习教育学不再是单纯的应付教师考试和获得文凭的方式，它还具有改造教师精神生命的价值。

### （二）教育学在教师教育中的作用

教育学在教师教育的过程中有以下作用：第一，教育学可以帮助教师熟悉和掌握教育学知识，并培养教师自身对于教育学理论的态度、价值取向和价值判断等；同时，还可以帮助教师查找运用教育学知识过程中的空白和盲点。第二，激发教师对教育学的兴趣，让教育学融入教师的精神世界。第三，帮助教师更加深刻地认识到学生和教师自身发展，将生命感注入教育设计、教学和教学反思中。第四，打破教育理论与现实之间的隔阂，让教师加强对教育学价值的认识，灵活地转化教育理论和教育实践。第五，培养教师的教育眼光，可以用独特的立场和观点看待教育问题，并自觉地运用教育学知识解决日常遇到的问题。

通过对教育学知识的学习，教师获得了教育者应该拥有的智慧，也提升了自己的专业知识、专业能力和专业素质，在面对教育矛盾和冲突时，要善于抓住时机、按照实际形态及时做出抉择，力求达到最佳的教育效果①。

【知识考查】

班主任马老师常对学生说："先学做人后学做事，社会需要的是身体健康、和谐发展的建设者和接班人，而不是只会死读书的人"，这表明马老师具有（　　）。

A. 开拓创新的理念　　B. 素质教育的理念

C. 自主发展的意识　　D. 因材施教的意识

答案：B

## 二、教育学在教师教育课程体系中的学科地位

### （一）了解教师教育课程体系

教师教育课程有广义和狭义两种界定，广义的是指在教师从知识结构出发，把教师教育课程理解成培养一名教师所需的全部课程；狭义的教师教育课程仅仅包括心理学

① 叶澜. 教育学原理［M］. 北京：人民教育出版社，2018：51.

类课程或教育类专业课程[①]。课程体系是指在一定的教育价值理念下，将课程的各个构成因素加以排列组合，使各个课程在动态运行过程中统一指向专业培养目标实现的系统[②]。

### （二）教育学在教师教育体系中的学科地位



从古至今，教育学知识都是人类需要学习的重要知识。教师教育本身就是综合学科的教育，教育学与教师教育之间有着密切的联系。教育学从其他学科中分离出来成为独立的学科，同时师范学校建立，从此教育学成为师范教育的专业课程、教育学教育和研究的专业知识。在教师教育课程体系中，教育学占据最核心的位置，它将教师教育课程体系中的其他学科联系在了一起，通过学习教育学的知识将其他学科知识以一定的方式传授给学生，同时进行教学反思，提高教学效果。



在教师教育中，教育学知识不仅为教育实践提供了理论基础，并且在一定程度上拉近了教育科研和教育实践的距离，组建了一支可以克服学科课程教学论的专业教师队伍。随着教育学的不断发展，利用先进的教育学理念，我们调整、培养出越来越专业的学术型教育研究人才和实践型教师；同时，这些先进的教育学经验也为教师队伍的发展和教学科研、教育实践等提供了有效的保障。

**【案例分析】**

**教师教育专业化与教师教育课程改革**

体现教师教育专业特性的课程结构包括哪些内容？葛斯曼（P. L. Grossman）在《教学和教师教育百科全书》中认为，教师的知识结构体系可以包括这些方面的内容：①学科专业知识；②有关受教育者和学习的知识；③普通教育学知识；④课程理论知识；⑤教学情境知识；⑥关于自身的知识。学科专业知识主要包括学科内容和学科教学法；受教育者和学习的知识主要有学习理论，学生的生理、心理、认知和社会知识，激励的理论与实践，对学生种族、社会经济和性别差异性的了解；普通教育学知识包括课堂组织和管理、一般的教学方法；课程理论知识包括课程发展和学校各年级课程的基本知识；教学情景知识包括课堂、学校、家庭、国家或地区知识。关于自身的知识主要是对自己的价值观念、优点和缺点、教育哲学、学生的目标、教学目标等的了解。默雷和波特（Frank B. Murray and Andrew Porter）在《教师教育研究手册——建立职前教师的知识基础》一书中，认为教师教育专业课程需要考虑五个方面的问题：①学科内容；②普通知识和人文知识；③教育学科内容；④多元文化和国际方面的知识；⑤教师在教学科知识过程中的决策问题。巴农等（Thomas Barone，David C. Berliner，Jay Blanchard，Ursual Casanova，Thomas McGowan）在《教师教育研究手册》中对未来的教师教育专业进行分析时指出，未来的教师教育主要从五个方面着手：①构建一种解释性课程的教育理念；②掌握教学方法；

① 刘建银，于兴国．我国教师教育课程设置改革的新进展与分析［J］．课程·教材·教法，2010，30（2）：83-87，108.

② 文进荣．教师继续教育课程体系研究［J］．教育与职业，2015（3）：91-92.

③理解一般的教育学基础；④对多元文化学生群体的敏感；⑤理解信息技术。我国有学者认为，作为教育研究者或学科教师应具有三方面的知识或技能：①学科专业知识；②教育学专业知识；③教育实践技能。

资料来源：黄葳. 教师教育专业化与教师教育课程改革［J］. 课程·教材·教法，2002（1）：64-67.

**请思考：**如何改善师范专业教育类课程体系的构建？

# 第四节　教育学的学习方法

## 一、关注教育现实是学习教育学的最佳方法

教育与生产劳动和生活密切相关，教育的本质属性就是培养人。然而，每个人的生活经历不同，其对教育活动的认识和理解也就不同。所以，想要学习和了解教育学，光靠学习理论知识是远远不够的。我们还需要受教育者关注教育现实——不只关注自己的教育生活、教育经验和教育环境，还要关注社会教育问题，了解各种教育现象。社会制约着教育的发展，社会思潮、风气和各种现象也会对教育产生影响。想要更好地理解教育学知识，我们应该时常运用学过的理论对社会问题、现象进行分析，保持对于现实问题的敏感，经常与其他研究者交流，不人云亦云，才能对教育问题和教育现象有更深刻的理解，更好地将理论知识运用到实际之中。

**【知识考查】**

被毛泽东称为“伟大的人民教育家”的陶行知提出的主要教育主张是（　　）。

A. 因材施教　　B. 遵循自然　　C. 教学做合一　　D. 官能训练

答案：C

## 二、思考和反思日常的教育经验

孔子曰：“学而不思则罔，思而不学则殆。”思，就是思考和反思。只有学思结合，才能达到良好的学习效果。学习就是接受直接经验和间接经验的过程，学习教育学也是同样的道理。首先，我们要不断地反思和总结自己的教育经验，经常和他人交流、分享，将这些教育经验总结成独特的教育体系，将个体的经验演变成社会的经验，促进教育学的发展。其次，仅仅依靠分析自身和周围人的教育经验是不够的。想要拓宽自己的眼界，我们还要积极搜集相关案例，分析典型的教育案例，理性地思考其中的知识和价值，针对自己的特点取其精华去其糟粕，完善自己的教育体系。最后，教育是社会的一个子系统，与我们生活的方方面面都有着联系，要从社会的其他经验中吸取好的经验，善于思考和启发，不要将教育变成一座孤岛。

【名人名言】

教育不是灌输，而是点燃火焰！

——苏格拉底

## 三、读书吸取前人的经验和教训

现在的教育学经过了时间的磨砺，教育知识经历了前人的不断传承和选择。教育经验除了可以总结自身的直接经验，还有间接经验——前人的知识和经验。学习教育学知识最便捷的方式就是读书。我们要多熟悉教育名著，了解理论研究和实践成果，熟悉和了解中西方教育学家的生平、当时的时代背景、重要思想等，加深对教育学发展背景的理解。读书的目的不仅是了解前人的思想和成果，还要分析前人是如何发现、分析和解决教育问题，把握教育思维的特性和方式，在他人的成果中吸取适合自己的方式、方法。读书就像是站在巨人的肩膀上摘取果实，会让我们有更多的收获。

## 四、在研究中学习，总结学习成果

理论与实践、学习和研究是分不开的。我们在课堂中学到的知识、看到的著作、听到的教育经验都不是自己的。想要将外来的、他人的知识转换成自己的知识，就需要静下心来思考、整理和总结，写一些心得体会、提要说明或者思路等。教育理论是为教育实际服务的，理论联系实际是学好教育学的关键。到教育机构进行见习、实习，访问优秀教师，开展社区、家庭的教育调查，尝试设计和组织一些教育活动、做一些教育小实验，对一个或几个学生进行观察研究以及参加各种有关的专业活动等，都能有效地提高自己的教育理论修养和从事教育工作的能力，帮助我们更好地吸收知识。同时，学习教育学还要有研究精神，我们要善于发现问题、分析问题和解决问题，并做好总结，只有这样才能不断进步，帮助我们成为合格的教师。

【案例分析】

**学习策略和学习方法、学习技巧**

学习策略不等于学习方法和学习技巧。学习方法和学习技巧是受教育者为了解决学习问题或为了使学习过程更为有效而采取的某些具体做法或手段。学习策略除了包括学习方法和学习技巧以外，还包括诸如受教育者对学习内容和学习过程本身的认识，受教育者对学习目标和学习过程的宏观调控和计划，受教育者在使用语言时所采取的弥补性或辅助性的手段等多方面的内容。学习策略既包括宏观的调控、计划等过程，也包括微观（具体 ）的做法或技巧。

因此，从概念的外延来看，学习策略和学习方法、学习技巧的关系，前者是上位概念，后者是下位概念。从概念的内涵来看，学习策略是对学习方法和技巧的选择和使用，是对学习方法和技巧的认识和理解。学习策略可以指受教育者在语言输入、储存和输出过程中使用的策略，还可以指受教育者在语言学习过程中控制和调整自己的情感、态度、动机等方面的策略。

资料来源：钱玉莲. 第二语言学习策略论析［J］. 南京师大学报（社会科学版），2006（5）：152-155.

**请思考**：学习策略、学习方法和学习技巧的区别？

## 理解与反思

1. 如何理解教育这一概念？
2. 论述教育的组成要素及各要素之间的关系。
3. 简述教育学产生和发展各阶段的基本特征。
4. 简述教育学的教师教育价值。
5. “有的教师没有学过教育学，教育效果同样很棒，还被评为教育先进工作者，所以没有必要学习教育学。”请简单评析这个观点。

## 拓展阅读


［1］叶澜. 教育研究方法论初探［M］. 上海：上海教育出版社，1999.

［2］柳海民. 教育学原理［M］. 北京：高等教育出版社，2011.

［3］毕诚. 中外教育名著评介［M］. 济南：山东教育出版社，1992.

［4］王道俊. 教育学［M］. 北京：人民教育出版社，2009.

［5］陈永明. 现代教师论［M］. 上海：上海教育出版社，1999.

# 第二章 教育的产生与发展

■**学习导航**

（1）了解教育的起源与产生。

（2）理解农业社会的教育、工业社会的教育和信息社会的教育。(重点)

（3）掌握世界教育发展的趋势。(难点)

■**思维导图**

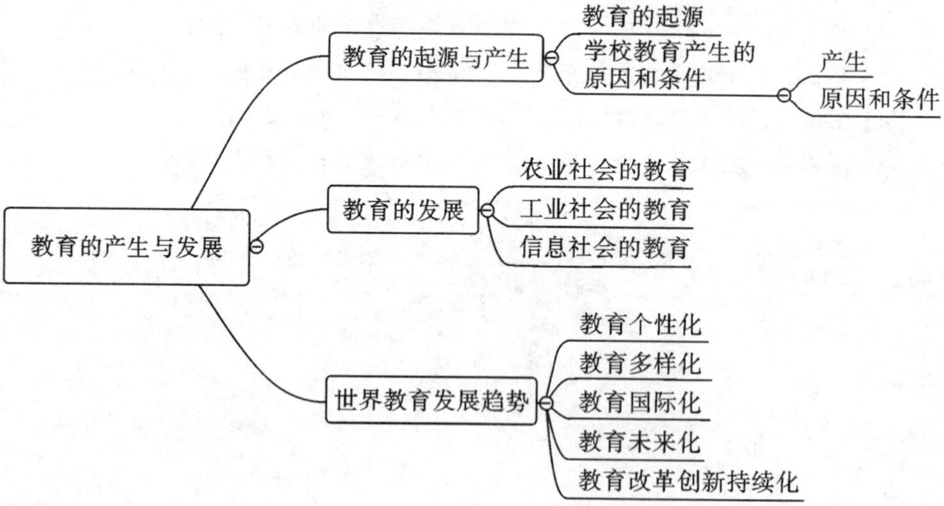

**■教育瞭望**

**国家教育事业发展"十三五"规划摘录**

从教育领域看，当今的世界教育正在发生革命性变化。确保包容、公平和有质量的教育，促进全民享有终身学习机会，成为世界教育发展的新目标。教育与经济社会发展的结合更加紧密，以受教育者为中心，注重能力培养，促进人的全面发展，全民学习、终身学习、个性化学习的理念日益深入人心。教育模式、形态、内容和学习方式正在发生深刻变革，教育治理呈现出多方合作、广泛参与的特点。要清醒地看到，我国教育改革发展虽然取得了显著成就，但尚不能完全适应人的全面发展和经济社会发展需要，仍存在一些突出问题，主要表现为：科学的教育理念尚未牢固确立，促进学生全面发展的育人模式与环境有待完善，产教融合、科教融合的协同培养机制尚未形成，对学生创新创业能力的培养有待加强；教育发展还存在不平衡、不协调的问题，城乡、区域之间教育差距仍较大，优质教育资源总量不足、布局不合理，学前教育、职业教育、继续教育仍是教育体系中的突出短板，人才培养的类型、层次和学科专业结构与社会需求不够契合；教师队伍素质和结构不能适应提升质量与促进公平的新要求；学校办学活力不强，促进和规范社会力量参与举办教育的法律制度和政策体系亟待完善，多方参与教育治理和评价的体制机制还不健全；教育对外开放的水平不够高；教育优先发展地位需进一步巩固。

人才成就未来，教育成就梦想。人才和人力是国家最大的资源，今天培养的人才将是实现第二个百年奋斗目标的主力军，教育必须承担起实现中华民族伟大复兴中国梦赋予的历史使命，毫不动摇地坚持中国特色社会主义教育发展道路，不断深化对中国特色社会主义教育发展规律的认识，树立科学的教育发展观、质量观、人才观，以更加奋发有为的精神状态和踏石留印、抓铁有痕的工作作风，勇于实践，善于创新，不断实现改革新突破，迈上发展新台阶。

资料来源：国务院. 国务院关于印发国家教育事业发展"十三五"规划的通知［EB/OL］.(2017-01-19)［2019-10-10］. http://www.gov.cn/zhengce/content/2017-01/19content_5161341.htm.

任何事物都有其产生、发展和变化的过程，教育也是如此。教育伴随着人类社会的产生而产生，同时也随着社会的发展而不断发展变化。在不同的社会历史阶段，教育呈现出不同的性质与特点。教育作为一种社会现象、一种实践活动，广泛地存在于人类社会之中，是生活中不可或缺的部分，对人和社会的发展至关重要，与人类社会共始终。了解教育的产生与发展，有助于我们树立正确的教育观，以客观理性的态度去理解和掌握教育的本质和规律，从而更好地指导教育实践活动。

## 第一节　教育的起源与产生

教育在人类社会发展中的地位和作用毋庸置疑，需科学地挖掘、探讨教育的起源与产生，把握教育的本质以及与其他社会现象的根本区别。

## 一、教育的起源

教育的起源问题不仅是教育史研究中的范畴，也是教育学研究中的一个重要问题。关于教育的起源，因涉及自然环境、社会环境等诸多因素，颇受教育研究者的关注，研究至今形成了各种不同的理论观点和主张。在教育史上关于教育的起源问题主要有以下六种观点：教育的神话起源论、教育的生物起源论、教育的心理起源论、教育的劳动起源论、教育的需要起源论和教育的交往起源论。

### （一）教育的神话起源论

教育的神话起源论是人类关于教育起源的最古老的观点。这种观点认为，世间的万事万物都是由神或上天创造出来的，教育也不例外，教育的目的是体现神或上天的意志，使人皈依于神或顺从于天。比如神话故事之女娲造人，相传女娲以泥土仿照自己抟土造人，创造并构建人类社会。我国儒学集大成者，宋代著名的理学家、思想家、哲学家、教育家、诗人朱熹所持的就是神话起源论观点，他在《〈大学章句〉序》中有所提及，“盖自天降生民，则既莫不与之以仁义礼智之性。然其气质之禀或不能齐。是以不能皆有以知其性之所有而全之也。一有聪明睿智、能尽其性者出于其间。则天必命之以为亿兆之君师，使之治而教之，以复其性。此伏羲、神农、黄帝、尧、舜所以继天立极，而司徒之职、典乐之官所由设也”①。意思是上天创造人类以来，就赋予了每个人的仁、义、礼、智的本性。但是人与人之间的资质禀赋存在差异，因此并不是每个人都能够生来就知晓自己应具备的本性并加以保全它。如果在民众中有聪明睿智并且能充分展其本性的人出现，上天必会赋予他使命，让他担任众人的领袖，治理并教育他们，以恢复人们应有的善良理智本性。这就是伏羲、神农、黄帝、尧、舜承受天命成为君师的缘由，同时也是司徒、典乐等官职之所以设立的原因。神话起源论的产生，主要是因为当时人类认识世界受到自然与自身认识水平的局限，把一些不能解释的自然现象或社会现象归结于神，因而这种教育起源的观点是缺乏科学依据的。

### （二）教育的生物起源论

教育的生物起源论是第一个正式提出的有关教育起源的学说。生物起源论的代表人物有法国哲学家、社会学家勒图尔诺（Charls Letourneau，1831—1902）、英国著名的教育理论家，英国进步主义教育运动的理论代表托马斯·沛西·能（Thomas Percy Nunn，1870—1944）等。勒图尔诺在《各人种的教育演化》一书中认为，教育起源于动物界中各类动物的生存本能活动，在人类出现之前就产生了，并非人类所特有的社会现象。“动物尤其是略为高等的动物，完全同人类一样，生来就有一种由遗传而得到的潜在的教育，其效果见诸个体的发展过程。”② 他通过观察动物描述了动物界的教育现象，把老猫教小猫捕鼠、母鸭带雏鸭游水和母熊教幼熊等动物对小动物的爱护和照顾等本能活动都理解为是一种教育行为，甚至认为在昆虫界也有教师和学生。勒图尔诺从生物学的观点出发，把动物界生存竞争和天性本能看成教育起源和存在的基础，

① 朱熹. 四书章句集注［M］. 武汉：长江出版社，2016：2.

② 勒图尔诺. 教育的起源［M］// 瞿葆奎. 教育学文集·教育与教育学. 北京：人民教育出版社，1993：158.

"人类教育的进行与动物的教育差别不大，在低等的人种中进行的教育，与许多动物对其孩子进行的教育甚至相差无几"①。而整个人类教育是在动物教育活动基础上的改善与发展。为适应环境，能够独立生存，动物基于生存与繁衍本能地将自己的"经验""知识"和"技巧"传给小动物的行为，便是教育的最初形式与发端。沛西·能在其主要教育著作《教育原理》一书中，进一步阐发了该观点。1923 年，他在不列颠协会教育科学组大会上指出："教育从它的起源来说是一个生物学的过程，不仅一切人类社会有教育，不管这个社会如何原始，甚至在高等动物中也有低级形式的教育。我之所以把教育称之为生物学的过程，意思就是说，教育是与种族需要、种族生活相应的、天生的，而不是获得的表现形式，教育既无须周密的考虑使它产生，也无须科学予以指导，它是扎根于本能的不可避免的行为。"②勒图尔诺和沛西·能受到达尔文生物进化论的影响，共同认为教育是一种生物现象，较之神话起源论来说无疑是一种进步，它标志着在教育起源问题上开始从神话解释转向科学解释。但其根本错误在于把教育的起源解释为动物的本能行为，将动物的本能活动等同于人类的教育，未能区分出人的教育与动物本能行为之间的本质区别，抹杀了教育的社会性和目的性。

**【知识考查】**

无视人和动物的根本区别，认为在动物界也有教育，这种观点的根本错误在于否认了人类社会教育的（　　）。

A. 永恒性　　B. 目的性　　C. 生产性　　D. 阶级性

答案：B

### （三）教育的心理起源论

美国教育家孟禄（Paul Monroe，1869—1947）从心理学角度出发，认为人是有心理活动的，从而批判了教育的生物起源论，提出了教育的心理起源论。他在《教育史教科书》（*A Text-Book in the History of Education*）中认为，原始社会没有学校、教师和教材，教育只能通过无意识的模仿，教育产生于儿童对成人简单的、无意识的模仿。儿童对成人的模仿是教育的基础，是教育最初的形式和手段。"原始社会以最简单的形式展现它的教育，然而教育的过程在这早期阶段，也具有教育在高度发展阶段所展现出来的所有基本特征。"③ 孟禄的心理起源论将教育的产生问题简单化了，忽视了社会需要以及人的心理与动物心理之间的本质区别，但心理起源论较生物起源论的合理之处在于把教育限定在人类的社会活动范围之内。然而教育不等于模仿，幼童也会出现模仿行为，不能把人类的全部教育活动视为无意识状态下产生的模仿行为，模仿仅可作为教育的途径之一。生物起源学说和心理起源学说的错误都在于孤立地看待教育现象，否定了教育的意识性、目的性和社会属性，将动物的天性本能、儿童的无意识模

① 勒图尔诺. 教育的起源［M］// 翟葆奎. 教育学文集·教育与教育学. 北京：人民教育出版社，1993：177.

② 沛西·能. 教育原理［M］. 北京：人民教育出版社，1992：38.

③ 孟禄. 原始教育：一种非进取性的适应的教育［M］// 翟葆奎. 教育学文集·教育与教育学. 北京：人民教育出版社，1993：178.

仿与教育混为一谈。从神话起源论到生物起源论，再到心理起源论，具有一定的历史进步意义，但未能揭示教育起源的社会原因。教育既不是一种生物现象，也不是一种心理现象，而是一种社会现象。





【知识考查】

孟禄认为“全部教育都归之于儿童对成人的无意识模仿”，这种观点是教育起源论中的（　　）。

A. 生物起源论　B. 交往起源论　C. 心理起源论　D. 劳动起源论

答案：C

**（四）教育的劳动起源论**

教育的劳动起源论也称为教育的社会起源论，其代表人物主要是苏联的米定斯基、伊·安·凯洛夫（N. A. Kaiipob，1893—1978）等教育史学家和教育学家。该观点是在批判生物起源论和心理起源论的基础上，根据劳动创造人的基本思想而形成的理论。弗里德里希·恩格斯（Friedrich Engels，1820—1895）在《劳动在从猿到人转变过程中的作用》一文中指出：“劳动是整个人类生活的第一个基本条件，而且达到这样的程度，以致我们在某种意义上不得不说：劳动创造了人本身。”①苏联教育家米定斯基在《世界教育史》一书中指出：“只有从恩格斯的‘劳动创造人类本身’这个著名原则出发，才能了解教育的起源，教育也是在劳动过程中产生出来的。”②人们在集体生产劳动和社会生活过程中逐步积累了一些经验，语言和思维也得到相应的发展，这就有必要和可能教育后代怎样制造和使用劳动工具，怎样团结互助进行集体采集和狩猎活动，怎样同毒蛇猛兽及自然灾害做斗争，以保证社会生产的进行和集体生活的安全，于是产生了原始状态的教育，在劳动和生活实践中培养后代③。教育的劳动起源论于20世纪50年代初传入我国，持这一观点的学者很多，成为我国教育起源论的主导观点，并产生了很大影响。这种观点认为先有了人类社会才有了教育，教育是人类社会所特有的一种社会现象，是人类祖先发展和进化到一定阶段的产物。人与动物的本质区别在于人能够制造和使用生产工具从事生产劳动，生产劳动是人类最基本的实践活动。最原始和最基本的教育形式是生产劳动过程中的口耳相传和简单模仿，教育起源于劳动或劳动过程中所产生的需要，从其产生之日起教育便担负着传递社会生产和生活经验的职能。它克服了生物起源说和心理起源说在教育社会属性上的缺陷，揭示了教育的社会性以及推动人类教育起源的直接动因。教育的劳动起源论为我们提供了理解教育起源和教育性质的一把“金钥匙”④。

**（五）教育的需要起源论**

从20世纪80年代初开始，随着对教育本质问题的深入研究，研究者们对“教育

① 中共中央马克思恩格斯列宁斯大林著作编译局. 马克思恩格斯选集（第三卷）［M］. 北京：人民出版社，1972：508.

② 米定斯基. 世界教育史［M］. 叶文雄，译. 北京：生活·读书·新知三联书店，1950：5.

③ 王炳照，郭齐家，等. 简明中国教育史［M］. 北京：北京师范大学出版社，1987：2.

④ 全国十二所重点师范大学联合编写. 教育学基础［M］. 北京：教育科学出版社，2008：11.

起源于劳动”的观点提出了质疑，并提出了一些关于教育起源问题的新观点。他们认为，教育起源于适应和满足人类社会生活和人类自身发展的需要。教育与劳动并不是主从关系，两者同属于人类生产所必需的实践活动。教育不仅能传递劳动经验，还可以传递人类社会生活发展所需的其他经验，比如道德规范、行为准则、风俗习惯等同样需要通过教育活动来传授给下一代，而这些内容至少不全部属于劳动的范畴。劳动生产物，而教育生产社会化的人，需要起源论是劳动起源论的逻辑延展。毛礼锐在《中国教育通史》（第一卷）中提到“教育起源于社会生产和生活的需要。对教育这种社会活动的起源，只能从人类社会生产和生活中去寻求，尤其要从最基本的、决定其他一切社会活动的社会生产中去寻求。人类社会生产和生活，在其进行与发展过程中，所产生的需要是多方面的，教育就是其中的一项重大需要。”①教育是一种工具，在某种社会条件之下，是帮助人类经营社会生活的一种工具②。杨贤江在《教育史 ABC》和《新教育大纲》中独立地提出了他的论断：“自有人生，便有教育”③。教育只是一件“日用品”，是与社会的生活过程、物质的生产关系有密切联系的。教育的发生就只根据当时当地的人民实际生活的需要，是帮助人们生活的一种手段④。需要是人类社会生活中所存在的一切现象的动因和根由。教育起源于社会生活的需要是指起源于社会群体传递、传播文化于个体和个体社会化这两个方面的共同需要⑤。孙培青在《中国教育史》中提出，“教育不仅是社会一切实践活动的需要，而且是人类自身生产的需要。根据原始人群时期教育产生的史实，人类社会特有的教育活动是起源于人类适应社会生活的需要和人类自身身心发展的需要”⑥。

教育的需要起源论认识到了教育与社会生活需要之间的联系，以及教育起源于生活、人类和社会的需要。但是，教育的起源与教育和生活之间的关系是不同的，这种理论未将两者加以区分。

### （六）教育的交往起源论

叶澜认为，教育的形态起源于人与人之间的交往，在一定意义上，教育是人类一种特殊的交往活动。交往总是由双方组成，交往总包含着内容，交往也需要有一定的媒介。“交往”与“教育”之间的关系，是一般与特殊的关系⑦。尽管人类社会最初的交往活动大多是在劳动中进行的，但教育的起源不是生产劳动，教育是人与人之间的相互作用，而生产劳动是人与物之间的相互作用。交往是人类社会性的集中体现，具备了教育原型的基本条件。但是，交往本身并不等同于教育，交往只是蕴含着产生教育的要素。“一旦交往的作用被人类意识到，并将此转化为以影响新生一代生长为直接目的的特殊活动，交往活动的一方就转化为教育者，另一方则转化为受教育者。当这类特殊交往逐渐形成较为固定的内容和较为固定的教学关系时，教育活动就演化而生

① 毛礼锐，沈灌群. 中国教育通史（第一卷）[M]. 济南：山东教育出版，2005：2-3.
② 钱亦石. 现代教育原理（全一册）[M]. 上海：中华书局，1949：22.
③ 孙培青，郑登云. 杨贤江教育思想研究 [M]. 上海：华东师范大学出版社，1989：50.
④ 杨贤江. 新教育大纲 [M]. 北京：人民教育出版社，1961：6.
⑤ 胡德海. 论教育起源于人类社会生活的需要 [J]. 西北师大学报（社会科学版），1995（5）：70-76.
⑥ 孙培青. 中国教育史 [M]. 上海：华东师范大学出版社，2008：2-3.
⑦ 叶澜. 教育概论 [M]. 北京：人民教育出版社，2006：42.

了"[1]。郑金洲认为，交往起源说与其他诸说的不同之处在于，它强调对教育起源的研究，不能只停留在从历史唯物主义原理出发进行演绎推理、满足于认识一般的水平上，而力求通过特殊来验证、丰富理论。抛开其有关教育起源见解的正确与否不论，单就这种研究的方法论而言，无疑是应该肯定的[2]。



除上述六种观点之外，还有研究者提出"古猿教育说""超生物经验的传递和交流说""家庭起源说"等观点。研究者们从不同的立场、观点，用不同的方法阐明教育起源的问题，可谓是仁者见仁，智者见智。现在对于教育起源仍然没有形成公认的最终结论，而是多种观点并存。每一种观点的提出在当时都有其一定的理论依据和思考角度。教育起源不仅仅是一个教育问题，也是社会发展史问题，还需要用多学科的视角来综合分析，有待进一步深入研究。



【名人名言】

得天下英才而教育之。

——孟子

## 二、学校教育产生的原因和条件

生产力的发展，促进了社会形态的变更，教育得以发展，产生了学校教育。教育是与人类社会同时出现的一种社会现象，学校则是人类社会和教育发展到一定历史阶段的产物。学校的出现，标志着专门性教育机构的建立，具有了独特的社会功能。学校教育的出现是教育发展史上一个划时代的变化，极大地促进了人类教育文明的进步。

### （一）学校教育的产生

对学校教育出现的时代，研究者们有着不同的观点。一般认为，成为独立运行的社会实践活动的学校教育，是在奴隶社会时期产生的。但是，若要追溯其根源，会发现原始社会末期就有了学校的萌芽。部分西方和苏联学者认为学校在原始社会末期便已经出现。苏联教育史家沙巴也娃根据人类学的相关资料，认为"青年之家"是原始社会全体成员的儿童都在里面受教育的一种原始社会制度的特殊机构。学校在文字出现的时候才产生，而"青年之家"在文化史上的前文字时期就已经存在了[3]。但该观点主要是推断而来的，因此，尚不足以作为确定的事实。当时的教育机构可以看作学校教育的萌芽，但还不是学校。据可查证的资料，人类最早的学校出现在公元前 2500 年左右，世界历史上第一个进入奴隶社会的国家埃及。在我国，一般认为正式的学校产生于奴隶制国家建立以后的夏朝，出现了当时称为"庠""序""校"等的专门教育场所。孟子曾说："设为庠序学校以教之。庠者，养也；校者，教也。序者，射也。夏曰

---

① 叶澜. 新编教育学教程［M］. 上海：华东师范大学出版社，1991：31-32.

② 郑金洲. 教育起源研究十七年［C］//中国地方教育史志研究会. 纪念《教育史研究》创刊二十周年论文集（1）：教育史学理论及史学史研究，2009：87.

③ 沙巴也娃. 论教育起源和学校产生的问题［M］// 瞿葆奎. 教育学文集 · 教育与教育学. 北京：人民教育出版社，1993：125.

校，殷曰序，周曰庠；学则三代共之，皆所以明人伦也。”[①]商代有大学、小学、瞽宗。大学也称作右学，与瞽宗同属于大学性质。西周时期，有国学和乡学，设在王都的小学、大学总称为国学。乡学则有家塾、党庠、州序、乡校等不同的地方学校。在国外，进入奴隶社会后也出现了各种各样的学校，如古埃及的宫廷学校、职官学校、僧侣学校和文士学校等，还有古希腊雅典的文法学校、弦琴学校和体操学校等。随着生产力的发展，到了封建社会，教育也得到了进一步发展，学校体制趋于完备。在我国春秋时期官学逐渐衰废，私学兴起，与官学并存；秦朝对文字进行了整理和统一。汉代设立太学，是中央官学的开始，意味着以经学教育为基本内容的中国封建教育制度正式确立[②]。隋唐时期学校种类繁多，科举考试制度产生于隋，书院产生于唐。在宋代，“四书”（《大学》《中庸》《孟子》《论语》）和“五经”（《诗经》《尚书》《礼记》《周易》《春秋》）成为学校教育的基本内容。在国外，中世纪就出现了教会教育和骑士教育。教会教育的内容是“七艺”：文法、修辞、辩证法、算数、几何、天文、音乐。骑士教育的内容是“骑士七艺”：骑马、游泳、打猎、击剑、投枪、弈棋、吟诗。到了公元 12 至 13 世纪，由于手工业和商业的发展，又出现了行会学校和商人子弟学校，后来合并为城市学校。

奴隶制社会政治、经济、文化的发展，有了对学校教育的社会需要以及满足这种需要的条件。学校的产生，标志着教育已从生产劳动和社会生活中分离出来而成为相对独立的社会活动。

**【知识考查】**

据可查证的史料记载，世界上最早的学校出现在（　　）。

A. 原始社会　　B. 奴隶社会　　C. 封建社会　　D. 资本主义社会

答案：B

### （二）学校教育产生的原因和条件

1. 社会经济因素：生产力水平提高，社会剩余产品出现

社会生产力水平的提高，为学校教育的产生提供了物质基础。生产力的日益发展为社会提供了相当数量的剩余产品，剩余产品的出现使一部分人从物质生产劳动中脱离出来，脑力劳动和体力劳动开始出现分离。社会事务日渐复杂，需要专门的人员进行管理。系统地整理并总结人类各种经验活动的知识分子，之后逐渐演变为一种专门和固定的职业。“巫”“史”“卜”“贞”等就是我国最早脱离生产的知识分子。古希腊哲学家亚里士多德（Aristotle，公元前 384—前 322）曾提出自由教育。自由教育是只适合于“自由人”（奴隶主贵族）的教育，即既以受教育者具有闲暇为前提，又以受教育者充分利用闲暇为手段，让受教育者充分利用闲暇探索高深的纯理论知识，以获得智慧和提升道德修养。在当时社会中，“自由人”是少数，因此自由教育只是少数人独享的一种特权教育。亚里士多德认为自由教育同职业训练截然不同，自由教育高尚，

① 孟子. 孟子［M］. 牧语，译注. 南昌：江西人民出版社，2017：108.

② 孙培青. 中国教育史［M］. 上海：华东师范大学出版社，2008：109.

而职业训练卑下，它有损智力的发展，各种行业的实际操作是奴隶们的事务。

2. 社会政治因素：阶级社会和国家的产生

在脑力劳动与体力劳动分工的基础上，社会出现了阶级和国家，占统治地位的奴隶主阶级为维护本阶级的利益和巩固政权，借助国家机器管理被统治的奴隶阶级，强化对被统治阶级的思想统治，因此他们迫切需要专门的教育机构来培养官吏和知识分子，这便有了设立专门学校教育的必要性。比如古埃及的学校，其学校类型分为宫廷学校、职官学校、僧侣学校和文士学校，宫廷学校教育皇族后代和贵族子弟，结业后成为文士的后备人才，委任为官吏。职官学校又称政府机关学校，是官办的并且具有职业教育性质，主要用来训练实用人才。僧侣学校也称寺庙学校，是培训祭司或僧侣的学校机构。文士学校又称为书吏学校，主要培养文士，都是为培养统治阶级服务的专门人才而设立的。

3. 社会文化因素：文字的产生使得记载传递经验和知识成为可能

学校教育的产生除了社会经济和政治因素之外，还有社会文化发展的因素。文字的创造和产生，有助于丰富生产经验和文化知识并让其得以保存传递，人类进入文明时代。至今所能看到的世界上最早的文字有苏美尔人创造的楔形文字、古埃及的象形文字和我国的甲骨文等。随着社会的发展，知识积累到一定的程度，有声语言受空间和时间的限制已不能满足人类发展的需要，文字的应运而生使口头语言与书面语言出现分化。人类在社会生活中积累了一定数量的生产劳动经验和社会生活经验，对知识文化不可能全部通过日常实践活动来进行教育，这就需要建立专门的学校教育，通过语言文字进行文化传递，使新生一代系统地学习和接受人类社会所积累的经验。文字是学校教育的重要手段，社会逐渐出现了专门学习文字及书写的学校，掌握文字成为学校教育最基础的任务之一。如古埃及的文士学校、中国西周的小学、古希腊雅典的文法学校，古罗马共和时期的初等教育和中等教育等。

从以上分析中可以得出，学校教育的出现是社会经济、政治和文化发展的必然结果。

**【名人名言】**

致天下之治者在人才，成天下之才者在教化，教化之所本者在学校。

——胡瑗《松滋县学记》

## 第二节　教育的发展

从生产力发展的角度来看，人类社会可划分为农业社会、工业社会和信息社会三个阶段。社会的发展制约和影响着教育的发展，教育从农业社会发展到信息社会，在不同的历史发展阶段，教育有不同的时代特点和变化。

## 一、农业社会的教育

农业社会又称为传统社会，是以农业生产为主导经济的社会。四大文明古国古埃及（位于北非，今埃及）、古巴比伦（位于西亚，今伊拉克）、古印度（位于南亚，地域范围包括今印度、巴基斯坦等国）和中国（位于东亚，今中华人民共和国）均诞生于农业社会时期，因大河流域和平原土壤肥沃，农业取得长足发展，促进了文明的产生。但社会分工不发达，分化程度低。社会各阶级阶层之间壁垒森严，教育权利为少数统治阶层所享有。农业社会是一种封闭的教育，农业社会的教育主要呈现出以下特点。

### （一）学校产生并缓慢发展，成为教育的主要形态

原始社会是一个漫长的历史阶段，是人类第一个社会形态。原始社会的教育没有阶级性，每一位社会成员都有受教育的权利，教育机会平等。由于原始社会的生产力发展水平低，教育主要是为生产劳动服务，而且是在整个社会生活、生产劳动中进行，并没有专门的教育机构和教育人员。原始社会的教育形式、教育手段和方法都极为简单，主要靠模仿和年长一代的言传身教。教育的产生是人类社会生活的需要，学校的产生是教育发展的需要。随着生产力的发展和社会生产水平提高，产生了阶级社会和国家。文字的出现和文化知识的积累，为学校教育产生创造了条件，学校教育应运而生。学校在农业社会中产生，是人类教育文明发展一个质的飞跃。社会出现剩余产品，在体脑分工的基础上，有专人从事文化教育活动，便有了专门的教育和受教育。教育内容偏重人文知识，古希腊、古罗马的学校中主要的教学科目是“七艺”。在西方，到了文艺复兴时期，课程内容主要是古典文学、诗歌和艺术等。我国古代学校教育的主要内容是要求学生掌握的六种基本才能——“六艺”（礼、乐、射、御、书、数）。到了封建社会，学校教育的主要内容为“四书”和“五经”。教学方法是死记硬背，单一灌输，甚至还有体罚、棍棒教育。教学组织形式上采用的是以个别教学为主。总体来说，学校教育在当时的社会背景下逐渐发展和兴盛，但由于社会生产力水平的制约，学校教育制度相对来说还不够完善。

### （二）学校教育具有严格的等级性和鲜明的阶级性

随着社会的发展，剩余产品和生产资料被统治阶层所垄断，学校教育是为统治阶级服务的工具，而学校是为其培养人才的场所。学校教育具有严格的等级性和鲜明的阶级性，这不仅体现在教育权和受教育权方面，还体现在教育制度、教育目的、教育内容和教育方法等方面。被统治阶级的子弟只能在社会生产和生活中接受自然形态的教育，即使在统治阶级内，对于入学和接受何种教育同样有着严格的规定。学在官府是我国西周教育的显著特点，也是我国奴隶社会教育制度的重要特征。在唐朝，关于入学资格有严格的等级规定，国子学、太学、四门学分别面向三品、五品、七品以上的官僚子弟，律学、书学、算学则面向八品以下的子弟及庶人。宋初仅设国子监，学生名额很少，并且只收七品以上官员子弟。在古希腊，斯巴达教育的目的是培养忠于统治阶级的强悍军人和武士，雅典教育培养有文化修养和多种才能的政治家和商人。两者都是为奴隶主阶级服务的，奴隶无权享受教育。在古印度，宗教权威至高无上，教育大权掌握在婆罗门教和佛教手中。最高种姓是婆罗门，由婆罗门教僧侣、祭司组

成。其次为刹帝利，可充军事贵族。再次是吠舍种姓，仅能从事农工商业。能够接受教育的为婆罗门、刹帝利、吠舍三个种姓。首陀罗则为最低种姓，被剥夺了受教育权。在古代埃及，出现了宫廷学校、文士学校，“以僧为师”“以吏（书）为师”是当时教育的一大特征，但奴隶也没有受教育权利。

**（三）学校教育与生产劳动、社会实践相脱离**

统治阶级控制着学校教育权，脑力劳动成为统治阶级的特权，统治阶层鄙视生产劳动和体力劳动者，鄙视生产劳动和与之有关的技能。统治阶级希望自己的子弟学习人文古典学科，掌握统治之术、战争之术和治人之术等来维护和巩固统治阶级的利益。奴隶无缘接受学校教育，普通百姓的孩子享受不到或者极少能享受到学校教育，只能通过长者言传身教的方式在生产生活中传授简单的知识和经验，掌握社会生活的技能，接受的是自然形态下的教育。《论语·子路》：“樊迟请学稼。子曰：‘吾不如老农。’请学为圃。曰：‘吾不如老圃。’樊迟出。子曰：‘小人哉，樊须也！上好礼，则民莫敢不敬；上好义，则民莫敢不服；上好信，则民莫敢不用情。夫如是，则四方之民襁负其子而至矣，焉用稼？’”[①]孟子曾说：“或劳心，或劳力；劳心者治人，劳力者治于人；治于人者食人，治人者食于人。”[②]在教育内容上主要是人文知识，生产知识被排除在外，学校教育内容与生产劳动相脱离。

## 二、工业社会的教育

第一次工业革命带来了生产力发展的巨大飞跃，引发了社会的深刻变革。人类从此由农业社会向工业社会演进。19 世纪 60 年代后期，第二次工业革命开始，人类由“蒸汽时代”进入了“电气时代”。相对于闭塞的农业社会，工业社会有了较大的发展。工业生产占据了社会经济的主导地位，社会化的大机器生产逐步取代了手工操作，工厂逐步取代了田地成为主要的工作场地，生产效率得以提高。社会分化逐渐加剧，社会分工愈来愈精细。法治取代人治，社会的民主化程度提高。人的思想观念充分更新，崇尚科学、追求平等、勇于变革成为主流价值取向。工业社会的教育特点如下。

**（一）教育国家化、法制化和世俗化，公共性日益凸显**

19 世纪以前，欧美国家的学校教育多为教会或行会举办、主持，国家较少直接管理教育事业，对其并不重视。19 世纪以后，资产阶级政府逐步认识到公共教育的重要性，加强了对教育的干预和控制，建立公立教育系统，大规模举办学校。现代人事管理之父、人本管理的先驱罗伯特·欧文（Robert Owen，1771—1858）主张建立教育制度，实行教育立法。他认为，教育是每一个国家的最高利益所在，是世界各国政府的一项压倒一切的紧要任务。1833 年，英国通过了一项教育补助金法案，英国政府正式干预教育。1870 年，英国政府颁布了《初等教育法》（又称为《福斯特法案》），标志着英国国民教育制度的正式形成。在美国 19 世纪初公立学校运动的影响下，逐渐形成了以州为主的教育管理体制。在 1862 年颁布的《莫雷尔法案》的影响下，州立农工学

① 孔丘. 论语［M］. 北京：北京出版社，2008：86.

② 孟子. 孟子［M］. 牧语，译注. 南昌：江西人民出版社，2017：113.

院逐渐兴起，对美国高等教育的发展起到了重要作用。1881 年和 1882 年，法国教育部长费里两次颁布有关义务教育的法令，史称“费里法案”，为法国国民教育的发展奠定了基础。日本 1872 年颁布的《学制令》是日本近代第一个教育改革法令。1890 年，日本颁布的《教育敕语》具有极其重要的地位，成为日本近代教育发展的指导纲领。各个国家先后制定了大量的教育法律法规，明确权利义务关系，促进了教育事业的规范化、可持续发展。教育与社会经济发展联系日益密切，生产性日渐突出。教育逐渐确立了实用功利的目的，开始从宗教中分离出来。有些国家明确规定，宗教不得干预学校教育，促进教育走向世俗化。随着大工业生产发展的需要，教育逐渐成为全社会的公共事业，人们受教育的权利不断扩大，学校教育渐渐打破了少数人垄断的局面，具有普及性和公共性。1948 年，联合国大会通过的《世界人权宣言》提到人人都有受教育的权利。1959 年联合国大会通过的《儿童权利宣言》，明确了各国儿童应当享有的各项基本权利，使教育的公益性日益突出。

**（二）义务教育逐渐普及，学校教育制度朝着系统化方向发展**

义务教育，是指依照法律规定，适龄儿童和少年必须接受的，国家、社会、学校、家庭必须予以保证的国民教育。实行义务教育，既是国家对人民的义务，也是家长对国家和社会的义务。义务教育是国家必须予以保障的公益性事业，其质量事关儿童健康成长、国家发展和民族未来。义务教育具有强制性、免费性、普及性和世俗性的基本特点。1524 年，马丁·路德（Martin Luther，1483—1546）主张，市政当局有义务为青年建立学校，强迫父母将孩子送进学校，这间接推动了德国义务教育的产生。在马丁·路德思想的影响下，1619 年德意志魏玛公国颁布了《魏玛学校章程》，规定父母应送 6~12 岁的儿童入学，否则政府将强迫其履行义务，因其带有明显的“义务性”和“强制性”，被视为义务教育的开端。第一次工业革命的基本完成和第二次工业革命的兴起，奠定了普及初等教育的经济和社会基础。为提高国民科学文化素质，增强国家经济和综合能力，学习和掌握基本的文化知识逐渐成为社会全体公民应有的权利，为适应这种需求，英、法、德、美、日等各个国家纷纷提出并逐步实施义务教育。美国普及义务教育历时 60 多年，1852 年，马萨诸塞州颁布了美国第一个义务教育法，到 1918 年密西西比州最后一个颁布义务教育法。1870 年，英国颁布《初等教育法》，标志着英国义务教育制度正式建立。1872 年，日本颁布第一个教育改革法令《学制令》，规定儿童必须接受 8 年普及义务教育。1881—1882 年，法国颁布《费里法案》，1881 年宣布实施普及、义务、免费和世俗的初等教育，1882 年明文规定对 6~13 岁儿童实行义务教育。在我国，1902 年的《钦定学堂章程》和 1903 年制订、1904 年公布的《奏定学堂章程》均有实现义务教育的内容。此后，各国在根据实际情况的基础上，义务教育年限均有延长的趋势。义务教育不仅标志着一个国家的经济发展水平，而且能不断促进国家经济的发展。为了适应社会生产力的发展，提高劳动者的素质和文化水平，人文教育和学科教育逐渐融合。在工业社会的学校教育制度中，呈现出分级细致化，分类多样化的特点。从纵向来看，有学前教育、初等教育、中等教育、高等教育等。从横向来看，有普通教育、职业教育、特殊教育等。这一时期，职业技术学校广泛开始，涵盖的门类很多。1794 年，法国各地创建了一系列由政府各部门分别设置和管理的专门学院，有军事学院、炮兵学院、兽医学院、行政学院、矿业学院、农业学院、语言学院和商业学院等①。1859年，德国的实科学校已超过50所。多类型、多层次的学校教育体系逐渐形成，并朝着制度化、系统化的方向发展。学校的数量、类型增多，各级各类学校有不同的性质、任务、入学条件、教学内容与毕业年限，在客观上要求进行规范管理，以此解决各级各类学校的衔接、分工等问题，使教育高效有序发展。学校教育制度的完善对促进教育发展起到了十分重要的作用，各国相继建立起体系比较完备的学校教育制度。

**（三）教育与生产劳动、社会实践相结合**

教育是劳动力和科学技术知识再生产的载体，科学是教育与生产劳动的结合点。教育对提高社会生产效率有着不可或缺的作用。随着大工业生产和科学技术的发展，单纯依靠劳动和直接经验已经远远不够。教育与生产劳动和社会实践之间的联系日益增强，教育与生产劳动从分离走向结合。生产劳动者不仅要通晓生产原理、知识和技能，还要了解与掌握一定的文化基础以及科学技术知识。这些系统的知识是难以在生产过程中全部传授的，需通过学校教育来获取。学校教育要与社会生产发展的需求相适应。在教育目的方面，除了培养统治管理人才和学者外，为了社会发展还设立了职业技术学校和相关专业，培养专门的技术人员和管理人员，以及能够适应技术革新的人才。在教育内容方面，除有人文知识外，还增加了与生产劳动密切相关的科学技术知识和自然科学教育，推动了科学教育迅速发展。从教学组织形式来看，随着义务教育的普及，个别教育形式已不能满足社会的需要，学校教育普遍采用的是班级授课制。班级授课制是教学的基本组织形式，极大地提高了教学效率，加快了人才培养进程。工业社会时期的教育复杂程度和理论自觉性不断提高，教育实践需要以教育理论为指导，教育理论与教育实践之间的联系更加紧密，教育理论创新发展在推动教育改革中的地位和作用越来越突出。

**【知识考查】**

以下属于工业社会教育的特征是（　　）。

A. 教育与生产劳动从分离走向结合　　B. 教育的公共性日益淡化

C. 教育的复杂程度越来越低　　D. 教育的理论自觉性越来越低

答案：A

## 三、信息社会的教育

第三次科技革命引领人类进入了信息时代。信息化是信息高科技及其产业化影响社会和经济的发展并推动其前进的过程②。信息社会是在农业社会和工业社会长时间积累的物质和精神财富的基础之上演变而来的，是人类社会发展的新阶段。信息社会这

① 翟海魂. 发达国家职业技术教育历史演进［M］. 上海：上海教育出版社，2008：57.

② 乌家培. 信息社会与网络经济［M］. 长春：长春出版社，2002：42.

个概念源自美国社会学家丹尼尔·贝尔（Daniel Bell，1919—2011）在20世纪50年代提出的“后工业社会”，这个概念基于社会产业结构变化的特征，描述了从产业生产的阶段过渡到服务性社会阶段的新变化①。信息社会也称信息社会或知识社会。信息社会的经济是以信息经济和知识经济占据主导地位的经济，知识成为生产力的关键要素，科学技术与文化深度融合。人与自然和谐相处，社会趋向可持续发展。与过去的教育相比，信息社会中的教育体现出了新的特征。

**（一）教育具有终身性**

传统的教育制度弊端日益凸显，越来越不能适应人们科学知识增长和社会变化加速的迫切需要。教育是一个持续不断的过程，终身教育是适应人类社会经济、文化与科学技术的可持续发展而逐渐形成的教育思潮。1965年，法国的保罗·朗格朗（Paul Lengrand，1910—2003）在联合国教科文组织于巴黎召开的国际成人教育会议上正式提出终身教育（Lifelong Education），对国际教育改革产生了重要影响。他认为，终身教育即教育这个词所包含的所有意义，包括了教育的各个方面、各种范围，包括从生命运动的开始到最后结束这段时间的不断发展，也包括了在教育发展过程中的各个点与连续的各个阶段之间的紧密而有机的内在联系②。在教育方式上，终身教育有家庭教育、学校教育和社会教育三种实现方式，具有全民性、终身性、广泛性和灵活实用性等特点。社会是一个学习化的社会，学习成为社会成员一项重要的活动，贯穿了人的一生。终身教育建立在四种学习的基础上：学会认知（learning to know）、学会做事（learning to do）、学会共同生活（learning to live together）和学会生存（learning to be），这四种学习将会是人一生中的知识支柱。终身教育超越了启蒙教育和继续教育之间的传统区别③，逐渐为各国普遍接受，它已经被作为一个极其重要的教育概念而在全世界广泛传播。法国、德国、美国等许多国家针对终身教育颁布了相应的法律。法国于1971年制定并通过了一部比较完善的成人教育法《终身职业教育法》。联邦德国于1975年颁布了《继续教育大纲》。美国于1976年制定并颁布了《终身学习法》。1979年《学会生存——教育世界的今天和明天》在我国出版发行后，终身教育理念正式引入我国。1994年在意大利罗马召开的“首届世界终身学习会议”提出了21世纪是学习社会，终身学习是21世纪的生存概念。

**【知识考查】**

终身教育的四大支柱是学会认知、学会做事、__________、学会生存。

答案：学会共同生活

**（二）教育具有平等性**

教育平等是指教育民主化的一个重要内容。民主一词源于希腊字“demos”，意思为人民。民主不仅存在于社会生活这个统一体中，而且存在于社会生活各领域、各层

① 马费成，宋恩梅，赵一鸣. 信息管理学基础［M］. 3版. 武汉：武汉大学出版社，2018：17.

② 保罗·朗格朗. 终身教育导论［M］. 滕星，等译. 北京：华夏出版社，1988：16.

③ 联合国教科文组织总部中文科. 教育：财富蕴藏其中［M］. 北京：教育科学出版社，1996：8.

次中。教育民主是民主原则在教育领域中深化扩展的体现。教育民主化是20世纪60年代以来教育改革与发展的趋势之一，一直受到广泛的关注。各国也先后采取各项措施来促进教育的民主化，它包括三个方面的内容：一是强调教育机会的平等、教育权利的平等和受教育权利的平等，所有受教育者在教育的起点、过程和结果等方面都享有同等的机会，受一定程度的教育是公民的权利和义务。二是关注师生关系的民主化，在教学过程中师生之间在人格和权力上是平等的，应充分尊重学生个体的主体性，建立民主、和谐的师生关系，创造良好的教学氛围。三是教育参与、决策和管理的民主化。在教育管理实践的过程中应该发扬民主，要有广泛的公众参与教育决策的制定与执行，充分发挥全员的聪明才智和创造性，积极吸引社会力量来参与讨论教育发展的重大原则问题，重视并加强社会对教育的管理，保证教育决策的科学性和有效性。

**（三）教育具有全民性**

受教育是一项基本的人权。1990 年，“世界全民教育大会”（World Conference on Education for All）在泰国宗迪恩举行。大会讨论并通过了《世界全民教育宣言》（*World Declaration on Education for All*）和实施宣言的《满足基本学习需要的行动纲领》（*Framework for Action to Meet Basic Learning Needs*），“全民教育”（Education for All）概念由此正式提出。全民教育的最基本内涵主要包括扫除成人文盲，普及初等教育及消除男女受教育之间的差距等①。不论种族性别、贫富贵贱，每个人都有平等接受教育的权利，同时还需接受一定程度的教育，满足所有儿童、青年和成人基本学习需要。20世纪 90 年代，全纳教育（Inclusive Education）思潮逐渐兴起。1994 年，联合国教科文组织在西班牙萨拉曼卡召开“世界特殊需要教育大会：入学和质量”（World Conference on Special Needs Education：Access and Quality）。大会通过了《萨拉曼卡宣言》，首次正式提出“全纳教育”。大会强调每个人都有受教育的基本权利，提出每个人都有其独特的个性、兴趣、能力和学习需要，学校要接纳全体儿童，并满足他们的特殊教育需要②。全纳教育关注每一个人，注重积极参与和集体合作，其价值取向符合社会对人的素质的基本要求，是实施全民教育的有效途径。全民教育和终身教育作为信息社会的教育思潮和趋势，两者侧重点有所不同，前者侧重于普及教育，后者则侧重于继续教育。教育全民化对国家、社会以及个人发展来说，是一项必然的选择。教育全民化是个人获得生存发展能力的基本手段，也是实现社会平等的重要保证，有助于促进社会经济进步、世界文明和谐与共同繁荣。

**（四）教育具有多元性**

工业社会的教育强调标准化、统一化和规范化，而信息社会时期的教育注重个性化、现代化和多元化。社会发展和需求的多元化，决定了教育目标、教育内容、教育形式、教育方法、教育手段等的多元化。从教育目标来看，重视人的个性发展，培养的是能够适应信息社会发展挑战的创造性人才。从教育形式上看，在工业社会的基础上，学校类型进一步多样化，学校教育得以逐步完善，继续教育成为社会经济发展的迫切需要。在我国，继续教育主要有成人高等学校招生全国统一考试（简称“成人高

① 赵中建. 全民教育：世纪之交的重任［M］. 成都：四川教育出版社，1999：1-2.

② 黄志成. 全纳教育：关注所有学生的学习和参与［M］. 上海：上海教育出版社，2004：3.

考”）、远程网络教育、高等教育自学考试和电大开放教育四种形式。各级各类教育在入学条件、课程设置、毕业年限、上课方式等方面有所不同，构成了一个多类别、多维度、多功能的教育系统。从教育内容来看，增设了社会发展、新科技知识、基本学科知识与技能等内容。从教学方法来看，学校教育重视启发式教学，逐渐打破传统的灌输式教学模式，师生关系走向平等，合作学习融入课堂教学环节中。从教学手段来看，广播、电视、计算机等现代化科技成果，逐渐被广泛运用于教育教学活动之中，实现教育资源共享，极大地提高了教育质量。

【案例分析】

**英国 8 000 所小学推广中国数学教学法**

**中外教育交流取长补短**

近日，英国教育部宣布将在全英 8 000 所小学推广中国传统数学教学方法，这个数量占全英小学总数的一半。同时，英国还建立了 35 所专业数学教学中心，作为普及“中式教育”的平台。可以说，在中外文明交流互鉴日益频繁的背景下，中外教育相互借鉴，体现了一种更加开放的心态，这样的良性互动值得提倡。

在此次英国决定推广中式教学方法之前，BBC 的纪录片《我们的孩子足够坚强吗?》已经引发过一轮中西教育方式大讨论。在纪录片中，几位中国老师被安排在一所英国中学，用中式教育方法授课，中国老师的严谨和英国学生的自由散漫产生了不少冲突。有网友在看完纪录片之后认为，片子体现出了中西文化的碰撞，中西教育方式各有利弊，双方都应取长补短。

此前，在很多人的刻板印象里，中国的教学方法注重应试，忽视创新。但事实证明，中式教育的确在基础教育阶段对提高学生学习能力和成绩卓有成效。此次英国教育部决定推广中式数学教育，也是经过了反复论证。早在 2014 年，就有 59 名中国数学教师前往英国的 48 所小学进行为期 4 个月的交流，并进行示范教学。事后，英国教育部委托谢菲尔德哈莱姆大学出具一份《中英数学教师交换计划研究报告》，对其效果进行评估。报告认为，在参与交流项目的英国小学中，大多数学校学生数学成绩均得到了显著提升，且学生的学习态度也有较大改善。

近年来，中外教育领域的互动持续增多。数据显示，中国出国留学人数连年增长，中国学生已成为国际学生流动主力。

除了“输入”，中国教育也在越来越多地“输出”。全球 130 多个国家和地区建立的 500 所孔子学院、1 000 个孔子学堂，成为让世界青少年学习中国语言和文化的重要场所。“这里的孩子们非常爱学习中国的传统文化，包括书法、剪纸、京剧，他们样样都感兴趣。这也让我觉得动力十足。”在泰国孔子学院做汉语教师的楚天舒表示。

资料来源：李贞. 中外教育交流取长补短［N］. 人民日报海外版，2016-07-29（4）.

**请思考：**当今世界教育发展的趋势是什么？

# 第三节　世界教育发展趋势

进入21世纪以来，世界多极化、经济全球化、社会信息化、文化多样化持续推进。以人工智能、机器人技术、石墨烯、虚拟现实、量子通信、可控核聚变、清洁能源以及生物技术为技术突破口的绿色工业革命，使人类社会发展到一个更为广泛、全面的新时代。技术革命迅猛发展，世界格局深刻变化，各国、各地区之间的相互依存关系日渐增强，人们在社会、经济和文化等方面的交流日益频繁。教育的改革与发展面向不断变化的未来社会需要，受到人们普遍关注和高度重视。当代世界教育的发展的趋势如下：

## 一、教育个性化

学生是学习的主体，因此当代教育需克服传统教育中存在的以知识为本、重共性轻个性、重终结性评价等问题，改革整齐划一式、教条主义式的、权威式的教育，树立以人为本的教育理念，倡导教育的民主观、平等观以及价值观，注重对人的非智力因素的培养，促进学生发展，使学生学会学习和适应变化。在教育过程中，强调人的情感、价值、尊严和潜能，主张调动学习的独立性、能动性和创造性，促使每个人达到他力所能及的最佳状态。人在智力、情感和生理等方面存在差异，教育者应根据每个学生的特点而采取针对性教育培养人才，做到因材施教。农业社会的教育是个性化的，但只适用于少数群体。在工业社会，采取了大规模集中教育、统一标准化的人才培养模式，培养出大量的标准化人才，但忽视了人的个性发展，扼杀了人的创造精神和潜质。随着时代发展和科学技术进步，计算机、互联网等基础设施建设日趋完善，大数据、物联网、人工智能、云计算等技术在教育领域中的应用，有助于学生的个性化培养，使学生全面和谐的发展。教育者通过大数据进行专业分析，可知学生的学习兴趣、学习动机、爱好特长、性格特点等，为学生找准方向，可针对每个学生的具体情况进行有效指导。在国内，一对一辅导兴起于20世纪末至21世纪初期，这是为满足广大学生及家长多方面需求而产生的，发展至今已不同于传统的家教模式。一对一辅导是学校班级授课的重要补充手段，教学中师生之间的有效互动有利于达到更好的教学效果。定制个性化的方案能够充分针对学生个性需求、着力解决学生的具体问题。如今，还可以通过互联网进行网上一对一辅导，利用网上视频在线授课，这种一对一的在线教育模式也逐步得到了广泛认可和接受。

随着社会分工越来越细，越来越专业化，社会对专业化人才的要求也越来越高。个性化的培养可以使人的个性得到充分发展，以适应社会对各个方面、不同层次人才的需要。联合国“教育2030行动框架”建立的原则有：教育是一项基本人权和适应性权利。教育应当致力于个性的全面发展，增进相互理解、包容、友谊及和平，教育是一项公益性的事业。以人为本，重视人的个性化是社会发展的必然要求，是适应新技术革命和社会变革的需要。教育个性化已成为世界许多国家教育发展的一个重要趋势。

## 二、教育多样化

公立教育与私立教育相互依存、相互补充、相互促进，共同满足人们日益增长的教育需求。当今全球大部分国家的私立教育越来越受到重视，均出现持续增长的趋势。私立教育源远流长，在西方，古希腊时期就出现了苏格拉底创办的修辞学校、柏拉图创办的阿加德米学园（柏拉图学园）和亚里士多德创办的吕克昂学园等学校。吕克昂是一所正规的、典型的希腊-雅典式的私立学校。在我国春秋时期，孔子开创私人办学的先河，宣扬“有教无类”。战国时期，我国则形成了以儒、墨、道、法为代表的私学“百家争鸣”的局面。自此以后，私立学校对传承和弘扬中华文明起到了非常重要的作用。改革开放以来，我国私立教育逐渐发展壮大。《中华人民共和国民办教育促进法》规定民办教育事业属于公益性事业，是社会主义教育事业的组成部分。国家对民办教育实行积极鼓励、大力支持、正确引导、依法管理的方针。民办学校与公办学校具有同等的法律地位，国家保障民办学校的办学自主权①。为鼓励社会力量兴办教育，促进民办教育健康发展，国务院于2016年发布并实施《国务院关于鼓励社会力量兴办教育促进民办教育健康发展的若干意见》，提出了激励民办教育发展的种种措施。在《2018年全国教育事业发展统计公报》中显示全国共有各级各类民办学校18.35万所，比上年增加5 815所，占全国比重35.36%；招生1 779.75万人，比上年增加57.89万人，增长3.36%；各类教育在校生达5 378.21万人，比上年增加257.74万人，增长5.03%②。

世界各国私立教育的发展各具特色，呈多样化趋势。印度、埃及是世界上私立教育发展较早的国家，印度私立教育体系繁杂，存在自身的特色，埃及的私立教育尤其在妇女教育方面有着重要作用。英美等国家主张教育自由，重视私立学校的自主性，英国是私立教育最发达的国家之一，拥有牛津和剑桥等世界一流大学，美国是实施私立教育法律保障较早的国家。日本高度重视私立学校的公益性，坚持“公益性”“非营利性”的原则，私立教育具有大规模、高质量、高入学率的特点。私立教育能够坚持全面发展与个性发展相统一，适应并满足更多的个性化教育需求，提供更优质的、差异化的教育服务。

## 三、教育国际化

在多元文化交融下，本土化与国际化相结合势在必行。在注重挖掘本土教育精髓的同时，也注重国际交流与合作，学会借鉴和吸收别国的经验，从而寻求本土化和国际化之间的平衡点，找到真正适合的教育。各国教育要实现可持续发展，既要立足本土又要迈进国际。全球化地逐步深入带来了教育的国际化，教育不断迈向更为开放交流与多元融合的国际化。国际性教育组织的出现以及颁布行动纲领对世界和平、安全和教育发展起着重要作用。比如联合国教育、科学及文化组织，该组织旨在通过教育、

① 全国人大常委会办公厅. 中华人民共和国民办教育促进法（最新修正本）[M]. 北京：中国民主法制出版社，2016：8-9.

② 中华人民共和国教育部. 2018年全国教育事业发展统计公报 [EB/OL]. (2019-07-24). [2019-10-10]. http://www.moe.gov.cn/jyb_sjzl/sjzl_fztjgb/201907/t20190724_392041.html.

科学和文化促进各国合作。2015 年 11 月 4 日，联合国教科文组织在巴黎总部通过并发布了“教育 2030 行动框架”。教育国际化有助于吸收优秀人才，满足社会经济和文化的发展，充分发挥文化、政治和经济等方面在国际上的影响力。培养国际化意识、兼具本土情怀与国际视野、能够参与国际事务和国际竞争的国际化高素质人才，可以帮助人们认识和解决整个人类生存发展的严峻问题，如生态失衡、环境污染、资源短缺等。教育理念、课程体系和办学模式日益呈现国际色彩，加强教育对外交流与合作。例如合作办学、国际性的学术研究和科学文化交流、教师互派、学分互认和学位互授联授、教育资源共享。慕课（MOOC）的兴起和运用，将优质的教学资源的共享到世界各地，为受教育者们提供了前所未有的机会和帮助，这也是时代进步的表现。同时，留学生规模的扩大也是教育国际化的重要标志。2018 年度，我国出国留学人员总数为 66. 21 万人。2018 年度与 2017 年度的统计数据相比较，出国留学人数增加 5. 37 万人，增长率为 8. 83%[①]。据统计，2018 年共有来自 196 个国家和地区的 492 185 名各类外国留学人员在全国 31 个省（自治区、直辖市）的 1 004 所高等院校学习，比 2017 年增加了 3 013 人[②]。教育国际化在高等教育领域更为突出，欧盟发起的一项高等教育交流计划——伊拉斯谟世界项目（Erasmus Mundus Programme），致力于加强欧洲高等教育质量，促进欧盟和第三国的流动，以推动国际合作能力及第三国高等教育事业的共同发展、促进跨文化交流与理解。前身为澳大利亚教育国际开发署的 IDP 教育集团是目前全球最大留学服务公司之一，现已成为国际教育的全球领军机构，IDP 搭建的强大全球网络，为世界各国学生提供院校和专业信息，这更有利于国际教育的交流与推广，对国际教育发展起着重要作用。立足本土追求人才的国际化、教育的国际化是各国教育事业发展的潮流和趋势。

## 四、教育未来化

教育具有较强的适应性和适量的超前性，每个人都需具有一定的超前意识和观念，以此来适应社会地不断变化和发展。世界上最早的一篇专门论述教育、教学问题的论著《学记》，就明确提出“建国君民，教学为先”的思想[③]。在古代阶级社会，教育并不直接促进社会经济发展，甚至很多时候还会阻碍社会生产的发展。随着工业革命的兴起，教育逐渐与社会生产相联系。为推动社会的发展需培养大量的劳动者，但当时的教育内容更多的是生产知识经验和一些简单的机器操作方法，教育是落后于经济发展的。现代社会生产力飞速发展，教育对社会、经济发展起着基础性、先导性的作用。教育的迟效性和长期性使得教育的超前性尤为重要，它决定了教育在适应现有生产力的基础上需适度超前于社会政治经济的发展。教育超前是人类不断追求文明进步的结果。社会发展越是进步，教育优先发展的意识越强。优先发展教育，一方面教育投资增长的速度需适当超越经济增长的速度；另一方面在人才培养上，要兼顾近、远期目

① 中华人民共和国教育部. 2018 年度我国出国留学人员情况统计［EB/OL］.（2019-03-27）［2019-12-03］. http://www.moe.gov.cn/jyb_xwfb/gzdt_gzdt/s5987/201903/t20190327_375704.html.

② 中华人民共和国教育部. 2018 年来华留学统计［EB/OL］.（2019-04-12）［2019-12-03］. http://www.moe.gov.cn/jyb_xwfb/gzdt_gzdt/s5987/201904/t20190412_377692.html.

③ 陈澔，注. 礼记［M］. 金晓东，校点. 上海：上海古籍出版社，2016：414.

标、内容等方面的需要。人才的培养不能急功近利，而是要着眼于未来，教育为未来社会的需要服务，按照未来的要求培养人、塑造人。学生当前的学习是为参与未来的生活，在知识、价值及行为诸方面能适应未来社会的变化和发展，具有探索未来的能力做新准备。教育观念、教育目标、教育规划、教育内容以及教育方法等不仅应考虑到当前现实的社会和个体发展的基本需要，还应从未来社会的发展需要出发，从教育的各个方面着手，使教育真正面向未来、着眼未来。各国的教育意识和经济力量不断增强，也为教育先行提供了可能。教育先行是科技生产、政治经济和人的发展的必然要求，同时也是教育自身发展的必然要求，它已成为许多国家的共识。教育与人类社会发展紧密联系，教育要面向未来、观察未来、审度未来，世界各国在分析过去和现在的基础上对未来教育的发展进行预测和改革规划，使教育发展与未来社会发展相适应。

## 五、教育改革创新持续化

当今社会经济的发展迫切需要具有创新思维意识和实践能力的高素质的、创新型人才。创新能力是未来社会中最重要的能力之一。教育创新是社会发展的必然要求，同时也是世界发展的必然趋势。教育的持续发展离不开教育改革创新，教育改革与教育创新相互促进，共同推进教育事业的发展。世界各国十分重视教育创新，并积极调整教育发展战略，主动进行适应社会发展的教育改革创新，坚持把改革创新作为教育事业科学发展的强大动力。世界教育创新峰会（World Innovation Summit for Education）于 2009 年正式开幕，该峰会提倡并鼓励创新思维，促进全球教育交流合作与创新。教育的创新包括教育思想的创新、教育体系的创新、教育结构的创新、教育内容的创新、教育方法的创新、教育手段的创新以及教育评价机制的创新等，教育应重视对学生创新意识、创新精神、创新能力以及创新人格的培育，应培养大批创新人才，建立学习型、创新型社会，健全现代教育体系。教育改革与创新必须立足国情、扎根本土，坚持世界眼光。坚持改革创新，使教育事业发展更加符合人才成长规律、更加符合社会的需求。教育改革创新、推动新时代教育改革发展，就是对新时代新形势下更高远的历史站位、更宽广的国际视野、更深邃的战略眼光的及时呼应[①]。

### 理解与反思

1. 你如何看待教育的起源问题？研究教育起源的意义何在？
2. 学校教育产生的原因和条件有哪些？
3. 简述农业社会教育的特征。
4. 全球教育趋势下我国教育该如何发展？





① 中国教育报评论员. 坚持深化教育改革创新：七论学习贯彻习近平总书记全国教育大会重要讲话精神［N］. 中国教育报，2018-09-19（1）.

## 拓展阅读

［1］中华人民共和国教育部国际合作与交流司. 世界62个国家教育概况［M］. 北京：首都师范大学出版社，2001.

［2］顾明远. 教育大辞典增订合编本［M］. 上海：上海教育出版社，1998.

［3］联合国教科文组织. 世界教育报告2000教育的权利：走向全民终身教育［M］. 联合国教科文组织中文科，译. 北京：中国对外翻译出版公司，2001.

［4］郑金洲. 教育通论［M］. 上海：华东师范大学出版社，2002.

［5］王道俊，王汉澜. 教育学新编本［M］. 北京：人民教育出版社，1989.

# 第三章 教育目的

■学习导航

(1) 了解教育目的的概念、结构、类型和功能，能准确把握教育目的与培养目标的联系和区别。(难点)

(2) 理解教育目的的选择与确立的依据和基本取向。

(3) 结合马克思关于人的全面发展学说、全面发展教育、素质教育以及中国学生发展核心素养，对我国教育目的有一个准确的把握。(重点)

■思维导图

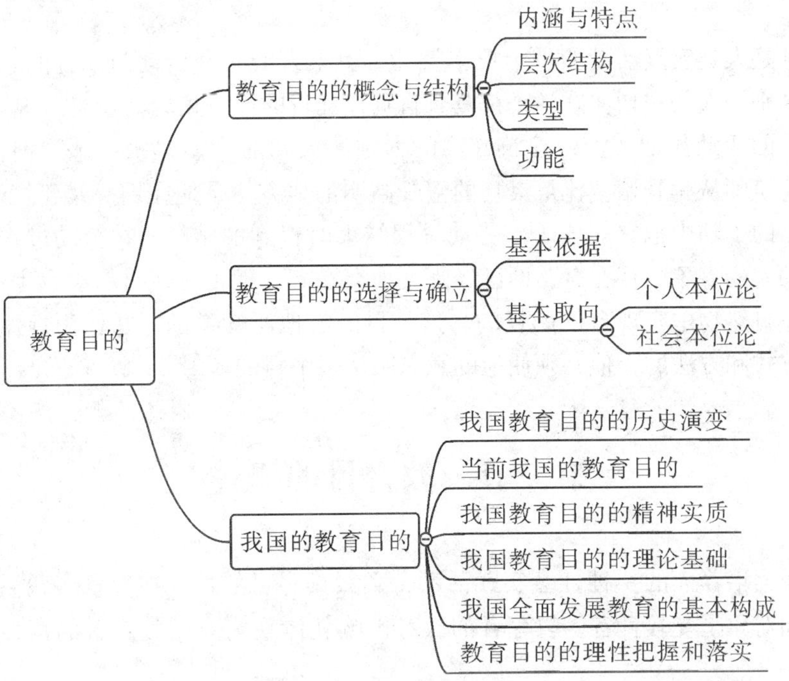

■**教育瞭望**

**长大后想做什么**

在一次班会课上，王老师问学生："同学们，你们长大后想做什么？"

学生们争先恐后地举手。

甲同学说："我想当一名科学家，我想造机器人。"

乙同学说："我想做音乐家，我最喜欢上音乐课了。"

……

学生们说了许多职业理想，老师听了很满意。这时，老师看到在角落里有一只不常见的小手正拼命往空中伸着。哦，原来是班里的后进生余晓斌。老师立刻叫了他。

老师说："余晓斌，你来说说，你长大了想做什么？"

余晓斌大声地说道："我长大了要当一名清洁工！"

老师问道："你怎么会想到要做一名清洁工呢？"

余晓斌说："老师说过，清洁工也很了不起。"

老师听后，脸上露出了不满的神情，说："我说清洁工人了不起，是要让你们尊敬那些叔叔阿姨，保护好我们的环境。但是，老师不是让你们把当清洁工作为理想。余晓斌，你应该有一个了不起的理想才对，你要认真再想想。"

**问题：**

请用新时期我国的教育目的及其落实的相关理论分析上述材料。

资料来源：全国 2016 年 10 月高等教育自学考试教育学试卷。

目的性是人类实践活动的一个根本特性，也是人的实践活动与动物的本能活动之间的根本区别。人的一切实践活动都具有自觉性和目的性。正如马克思所说："蜘蛛的活动与织工的活动相似，蜜蜂建筑蜂房的本领使人间的许多建筑师感到惭愧，但是，最蹩脚的建筑师从一开始就比最灵巧的蜜蜂高明的地方，是他在用蜂蜡建筑蜂房以前，已经在自己的头脑中把它完成了。劳动过程结束时得到的结果，在劳动过程开始时就已经在劳动者的表象中存在着，即已经观念地存在着。他不仅使自然物发生形式变化，同时他还在自然物中实现自己的目的，这个目的是他所知道的，是作为规律决定着他的活动的方式和方法的，他必须使他的意志服从这个目的。"①

# 第一节 教育目的概述

教育作为培养人的一种社会实践活动，必然具有目的性。在教育实践活动中，教育者的活动对象是受教育者，教育者的教育影响就体现为对受教育者的精神世界进行

① 马克思，恩格斯. 马克思恩格斯文集［M］. 北京：人民出版社，2009：208.

改造。教育者要把受教育者改造成什么样的人，在教育过程开始之前就以表象的形式存在于他们的头脑之中了，教育活动结束时可能取得的结果也已经在他们头脑中观念性地存在着了。这里的可能目标和结果就是教育目的。

## 一、教育目的的概念及特点

所有教育活动都是围绕教育目的来开展的，教育活动进行的过程就是教育目的得以实现的过程。

### （一）教育目的的概念

教育目的，是指一定社会（或国家）对各级各类学校所要培养的人才的规格和总体要求。具体来讲，教育目的是教育活动所要达到的预期结果，是人们对受教育者达成状态的期望，即人们期望通过教育活动，使受教育者在身心诸方面发生什么样的变化或产生怎样的结果。

2010年《国家中长期教育改革和发展纲要（2010—2020年）》提出，我国的教育目的是“全面贯彻党的教育方针，坚持教育为社会主义现代化建设服务，为人民服务，与生产劳动和社会实践相结合，培养德智体美全面发展的社会主义建设者和接班人。”

### （二）教育目的的特点

教育目的作为一定社会（或国家）对各级各类学校教育所要培养的人才的规格和总体要求，其必然具有如下特点。

1. 预期性

首先，教育具有前瞻性，未来社会需要的人才需要提前培养，那么未来社会需要的人才规格也需要根据当今社会发展状况及趋势提前制定。其次，教育目的实际上是一种教育理想，在实际的教育活动开始之前，这一理想就已经在教育者的头脑中观念性地存在了。教育者需要通过不断努力来促使受教育者身心发生一定的变化，从而培养出理想的人才。

2. 客观性

这里的客观性是指教育目的的制定不是主观臆造，而是根据国家和社会发展需要所确定的教育活动的人才培养规格。教育是社会的子系统之一，它的发展受一定社会的政治制度、经济制度、文化、人口等各因素的制约。因此在制定教育目的时，也必然要反映社会的主要特征及人才需求类型，必然会考虑到本国的教育“为谁培养人”“培养什么样的人”的问题，这就从客观上直接体现了国家人才培养的根本性质及方向。

3. 抽象性

教育目的作为国家指导本国教育事业发展的总体要求，是国家开展教育活动的根本依据。因此，教育目的具有很强的抽象性，它不像培养目标那样具体到各级各类学校和各种专业，它也不像课程目标和教学目标那么具体、具有可操作性。教育目的的地位就决定了它必然具有抽象性，如此才能从宏观上对所有学校、所有专业、所有科目、所有课堂进行总体规划、统筹指导。

4. 时代性

社会在发展，时代在进步，不同时代需求的人才规格也大不相同。例如日本在1947年的《教育基本法》中指出：教育必须以完成陶冶人格为目标，培养出作为和平国家及社会的建设者，爱好真理和正义，尊重个人价值，注重劳动与责任，充满独立自主精神的身心健康的国民。到了20世纪七八十年代，日本则以“人本主义”为指导思想，强调培养具有丰富的人性的国民。1998年12月，日本文部省发布了《新学习指导要领》。其中，在教育课程编制的指导方针中，对中小学教育的培养目标提出了新的要求，即培养和谐发展的人，培养儿童的生存能力。在富于创造性、各具特色的教育活动过程中，培养儿童自主学习、自主思考、自主判断的能力，谋求基础和基本内容的切实落实，充实富有个性的教育①。

## 二、教育目的的层次结构

教育目的是一定社会培养人的总体要求，但并不能替代各级各类学校对所培养的人的特殊要求。教育目的是由国家教育目的、学校培养目标、课程目标和教学目标共同组成的具有上下层次的复杂系统。

### （一）教育目的

位于第一层级的教育目的是国家对所要造就的人才在质量规格上的总的规定，它是指导各级各类学校教育活动的总目标②。不管是什么层次什么类型的学校，即不论初等、中等、高等教育，还是文、理、工、农、医、师院校，都要参照国家教育目的来制定自己的人才培养规格。

### （二）培养目标

位于第二层级的培养目标，是指不同类型、层次的学校或专业培养人才的具体质量规格，由特定的社会领域和特定社会层次的需要决定，并受教育对象所处的学校级别不同而有所不同③。换言之，培养目标是国家教育目的在不同类型、不同层次的学校或专业的具体化。如普通院校与职业院校、初等教育与高等教育的人才培养要求一定存在明显差异，但不管是哪种层次、哪种类型的学校，其培养目标都必须符合国家教育目的。

培养目标的制定既要考虑教育目的的总要求，又要考虑具体学校教育的任务和特点，考虑特定教育对象的身心发展特点。培养目标的确定必须建立在教育目的的基础上，而教育目的又必须通过各级各类学校、各专业的培养目标而实现。任何终极性的教育目的都必须转化为一系列具体的培养目标才能避免流于空泛；而若每一个具体的培养目标不与其他平行的培养目标以及其上位培养目标相联系，并且最终与教育目的相联系，则一个个具体的培养目标也会因失去整体性而流于琐碎，失去其意义和存在的价值。一个国家在一定时期的教育目的是唯一的，而培养目标却是多种多样的，因学校与专业性质的不同而不同，因教育阶段、对象的不同而不同。

### （三）课程目标

学校的培养目标必须通过制定课程目标来实现，课程目标是指课程本身要实现的具体目标和意图。它规定了某一个教育阶段的学生通过课程学习之后，在发展品德、智力等方面期望实现的程度，它是确定课程内容、教学目标和教学方法的基础。从某种意义上说，教育目的和培养目标都要通过课程目标的达成而实现。课程目标的确定，

---

① 袁桂林. 基础教育改革与发展［M］. 长春：东北师范大学出版社，2002：10.

② 王枬. 教育学：行动与体验［M］. 北京：高等教育出版社，2013：69.

③ 袁振国. 当代教育学［M］. 北京：教育科学出版社，2005：58.

也必须首先明确教育目的和培养目标，然后了解学生的特点、社会的需求、学科的发展等方面的信息，才能制定出行之有效的课程目标。

#### （四）教学目标

教学目标是保证教学活动顺利进行的必要条件。它是指教育者在教育教学过程中，根据教育目的、培养目标以及课程目标，通过课堂教学和实践活动所要达到的发展水平和系列指标。教学目标是教育目的、培养目标和课程目标的在课堂教学中的具体化，对实践教学具有较强的可操作性。

### 三、教育目的的类型

#### （一）价值性教育目的与操作性教育目的

价值性教育目的，是指具有价值判断意义的教育目的，即含有一定价值观实现要求的教育目的，表示人才培养所具有的某种价值取向，是指导教育活动最根本的价值内核。

操作性教育目的，是指具有实践操作意义的教育目的，即现实要达到的具体教育目标，表示实际教育工作应努力争取实现的某些具体目标，一般是由一系列短期、中期、长期的具体教育目标所组成。

这两类教育目的是根据教育目的自身实践的特点来划分的，它们属于同一教育目的在实现过程中衍生出来的相互联系、相互作用的两个方面：价值性教育目的是操作性教育目的确立的依据，是确立具体目标的设定原则，奠定了具体目标的价值基础；操作性教育目的是价值性教育目的的体现，受价值目的的规定和限制，是表现价值内核的形式。一般而言，历史发展的丰富内涵总是通过具体的实践活动表现出它的时代规定性，以及对这一时代教育的规定性，并且不断变更表达它发展要求的操作性目标。这说明，价值性教育目的发生变化，操作性教育目的也会产生相应的变化。在实际教育中，必须以人未来发展的利益和社会需要作为良好价值性教育目的的确立依据和目标，同时也要使操作性目的的确立符合价值性目标的要求，使两者一致、相统一。否则，教育活动就难以实现它的价值。

#### （二）终极性教育目的与发展性教育目的

终极性教育目的，也称理想的教育目的，是指具有终极结果的教育目的，表示各种教育及其活动在对人的培养上最终要实现的结果，它一般蕴涵着人的发展要求具有完人的性质。

发展性教育目的，也称现实的教育目的，是指具有连续性的教育目的，表示教育及其活动在发展的不同阶段所要实现的各种结果，表明对人培养的不同时期、不同阶段前后具有衔接性的各种要求。每一种目的都不带有终极性，在每一阶段向另一阶段的发展过渡中，具有承前启后的不可或缺性，既表示某一阶段的目标，又表示对先前阶段目标的续接性和对以后阶段目标的奠基性。

#### （三）正式决策的教育目的和非正式决策的教育目的

正式决策的教育目的，是指被社会一定权力机构确定并要求所属各级各类教育都必须遵循的教育目的。

非正式决策的教育目的，是指蕴涵在教育思想、教育理论中的教育目的，它不是被社会一定的权力机构正式确立而存在的，而是借助一定的理论主张和社会根基而存在的。

### （四）内在教育目的和外在教育目的

内在教育目的即具体教育过程（或某门课程建设）要实现的直接目的，是对具体教育活动预期结果的直接指向，内含对受教育者的道德品行、知识认知、行为技能等方面发展变化预期的结果，通过某门课程及其教学目标或某一单元、某一节课的教学目标体现出来的可预期的具体结果。

外在教育目的是指教育目的的领域位次较高的教育目的，它体现一个国家（或地区）的教育在人的培养上所预期达到的总的目标和结果，是一个国家（或地区）对所属各级各类教育培养人的普遍的原则要求。

## 四、教育目的的功能

教育目的是教育活动的灵魂，它统摄教育的全部工作，贯穿于教育活动的始终，是明确教育方向、建立教育制度、确定教育内容、选择教育方法、组织教育活动、进行教育管理、评估教育质量的标准，是一切教育活动的出发点和归宿。具体来说，教育目的有以下功能：

### （一）定向功能

教育目的对受教育者的质量规格提出了要求，指明了人才培养的方向和结果，即“为谁培养人”“培养什么样的人”。同时，人才培养规格指引我们在教育活动中应该选择什么样的教育内容，使用什么样的教育方法，如何组织教育活动才能造就此种规格的人才。因此，教育活动从一开始就离不开教育目的的引领。

### （二）调控功能

教育目的的调控功能除了体现在对教育内容、教育方法和教育途径的选择上，还体现在对人才成长环境的协调上。学校、家庭和社会都应该以教育目的规定的人才培养规格为标准，努力促进人才的健康成长，避免因各方影响不一致而导致个体发展受阻的情况发生。

### （三）评价功能

教育目的不仅是教育活动开展的有力依据，还是衡量教育活动结果的重要标准。检查和评价学校教学质量的优劣、教育效果的达成与否、教育过程的得失、学生发展程度的高低，都必须以教育目的为直接依据。也正是在这个意义上讲，教育目的还是教育活动的归宿。

**【知识考查】**

一切教育活动的出发点和归宿是（　　）。

A. 教育方案　　B. 教育内容　　C. 教育原则　　D. 教育目的

答案：D

## 第二节　教育目的的选择与确立

### 一、教育目的的选择和确立的基本依据

#### （一）教育目的要符合社会政治经济的需要

一定社会的教育活动总是要培养具有该社会所需要的思想意识和世界观，为维护该社会的政治经济制度服务的人。因此，教育目的的性质和方向是由政治经济决定的。在阶级社会里，教育目的总是反映统治阶级的利益，集中体现统治阶级对人才培养的根本要求。如奴隶社会的教育目的就是把奴隶主子弟培养成为维护奴隶制度的统治者，而奴隶及其子弟根本没有受教育的机会。封建社会的教育目的是把地主阶级子弟培养成为维护封建统治的官吏，而对劳动人民则实行“民可使由之，不可使知之”的愚民政策。资产阶级的教育目的是培养能够掌握国家机器和管理生产的统治人才，而对工人子弟进行教育是为了把他们培养成既能替资产阶级创造利润又不会惊扰资产阶级安宁和悠闲的统治生活的奴仆。社会主义社会的教育是为工人阶级和广大劳动人民服务的，以全民为对象，其教育目的是培养为社会主义服务的劳动者和各种专门人才。可见，在阶级社会中，教育目的具有强烈的阶级性，是阶级意志的集中表现，所谓超阶级的教育目的是不存在的。

#### （二）教育目的要反映生产力和科技发展对人才的需求

由于生产力不仅为教育提供了物质条件，也对人才培养规格提出了要求，因而在所有社会形态里，在培养什么样的人的问题上都大体反映着生产力的发展水平。在奴隶社会和封建社会，由于生产力水平低下，直接从事生产的劳动者一般不需要经过学校教育的培养和训练，它所培养的人主要是进入社会上层建筑的统治人才，教育目的基本上只规定了政治思想品德上的一些要求。在资本主义社会，大工业机器生产的出现要求对劳动者进行一定的科学技术和生产技能的专门训练。这种要求反映到教育目的上，就是除了使受教育者形成一定的阶级意识和思想品德外，还重视使受教育者掌握与一定生产力水平相适应的科学技术知识和生产技能。随着现代科学技术的迅猛发展以及机器在生产中的广泛应用，生产力发展水平在教育目的的制定方面的要求更加明显，注重能力的培养和智力的开发，注重个性、开拓性和创造性成了当代社会对人才培养规格的普遍要求。

#### （三）教育目的要符合受教育者的身心发展规律

对受教育者身心发展规律的认识是确定教育目的的前提。首先，教育目的的直接指向对象是受教育者，教育活动总是希望引发受教育者身心素质发生预期变化，从而成长为具有一定个性的社会个体。离开了受教育者这一对象，既不能构成教育，也无从实现教育目的。其次，受教育者在教育活动中不仅是教育的对象，而且是教育活动的主体。因此，确定教育目的和教育目标，必须考虑到受教育者身心发展的规律和特点，对不同年龄阶段和不同发展程度的受教育者提出不同要求。

#### （四）教育目的受民族文化与世界教育发展进程所制约

教育目的还受到国家的历史背景和民族文化传统等因素的影响。东方文化的传统

比较重视个人对于集体的责任感、义务感，其教育目的比较重视满足社会所需要的人才，强调人才对社会和国家的义务和忠诚。西方文化的传统，比较重视个人，其教育目的往往突出个人的自由发展和自我实现。在世界经济日益朝着区域化和国际化方向发展的今天，国家和民族的信息、交往和利益等方面体现出普遍的相关性，教育国际化已成为每个国家或民族自身发展的重要基础和前提。因此，在制定教育目的时，我们既要立足教育目的的民族性，又要注重体现教育目的的世界性，要坚持民族性和世界性相结合的价值取向，立足民族，放眼世界，在社会开放中发展民族、创新民族精神，使民族更好地走向世界。

## 二、教育目的选择和确立中的基本取向

人们提出教育目的，即把受教育者培养成什么样的人，必然会从他们的立场出发，从他们改造自然、改造社会的需要出发，有所权衡、有所选择，在观念上建构出一个自认为理想的形象，并将其作为教育活动所要实现的目标。从这个意义上讲，教育目的本身就体现着人的一种价值追求。

所谓教育目的的价值取向，是指教育目的的提出者或从事教育活动的主体依据自身的需要对教育价值做出选择时所持的一种倾向。在教育目的的价值取向上影响较大的主要有两派：个人本位论和社会本位论。

### （一）个人本位论

个人本位论盛行于18世纪至19世纪上半叶，以法国的卢梭、英国的洛克、瑞士的裴斯泰洛齐等人为代表，其基本观点是主张教育目的应根据个人需要来确定。该理论认为，人生来就具有健全的本能，教育目的是由人的本能、本性的需要决定的，教育的根本目的是使人的本能和本性得到自由发展；个人价值高于社会价值，评价教育价值也应当以其对个人发展所起的作用为标准来衡量。如在西方教育史上，洛克认为“教育的目的在完成健全精神与健全身体”；卢梭认为教育就是要“养成正当的习惯”；裴斯泰洛齐认为“为人在世，可贵者在于发展，在于发展各人天赋的内在力量，使其经过锻炼，使人能尽其才，能在社会上达到他应有的地位”。综上所述，个人本位论的教育目的观的基本特点是：

1. 倡导人性本善

持个人本位论教育目的的学者均认为人性本善。因此，人性本善观就为教育价值的展现留下了空间，使人接受后天的教育有了可能。同时，人性本善观也为诸如教育目的的厘定、教育内容的取舍、教育方法的选择等活动提供了价值取向的引领。

2. 尊重人的自然本性

作为对中世纪哲学及其文化思想的反叛，个人本位论的教育目的观以尊重人的自然本性为主要志向，认为教育目的不能指向个人之外的某个因素，而是要关注人的自然本性的和谐、健康地发展，在这个过程中，要努力地使它不受后天因素的干扰和影响。

3. 关注个人的价值和地位

作为个人主义者，持个人本位论教育目的的论者普遍重视个人的价值和地位，认为个人价值高于社会价值，评价教育的价值也应当以其对个人的发展所起的作用来衡量。

个人本位论的兴起和盛行正是欧洲资产阶级进行反封建斗争的时期，它把人视为教育的根本，揭露了封建教育的落后、腐朽，批判了封建社会对人的束缚和摧残，要求尊重人的价值、给人以发展的自由。它对反对宗教神学对人的思想禁锢、反对封建蒙昧主义强加于人的一切教育要求、提倡个性解放、尊重人的价值，具有历史进步意义。但是个人本位论排斥社会对人才培养的制约的观点是不正确的。

**（二）社会本位论**

社会本位论是在19世纪下半叶产生的，代表人物有法国的孔德、涂尔干，德国的赫尔巴特等，其基本观点是主张教育目的应根据社会需要来确定。该理论认为，个人的发展有赖于社会，教育结果也只能以其社会功能加以衡量，教育结果的好坏，主要看它对社会贡献了什么、贡献的程度如何；教育的一切活动都应服从和服务于社会需要，教育除了社会的目的之外，没有其他目的。历史上，许多人都是据此提出教育目的的，如法国社会学家迪尔凯姆就否认个人的存在，认为人之所以为人，只因为他生活于人群之中，并且参与社会活动。教育目的就是使青年社会化，造就一个社会的人。德国教育家凯兴斯坦纳和哲学家纳托尔普也都是从社会需要的观点出发来研究教育问题的。如凯兴斯坦纳认为绝大多数国民的特性是自愿从事体力劳动，只有极少数人适宜于精神工作，因此对不同的人应实施不同的教育，对绝大多数人应给予从事体力劳动的职业训练，这种劳作教育的目的是进行职业的陶冶，使之安于自己的职业，做自己该做的工作。纳托尔普则认为在教育目的决定方面，个人不具有任何价值，个人不过是教育的原料，个人不可能成为教育的目的。涂尔干则指出教育对社会而言只是一种手段，只是社会为了在儿童内心形成自身存在所必需的基本条件而采取的手段。他认为，追求个体的和谐发展在一定程度上是令人向往的，却是无法实现的。因为它与人的一生必须献身于某一项特定而有限的任务的行动准则相矛盾。因此他认为社会应当在刚产生的利己主义和不适应社会生活的人格时，通过最快的途径，添上能够适应道德生活和社会生活的另一种人格，而塑造社会化的个人，就是教育的目的和使命。

社会本位论的教育目的观是一种“外铄”观，主张人的价值是通过后天的社会和教育获得并在社会中展现的。它的基本特点是：

1. 重视教育的社会价值

站在社会的立场，社会本位论强调社会价值与利益的至高无上性，重视每个人所承担的社会角色和义务，并以此来规定教育的目的和教育的功能，因此，在它的视野中，教育承担着重大社会职责。

2. 重视培养公民及其所承担的社会责任

社会本位论的持有者多是国家主义者，重视公民教育，并普遍认为，作为国家公民，必须承担社会责任，扮演不同的社会角色，服务于国家利益。

社会本位的教育目的观重视教育的社会价值，强调教育目的要指向于国家利益和公民培养，并据此来满足社会需要，是有一定的合理性的。但是，它的不足之处也很明显，它过分夸大了社会的地位和作用，并把教育的社会目的绝对化，完全割裂了人与社会的关系，使人工具化，这是不可取的。

个人本位论和社会本位论各执一端，强调了教育价值功能中的一个侧面，都具有一定的合理性。但是，两者的共同弊端在于它们都把自己的出发点强调到了极端的程度，完全排斥和否定另一面的合理性，因而都是不科学的。在个人和社会的关系这一问题上，只有把社会发展与个人发展、社会化与个性化、社会价值与个人价值有机地结合起来，才有可能正确解决教育目的的价值取向问题。

## 第三节　我国的教育目的

教育目的是一定社会为各级各类教育确定的人才培养规格或总体要求，我国在不同时期对教育要培养什么样的人才有不同的规格要求。

### 一、我国教育目的的历史演变

中华人民共和国成立之前，我国的教育目的主要体现为“教育宗旨”，中华人民共和国成立之后，我国的教育目的主要体现为“教育方针”。

#### （一）近代的教育目的

中华人民共和国成立之前，人们在提到应该培养什么样的人时并未出现“教育目的”的字眼，它往往体现为“教育宗旨”。1904 年清政府在《奏定学堂章程》中明确提出立学宗旨是“以忠孝为本，以中国经史之学为基，俾学生心术归于纯正，而后以西学明其智识，练其艺能，务期他日成才，各适实用，以为国家造就通才、慎防流弊之意”。该教学宗旨明确体现了“中学为体、西学为用”的思想。

1906 年，光绪以上谕的形式颁布了清末教育家严修代学部起草的“奏请宣示教育宗旨折”，以“忠君、尊孔、尚公、尚武、尚实”为教育宗旨。这个教育宗旨延续了以往“中体西用”的指导思想，是中国近代第一个以政府法令形式明定的教育宗旨，它的影响一直延续到民国时期。

1912 年，民国教育总长蔡元培发表《对于教育之意见》，强调“国民教育应以养成共和健全之人格为根本方针”，提出“五育并举”的教育方针。同年，全国临时教育会议审查通过了“注重道德教育，以实利主义、军国民教育辅之，更以美感教育完成其道德”的新教育宗旨。这个教育宗旨突破了“中体西用”的框架，并从中可隐约发现德、智、体、美四育的雏形。

1929 年，民国政府制定三民主义教育宗旨，“根据三民主义，以充实人民生活，扶植社会生存，发展国计民生，延续民主生命为目的，务期民族独立、民权普遍、民生发展，以促进世界大同”①。

#### （二）中华人民共和国的教育目的

中华人民共和国成立以来，我国教育目的的表述包含在教育方针中。教育方针是国家根据政治、经济的要求，为实现教育目的所规定的有关教育工作的总体要求。它是对教育政策的总体概括，其内容包括教育的指导思想、教育的根本性质、培养人才的总体规格（即教育目的），以及实现教育目的的基本途径等。中华人民共和国成立以来，我国教育目的的表述数次更改，其目的就是更好地培养出符合社会发展和个体发

① 胡莉芳. 培养德智体美劳全面发展的社会主义建设者和接班人：教育方针变迁的视角［J］. 中国人民大学教育学刊，2019（2）：146.

展的优秀人才。

1949 年，在中国人民政治协商会议第一届全体会议上通过的《中国人民政治协商会议共同纲领》中规定："人民政府的文化教育工作，应以提高人民文化水平，培养国家建设人才，肃清封建的、买办的、法西斯主义的思想，发展为人民服务的思想为主要任务。"

1957 年，毛泽东在《关于正确处理人民内部矛盾的问题》一文中，提出了"我们的教育方针，应该使受教育者在德育、智育、体育几方面都得到发展，成为有社会主义觉悟的有文化的劳动者"。

1978 年，我国的教育目的在第五届人大会议上通过的《中华人民共和国宪法》（以下简称《宪法》）中被表述为："我国的教育方针是教育必须为无产阶级政治服务，教育必须同生产劳动相结合，使受教育者在德育、智育、体育几方面都得到发展，成为有社会主义觉悟的、有文化的劳动者。"

1981 年，在《中国共产党中央委员会关于建国以来党的若干历史问题的决议》中指出："加强和改善思想政治工作，用马克思主义世界观和共产主义道德教育人民和青年，坚持德智体全面发展、又红又专、知识分子与工人农民相结合、脑力劳动与体力劳动相结合的教育方针"。

1982 年，第五届全国人民代表大会第五次会议通过的《宪法》第四十六条规定："国家培养青年、少年、儿童在品德、智力、体质等方面全面发展。"这是中华人民共和国第一个以法律形式出现的教育目的。

1985 年，《中共中央关于教育体制改革的决定》指出："教育体制改革的根本目的是提高民族素质，多出人才，出好人才。""所有这些人才，都应该有理想、有道德、有文化、有纪律，热爱社会主义祖国和社会主义事业，具有为国家富强和人民富裕而艰苦奋斗的献身精神，都应该不断追求新知，具有实事求是、独立思考、勇于创造的科学精神。"

1986 年，《中华人民共和国教育法》（以下简称《教育法》）规定了义务教育的目的："义务教育必须贯彻国家的教育方针，努力提高教育质量，使儿童、少年在品德、智力、体质等方面全面发展，为提高全民族的素质，培养有理想、有道德、有文化、有纪律的社会主义人才奠定基础。"这是首次将提高全民族素质作为我国教育目的的主要内容。

1990 年，在《中共中央关于制定国民经济和社会主义发展十年规划和"八五"计划的建议》中明确提出我国的教育方针是："教育必须为社会主义现代化服务，必须同生产劳动相结合，培养德、智、体全面发展的建设者和接班人。"

1993 年，《中国教育改革和发展纲要》指出："教育必须为社会主义现代化服务，必须与生产劳动相结合，培养德、智、体全面发展的建设者和接班人。"

1995 年，《教育法》规定："教育必须为社会主义现代化建设服务，必须与生产劳动相结合，培养德、智、体等方面全面发展的社会主义事业的建设者和接班人。"

1999 年，《中共中央国务院关于深化教育改革，全面推进素质教育的决定》把教育目的表述为："实施素质教育，就是全面贯彻党的教育方针，以提高国民素质为根本宗旨，以培养学生的创新精神和实践能力为重点，造就'有理想、有道德、有纪律、有文化'的、德智体全面发展的社会主义事业建设者和接班人。"

2001 年，《国务院关于基础教育改革和发展的决定》指出："坚持教育必须为社会主义现代化建设服务，为人民服务，必须与生产劳动和社会实践相结合，培养德智体美等全面发展的社会主义事业建设者和接班人。"

2002 年 11 月，党的十六大提出了"全面贯彻党的教育方针，坚持教育为社会主义现代化建设服务，为人民服务，与生产劳动和社会实践相结合，培养德智体美全面发展的社会主义建设者和接班人"的教育方针。

2006 年，第十届全国人民代表大会常务委员会第二十二次会议修订的《中华人民共和国义务教育法》（以下简称《义务教育法》）规定："义务教育必须贯彻国家的教育方针，实施素质教育，提高教育质量，使适龄儿童、少年在品德、智力、体质等方面全面发展，为培养有理想、有道德、有文化、有纪律的社会主义建设者和接班人奠定基础。"

2010 年，《国家中长期教育改革和发展纲要（2010—2020 年）》提出，"全面贯彻党的教育方针，坚持教育为社会主义现代化建设服务，为人民服务，与生产劳动和社会实践相结合，培养德智体美全面发展的社会主义建设者和接班人。"

2012 年，中国共产党第十八次全国人民代表大会报告中指出"要坚持教育优先发展，全面贯彻党的教育方针，坚持教育为社会主义现代化建设服务、为人民服务，把立德树人作为教育的根本任务，培养德智体美全面发展的社会主义建设者和接班人。全面实施素质教育，深化教育领域综合改革，着力提高教育质量，培养学生社会责任感、创新精神、实践能力。"

2015 年，第十二届全国人民代表大会常务委员会第十八次会议颁布了修订后的《教育法》，指出"教育必须为社会主义现代化建设服务、为人民服务，必须与生产劳动和社会实践相结合，培养德、智、体、美等方面全面发展的社会主义建设者和接班人。"

2017 年，习近平总书记在党的十九大报告中明确提出，"建设教育强国是中华民族伟大复兴的基础工程，必须把教育事业放在优先位置，深化教育改革，加快教育现代化，办好人民满意的教育"，"要全面贯彻党的教育方针，落实立德树人根本任务，发展素质教育，推进教育公平，培养德智体美全面发展的社会主义建设者和接班人。"

以上这些教育目的的表述虽然几经更迭，但都体现了我国不同历史时期人才培养的不同需求。沿着历史发展的脚步，我们能够越来越明显地看到我国教育目的的核心要素：我国教育是社会主义社会中的教育，是要为社会主义事业培养人才，是要帮助每一位个体实现全面发展。

**【知识考查】**

中国当代历史上第一个以法律形式规定的教育目的是（　　）中的教育目的。

A. 1958 年《关于教育工作的指示》

B. 1957 年《关于正确处理人民内部矛盾的问题》

C. 1982 年《宪法》

D. 1995 年《中华人民共和国教育法》

答案：C

## 二、当前我国的教育目的

一个国家的教育目的无疑就是一个国家教育精神的集中体现，是一个国家教育的灵魂①。习近平总书记指出，党的十八大以来，培养什么人、怎样培养人、为谁培养人一直是教育的根本问题。培养什么人的问题，是教育的首要问题，它决定着教育工作的根本方向和任务，也是衡量教育质量的根本标准。2018 年 9 月 10 日全国教育大会上，习近平总书记从党和国家事业发展全局的战略高度，对这个问题做出新的和深刻的阐述，明确提出“我们必须在党的坚强领导下，全面贯彻党的教育方针，坚持马克思主义指导地位，坚持中国特色社会主义教育发展道路，坚持社会主义办学方向，立足基本国情，遵循教育规律，坚持改革创新，以凝聚人心、完善人格、开发人力、培育人才、造福人民为工作目标，培养德智体美劳全面发展的社会主义建设者和接班人，加快推进教育现代化、建设教育强国、办好人民满意的教育”②，明确回答了教育的根本问题，即培养什么人、怎样培养人、为谁培养人。习近平总书记的这一重要论述是十八大以来中国特色社会主义教育理论建设取得的最新成果，是中华人民共和国成立以来党的教育方针中有关教育目的的表述的最新概括，是马克思主义人的全面发展理论在当代中国的最新发展，具有重大的理论意义和实践意义③。

在这个最新的教育目的的表述中，习近平总书记突出强调了以下几个方面：

### （一）以马克思主义为指导

在我国教育目的的表述中直接阐明“以马克思主义为指导”尚属首次，这表明我们必须坚定不移地用马克思主义来武装思想，制定符合中国国情的教育目的。

### （二）坚持社会主义办学方向

我国是中国共产党领导的社会主义国家，这就决定了我们的教育必须把培养社会主义建设者和接班人作为根本任务，培养一代又一代拥护中国共产党领导和我国社会主义制度、立志为中国特色社会主义奋斗终生的有用人才。这是教育工作的根本任务，也是教育现代化的方向目标。

### （三）强调劳动教育的价值

“培养德智体美劳全面发展的社会主义建设者和接班人”，重新强调了新时代劳动教育的重要价值，把“劳动素养”作为教育培养目标的重要组成部分，作为学生发展目标之一。首次用劳动教育的表述涵盖了以往教育与生产劳动、教育与社会实践相结合的提法，强调了德、智、体、美、劳全面发展的教育思想，是新时代中国特色社会主义事业发展对教育的总体要求。21 世纪的劳动教育不能简单地理解为参加社会实践活动，而是要在课程设置、教学、评价等各个方面同现代经济、技术发展相适应，如基础教育阶段的能力培养、职业生涯教育，高等教育阶段的技能训练、科教融合，这些都可以培养学生的“劳动素养”，使他们的知识、技能、综合素质能够适应社会经济发展需要。而作为一项政策选择，21 世纪学生的核心素养也必须体现在“德、智、体、美、



① 刘铁芳. 培养担当民族复兴大任的时代新人：论新时代我国教育目的的蕴含［J］. 教育学报，2018（5）：3.
② 洪海鹰. 关注全人发展 构建全面培养的教育体系［J］. 甘肃教育，2019（6）：16.
③ 石中英. 努力培养德智体美劳全面发展的社会主义建设者和接班人［J］. 中国高校社会科学，2018（6）：9.

劳”全面发展的基础之上，以核心素养教育推动教育方针的具体化和细化，是教育工作的重要课题。

**（四）办人民满意的教育**

教育是民生之首，关系亿万人民群众的切身利益、根本利益、长远利益，办好人民满意的教育是为人民服务的重要内容。为人民服务是党的根本宗旨，党的一切奋斗和工作都是为了造福人民。我们培养人才，建设教育强国，最终都是为了让人民群众感到满意，这和老百姓的生活息息相关，与老百姓的幸福感紧密相连。办人民满意的教育就意味着在切实解决人民群众极为关注的人人“有学上”问题的基础上，为人民群众提供高质量教育、多样化教育，促进人的全面发展，满足不同社会阶层的多元教育需求。



## 三、我国教育目的的精神实质

教育是民族振兴、社会进步的重要基石，是功在当代、利在千秋的德政工程，对提高人民综合素质、促进人的全面发展、增强中华民族创新创造活力、实现中华民族伟大复兴具有决定性意义。教育是国之大计、党之大计。党的十九大指出，我国进入了中国特色社会主义新时代。立足新的时代特点，我国教育目的也有了新的内涵，其精神实质虽未发生根本性的变化，但也有了新的时代意义。

**（一）社会主义——我国教育目的的根本所在**

教育作为培养人的社会活动，既源于社会需要也受社会制约。因此，教育无不带有各个时代的特点和要求，无不体现一定的社会性质。中华人民共和国成立以来，无论我国社会怎样发展，无论我国发展的各个时期工作重点有什么不同，教育目的所确定的社会主义性质始终没有变。我国是中国共产党领导的社会主义国家，这就决定了我们的教育必须把培养德智体美劳全面发展的社会主义建设者和接班人作为根本任务。这是教育工作的根本任务，也是教育现代化的方向目标。教育目的的制定必须坚持社会主义的性质不动摇，从根本上保证我国教育发展的社会主义方向，培养一代又一代拥护中国共产党领导和我国社会主义制度、立志为中国特色社会主义奋斗终生的有用人才。

**（二）使受教育者在德智体美劳方面全面发展——我国教育目的的个体价值**

人的全面发展是马克思主义的最高价值追求和崇高理想，追求人的全面发展是我国一以贯之的最高理想目标。“德智体美劳全面发展”是对教育所要培养人才的素质结构的普遍性要求，规定了人才培养的具体目标。习近平总书记强调，德智体美劳全面发展是我国教育目的在个体发展方面的总体要求。教育要培养德智体美等方面全面发展的人，既明确了我国教育应该从哪些方面来引导和发展受教育者，又确定了我国的社会主义人才应该具备哪些素质要求，两者具有高度的一致性。

习近平总书记谈到全面发展德智体美劳几个方面时，将德放在了首位。他认为，基础教育是立德树人的伟大工程，育人的根本在于立德，我们培养的人，必须坚持立德为先、修身为本，具有大爱大德大情怀。习近平总书记指出，要把立德树人融入思想道德教育、文化知识教育、社会实践教育各环节，贯穿教育的各个领域，学科体系、教学体系、教材体系、管理体系要围绕这个目标来设计，教师要围绕这个目标来教，学生要围绕这个目标来学。

针对以往教育实践中“重视知识教学，淡化体育、弱化美育和忽视劳动技术教育”的做法，习近平总书记专门强调了体育、美育和劳动技术教育在全面发展的人的培养中的重要性，要求树立“健康第一”的教育理念，开齐开足体育课，帮助学生在体育锻炼中享受乐趣、增强体质、健全人格、锤炼意志；全面加强和改进学校美育，坚持以美育人、以文化人，提高学生审美和人文素养；在学生中弘扬劳动精神，教育引导学生崇尚劳动、尊重劳动，懂得劳动最光荣、劳动最崇高、劳动最伟大、劳动最美丽的道理，长大后能够辛勤劳动、诚实劳动、创造性劳动。

#### （三）注重提高全民族的素质——我国教育目的的社会使命

我国的教育目的不仅包含对人的全面发展的要求，而且含有对整个民族素质全面提高的要求。提高全民族的素质，是我国当今社会发展赋予教育的根本宗旨，也是我国当代教育的重大使命。21世纪的国际竞争，与其说是科学技术的竞争，不如说是人才的竞争，而人才的竞争，归根结底表现为教育的竞争。要使我国在世界上立于不败之地，就必须提升教育的质量，提高全民族的素质，从而推动我国经济建设和社会的良性发展。

#### （四）全面发展的人才培养战略——我国教育目的的实现方式

一个国家经济建设和社会的全面发展进步，需要有各级各类人才与之相适应。培养能够坚持社会主义方向的各级各类人才，是我国改革开放以来教育目的所体现的基本要求。习近平总书记强调，要培养德智体美劳等方面全面发展的社会主义事业的建设者和接班人，就要在六个方面下功夫：

（1）要在坚定理想信念上下功夫，引导学生树立共产主义远大理想和中国特色社会主义共同理想，增强学生的中国特色社会主义道路自信、理论自信、制度自信、文化自信，立志肩负起民族复兴的时代重任。

（2）要在厚植爱国主义情怀上下功夫，让爱国主义精神在学生心中牢牢扎根，引导学生热爱和拥护中国共产党，立志听党话、跟党走，立志扎根人民、奉献国家。

（3）要在加强品德修养上下功夫，引导学生培育和践行社会主义核心价值观，踏踏实实修好品德，成为有大爱大德大情怀的人。

（4）要在增长知识见识上下功夫，引导学生珍惜学习时光，心无旁骛求知问学，增长见识，丰富学识，沿着求真理、悟道理、明事理的方向前进。

（5）要在培养奋斗精神上下功夫，引导学生树立高远志向，历练敢于担当、不懈奋斗的精神，具有勇于奋斗的精神状态、乐观向上的人生态度，做到刚健有为、自强不息。

（6）要在增强综合素质上下功夫，引导学生培养综合能力，培养创新思维。

### 四、我国教育目的的理论基础

马克思关于人的全面发展学说是马克思主义教育思想的重要组成部分，也是确立我国社会主义教育目的的理论基础。

#### （一）马克思关于人的全面发展学说的基本思想

马克思主义关于人的全面发展学说是马克思、恩格斯在政治经济学的研究中考察社会物质生产与人的全面发展关系时，所提出的关于人的发展问题的基本原理，是马克思主义教育思想的重要组成部分。它的基本思想是：人的发展同其所处的社会生活条件是相联系的；旧式分工造成了人的片面发展；机器大工业生产提供了人的全面发展的基础和可能；社会主义制度是实现人的全面发展的社会条件；教育与生产劳动的结合是培养全面发展的人的根本途径。根据马克思和恩格斯的论述，人的全面发展，就是智力和体力获得充分、和谐、自由的发展，同时也包括人的才能、志趣和道德品质等多方面的发展。

### （二）人的片面发展的原因

人的全面发展是针对人的片面发展提出的。马克思和恩格斯在全面研究人类社会发展历史的基础上提出了个人片面发展的根本原因在于私有制和旧式分工。就个人自身来考察个人，个人就是受分工支配的，分工使他变成片面的人，使他畸形发展，使他受到限制。旧式分工始于城乡分离。由分工造成的人的片面发展在资本主义初期的工场手工业里达到了最严重的程度。工场手工业把一种手工艺分成各种精细的工序，把每个工序又分给个别工人，作为他们终身的职业，使他们一生束缚在单一的操作和单一的工具上，从而导致了劳动者身心发展被分割，劳动过程中智力和体力彻底的分离和对立。

### （三）个人全面发展的客观必然性

当社会生产力由工场手工业发展到机器大工业生产时，人的全面发展就成了客观要求。因为大工业的本性是以现代科学技术为基础的，它从不把某一生产过程当成生产的理想状态，追求工艺的不断改进、产品类型的推陈出新、产品质量的不断提高是现代生产竞争的客观规律。生产过程不断完善和更新，吸引劳动者不断学习和掌握科学技术，通晓生产过程的基本原理，这就必然要求脑力劳动和体力劳动的有机结合，要求人的全面发展。

现代大工业生产不仅提出了个人全面发展的必要性，而且也提供了可能性。首先，大工业生产依靠的是先进的科学技术，为保证这种生产的顺利进行，涌现出一系列新兴学科。这些新兴学科的出现和综合技术教育的实现，使劳动者通过学习掌握生产过程的基本原理和基本技能，了解整个生产系统成为可能；其次，大工业生产的发展，促进了劳动生产率的提高，从而为缩短劳动时间、减轻劳动强度，使劳动者学技术、学文化、发展自己的兴趣和特长成为可能。

### （四）个人全面发展的实现条件

1. 社会生产力的高度发展是人全面发展的必要物质基础

人的发展受生产力发展水平的制约：人的片面发展是由工场手工业分工造成的，人的全面发展则是大工业生产的客观要求。人的全面发展的可能性取决于生产力的高度发展为之提供的物质条件。可见，无论是消除人的片面发展，还是实现人的全面发展，都离不开生产力的发展这个前提。生产力水平低下，既不可能向人提出全面发展的要求，也不可能提供充分发展智力和体力的条件，只有高度发达的生产力才能使人的全面发展成为可能。当代社会，以科学技术为主导的知识经济时代开始到来，生产中的技术含量越大，对劳动者的教育要求就越高，也就越要求人能全面发展。因此，知识经济的出现将使人的全面发展开始走向现实。

2. 社会主义生产关系给人的全面发展创造条件，共产主义条件下将使人的全面发展成为现实

社会主义消灭了剥削，人民成了国家的主人，在政治上、经济上、教育上都享有民主平等的权利。“脑体劳动”的对立已不复存在，这样就为实现人的全面发展提供了制度上的保障。但由于社会主义社会生产力还不够发达，生产的社会化、现代化程度还不够高，教育、科学、文化还比较落后，还不完全具备实现人的全面发展的充足条件。

人真正的全面发展，只有到了共产主义社会才能彻底实现。共产主义社会，诞生了先进的生产关系，消灭了一切阶级和剥削，消除了城乡之间、工农之间、脑体之间的差别。生产力的发达，物质财富的丰富，人的思想道德觉悟的提高，各类教育的普及和教育方式的现代化，为一切社会成员满足自己的学习需要，全面发展自己的志趣才能创造了一切条件，从而使人的全面发展开始真正走向现实。

3. 教育与生产劳动相结合是造就全面发展的人的途径和方法

马克思非常重视教育与生产劳动相结合的意义和作用。他在《资本论》中指出：“从工厂制度中萌发了未来教育的幼芽，未来教育对所有已满一定年龄的儿童来说，就是生产劳动同智育和体育相结合，它不仅是提高社会生产的一种方法，而且是造就全面发展的人的唯一方法。”提高社会生产和培养全面发展的人，是一个问题的两个方面。提高社会生产，就为人的全面发展创造了物质基础。人的全面发展又会促进社会生产的提高，这两者都是通过教育与生产劳动相结合才得以实现的。因此，教育与生产劳动相结合，无论对于资本主义条件下工人阶级的解放，还是对于社会主义条件下提高社会生产，造就全面发展的人，以及最终实现共产主义，都具有十分重要的意义。

**【知识考查】**

我国教育目的的理论基础是（　　）。

A. 教育方针　　B. 教育目的

C. 中国学生发展核心素养　　D. 马克思关于人的全面发展学说

答案：D

## 五、我国全面发展教育的基本构成

我国教育目的所规定的全面发展教育由德育、智育、体育、美育和劳动技术教育五部分组成。

### （一）全面发展教育的基本构成

1. 德育

德育是教育者按照一定社会或阶级的要求，有目的、有计划、有组织地对受教育者施加系统的影响，把一定的社会思想和道德转化为个体的思想意识和道德品质的教育。德育是教育的一个重要组成部分，其基本功能就是引导学生树立正确的世界观、

人生观和价值观，在一定程度上决定着智育的方向。德育的任务包括：①逐步提高学生的道德修养，形成社会主义和共产主义道德观；②培养学生正确的政治方向，初步形成科学的世界观；③培养学生的道德评价和自我教育的能力，养成学生良好的道德行为习惯；④培养学生的民族精神，形成正确的理想和信念。当前我国教育目的表述时将“立德树人”作为教育的根本任务，把德育作为实现人的全面发展的基础性工程，贯穿到“智育”“体育”“美育”和“劳动技术教育”的各方面、全过程，旨在努力培养品德端正、全面发展的优秀人才。

2. 智育

智育是传授给学生系统的科学文化知识和技能，以此发展他们智力的教育活动。智育在社会文明建设中起着不可缺少的和越来越重要的作用，在全面发展教育中占有十分重要的地位。智育的任务主要包括：①向学生传授系统的科学文化基础知识，培养基本的技能技巧；②发展学生的智力。智力是指保证人们有效地进行认识活动的、比较稳定的心理特征的综合，它包括观察力、想象力、思维力、记忆力、注意力等因素，其中，思维能力是决定性的因素。

3. 体育

体育是以身体活动为基本内容，促进人的身心发展的培育人、塑造人的过程。体育是促进学生全面发展不可缺少的重要条件，青少年一代的身心健康水平关系到整个国家、民族的强弱盛衰。体育的任务主要包括：①增强学生的体质，其中包括促进学生正常发育和身体各器官机能的发展，全面发展学生的身体素质和人体基本活动能力，提高适应环境的能力；②向学生传授体育和卫生的基本知识和基本技能；③通过体育对学生进行思想品德教育；④向国家输送优秀体育运动员，促进我国体育水平的提高。

4. 美育

美育是通过现实美和艺术美的形象化形式打动学生情感，使学生在心灵深处受到感染和感化，从而培养学生正确的审美观点，使学生具有感受美、鉴赏美、表现美和创造美的能力的教育。美育的任务主要包括：①使学生具有正确的审美观和感受美、鉴赏美的知识和能力；②培养学生表现美、创造美的能力；③培养学生的心灵美和行为美。

5. 劳动技术教育

劳动技术教育是引导学生掌握劳动知识和技能，形成劳动观念和习惯的教育。劳动教育是促进学生全面发展不可缺少的重要组成部分，能促进学生优良品德的发展，有利于学生掌握知识、形成技能、发展智力，还能增强学生体质，有利于完成升学和就业双重任务，适应社会主义现代化建设需要。劳动技术教育的任务包括：①使学生树立正确的劳动观点，养成良好的劳动习惯，培养热爱劳动和热爱劳动人民的思想感情，具有遵守劳动纪律、爱护劳动工具和劳动成果的优良品德；②使学生掌握一定的基本生产技术知识和某种职业技术的基础知识；③使学生参加一定的生产劳动实践，学会使用一些生产劳动工具的技能。

**（二）各育之间的关系**

人的全面发展不是德、智、体、美等方面平均发展，而是要在德、智、体、美诸方面实现充分、和谐、自由的发展，它们之间既紧密联系又无法相互替代。

“五育”之间无法替代，是因为“五育”是相互区别的，它们各自有自己的内容、目的、任务、原则、方法与实现途径，对学生发展所起的作用也各不相同，从这个意义上讲，“五育”缺一不可。

**【名人名言】**

在一个全面发展的、活生生的、有血有肉的人身上，体现出力量、能力、热情和需要的完满与和谐。教育者在这种和谐里看到这样一些方面，诸如道德的、思想的、公民的、智力的、创造的、劳动的、审美的、情感的、身体等的完善。

——［苏联］苏霍姆林斯基

“五育”之间相互联系，是因为“五育”之间没有明显的界线，它们共同发展、共同作用于个体。“人的全面发展意味着人高尚的思想信念、道德品质、审美情趣、智力发展以及物质需要和精神需要的有机结合，使人在工作和生活中体现出力量、能力、热情和需要的完美和谐，使人的身与心、灵与肉、情与理、才与德、个性与社会性等方面有机结合、相得益彰、健康发展”①。“五育”之间是相互渗透、相互包含、相互交融、相互促进、相互联系、相互影响的关系。

## 六、教育目的的理性把握和落实

在我国教育目的的实践中，多年来一直存在着片面追求升学率的倾向，严重背离了教育目的的基本精神，我们应该深刻反思应试教育体制，坚持素质教育的发展导向，着重培养学生的核心素养，培养出真正符合社会主义发展方向的全面发展的社会主义事业的建设者和接班人。

### （一）重新审视传统的应试教育

所谓的“应试教育”是指脱离社会发展需要，以应付升学考试为目的的教育理念和教育方式。它的特点是采用机械化的教育方式培养学生，学生以课本为准进行学习，以考试成绩论英雄，以升学率的高低作为检验学校教育质量、教师工作成绩及学生学业水平的唯一标准。这样容易导致学校只重视学生智育的培养，而不重视德育、智育、体育、美育和劳动技术教育的全面发展，与我国教育目的相背而行，不仅不利于学生的全面发展，也不利于学生的个性化发展。在应试教育的体制之下，能培养出高分学生的学校就是好学校，能教出高分学生的老师就是好教师，能在考试中得高分的学生就是好学生。学生整天辗转于各个培训班，扎在成堆的试题中，以换取学习成绩的暂时提升，至于学生的身心是否健康，是否具备独立思考能力、动手操作的能力、创新能力等均显得无关紧要。这样的教育注定无法培养出全面发展的多元化人才。



① 全国十二所重点师范大学联合编写. 教育学基础［M］. 北京：教育科学出版社，2016：95.

**【案例分析】**

某市教育局最近出台一项改革措施，审查义务教育学校的办学效益，对效益高的学校实行倾斜政策，加大投资的力度。市教育局先制定出以学生学业成绩、升学率等为主要指标评价体系，然后依据这一指标体系，由教育行政部门、教育评估专家和学校三方组成评估小组，对全市义务教育学校进行评估，选出效益高的学校，并由政府出面对这些学校加大投资力度，以确保有限的教育资源得到最大限度的利用。

据市教育局有关人士称，这项措施的出台将改变以往那种重点学校"近水楼台先得月"的局面，因为评估的结果很有可能表明，重点学校不一定等于高效益的学校，一般学校也并不一定等于效益低的学校。

资料来源：2016 上半年教师资格证考试试题《中学教育知识与能力》。

**问题：**试运用我国义务教育发展的理念和政策，评论该市教育局的这项改革措施。

### （二）坚持素质教育的发展导向

为了走出应试教育的泥潭，素质教育就应运而生了。素质教育是以全面提高人的基本素质为根本目的，以尊重人的主体性和主动性为基础，注重开发人的智慧潜能，注重形成人的健全个性的教育。素质包括学生的身体素质、心理素质、思想道德素质、科学文化素质和创新素质等①。素质教育和应试教育最大的区别就在于素质教育重视学生的主体性，关注每一位个体的发展。素质教育不仅重视个体多方面的发展，还注重个体个性的彰显，它更加符合教育改革的发展趋势和潮流。但是我们也应该看到，很多学校表面上在搞素质教育，背地里却还是扎扎实实地搞着应试教育，究其原因，其实还是优质教育资源的短缺以及国人对优质教育的过度渴望造成的。为了保证教育的相对公平，选拔性考试仍然是素质教育迈不过去的坎儿。但我们应该清醒地认识到，素质教育的方向没有错，而且随着社会的日益进步，可供百姓选择优质教育资源定将愈来愈丰富，到那时，真正的素质教育必将全面实现。

**【名人名言】**

教育不仅为了儿童学习知识，还为了丰富儿童的精神世界，愉悦儿童的身心。

——李吉林

### （三）着重发展学生的核心素养

核心素养是教育目的的具体化，是连接宏观教育理念、培养目标与具体教育教学实践的中间环节。教育目的通过核心素养这一桥梁，可以转化为教育教学实践可用的、教育工作者易于理解的具体要求，明确学生应具备的必备品格和关键能力，深入回答"立什么德、树什么人"的根本问题，引领课程改革和育人模式变革。培养学生的核心

① 靳玉乐. 现代教育学［M］. 成都：四川教育出版社，2011：62.

素养已然成为我国教育发展的目标和方向。

20 世纪 90 年代以来，核心素养就成为全球范围内的重要教育议题，一些国际组织和国家相继开始了对核心素养的研究。1997 年经济合作与发展组织（OECD）启动了“素养的界定与遴选”（Definition and Selection of Competencies，简称 DeSeCo）项目。OECD 在启动核心素养研究之后，组织 12 个国家（奥地利、德国、美国、法国等）开展核心素养相关研究，并要求其提交本国报告。这随即带动各国和地区（日本、中国香港、中国台湾、新加坡等）对有关核心素养的研究热潮，并推动本国或本地区教育的发展。

【资料链接】

**美国的学生核心素养框架**

2002 年美国制定了《“21 世纪素养”框架》(以下简称《框架》)，该《框架》以核心学科为载体，确立了三项技能领域，每项技能领域下包含若干素养要求。①学习与创新技能，包括批判性思维和问题解决能力、创造性和创新能力、交流与合作能力。②信息、媒体与技术技能，包括信息素养、媒体素养、信息交流和科技素养。③生活与职业技能，包括灵活性和适应性、主动性和自我指导、社会和跨文化技能、工作效率和胜任工作的能力、领导能力和责任能力。

2014 年教育部印发《关于全面深化课程改革落实立德树人根本任务的意见》（以下简称为《意见》），《意见》提出，要根据学生的成长规律和社会对人才的需求，把对学生德智体美全面发展总体要求和社会主义核心价值观的有关内容具体化、细化，深入回答“培养什么人、怎样培养人”的问题。《意见》要求教育部组织研究提出各学段学生发展核心素养体系，明确学生应具备的适应终身发展和社会发展需要的必备品格和关键能力，突出强调个人修养、社会关爱、家国情怀，更加注重自主发展、合作参与、创新实践。至此，我国对核心素养的研究也正式拉开帷幕。对核心素养的研究是落实立德树人根本任务的重要举措，更是适应世界教育改革发展趋势、提升我国教育国际竞争力的迫切需要。

1. 核心素养的内涵及特点

核心素养主要解决的是“培养什么人”的问题，直接指向受教育者的素养和能力。核心素养指学生在接受相应学段的教育过程中，逐步形成的适应个人终身发展和社会发展需要的必备品格和关键能力。核心素养有以下六个特点：①核心素养是所有学生应具有的最关键、最必要的基础素养；②核心素养是知识、能力和态度等的综合表现；③核心素养可以通过接受教育来形成和发展；④核心素养具有发展连续性和阶段性；⑤核心素养兼具个人价值和社会价值；⑥学生发展核心素养是一个体系，其作用具有整合性。

2. 中国学生发展核心素养的研究成果

2016 年 9 月，中国学生发展核心素养研究成果发布：中国学生发展核心素养以培养“全面发展的人”为核心，分为文化基础、自主发展、社会参与三个方面，综合表现为人文底蕴、科学精神、学会学习、健康生活、责任担当、实践创新六大素养，具体细化为国家认同等十八个基本要点（如图 3-1 所示）。各素养之间相互联系、互相补充、相互促进，在不同情境中整体发挥作用。

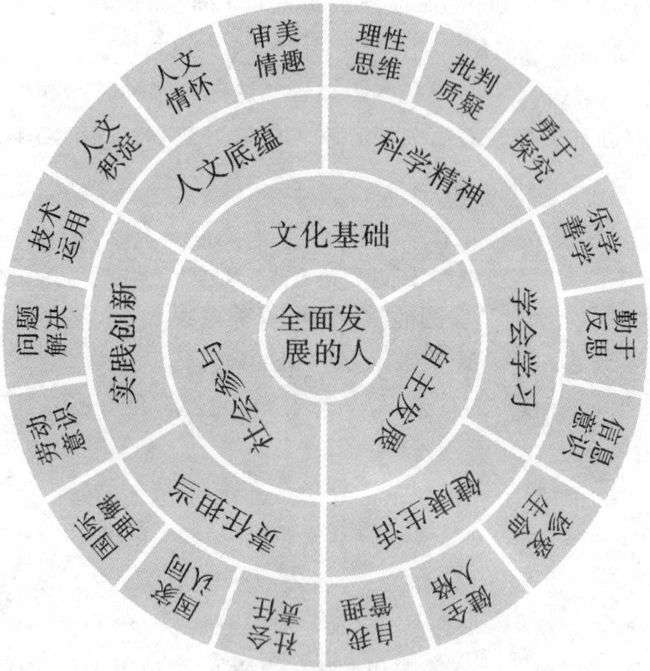


**图 3-1　全面发展的人应具备的基本要点**

2017 年教育部颁布了 14 门普通高中学科课程标准，在课程标准里面凝练了学科核心素养，明确了学业质量要求。如高中语文学科核心素养主要包括语言建构与运用、思维发展与提升、审美鉴赏与创造、文化传承与理解四个方面，高中数学学科核心素养主要包括数学抽象、逻辑推理、数学建模、直观想象、数学运算和数据分析六个方面，并且对这些素养的发展目标和水平提出了明确要求①。

核心素养的发展是教育方针的具体化、细化，核心素养的培育将成为实现德智体美劳全面发展的社会主义建设者和接班人培养目标的重要机制。基础教育阶段，通过学科核心素养，使得“课程教学—核心素养—德智体美劳全面发展的社会主义建设者和接班人”人才培养的各环节紧密衔接，把教育方针的实现落实到了课程、课堂；然而，相对于基础教育的学科核心素养要求，教育方针在高等教育阶段的落实机制还有待进一步研究。

① 中华人民共和国教育部. 普通高中语文课程标准（2017 版）［S］. 普通高中数学课程标准（2017）.

## 理解与反思

1. 什么是教育目的？它有哪些特点？

2. 教育目的选择和确立的依据有哪些？

3. 中国学生发展的六大核心素养是什么？

4. “为什么我们的学校总是培养不出杰出的人才？”这就是著名的“钱学森之问”。我们的教育到底应该培养什么样的学生？谈谈您对“钱学森之问”的看法。

## 拓展阅读

[1] 扈中平. 教育目的论 [M]. 武汉：湖北教育出版社，1997.

[2] 冯增俊，杨慧敏. 美国基础教育 [M]. 广州：广东教育出版社，2004.

[3] 袁桂林. 基础教育改革与发展 [M]. 长春：东北师范大学出版社，2002.

[4] 靳玉乐. 现代教育学 [M]. 成都：四川教育出版社，2011：62.

[5] 袁振国. 当代教育学 [M]. 北京：教育科学出版社，2005.

# 第四章 教育功能

**■学习导航**

（1）了解教育功能的概念。
（2）理解并掌握影响个体发展的因素以及教育在个体发展功能的表现。（重点）
（3）理解并掌握社会发展功能的主要表现。（重点）
（4）掌握教育的个人发展功能与社会发展功能的有效发挥条件。（难点）

**■思维导图**

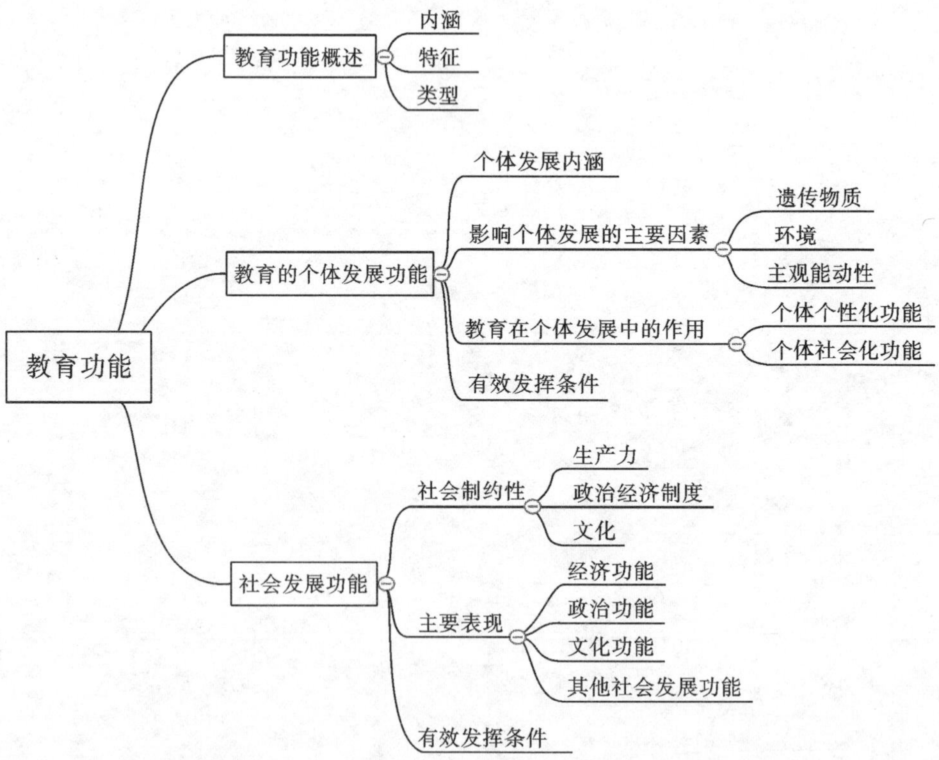

■教育瞭望

## 重新审视“进校园”活动的教育功能

近年来，行政部门要求“进校园”的活动越来越多，基层学校既要在学生中认真开展主题活动，又要拍摄照片、组织作文比赛、收集汇总相关的活动数据、撰写新闻通稿等。各类“进校园”活动的组织开展，已经使基层学校疲于应付，尤其是面对与学校利益攸关的部门，学校甚至要牺牲一定的教学时间，以保障该部门的“进校园”活动取得圆满成功。

诚然，与教育相关的“进校园”活动能丰富学生的校园生活，为学校提供鲜活灵动的教育资源，也是创新教育途径、拓宽教育维度的有益尝试，但从现实看，“进校园”的活动不区分学段，不划分区域，不研究学生，仅是为了满足某些部门的宣传需求，真正可以对学生起到什么教育效果却无人问津。

大量“进校园”活动的教育功能弱化和流失，不能不说是教育部门尤其是基层学校在“进校园”活动中话语权的丧失或被无视。

近日，为了减轻基层学校负担，浙江省永嘉县委办公室和县政府办公室联合下发通知，明确“进校园”活动由县教育局统一管理。按照规定，县级部门要在每学期开学前一个月，将计划中的“进校园”活动向县教育局提出申报，县教育局严格按照教育部制定的《义务教育各学科课程标准》进行审核，从严控制与教育不相关的活动。这种做法无疑扩大了教育部门在“进校园”活动中的话语权，甄别“进校园”活动的教育属性，也更大限度地约束了相关部门临时起意的“进校园”行为，为营造校园宁静的教书育人环境提供了必不可少的政策支撑。

重新审视“进校园”活动的教育功能，学生的立场和视角是不容回避的考量要素。如何提高“进校园”活动的质量，凸显其教育功能？一方面需要“进校园”活动的发起部门把好活动资源关，研究不同学段学生的年龄和心理特点，对“进校园”活动的宣传材料有所选择，避免“一刀切”的材料派送。另一方面也需要学校有针对性地组织学生参与到具体的过程中。以“禁毒宣传进校园”为例，组织小学一二年级学生参观禁毒图片展未免过于残忍，一幅幅面目狰狞、千疮百孔的吸毒者图片，与其说是给孩子带来心灵的震撼，不如说是一场心理恫吓。除了害怕，孩子对于禁毒的知识一无所获。从教育的效用而言，该年龄段学生只要知道不能随便接受别人赠送的物品就基本完成拒绝毒品诱惑的教育，再高层次的要求恐怕就为时尚早了。

规范“进校园”活动，明确教育行为的主体责任，强化活动的教育功能，离不开教育行政部门的规范管理，更亟待学校合乎教育规律的践行落实。

资料来源：钟洪尧. 重新审视“进校园”活动的教育功能［N］. 中国教师报，2018－11－21（3）.





教育与人的发展、社会的发展之间的关系是我们探索教育问题的两个重要出发点，研究教育与人、教育和社会两者之间的关系，使教育功能得以表达。因此，本章对于教育有哪些作用和功能，如何有效地发挥教育功能等问题展开探索。

# 第一节　教育功能概述

教育是一种培养人的活动，通过与人、社会的多方面相互作用、相互影响，达到自己的多方面的功能，实现培养人、促进人发展的目的。

## 一、教育功能的内涵

### （一）教育功能的定义

功能是指对于事物或方法发挥的有利作用，出自《汉书·宣帝纪》："五日一听事，自丞相以下各奉职奏事，以傅奏其言，考试功能。"《辞海》将功能定义为："一是事功和能力；二是功效、作用；三是同'结构'相对，指有特定结构的事物或系统在内部和外部的联系和关系中所表现出来的特性和能力。"① 由此可以看出，"功能"一词中，功和能相互制约，既是指一事物对其他事物能发挥的功效、有利的作用，也是指该事物具有对于其他事物产生积极作用的能力。

以此类推，教育功能就是指教育所具有的作用，尤其是教育对人和社会的积极作用。教育功能主要分为教育培养人，促进人个体发展的作用，以及为社会培养社会所需要的人，促进社会发展的作用。因此，我们将教育的功能定义为：教育对于人的发展和社会发展所能够起到的影响和作用，特别是指对于人和社会发展起到的积极作用。

### （二）教育功能与其他相关概念的区分

1. 教育本质与教育功能

教育本质是教育区别于其他事物的根本特征，是教育所固有的质的规定性，它回答了"教育是什么"的问题。教育功能则是指教育所能够发挥的作用，它回答了"教育能够干什么"的问题，它取决于教育本质，并随着教育本质的变化而变化。

2. 教育价值与教育功能

教育价值和教育功能的相似之处在于他们都是与教育对人和社会发展的作用有关，但是，教育价值是指教育应该达到什么样的作用，是人们对于教育事业的殷切期盼，反映了理想教育是干什么的；教育功能是指教育能够发挥的作用，是教育在教育活动中实际干了什么。所以，教育价值是教育的"应然"表现；教育功能是教育的"实然"表现，是教育价值在教育实际中所释放出来的实际效果、功效②。

3. 教育职能与教育功能

职能是指担任某一职位的人或某一机构的作用。职能会根据职业或职位而发生改变，是一种主观的规定。教育职能是人们在认识到教育的众多可能性之后，会依据人们的需求，选择最佳的途径为教育实践提出规定或意见。教育职能体现了主体的需求，它代表着"教育应该起到什么作用"③。而教育功能是教育活动在客观规律下起到的作

---

① 夏征农. 辞海［M］. 北京：商务印书馆，1979：373.

② 全国十二所重点师范大学联合编写. 教育学基础［M］. 北京：教育科学出版社，2014：31.

③ 杨丽敏. 浅析教育职能和教育功能［J］. 中国劳动关系学院学报，2010，24（3）：116-117.

用，它不会依据人们的意志而转移。教育功能代表着“教育实际上起到了什么作用”。我们在生活中不会说教育的职能，而是说学校职能。当学校职能完成就意味着教育功能的实现。但是，我们可以对学校职能进行规定，但不能够规定教育的功能。

【名人名言】

教育工作中的百分之一的废品，就会使国家遭受严重的损失。

——［苏联］马卡连柯

## 二、教育功能的特征

### （一）客观性

教育的功能不是主观想象出来的，它是由教育的本质和教育系统的结构决定的。教育功能会随着教育本质和教育结构的变化而变化。教育本质和教育结构在教育发展过程中具有相对的稳定性，这就产生了教育功能的客观性。教育功能为教育本身所固有的客观属性，不会以人的意志为转移。教育价值可以期待，教育职能可以规定，但是教育功能不可以选择。

### （二）社会性

教育是一种社会现象，是社会系统中的一个子系统。教育的功能和地位会随着社会系统的变化，特别是随着生产力和生产关系的变化而变化。尤其是教育的社会功能，即使是在某一特定的历史条件下，它也会受到社会政治经济制度的制约。教育对社会的作用，是以社会对教育的制约和影响为前提的。教育只有在社会政治经济制约的前提下，才能发挥教育的功能。

### （三）整体性

虽然教育功能是多种多样的，但它并不是杂乱的，它是一个以教育的个体发展功能为本体，通过培养人来促进社会发展的有机整体。教育功能不仅存在着本体和派生的顺序，而且各个功能相互制约、相互联动，实现共生共赢。教育不光是对个体发展和人类社会发展起到重要的作用，而且对个体发展和人类社会发展起到的作用具有协同一致性。教育功能的整体性不仅表现在教育内部的协调一致，还表现在与社会的政治、经济、文化等整体联合、相互影响。所以教育功能是一个有机整体，不能随意割裂，更不能为凸显某一功能而压制另一种功能，教育功能的释放和发挥要坚持系统性和完整性①。

### （四）条件性

功能是由事物的本质和结构决定的，是不会以人的意志为转移的。同时，功能并不会自主实现，它客观地存在于事物的结构中，具有一定的潜在性。事物结构规定功能“应该做什么”，这是一种潜在的功能，属于“应然”功能，真正的功能是“实际干了什么”，属于“实然”功能。在功能由“应该干什么”到“实际干了什么”之间需要的条件有：第一，符合教育自身的规定和规律；第二，需要现实提供适合功能发

① 全国十二所重点师范大学联合编写. 教育学基础［M］. 北京：教育科学出版社，2014：33.

挥的条件。如果没有这两个条件，“应然”功能不会成功转换成“实然”功能，而且会出现非预期的功能，甚至偏离预期的“应该干什么”的功能。这不仅不会促进人和社会发展，还会造成一定损害。





【知识考查】

教育功能体现在政治、经济、文化、科技等方面，说明功能具有（　　）特点。

A. 社会性　　B. 整体性　　C. 条件性　　D. 客观性

答案：A

## 三、教育功能的类型

教育功能具有各种各样的表现形态，而这些表现形态依据教育作用的对象、层次、形式和特征等各有不同。从不同的角度划分，教育功能就会被划分为不同的功能。

### （一）个体功能和社会功能

根据教育的作用对象划分，教育功能被划分为个体功能和社会功能。教育的个体功能，就是教育对于个体的生存和发展所产生的作用和影响，是在教育系统内部发生的，又被称为教育的本体功能。个体的发展主要包括两个方面，一个是个体的身体发展，一个是个体的心理发展。人即是个体的，也是属于社会的。教育的功能首先就是将自然人转化成社会人，促进个体的社会化和个体化，并将两者统一。

教育的社会功能主要是教育为维护社会运行，促进社会变革与发展，对其他社会子系统起到的作用①。教育是社会的子系统，与其他社会的子系统相互作用、相互影响，推动着社会的运行和发展。教育不同于其他的子系统，例如政治、经济，可以对社会直接产生作用。教育的本质是培养人，教育的功能也必须通过培养人来实现。因此教育的社会功能是教育本体功能在社会结构中的衍生，是教育的派生功能，主要表现为：教育促进经济的发展，提高国民科技运用能力，被称为经济功能；教育促进文化的保存、继承和发展，被称为文化功能等。

### （二）显性功能和隐性功能

这是由社会学家默顿提出的，他根据作用的呈现方向将教育功能分为显性功能和隐性功能。显性功能是教育在实际运行过程中呈现的结果，即与教育目的、任务和价值期待相符的功能，如教育的个体发展功能、政治功能、经济功能等。显性功能的主要标志是计划性。学校为了促进学生学习的积极性，举办知识竞赛，学生通过学习知识，提高了学习成绩，这就是教育的显性功能。隐形功能就是指教育的发展不在预期之内的，并且具有较大的隐藏性的功能，例如学校文化、社会环境、教师的行为方式等对于学生发展的潜移默化的影响②。家长溺爱孩子，为了让学生有更多的时间学习，不让学生干家务，虽然学生学习成绩非常好，但是进入大学后，会出现生活难以自理

---

① 袁振国. 当代教育学［M］. 北京：教育科学出版社，2010：338.

② 全国十二所重点师范大学联合编写. 教育学基础［M］. 北京：教育科学出版社，2014：33.

的现象。生活中有很多这类案例，这就是典型的教育隐形功能。

教育的显性功能和隐性功能既是相对的，又是相互转化的。一旦意识到隐性功能的重要性，被进行重视和引导，就可以将隐性功能转化为显性功能。

**（三）保守功能和超越功能**

从性质角度划分，教育的功能分为保守功能和超越功能。保守功能是基于教育不变的本质和相对稳定的结构而言的，它不会随着社会的变化而变化，从而形成了教育的自我保存，有利于文明的继承和发展，同时也展现了教育重复、封闭、保守的一面。教育的超越功能是通过教育的变革和自我更新，促进社会的发展。教育在社会的制约下，需要不断地发展和变更自己的结构和内容，才能够适应社会的发展。教育的保守功能和超越功能缺一不可，不可一味地追求教育的重复性，会导致教育事业停滞不前，间接影响个体和社会的发展，更不能为求创新抛弃原有的教育本质，导致本末倒置的局面。特别是在社会不断进步发展，信息技术全球化的今天，我们更应该要保证在保守的基础上进行教育的超越。

**【知识考查】**

教师为了激发和保持学生的学习动机，开展了一系列学习竞赛活动。结果如教师所料，学生的学习热情高涨，成绩明显提高，但没有想到的是，学生互相猜忌、隐瞒学习资料的现象日益严重，上述事实表明教育（　　）。

A. 既有正向显性功能，也有正向隐形功能

B. 既有负向显性功能，又有负向隐形功能

C. 既有正向隐形功能，又有负向隐形功能

D. 既有正向显性功能，又有负向隐形功能

答案：D

## 第二节　教育的个体发展功能

教育的对象是人，教育最根本的目的是培养人，促进人的身心和谐发展。这里的人主要是指受教育者个体。所以，正确认识人与教育之间的关系，充分发挥教育对人的发展的作用，是做好教育工作的重要保证。

### 一、个体发展的内涵及其主要因素

**（一）个体发展的内涵**

个体发展是指生命成长的过程，它主要包括人的身体发展和心理发展两个方面。身体的发展主要包括结构形态、生理机能的变化过程，心理发展是指人的认知能力、知识技能和思想品德的变化过程。人的身体发展和心理发展两者紧密相连，在人的发展中缺一不可。身体发展是心理发展的物质基础，心理发展也在时刻影响着身体的发展。

### （二）影响个体发展的主要影响因素

1. 遗传物质对于个体发展的作用

遗传是一种生理特征，是下一代从上一代那里继承而来的解剖生理特点，例如机体的结构、形态、感官和神经系统的特点等。对个体发展而言，遗传为人的发展提供了物质基础和生理前提①。

遗传是人的身心发展的物质基础和生理前提。没有这些物质基础和前提条件，人的任何发展都不会实现。例如，先天的色盲患者，就是因为先天遗传，无法成为画家；先天失聪的患者，无法成为一名音乐家；先天无脑患者，无法进行正常的思维，无法学习知识。当然，遗传物质不一定能够决定人的发展。

遗传物质的成熟程度制约者人的身心发展过程和阶段。"成熟"是指个体的器官发展到一定可以发挥功用的程度。在不同的年龄阶段的人的器官和身体机制在不断地变化，人的生理和心理也会呈现出不同的特征。遗传物质的成熟程度，为一定年龄阶段的身心发展提供了可能，同时也在制约着人的发展。

遗传物质的差异性对人的身心发展也有着一定的影响。人的遗传物质存在的差异性，为以后人发展的独特性提供了可能。所以，教育者要针对受教育者的身心发展特点，因材施教，抓住受教育者的培养重点，引导受教育者的发展方向。

遗传物质具有可塑性。遗传物质只是为人的发展提供了可能，人的发展不仅受先天因素的影响，还受后天因素的影响。拥有良好的遗传物质，但没有好的环境、教育和人的实践活动的影响，也未必会取得成功。例如，"狼孩"拥有人的遗传物质，但是缺少人的教育，长期和狼群生活在一起，即使他们回归人类生活，也很难成为社会人。相反，先天遗传物质缺乏的人，经过良好的特殊教育，也可以得到很好的发展。

2. 环境对于个体发展的作用

环境是指个体生活其中，影响人发展的一切外部条件的总和。环境包括自然环境和社会环境两个部分。自然环境是人和生物共同生存的环境，是人和生物生存的外部条件，它影响着人们生存质量的好坏，甚至会威胁到人类的生存。但是，对人的身心发展起到决定性作用的是社会环境。社会环境是在自然环境基础上，人类创造和积累着的物质文化、精神文化和社会关系的总和②。社会环境中对个体发展起到重要作用的，主要是家庭、学校和社会这三种环境。

个体的前期发展离不开家庭环境的影响。人在出生以后一直在接受家庭环境潜移默化的影响。就如美国心理学家班杜拉所言，人类的很多行为都是通过观察得来的。家庭中父母、爷爷奶奶等亲人的思想和行为习惯等时时刻刻影响着个体的发展，使个体渐渐获得一定的生活经验、知识和语言能力，形成各种思想意识和行为习惯。古代就有"孟母三迁"的故事，这也可以证明家庭环境对于人的身心发展具有巨大的影响。

不参与人类的社会环境的互动，人类将不会获得良好的发展，"狼孩"就是最有力的证明。很多"狼孩"被发现时，生活习性与狼无异，当他们被带回人类的社会环境中，往往也很难再次融入社会。这类事例告诉我们，遗传物质仅仅为人的发展提供了

---

① 全国十二所重点师范大学联合编写. 教育学基础［M］. 北京：教育科学出版社，2014：38.

② 袁世勋. 教育学新编［M］. 成都：西南交通大学出版社，2016：31.

生理基础和发展的可能性，缺乏了社会环境的滋养，人是不可能从自然人成长为社会人的。

学校是社会人培养的重要场所。学校环境在个体的发展中起到决定性的作用。从自然人成长为社会人，需要经历时代的洗涤，特别是在信息技术和经济迅猛发展的今天，想要适应社会的需求，仅仅依靠家庭环境和社会环境的影响是远远不够的。学校环境是社会的缩影，它对个体发展的影响包含着社会生活所需要的基本知识和技能、重要思想和时代精神等。学校环境中，可以协助个体调动自身的发展潜能，找到适合自己的发展方向，激发个体的多种发展可能性，让人可以更好地适应环境的不确定性。

在个体、社会发展以及人类进步中，家庭环境、学校环境和社会环境缺一不可。它们三者密不可分，相互作用、相互制约形成了一个有机整体。在世界这个大熔炉中，人类不仅仅要适应环境、改造环境，还要不断地在家庭、学校和社会环境中选择、组织、利用环境资源促进个体和人类社会发展。

但是，环境对人的影响需要在人的主观能动性的作用下才能发挥作用。人要在社会实践中，适应环境、创造环境并创造自己。但是，离开了实践，环境对于人的身心发展的作用都不会实现。

3. 人的主观能动性对于个体发展的作用

主观能动性是指人的主观意识对客观世界的积极作用，它主要包括人们能动地认识世界和改造世界，并将他们统一于社会实践活动中。人作为主体，通过自己的主观能动性来控制外部和内部因素对于个体发展的影响，个体的主观能动性是人的内在动力。每个人的发展取决于他的态度，无论是遗传物质、环境和教育对于个体发展的作用多么强大，一旦缺乏了人的主观能动性，都无法促进个体的发展。然而，个体的主观能动性会随着人的经验和能力的提高而不断增强。无论自身条件、环境如何，只要最大的发挥主观能动性，就会取得成功。在“逆境中成长”就是这样的例子。因此，个体的主观能动性是个体发展的决定性因素。

**【案例分析】**

**关于中华人民共和国成立以来影响人发展因素研究的述评**

理论取向研究这一阶段，我国教育理论界针对传统的“三因素论”提出了异议，认为三因素并没有完全揭示出影响人发展的所有因素，起码忽视了人的主体因素。公正地说，持“三因素论”的人并没有完全忽视学生的内因和主观能动性，但没有把它们列为影响人发展的独立因素也是事实。同时，这些论述本身也存在自相矛盾之处：一方面强调环境在人的发展中起决定作用，另一方面又批判“环境决定论”；一方面强调教育在人的发展中起主导作用，另一方面又把教育看作影响人发展的外因，并认定决定事物发展的根本原因在事物的内部。针对“三因素论”的这些缺陷，研究者们提出了两种改进方式：一是试图对“三因素论”进行补充和修正；二是试图对“三因素论”进行根本性改造。早期的研究主要是以增加因素的方式进行，如提出“四因素论”和“五因素论”。有研究者认为这种增加因素的研究，既没有揭示出各因素的本质，也没有说明因素间的逻辑关系，况且补充的因素未必能够成立。从总体上看，试图对“三因素论”进行补充和修正的因素理论，其基本趋向是突出人在接受环境和教育影响时的能动性，强调人自身的因素在人的发展中的作用。有研究者认为，“三因素论”的研究方法一是忽视了人的发展是一个动态变化过程；二是没有把人之主体的独特能动性看作影响人发展的重要因素。要想进一步认识影响人发展的因素问题，就必须抓住人发展的特殊性，用动态的、系统的、辩证的思维方式重新认识影响人发展的因素。为此，应该把影响人发展的因素分为两个层次、三大类，即“二层次三因素论”。“二层次三因素论”突破了过去仅从形式上增加因素数量的做法，力图从方法论上着手，突出从动态和人的主体意义上，以及从因素结构上分析影响人的发展因素及其关系。并据此认为人的发展因素分为可能因素和现实因素两个层次。在可能因素中又分为个体自身条件和环境条件因素，而现实因素则是指发展主体所进行的各种类型和各种水平的活动。“二层次三因素论”把教育看作环境和活动的一部分，没有把教育单独作为影响人发展的一个因素。对此，有研究者提出了不同看法，认为有必要把“教育”明确作为影响人发展的基本因素。这种观点是有一定道理的，但如何既保留教育这一因素的独立地位，又合乎逻辑地对影响人发展的因素进行分类，仍然是一个有待解决的问题。

资料来源：曾茂林. 关于建国以来影响人发展因素研究的述评［J］. 江苏教育研究，2009（22）：42-45.

**请思考：**如何更加合理地看待影响人发展的因素？你对于影响人发展因素的分类之争有何看法？

## 二、教育在个体发展中的作用

教育，特别是指学校教育，在前面影响个体发展的因素中没有提到它，不是因为教育因素可以被忽略，而是教育因素不是单一的因素，而是一种综合因素。教育包括特殊的主体、环境和活动三部分。教师和学生是学校教育中的特殊主体；学校教育拥有着特殊环境的影响；学校教育活动是一种具有目的性、教师和学生共同参与的特殊的实践活动。

个体发展的两个方面是个体个性化和个体社会化。

### （一）教育的个体个性化功能

生命的独特性为教育培养学生的个性提供了可能性，但是这并不意味着教育必然可以培养出个性化的人[①]。所谓个性，就是指个体在社会生活中形成的自主性和独特性的过程。个性主要表现在与他人的差异性和独特性上。

1. 教育能够促进主体意识和主体能力的发展

主体意识和主体能力是人个性化的表现。主体意识是人在实践活动中自觉意识，是主观能动性的观念表现。人将自己看作自然界的主体，不再被动地、消极地听命于自然界，而是主动地、积极地作用于自然。人必须遵守自然规律，但是，人同样可以

① 牟艳杰. 教育原理［M］. 北京：化学工业出版社，2010：31.

通过对自然规律的认识改造自然。主体能力是主体认识、适应并且改造外部世界的能力，是主体性的外在表现。无论是主体意识，还是主体能力都必须通过教育获得。通过教育的作用，人的知识、能力和道德等方面都得到了很大的提高，与此同时，人们的自我认知水平也在提升，随之达到了可以适应和改造世界的能力。

2. 教育能发展个体差异性

虽然人的遗传物质注定了人的差异性，例如气质类型的差异、智能优势的差异等。但是，个体的差异性主要还是依赖后天因素，其中教育因素的影响力最大。即使遗传物质相同，后天的生活环境、教育影响不同，也会形成不同的发展结果。教育作为有目的、有计划、有组织的实践活动，可以根据学生的不同心理发展特征，选择合理的、适合学生的教育，尊重个体的差异性。个体差异性主要表现在个体的心理发展，如兴趣爱好、性格和气质等。所以，教育者应该发挥自己的最大作用，因材施教，培养受教育者良好的个性心理，激发其内心的潜力。

3. 教育促进人的个体价值的实现

个体价值在于在社会生活中的价值的体现，力所能及地做一些对他人、对社会有利的事情。每个人一生中所展现的价值是通过他对社会生活发挥的作用大小来衡量的。对社会生活发挥作用的大小与他的道德水平、智力和能力的状况有关，人越有道德、知识和能力，越能够实现生命的价值，创造人生辉煌。教育可以让人认识到自己存在的意义，激发创造的激情与活力，掌握创造价值的知识与能力，实现个体价值，更好地服务社会。

**（二）教育的个体社会化功能**

社会化是一个将自然人转换成社会人，学习社会规范和社会行为模式的过程。教育的个体社会化主要包括：

1. 教育促进人的思想意识进步

人的行为是一种有意识的行为，思想意识则是支配人行为的内在力量。思想意识是人们对在社会生活中的事物的看法和思想，它不是个体思想的产物，也不是自发产生的，而是社会的产物。所以人的思想意识必须反映并符合社会的规范和要求。教育代表了一些社会对于社会人的要求，传播着社会中的主流文化、思想以及价值观念。成为“社会人”，首先要适应周围的环境，学习社会文化知识并运用它。教育者就是按照社会的一定要求，对受教育者进行社会规范、培养社会思想和传递社会文化的人。人的思想观念的培养离不开教育的影响，不同的教育影响会产生不同的思想意识。

2. 教育促进智力和能力的社会化

人的遗传物质保证了智力和能力发展的可能，但是，教育对人智力和能力的发展起决定性作用。教育具有生活指导的功能，它对个体的智力、能力的开发很大程度上是按照社会的要求进行的。教育资源是社会实践经验的概括与总结，是人类长期积累的实践活动经验中的精华，它传授给人生活所必需的知识、能力，是促进个体全面发展、掌握知识和技能、提升能力达到社会需要水平的基本途径。

3. 教育促进人的职业和身份的社会化

社会化的本质是角色承担①。进入近现代社会以来，社会分工的发展与科学技术的发展紧密相连。科学技术的发展推动着社会生产变革，也对教育的变革提出了要求。人在社会中会扮演一定的角色，如家人角色、工作角色、社会角色等。任何社会身份都在不同程度上蕴含着与其相对的教育素养。这就是教育在促进人的职业和身份社会化作用的体现，人们可以为实现角色的需求进行一定的训练，获得相应的行为规范、学会相应的行为方式。人在社会中会承担很多角色，要学会避免角色冲突，这就需要教育来帮助人们进行角色协调。学校提供的职业指导和定位也会对人的职业和身份的社会化产生很大影响。

**【名人名言】**

教育不在于使人知其所未知，而在于按其所未行而行。

——［英］园斯金

## 三、教育的个体发展功能有效发挥的条件

教育，特别是学校教育，在个体的身心发展中起到主导性的作用。学校教育是狭义的教育，它根据统治者或社会的要求，遵循学生的身心发展规律，有目的、有计划、有组织地引导受教育者的思想品德、智力、体力得到发展，将受教育者培养成社会所需要的人。帮助教育发挥其主导作用的条件有哪些呢？

### （一）受教育者的身心发展规律和主观能动性

人的发展是有规律的，教育只是影响个体发展的外因。个体的身心发展主要包括身体的发展和心理的发展。身体的发展，又称作生理发展，包括结构形态、生理机能的发展，而心理的发展包含认识能力、心理特性、知识技能与思想品德。生理的发展是心理的发展的物质基础，心理发展也会影响生理发展。个体的身心发展规律主要表现为人的发展的顺序性、不平衡性、阶段性、个别差异性和整体性。同时，人的身心发展特点对于教育具有制约性。个体的身心发展的顺序性和阶段性主要表现为人的认知发展总是从无意注意到有意注意，从具体形象思维到抽象逻辑思维等。个体发展经历的顺序和阶段具有一定的稳定性，这就要求教育必须遵循从具体到抽象，由浅及深，由低级到高级，循序渐进地促进个体的发展，应该尊重个体的差异性，针对不同阶段的学生，研究不同时期个体的成熟状况及其特征，在教育内容和方法上进行不同的选择，抓住关键期，采取有效的教育措施进行因材施教。

当然，影响人发展的主要因素还是人的主观能动性。教育活动离不开实践，能动的实践活动才能对人的发展起到良好的效果。自觉性是良好发展的不懈动力，因此，教师要学会充分调动学生的主动性。教育不是简单的传递知识，需要教师抓住人的身心发展规律，激励学生产生学习动机，让学生参与到教育中来，调动自身潜能，利用一切可利用的条件，实现个体的发展。

---

① 全国十二所重点师范大学联合编写. 教育学基础［M］. 北京：教育科学出版社，2014：43.

（二）家庭环境的因素

在教育中，家庭是学校的天然合作者。家庭环境和教育的配合程度对开展学校教育尤为重要。家庭的经济状况影响受教育者接受什么样的教育以及家长对孩子教育的精神和物质的投入；父母的文化水平也对儿童的教育有一定的影响；家庭的氛围对于教育影响起到一定的促进或者抑制作用。

自从学校存在以后，家庭教育和学校教育之间的联系就被大家所关注。近些年，人们越来越意识到了家庭教育的重要性以及家庭教育和学校教育合作的必要性。在家校合作中，家长、教师、管理决策者这三者的力量是缺一不可的。教师和家长通过交流让家长意识到家庭因素对于教育的重要性，同时，教师还要让孩子知道自己作为家校合作的纽带的重要性，家校合作中孩子如果可以起到润滑剂的作用，督促教师和家长交流，监督家长尽到应尽的义务，学校教育和家庭教育会更好地融合在一起；家校合作，不仅仅增加了对家长的要求，还给教师带来了不少压力，这就需要教育管理决策者制订相应的政策、措施帮助教师适当减缓压力。

（三）社会发展的水平

社会的生产力水平、政治经济制度、文化传统、整体的社会环境等都会对教育的目的、内容、模式、结构等产生一定的影响。针对社会发展水平与教育之间的相互作用，下一节会具体讲述，这里就不具体讲解了。

（四）教育本身的状况

教育本身的状况是教育发挥主导作用的基础和前提，教育本身的条件也影响着教育功能的发挥。例如，教师的素质、教育的物质水平、教育的管理机制和相关的条约等。我们需要不断地提高教育本身状况水平，努力实现教育公平，维护学生和教师的权利和义务，健全教育管理机制和相关的条约，不让不法分子钻法律的空子，打破教育环境平衡，破坏教育生态。

教育的主导作用并不是万能的，它不能脱离社会和人随意发展。所以，了解影响教育主导作用有效发挥的条件是非常重要的。

【知识考查】

在外部条件大致相同的课堂教学中，每个学生学习的需要和动机不同，对教学的态度和行为也各式各样。这反映的是（　　）对学生身心发展的影响。

A. 遗传物质　　B. 家庭背景　　C. 社会环境　　D. 个体主观能动性

答案：D

## 第三节　教育的社会发展功能

社会是由多个子系统共同构成的，包括社会、政治、经济和教育等。教育作为社会的一个子系统，对社会的发展起到积极的作用。教育的社会功能也就是教育对社会发展起到的积极作用，教育的社会功能都是通过教育对于其他子系统的作用表现出来的。

## 一、教育发展的社会制约性及其教育自身特性(历史继承性、独立性)

教育作为社会系统的子系统，其内部会相互作用，相互影响，且教育系统与其他社会子系统（如政治、经济、文化等）也会相互作用与影响，前者是教育的个体发展功能，后者是教育的社会发展功能。教育在历史发展中受社会历史、文化传统等的制约，同时也表现出自身独有的特性。

### （一）教育的社会制约性

1. 政治经济制度对教育发展的影响和制约

（1）政治经济制度的性质决定着教育的性质，政治经济制度的变革也会影响着教育的变革。

（2）教育培养什么样的人、为谁服务和具有什么样的思想政治素质是由统治阶级决定的，它取决于统治阶级的利益和需要。

（3）政治经济制度制约着教育的领导权。统治阶级掌握着国家权利，可以通过控制教育经费和意识形态等方式来决定教育的领导权和发展方向。

（4）受教育权是判断一个国家和社会教育性质的重要标志，政治经济制度制约受教育权。

2. 生产力对教育发展的影响和制约

生产力是构成人类全部历史的基础，是生产力和生产关系、经济基础和上层建筑这两对基本的社会矛盾中最活泼、最革命的因素。生产力对人类教育的产生和发展起到决定性的制约作用。

（1）生产力发展水平制约着教育事业发展速度。生产力的发展水平决定了教育事业发展的物质基础。办教育需要人力、物力和财力。有了人力、物力和财力才能够办学校，招学生。学校的数量和招生人数等都需要由客观物质基础提供的条件决定。同时，生产力发展水平决定着社会对教育事业的需求程度。激励教育事业不断发展的动力就是适应不断变化的生产力。生产力发展水平提高，社会可以为教育事业发展提供更多的物质条件，教育事业发展的规模和速度也会不断地扩大和增长。

（2）生产力发展水平制约着教育目的的制度。教育目的是培养人，生产力发展水平则对培养什么样的人起到一定的作用，如对培养人的知识、技能和态度起到决定性的作用。

（3）生产力的发展制约着课程的设置和教育内容的选择。生产力发展水平促进科学技术的发展，科学技术的发展以及文化的更新都会对于课程的丰富程度、教育内容的选择提出一定的要求。

（4）生产力的发展制约着学校教育的形式和手段。学校的物资设备、教学设备和组织管理所需要的工具和手段会随着生产力发展水平的变化而变化。

3. 文化对教育发展的影响和制约

（1）文化知识制约着教育的内容和水平。文化是教育的基础，教育通过传承和创造文化来实现教育目的。传授自然科学、社会科学等文化知识是教育的其中一项任务，课程承载着文化，文化知识是教育的主要资源。

（2）文化模式制约着教育环境和教育模式。不同的国家有着不同的文化模式，每一个社会成员都不能避免文化模式的影响。不同的文化为社会成员设定了特定的背景，限制了教育环境和教育模式。

（3）文化传统制约教育的传统和变革。教育所培养的人，是符合社会文化发展要求的人才。文化传统形成了社会中人们需要遵守的文化规范。文化传统越久远，对于教育传统变革的制约性就越大。各国文化存在的差异在教育上也会得以体现，例如我国文化深受儒家思想的影响，重视教育、尊师重道，一部分人却形成了重德轻术、为了仕途而不得已读书的消极思想。这类消极思想使得一部分人不能积极地参与到教育的改革中来，阻碍了教育的变革，所以我们要正视文化传统与教育的制约关系。

**【知识考查】**

决定教育性质的根本因素是（　　）。

A. 文化　　B. 生产力　　C. 政治经济制度　　D. 科学技术

答案：C

**（二）教育的自身特色**

虽然教育受到社会的政治、经济、文化等各种因素的制约和影响，但教育的对象是人，人具有创造性、自主性，这就决定了人的独立性和教育的独立性。教育具有自己的发展规律和特色。

1. 教育具有自身质的规定性

教育的质的规定是培养人，它区别于其他一切社会活动。虽然，教育与社会的政治、经济、文化等相互作用，联系密切。但是，教育首先要遵循自身的发展规律，把人类积累的认识、适应和改造自然的经验传授给受教育者，受教育者再将这些经验转换成个体的精神财富，促进个体身心发展，成为社会所需要的人才。

2. 教育与社会发展的不平衡性

教育虽然受到政治经济制度、生产力发展水平的制约，但它们并不会完全同步发展。一种情况是教育思想内容并不会随着一个旧政治经济文化制度的灭亡而消失，它会继续留存下来并对新的政治经济制度产生一段时间的影响，这体现了教育的滞后性。另一种情况是人们根据社会发展的趋势，预测教育未来，出现教育超越政治、经济、文化的状态，这体现了教育的前瞻性。教育必然是要与社会发展的需求必不可分的，但由于培养人的长期性，教育效果总是面向未来的，这也是各个国家坚持教育先行的发展战略的原因。在理论上，教育与政治经济制度和生产力发展应该还存在第三种状况，就是教育与政治经济制度和生产力发展保持同步发展，这是教育的理想状态。

3. 教育具有历史继承性

每个时代的教育，都是在以前的教育的基础上发展起来的。后一时代的教育是对前一时期教育的继承与发展，主要包括对教育内容、教育方式、教育理论等的传承。旧时期的教育并不会随着上一个时代的结束而消失，而是在现有的经济政治制度的影响下进行变革，使之适应社会政治、经济、文化的发展。教育具有历史继承性，这就需要我们在研究教育问题上取其精华，去其糟粕。当然，教育受到当代政治、经济制度和生产力的制约，对于这个时代的教育如何取舍，还要由社会政治经济制度和生产力的需求决定。

【名人名言】

世界上只有两种强大的力量，即刀枪和思想。从长远来看，刀枪总是被思想战胜的。

——［法］拿破仑



## 二、教育的社会发展功能



### （一）教育的政治功能

1. 教育通过培养人才为社会政治服务

教育是统治阶级为培养自己所需要的人才，通过利用社会上占统治地位的思想和道德来培养年轻一代的思想品德和知识能力从而为政治服务的实践活动。教育是造就合格公民和统治人才的重要手段①，主要表现在两个方面：一是在现代社会，各国纷纷开设政治类和思想品德教育的课程，例如社会课、政治课、思想课等，对广大人民进行政治和意识形态教育，促使他们的政治社会化，并成为社会所需要的合格公民；二是培养政治人才，让其直接参与统治阶级的管理，为统治阶级服务②。例如，我国普通高校中还会设置专门的专业来培养社会的管理人才和政治人才。

2. 教育通过宣传统治阶级的思想意识、政治舆论为政治服务

学校中聚集着有思想、有知识的知识分子和青少年，这些知识分子和青少年思维敏捷，敢于发表言论。在学校中，通过教育者和受教育者的言论、文章和社会活动等，传播一些思想和舆论，实现教育对政治的基本功能。教育对政治的基本功能是宣传统治阶级的思想意识，如政治纲领、方针路线和政策等。教育主要通过对在校知识分子和大学生宣传进步的、具有时代潮流的政治观点和社会变革，促进社会进步和变革。在学校，学生积极的对政治理论和观点进行探讨，对积极的政治理论和观点进行宣传、扩大，对消极的政治理论和观点进行抵制。此外，学校，特别是高等学校对政治决策还具有一定的咨询作用。

### （二）教育的经济功能

1. 教育是使可能劳动力转化成现实劳动力的一种重要途径

劳动力是重要的经济因素，但人的劳动力并不是与生俱来的，而是通过教育和训练获得的。教育可以将人的劳动能力提高甚至使人的劳动力得到全面发展，例如，将简单劳动力转换成复杂劳动力，可以将体力劳动者训练成脑力劳动者。特别是经济迅猛发展的今天，劳动者想要成为社会所需要的合格劳动力或专门人才，就必须掌握必要的劳动知识和技能，并能产生某种使用价值。只有这样才能够适应社会的需求和发展，进而推动社会的生产与经济的发展。

---

① 全国十二所重点师范大学联合编写. 教育学基础［M］. 北京：教育科学出版社，2014：52.

② 同①：49.

2. 教育将知识形态的生产力转化成直接生产力

随着科学技术的发展，科学技术已经变成第一生产力，它对社会的发展起到越来越重要的作用。然而，教育是生产科学技术的重要手段与途径。各种科学文化知识和技术经过加工后转换成教育内容，并通过教育进行传播，使更多的人在更短的时间里掌握这种知识。同时，教育也承担着生产科学技术的重任，特别是高等学校，还要研究科学技术，将科学技术成果进行开发并投入生产。

3. 教育可以产生生产效益

20世纪后期，世界各国都十分重视教育，增加教育投资，出现了“教育先行”的新现象。苏联经济学家斯特鲁密林的研究表明，教育程度的提高所产生的价值占国民收入的30%，美国经济学家丹妮森（E. F. Denison）推算出教育对经济增长的贡献率为35%。当然，因为每个国家的发展水平不同、数据来源和测量方法也不同，所推算的教育对于经济增长的贡献率也会有差异。但是，教育与经济增长之间显著相关这一点是毋庸置疑的。这就证明了教育发展对经济增长具有明显的促进作用，教育投资成为经济发展新的增长点[①]。

**（三）教育的文化功能**

1. 教育具有传递和保存文化的功能

教育传递和保存着文化。文化的形式有很多种，例如物质文化、制度文化和精神文化。对于文化仅仅进行外在的保存是不够的，还需要有人理解文化的核心，特别是精神文化，它是无法用物化的形式保存下来的。教育作为培养人的活动，将人类创造的精神文化精华作为中介高效地传递给下一代，使他们迅速成长为社会需要的人。同时，将客观的社会规范转化为个体的主观精神财富，从而实现了文化的保存。

2. 教育具有传播和交流文化的功能

教育为文化传播和交流提供了手段和方法，不同文化的传播、交流丰富了自身的文化，实现了自我超越。

3. 教育可以选择和筛选文化

文化选择是文化变迁和文化发展的起始环节[②]。教育对文化进行了选择和筛选，将符合时代的、先进的文化传递给下一代，促进了文化的进步和发展。没有被选择的文化，就不会成为教育内容，这也表明教育对文化具有批判功能。文化的选择主要有两个标准：第一，按照统治阶级的需要选择主流文化；第二，按照学生发展的需要选择文化。选择文化不仅促进了文化的发展，还提高了受教育者的文化选择能力，进而促进了人的发展。

4. 教育具有文化创新功能

文化的发展和变迁，不仅要传递和保存文化，还要创造新的文化。教育的文化功能根本就是文化的创新和发展。首先，教育通过对文化的选择、批判和融合，让文化





---

① 全国十二所重点师范大学联合编写. 教育学基础［M］. 北京：教育科学出版社，2014：52.

② 刘炎欣. 教育学新论［M］. 成都：四川大学出版社，2017：103.

能够适应社会发展的需要，构建新的文化体系和框架，进而实现文化的更新和发展。其次，教育不仅创新了文化，还运用创新思想与观念培养了具有创新意识的创新人才，促进不同产业的发展。

#### （四）教育的其他社会发展功能

1. 教育的科技功能

科学技术是衡量国力的重要标志。教育以简约的方式和广泛的形式传播科技，这是高效的、扩大再生产科学技术的重要手段。教育，特别是高等教育对科学技术进行了研究和创新，对科学技术进行了生产，设置和完善了科研体系，成为促进科技革命与发展的重要途径。

2. 教育的人口功能

人口是社会的人力基础。教育的人口变现是改善人口质量，提高人口素质。通过教育帮助人们树立正确的社会价值观和生育观，控制人口的增长；教育先进的地区，经济较发达，人口往往从经济落后的地区迁移到经济发达的地区，教育影响了人口的迁移。同时，教育使得人口结构（职业结构、年龄结构等）更加合理。

### 三、教育的社会发展功能有效发挥的条件

#### （一）遵循教育发展的社会规律

教育是具有规律的，教育的规律协调教育自身与社会之间的关系，促进教育与社会的协调发展。教育与社会之间的规律不仅包括教育对社会的促进作用，还有社会对教育的抑制作用。教育对社会的作用，是以社会对教育的制约为前提的①。当教育与社会发生冲突时，要以社会需求为主。如果教育的发展违背了社会规律，脱离了社会的制约，必然会导致问题的发生。例如，若在不管国家经济发展状况和需求的情况下，盲目发展教育，强行实施“教育先行”，将会导致国民经济失衡，教育质量难以保障，大学毕业生就业难等状况。所以，当教育与社会的发展和需求出现矛盾和冲突时，一定要以社会需要为主。

#### （二）正确把握教育与社会之间的张力

教育的发展功能得以发挥，需要自身将社会对教育的制约与影响作用转化为教育制度、教育目的、内容和方法等。所以，我们在关注社会对教育的影响的同时，还要重视教育的独立性：既要看到教育与社会之间相互作用的关系，又要看到教育与社会之间的区别，正确把握教育与社会之间的张力。不要将教育当作社会的政治、经济、文化等的附属品。因此，在发挥教育的社会功能时，要把握好教育与社会之间的度，正确处理教育和社会之间的关系，把握好教育与社会之间的张力。

---

① 全国十二所重点师范大学联合编写. 教育学基础［M］. 北京：教育科学出版社，2014：56.

【案例分析】

“改嫁”了的教育

从初一开始，他们每个月都有月考，到了初四的时候，还要按成绩来排座次。成绩好的坐前面，差的坐后面。对于正处在身心发育关键时期的孩子来说，这样做是不是太残酷了？更让孩子难以理解的是，他们的累还是花钱买的。平时，他们早晚自习都要交辅导费，一个月 100 多元。周末，他还要参加各种各样的辅导班，都是由他们自己的任课教师开办的，每个月收费六七百元，虽说是自愿的，但还不得不参加。临近考试时，还要请一些老师来进行小班辅导，收费更高，每小时一两百元。以前各种花费我可能还要记录一下，但后来我都司空见惯了，孩子要钱我都懒得问了。

还有一些现象孩子也很疑惑：从上初三开始，历史、政治、地理因为不需要中考，就都不开课了，但期终考试还要考，以备教育主管部门查验。考试时老师会发答案，让孩子们填写试卷。老师还让孩子说假话，要求上级部门来检查时说谎。体育课也不怎么上了，虽然体育课的成绩要算入中考总分（鞍山中考总分是文化课 650 分加体育课 10 分——记者注），但满分也可以花钱买。在测试前，就有学校老师问：有没有想办满分的？有的话可以找班主任或体育老师。一些家长为了让孩子总分提高 1 分甚至 0.5 分，便花一两千元来“办满分”。有哪个家长敢拿自己孩子的前途开玩笑啊？

就这样，在孩子眼中，教育和教师原本神圣高尚的形象早已坍塌。有一次我跟儿子讨论以后想从事的职业，问他以后想不想当老师，收入不错还有两个假期，他却说你叫我当什么也别叫我当老师，有些老师就是人渣。一个被人们尊重的职业在孩子眼中怎么会是这么个形象？我在震惊之余也非常难受。“在现代技术文明的社会中，不能不令人感到教育成了实利的下贱侍女，成了追逐欲望的工具”“现代教育陷入功利主义，这是可悲的事情。这种风气带来了两个弊端：一个是学问成了政治经济的工具，失掉了本来应有的主动性，因而也失掉了尊严性；另一个是认为唯有实利的知识和技术才有价值，所以做这种学问的人都成了知识和技术的奴隶。”这是一条曾经为发达国家有识之士所诟病过的教育异化之路，当今中国的教育不幸也走上同样的路。

资料来源：鲁洁. 教育的原点：育人［J］. 华东师范大学学报（教育科学版），2008，26（4）：15-22.

**请思考：**如何看待教育产业化这种现象？

**（三）正确处理好教育功能之间的关系**

教育的社会功能是否能够良好的发挥取决于如何处理教育的本体功能与其他社会功能、教育的保守功能与超越功能之间的关系。第一，正确处理教育的本体功能与其他社会功能之间的关系，明白教育的本质是培养人，教育的社会功能是教育本体功能的衍生。离开了人的发展的教育只会阻碍社会的发展。第二，正确处理教育的保守功能与超越功能之间的关系，坚持教育的保守功能对维护社会稳定起到积极作用，但如果只停留在教育的保守功能上，教育就无法成为促进社会发展的重要力量，因为促进社会发展需要具有创新意识和实践意识的人。所以，要促进社会的发展必须要发挥教育的超越功能。然而，教育受到社会的制约，因为教育是为了培养认识、适应并改造世界的人。所以我们要在教育的保守性的基础上发挥超越性。





## 理解与反思

1. 从教育的社会发展功能和个体发展功能对“读书无用论”这一观点进行全面论述。

2. “教育救国”真的可行吗？试说明理由。

3. 为什么教育在人的发展中占主导作用？

4. 影响教育社会发展功能有效发挥的条件有哪些？

## 拓展阅读


[1] 冯建军. 当代教育原理 [M]. 南京：南京师范大学出版社，2009.

[2] 郑金洲. 教育基本理论之研究 [M]. 福州：福建教育出版社，1998.

[3] 默顿. 理论社会学 [M]. 北京：华夏出版社，1990.

[4] 联合国教科文组织国际教育发展委员会. 学会生存：教育世界的今天和明天 [M]. 北京：教育科学出版社，1996.

[5] 勒玉乐. 现代教育学 [M]. 成都：四川教育出版社，2008.

# 第五章

# 教育制度

## ■学习导航

(1) 识记并掌握教育制度和学校教育制度的含义、现代学校教育制度的类型。(重点)

(2) 理解教育制度和学校教育制度的形成与发展。

(3) 把握学校教育制度的改革和发展趋势，并运用有关知识分析我国现行学校教育制度的改革问题。(难点)

## ■思维导图

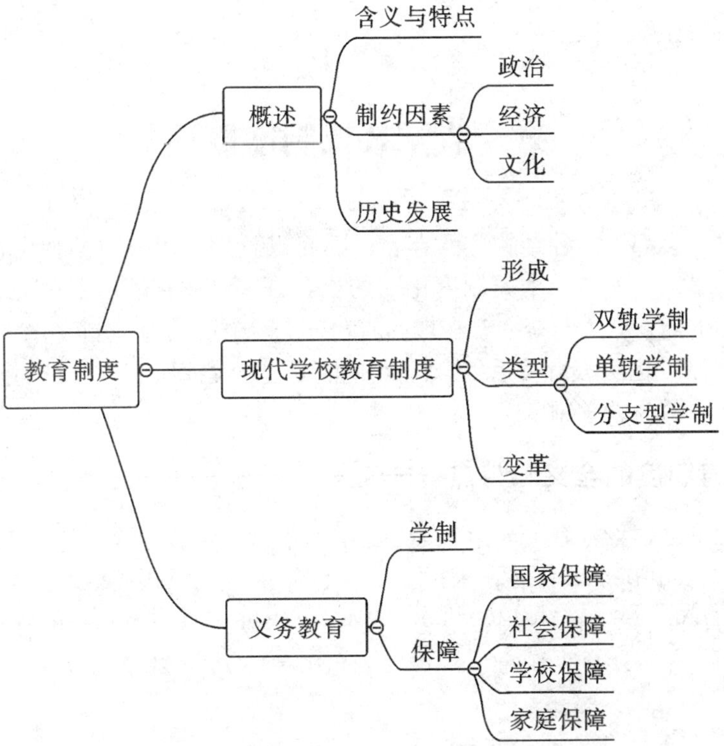

■教育瞭望

**“五四制”与“六三制”之争**

多年来，学术界对义务教育学制改革展开了多种讨论，其中最突出的是“五四制”与“六三制”之争。所谓“五四制”，就是实行小学修业五年、初中修业四年的学校教育制度。所谓“六三制”，就是实行小学修业六年、初中修业三年的学校教育制度。“五四制”的倡导者和支持者认为，“五四制”符合国际基础教育学制改革的趋势，也符合青少年的成长规律，有利于更好地普及小学教育和提高九年义务教育质量。“六三制”的倡导者和支持者认为，“六三制”已成为我国的基本学制，实践证明行之有效。由于我国文字难认、难记、难写，小学实行六年制具有合理性。

也有学者认为，实行“五四制”与“六三制”，都有各自的理由与合理性，但也有各自的问题。对于九年制义务教育学制而言，关键是如何做好小学与初中的学段衔接。

资料来源：刘远碧，廖其发.“五四制”与“六三制”之争及其启示［J］. 河北师范大学学报（教育科学版），2006（5）：29-33.

教育是国家管理的重要领域，完善的教育制度是国家教育管理的基础。一部教育的发展和改革史，就是一部教育制度孕育和完善的历史。任何教育理想的实现、教育理念的落实、教育价值的践行以及教育系统的运行都依赖于教育制度的建立、发展和完善，教育制度建设是教育改革和发展的秩序性、保障性和支撑性事业，规范和构筑着教育活动的发生和实践。

## 第一节　教育制度概述

任何一种社会都以一种结构方式存在，因而也总是要以一定的秩序状态存在。这样，多元社会事实上就是一个“制度化”的社会，这对教育的启发意义在于：合理多元与制度共识的内在张力与统一，在现实的教育生活中演化为“制度化”教育，同时，亦勾勒出在“制度化”教育关系整合框架中能够充分发挥所有教育机构整体功能的教育制度。那么，何为教育制度？

### 一、教育制度的含义和特点

界定制度是理解教育制度的基本前提。首先，从词源上来看，制度被认为是“规范和法制”，后来其语义才扩展到体系。在中文词源中，“制”是会意字，本意是修剪枝条，引申为裁断、裁制、规划、制度、控制等。“度”是形声字，本意是伸缩两臂量长短，引申为尺度、法度、限度、气度、程度等。《说文解字》认为：“制，裁也。”

"度，法制也。"[①]《辞海》中对制度的解释是：一是要求成员共同遵守的、按一定规程办事的规则，如工作制度等；二是在一定条件下形成的政治、经济、文化等的体系，如社会主义制度等[②]。在英文中，"institution"和"system"都可以被译为制度。"institution"是从无到有确立起来具有约束力的东西，这种外在规约的含义今天仍然保持在英语里[③]。"system"具有体系、制度、系统等内涵，如资本主义制度、社会主义制度等。因此，对制度一词的词源考察可以表明，"规则""规范""体系""系统"是制度一词的原本之意。

在学理层面，学者们对制度的界定也是广泛而深入的。马克思从社会关系的角度揭示了制度的本质，认为"制度只不过是个人之间迄今所存在的交往的产物"[④]。不同于马克思从社会的角度出发，新制度经济学派的代表人物诺斯（North. D. C.）从个体的角度入手，认为"制度是众多被制定出来约束或调整人们行为的规则秩序和伦理体系"[⑤]。而在制度哲学和伦理学的研究中，学者们更倾向于对制度做本体论式的思考，中央党校的辛鸣教授认为"制度是一种调整人与人以及人与社会关系的历史性存在物；它在影响人与社会发展的过程中带有明显的强制性"[⑥]。南京师范大学的高兆明教授则认为，"作为社会关系结构的制度是人的现实存在方式"[⑦]。

通过对已有制度概念的简单梳理，我们发现，由于角度和关注的问题不同，学者们对制度的界定和表述也不尽相同，但无论是从词源还是学理层面，"制度"一词都包含了两个方面的内容：一是机构或组织的系统；二是机构或组织系统运行的规则，两者密不可分。一个机构或组织系统之所以能够成为一个系统，就是因为它具有一套明确的、具有约束力的运行和协调规则。一定的制度或规则总是以一定的机构或组织系统为对象，起到制约和协调机构或组织之间及其内部的各种关系的作用。

基于此，教育制度可界定为一个国家各级各类教育机构与组织的体系及其管理规则[⑧]。教育制度主要包含两个方面：一是各级各类教育机构与组织的体系，由教育的各种施教机构与组织和教育的各种管理机构与组织构成，如少年宫、儿童科技站、少年体校、文化宫、博物馆、图书馆等；二是教育机构与组织体系赖以存在和运行的一整套规则，如各种各样的教育法律、规则、条例等。不过，在教育学里，人们通常把各级各类教育机构与组织的运行规则当作管理问题来专门加以论述，所以教育制度在此论述的重点便是各级各类教育机构与组织的体系了，特别是教育的施教机构与组织，如学校教育机构与组织、幼儿教育机构与组织、校外儿童教育机构与组织、成人教育机构与组织等。

教育制度既有与其他类型的社会制度相类似的特点，又有其自身独特的特点。

---

① 谷衍奎. 汉字源流字典［M］. 北京：华夏出版社，2003：362.

②《辞海》编辑委员会. 辞海（缩印本）［M］. 上海：上海辞书出版社，1990：210.

③ 韦森. 社会秩序的经济分析导论［M］. 上海：上海三联书店，2001：38.

④ 中央编译局. 马克思恩格斯全集（第一卷）［M］. 北京：人民出版社，1956：79.

⑤ 道格拉斯·C. 诺斯. 经济史中的结构与变迁［M］. 陈郁，等译. 上海：上海三联书店，1991：226.

⑥ 辛鸣. 制度论：关于制度哲学的理论建构［M］. 北京：人民出版社，2005：51.

⑦ 高兆明. "制度"概念的存在论辨析［J］. 南京师大学报，2007（7）：5-12.

⑧ 全国十二所重点师范大学联合编写. 教育学基础［M］. 北京：教育科学出版社，2014：100.

### （一）历史性

教育制度是一种历史性存在。教育制度的产生、变化和发展总是与一定的社会生产力发展水平相关。在不同的历史时期，生产力发展水平不同，教育制度的表现形式也就不同，反映的生产关系也不一样。关于制度的历史性起源和历史形态的演变过程，我们可从恩格斯论述国家的起源中得到有益的启示。他认为："在人类社会发展的早期，人们为了生产和交换的需要，会把每天重复的物质生产活动用一个共同的规则固定下来。这种规则最早会以习惯的形式表现出来，然后慢慢地发展成律令。而随着法律的产生，就必然产生以维护法律为职责的机关——公共权力，即国家。"① 教育制度的产生也经历了同样的历史过程，教育活动的萌芽时期，人们在长期的实践过程中，逐渐有意识地开始重复一些对教育活动有利的行为，久而久之，就形成了一套能够用来指导教育活动的行为规范，这些规范最初以一定的教育习惯表现出来，随着社会的发展，教育习惯愈发不能满足教育实践的需要，于是在教育习惯的基础上逐渐形成了相对系统的教育纪律，在教育纪律逐步完善的过程中形成了正式的教育制度。诚如施里特所言："制度并不是在真空中形成的。它们在相当程度上依赖和继承于过去的行为组合和合法化观念。"② 由此可以看出，教育制度在本质上是一种历史性存在，制度的演化是一个由简单到复杂，由低级到高级的不断发展的历史过程。

### （二）客观性

教育制度作为一种制度化的东西，不是从来就有的，而是一定时代的人们根据自己的需要制定的，是由当时所在的社会存在客观决定的。社会的政治制度规定着教育制度的性质和方向，经济因素决定着教育制度的发展速度和发展规模，科技水平制约着教育制度任务的变化和目标的改变，文化传统影响着教育制度的特质和形态。更为重要的是，社会的这些因素并非分别地对教育制度发生不同的作用，提供其存在的基础和空间，而是相互交织、相互渗透，并共同地对教育制度发生综合的、复杂的、客观的作用。如近代以来，普及义务教育的提出，正是现代大机器生产对劳动者素质要求的反映，是大工业时代初期体力劳动和脑力劳动由分离走向结合的趋势的反映。这些都是客观的，不以个人意志为转移的。

**【案例分析】**

**两种教育制度**

1957—1965年，中国进入了全面建设社会主义时期。1958年中共中央国务院发布了《关于教育工作的指示》（以下简称《指示》），该《指示》提出了党的教育方针，即"教育为无产阶级政治服务，教育与生产劳动相结合"。时任国家主席刘少奇同志提出建立"两种教育制度"和"两种劳动制度"。需要说明的是，"两种教育制度"是指全日制的学校教育制度和半工半读的学校教育制度。"两种劳动制度"是指八小时工作劳动制度和半工半读的劳动制度。

资料来源：中国教育科学研究院. 刘少奇"两种教育制度，两种劳动制度"［C］. 中国教育科学研究院，2012-03-27.

**请思考：**你认为刘少奇同志提出的"两种教育制度"是否合理？

---

① 中央编译局. 马克思恩格斯选集（第三卷）［M］. 北京：人民出版社，1995：211.

② 埃克哈特·施里特. 习俗与经济［M］. 秦海，译. 长春：长春出版社，2005：3.

## （三）强制性

教育制度作为教育活动的规则体系还表现为教育制度具有不同程度的强制性。在教育制度的所有类型中，教育法律制度的强制性特征最为突出，它不仅以各种方式要求人们遵守和服从，而且会毫不含糊地制裁任何违反和破坏教育法律的行为，以便能把人们的教育行为限定在教育法律规范的界定之内。凯尔森（Kelsen）是当代最著名的实证主义法学家，在他看来，正是由于法律所特有的强制性和约束力，才使得法律与其他规则区别开来了，从而使法律成为不同于一般规则的特殊“规范”①。当然，除了教育法律制度之外，其他的教育制度也都是一种强制约束，只是程度不同而已。只要是在教育的活动中，不管你愿意与否，你的教育行为都要受到制度的限制和约束。一旦有教育主体违反这种规则，必然要受到不同程度的惩罚。柏森斯（Parsons）曾言，制度不仅是社会组织的结构，“而且是规范的模式，用来规定在一特定的社会中，什么是适当的、合法的或期望的行为或社会关系的方式”②。因此，教育制度作为教育系统活动的规范是面向整个教育系统的。在某种意义上说，它独立于个体之外，对个体的行为具有一定的强制作用。

## （四）规范性

制度是国家政治、社会、法律的一系列基础规则，起着约束和规范的作用。正如邓小平所言：“制度好可以使坏人无法任意横行，制度不好可以使好人无法充分做好事，甚至会走向反面。”③ 对于教育改革和发展，教育制度是衔接观念与行为的重要抓手，是有一定的规范性的。因为作为教育活动的规则体系，教育制度是在教育主客体的行为互动中逐渐形成的，其最终意义也只有在教育主客体的现实行为中得到真正实现。简言之，教育制度一方面是教育活动的结果，另一方面又反过来规范教育的现实活动。就教育的制度体系来说，它不仅是一种限制教育主客体的规范方式，而且也是一种塑造教育主客体的客观规则。马克思在批判专制制度的过程中，曾精辟地论述了制度对人产生的重要影响。他认为，专制帝王总是把人当作卑贱的奴仆，人们为了他只能像癞蛤蟆一样淹没在生活的泥沼中。人在专制制度下之所以没有人的尊严，原因是专制制度把轻视人类作为其唯一的原则。而这个原则之所以能起作用，“就在于它不单是一个原则，而且还是事实”④。在马克思犀利生动的言辞背后，不仅揭示了专制制度对人性的摧残，而且也把制度对人的规范性表现渲染到了极致。

## （五）多样性

多样性，从动态的意义上来说是建设现代化教育制度的必要举措，从静态的角度来看是现代化教育制度的基本特征。一个现代化的教育制度是一个能够满足现代社会发展对不同层次和不同类型人才复杂需求的制度，是一个能够满足人民对于教育不同的、个性化的复杂需求的制度。如果从结构—功能主义的视角来审视教育的多样性，就是把多样性视作一个社会系统—教育机构适应环境过程中的要素。社会的需要必然要求教育机构具有相应的功能，社会的需要是多样性的，教育制度也必须以多样性来

① 凯尔森. 法与国家的一般理论［M］. 沈宗灵，译. 北京：中国大百科全书出版社，1996：5.

② 霍奇逊. 现代制度主义经济学宣言［M］. 向以斌，译. 北京：北京大学出版社，1993：158.

③ 邓小平. 邓小平文选：第二卷［M］. 北京：人民出版社，1994：333.

④ 中央编译局. 马克思恩格斯全集（第一卷）［M］. 北京：人民出版社，1956：411.

适应社会的多样性需求；如果从教育自身的发展来论证现代化教育制度的多样性特征，生物学的物种起源和竞争生存为我们提供了认识多样性教育制度生成和发展过程的视角。生物学研究有机体的多样性、分布、质和量。生物学中的一个主要概念和基本分析单位是物种，所谓物种就是可以复制再生产的一组有机体；所谓物种多样性就是物种数量增加和弥散。从这一认识出发，我们可以将教育机构的类型视作生物学的物种，正如物种是生物学分类的基本单位一样，教育机构的类型是考虑和分析教育多样性的基本要素。然而根据有机物的生物性质可以准确确定其物种，而依据教育机构的性质准确定义教育机构的类型是有一定难度的。确定教育机构类型的指标是非常多样化的，比如可以根据一所教育机构学生的规模、学生的性别、少数民族学生的比例、机构的使命、专业的设置等来确定机构的类型，于是可能出现的情况是一所机构可能从属于不同的类型。但是无论如何，教育机构类型像物种一样，在数量增加与弥散中生成与发展，教育制度在机构的竞争生存中多样性。

## 二、制约教育制度的社会因素

教育制度不是完全与个人利益无关的客观中立的外在约束，也不是一个与社会发展毫不相关的仅关注个人利益的空中楼阁，而是基于国情和不同历史时期的社会现状，力求在国家、社会与个体等多方利益的理性考量和张力调和中将外在规范与内生价值统一起来，进而在制度建设和执行中实现国家、社会和个体的发展。因此，教育制度的确立、发展和完善是多种社会因素发挥作用的结果，主要包括政治、经济、文化等因素。

### （一）政治因素

政治因素对教育制度的影响是直接的、深刻的，一般情况下，有什么样的政治制度便有什么样的教育制度与之相适应。一方面，政治制度决定着教育制度的性质。在阶级社会里，教育制度体现了统治阶级的利益和意志，服从或服务于统治阶级的需要，具有明显的阶级性。在剥削阶级占统治地位的社会里，如奴隶社会、封建社会和资本主义的社会体系下，教育制度主要面向统治阶级的子女，为剥削阶级的政治统治和经济发展服务，具有专制性和保守性。而在社会主义生产方式下，教育制度则面向广大劳动者的子女，体现了社会主义性质，服务于无产阶级政治，具有平等性和民主性。另一方面，政治结构制约教育制度的发展方向。教育制度反映并受制于政治结构。政治结构对教育制度的改革起着阻碍或促进的作用。一般而言，无论是实行中央集权制政治结构的国家，还是实行地方分权制政治结构的国家，抑或实行中央集权与地方分权相结合政治结构的国家，统治阶级往往通过制定教育方针、教育政策修改或废止教育制度，加强对教育的控制。如对教育目的、教育领导权和被领导权等方面的规定和限制，从而决定教育制度的发展方向和路径。

### （二）经济因素

教育制度的建立是国家经济发展水平从发展到成熟阶段的产物，只有经济发展到一个相当高的水平，社会物质财富积累到一定程度，才有足够的物质基础建立起一整套的教育制度，因为生产力的发展水平能为教育制度提供可能的人力、物力、财力等物质资源。在生产力极其低下的古代社会里，由于没有充足的物质资源，要想建设体系完善的教育制度是不可能的。毛泽东指出：“我们不能饿着肚子去‘正谊明道’，我们必须弄饭吃，我们必须注意经济工作。离开经济工作而谈教育或学习，不过是多余的空话。”① 除此之外，经济发展水平还会制约教育的普及程度及相关教育制度的确立。任何事物的产生、发展和壮大都是一个历史发展的过程，教育制度也不例外，教育机构的设置、经费的投入、招生规模、办学体制等，都和社会的经济发展水平直接相关。现代教育的普及程度及相关教育制度的确立随着经济发展水平的提高得以不断发展，改革开放后，伴随着经济的快速增长，我国已普及了9年义务教育，而新西兰、德国、比利时等经济发达的国家则普及了12年义务教育，还有一些国家和地区则实行6~9年不等的义务教育。由此可以看出，教育制度作为社会上层建筑的一部分，必然要为其经济基础服务，也必将根植于该国的生产力发展水平之中。

#### （三）文化因素

现实中，人们常常会发现这样两种情形：一是同一种教育制度，经过不同文化的浸染，往往会呈现不同的色彩，具备某种文化特色，从而产生不同的运作效果；二是某种规则一旦作为教育制度确定下来，又会对人们的教育思维模式、行为方式、交往方式产生影响，它通过鼓励什么、压制什么、奖励什么、惩罚什么向人们传达教育行为信息，规范人们的教育行为，进而调整和改变人们的教育习俗、道德教育观念和教育价值观念，久而久之，教育制度所传达的信息便内化为人们的心理，积淀为人的教育文化观念。这两种情形阐明了文化与教育制度间的关系，指出了文化对教育制度的现实意义。文化是本，教育制度的产生和发展始终离不开其产生的文化基础。所以首先是要选择一种什么样的文化，然后才是怎么通过教育制度来表现和加强。如英国的“双轨学制”和美国的“单轨学制”，虽然英国和美国同属资本主义国家，但英国有着非常深厚的封建传统，因此双轨制在英国得以实施；美国崇尚平等、自由的观念，少有封建文化的影响，学制上最终形成了更具民主特色的单轨制。可见，文化影响教育制度的形态，不同的文化更催生出不同的教育制度形态。

### 三、教育制度的历史发展

教育制度是社会发展到一定阶段的产物，它作为一种制度形成并发展起来，是一个社会赖以传授知识和文化遗产以及影响个人社会活动和智力增长的正式机构和组织的总格局，与政治、经济、文化、宗教、家庭制度并存于社会结构之中，任务是确保包括行为模式和价值标准在内的知识代代相传，提供符合社会发展要求的各类人才。教育制度的历史演进既促进了教育的发展，也彰显了社会全面发展的轨迹，在不同的社会历史时期，教育制度呈现出了不同的时代特点。

#### （一）原始社会

原始时代，社会处于混沌未分化状态，真正形态的教育还未产生，没有独立的教育机构——学校，没有专门从事教育的人员和相对固定的教育对象，教育活动融于生产生活之中，原始的社会结构、原始低下的生产力、原始的教育形态不可能产生规范的教育制度。

① 毛泽东. 毛泽东选集：3卷［M］. 北京：人民出版社，1991：117.

（二）古代社会

古代社会，国家的出现推动了教育制度的发展。教育从社会生产和社会生活中第一次分离出来，出现了古代学校，有了从事专门文化教育活动的人员，出现了从蒙学到大学的教育机构及与之相适应的教育内容、组织机构、管理规范等，由此，简单的古代教育制度产生了。如《学记》中所言“古之教者，家有塾，党有庠，术有序，国有学。”“比年入学，中年考校。”“一年视离经辨志，三年视敬业乐群，五年视博习亲师，七年视论学取友，谓之小成。九年知类通达，强立而不反，谓之大成。”但是由于古代学校具有阶级性和等级性的烙印，他们统治阶级对物质和精神生活及生产资料的绝对占有，使得他们也同样占有了学校，要求自己的子弟学习一些统治术、战争术、外交术等。所以，当时的教育对象具有非群众性的特点，教学内容较少包含生产性和科学性，又由于生产力发展水平的限制，当时的学校规模小，只有少数人能享受学校教育。这些特点决定了古代教育制度的不系统和不完善，古代教育制度没有严格的程度划分，没有严格的年限规定，学校类型很少，层次简单。

（三）近现代社会

近现代社会，教育制度在社会进一步分化的基础上具有了系统性和完善性的特征。随着工业革命的开始与发展，社会生产率迅速增长，教育对国家利益的重要意义被越来越多的国家所认识。由于政治民主化运动有了显著发展，各国对国家教育的效能以及对劳动者教育水平的要求越来越高，教育的制度化在很多方面显露出来。如法国在1881年的《费里法案》中规定免除初等学校的学杂费，6~13岁为义务教育年限，对不送儿童入学的父母要处以罚款，甚至受监禁的处罚；在20世纪30年代，英国不但强调普及初等教育，而且提出“中学面向大众，普及中等教育”的口号；而我国现代教育制度是从清末“废科举，兴学校”开始的。1862年京师同文馆正式开学，这是洋务派最早创办的外国语学堂，也是我国最早采用西方教学制度进行教学的现代学校。后来又开办了福建船政学堂、上海电报学堂、天津西医堂等。这些洋务派学堂的开办，在一定意义上标志着我国新的教育制度的出现。1902年，清政府颁布了《钦定学堂章程》，亦称“壬寅学制”，这是我国正式颁布的第一个学制，但未及实施。总体来说，进入现代社会以后，世界上的主要国家都先后确立了本国的教育制度体系，教育从社会生产和社会生活中的第二次分离，决定了现代教育内容上的科学性及其与生产劳动密切联系的性质，决定了教育规模上的群众性和普及性，决定了教育结构上多类型、多层次的特点。现代教育制度的系统性和完善性充分显露。

（四）当代社会

当代社会，教育制度跟随社会的发展变化而不断地发展变化。当代学校不仅发展成为以现代学校教育机构系统为主体的，包括幼儿教育机构系统、校外儿童教育机构系统和成人教育机构系统的一个庞大的体系，而且还形成了具有层次结构的、按年龄分级的教育制度，它从初等学校延伸到大学，不仅包括普通的学术性学习，还包括适合于全日制职业技术训练的许多专业课程和教学机构。当代教育制度正朝着终身教育的方向发展。

20世纪60年代以来，终身教育作为一种最具影响的教育思潮引起了世界各国的强烈反响。1965年，法国教育理论家保罗·朗格朗（Paul Lengrand）在联合国第三次成人教育委员会上首次提出终身教育的理念。他指出："教育并非终止于幼儿期和青年期，它应当伴随人的一生而持续地进行。"① 换言之，在纵向上，教育应该持续人的一生，教育应该贯穿人的整个生命历程；1973 年，法国"巴黎全国讨论会"上，保罗·朗格朗认为，终身教育是完全意义上的教育，它是"从幼儿期到死亡之前的不断的在学校及校外的教育，不存在青少年、成人之区别，与培养人格和职业生活的训练相结合。"换言之，在横向上，终身教育既包括正规教育，也包括非正规教育，终身教育是学校、家庭和社会等各个领域的教育。终身教育理念一经提出，就被世界各国所接受，并以此理念为指导在教育制度、教育结构、教育内容和方法、教育管理等方面进行了一系列革新和实验，且结合各自国情把终身教育从原则和政策转向实际的应用。"终身教育已不仅仅是一个全新的教育理念，一个被大众普遍接受的教育思想，而是国民教育制度中一个不可或缺的重要组成部分，而且还将成为每一个社会公民自觉维护和使用的社会权益"②。正如国际 21 世纪教育委员会在《教育——财富蕴藏其中》的报告里所指出的，终身教育是围绕着"学会认知、学会做事、学会共同生活、学会生存"四种学习安排的，这四种学习将是 21 世纪人生的知识支柱；我国也充分认识到终身教育的重要作用，1999 年国务院批准了教育部《面向 21 世纪教育振兴行动计划》并提出，到 2010 年全国基本建立起终身学习体系。终身教育作为一项法规和工作，已分别写入《中华人民共和国教育法》和《国家中长期教育改革和发展纲要（2010—2020）》。终身教育对当代世界教育实践的影响正越来越清楚地显示出来。

## 第二节　现代学校教育制度

学校是制度化的产物，制度之于学校教育是不可或缺的。捷克教育家夸美纽斯旗帜鲜明地提出："学校的长处全在于制度，它包括了学校发生的一切事。因为制度是一切的灵魂。通过它，一切产生、生长和发展，并达到完善的程度。哪里制度稳定，哪里便一切稳定；哪里制度动摇，哪里便一切动摇；哪里制度松垮，哪里便一切松垮和陷入混乱；而制度恢复之时，一切也就恢复。"③ 准确把握学校教育制度的含义、形成、基本类型以及发展趋势，既是研究学校教育制度的起点，亦是提升学校教育效果的重要保证。

学校教育制度是教育制度的亚层次概念，是制度在学校教育关系中的层次化和具体化。学校教育制度简称学制，"是指一个国家各级各类学校的体系及其规则系统。它规定了学校的性质、培养目标、教育任务、入学条件、修业年限、就业方向以及它们之间的相互衔接关系。它包括有关学校性质的制度、招生制度、学位认证制度、专业设置制度、就业制度、考核制度等。学校教育制度是制度化程度最高的教育形式"④。





① 筑波大学教育学研究会. 现代教育学基础［M］. 钟启泉，译. 上海：上海教育出版社，1986：175.

② 彭程. 终身教育研究与思考［J］. 科教文汇，2009（8）：54-55.

③ 任钟印. 夸美纽斯教育论著选［M］. 北京：人民教育出版社，1990：242.

④ 冯永刚. 中国学校教育制度的变革趋势［J］. 教育科学论坛，2011（10）：5-7.

## 一、现代学校教育制度的形成

学校教育制度是伴随学校产生而逐渐形成和发展起来的，是社会经济、政治和文化发展的综合产物。依据此，现代学校的发展，内含着现代学校教育制度的形成与发展。

我们通常认为，现代学校的起始，可以追溯到文艺复兴运动的兴起。文艺复兴的时期是欧洲封建制度逐步解体、资本主义逐步发展的时期。工业革命与现代科学技术的广泛应用共同推动着现代教育的发展，推动着现代学校的发展，遵循着两条不同的路线进行，即从较高等级的学校向较低等级的学校逐级向下延伸而形成的系统，是以最早的中世纪大学及后来的大学为顶端，向下延伸，产生了大学预科性质的中学。经过长期演变，逐步形成了现代教育的大学和中学的系统，称为“下延型学校系统”；从较低等级的学校向较高等级的学校逐级向上延伸而形成的系统，是由小学到初中（及职业学校），再到高中（及职业学校），并上延至今天的短期大学，称为“上升型学校系统”。前者是学术性的现代教育系统，后者是群众性的现代教育系统。具体情况分述如下：

### （一）研究生教育机构

现代生产和现代科技的发展，引起了社会对高级科学技术人才和教育人才的大量需求，部分大学本科生毕业后要求进一步攻读高级学位。此种情形下，对具有大学水平的人进一步提供教育的做法最终导致了现代意义上的硕士或博士学位，促进了研究生教育及其教育机构的产生。研究生教育首先流行于欧洲。14～15 世纪，英国规定，大学生经过四年学习获得学士称号后，再学习三年才能获得硕士称号。产业革命后，达勒姆大学又首先做出决定：获得学士称号后继续学习的人必须住宿学习，并经考试合格后才能授予硕士学位。从此，英国的研究生院制度与学位授予制度大大地发展起来了。1809 年，普鲁士公共教育大臣威廉·封·洪堡（William von Humbol）在建立洪堡大学时，最早提出了“科学研究与教学统一”的原则，“通过研究进行教育”就成为德国办大学的指导思想和培养高水平学者的有效途径，并对美、英等国的高等教育产生了巨大的影响。19 世纪后期，研究生教育及其教育机构在世界范围内都得到了迅猛发展，许多国家相继建立了自己的正式学位制度。

### （二）大学和高等学校

西欧中世纪常被史学家称为“黑暗时代”，然而正是在这一愚昧落后的时期，萌发了人类文明史上的娇艳之花——中世纪大学。12 世纪时，随着欧洲商业、手工业和城市的发展，中世纪大学作为近现代高等教育的原型最早产生于意大利、法国和英国。欧洲北部的巴黎大学与意大利南部的波隆那和萨拉诺大学是中世纪大学的两种典型代表。前者以教授和研究神学、哲学为中心，后者则以法律和医学而著称，尤其是其课程专业性极强，表现出强烈的功利色彩。

欧洲中世纪大学主要分为文、法、医、神四科，但每所大学的课程设置不尽相同。文科课程是基础课程，医学、法学和神学是高级课程。文科课程主要是七艺和亚里士多德的逻辑学，“七艺”包括智者派提出的“三艺”和柏拉图提出的“四艺”，“三艺”包括文法、修辞和辩证法，“四艺”包括音乐、算数、几何和天文，这是中世纪教会学校的必修课程，带有浓重的宗教色彩。当时大学的文、法、医、神四科，对入学年龄和修业年限都没有严格的规定，文科一般是6~7年，其他三科为5~6年。文科学习三四年，学完“三艺”后，可当助教，这就是学士。学完文科“七艺”后，获得在文科任教许可证的，就是硕士。文科修业期满，可以进入大学的其他三科中的某一科学习，毕业合格并获得任教许可证的，即博士。18~20世纪，现代大学和现代高等学校伴随着生产及科学技术的快速发展逐渐完善和发展起来，主要通过两条途径实现[①]：一条是通过增强人文学科和自然学科把这些中世纪大学逐步改造成为现代大学的，如牛津大学、剑桥大学和巴黎大学；一条是创办新的大学和新的高等学校，如伦敦大学、洪堡大学、巴黎高等师范学校等。

**【名人名言】**

大学的理想要靠每一位学生和教师来实践，至于大学组织的各种形式则是次要的。如果这种为实现大学理想的活动被消解，那么单凭组织形式是不能挽救大学生命的。

——［法］雅斯贝尔斯

### （三）成人教育机构

现代科学技术的迅猛发展，知识更新速度的日新月异，学校教育的阶段性结束并不能满足社会发展提出的新要求。于是，成人教育蓬勃发展起来，并成为现代学校教育制度的一个重要组成部分。相应的，各级各类的成人教育机构也应运而生。如1727年，美国的本·富兰克林建立的哲学研究会（Junto）就是典型的成人教育机构，研究会以支持公共学校、建立图书馆和博物馆机构作为自己的目标之一。第二次世界大战后，一大批新兴第三世界国家相继摆脱殖民统治，面临着艰巨的发展任务。为了帮助第三世界发展教育，振兴经济，联合国教科文组织相继实施了一系列计划和活动来推动成人扫盲运动，并取得了显著的成效，尤其是第三世界国家大幅增加了对扫盲教育的支持和关注，许多国家把加强成人扫盲工作定为政府的一项政策和教育规划的重点。与此同时，像美国的赠地学院最初开办的目的是致力于年轻男性的“工业教育”，但后来逐步发展成为为更多成人服务的机构。还有成人高等教育机构、肖托夸成人教育机构、函授学校、成人夜校、社区学院、传媒与网络成人教育机构等，成人教育机构种类繁多、发展迅速。

### （四）短期大学

20世纪中期以来，由于高等教育适龄人口迅速增加，教育民主化运动以及社会和经济发展对高级人才需求急剧增加等原因，一场大规模的高等教育扩张运动在全球蔓延开来。有些发达国家通过这次扩张运动，使高等教育从精英教育阶段过渡到大众化教育阶段。进行这种扩张的最重要的一个途径就是新建大量的不同类型的高等学校。比如，美国的社区学院、英国的各种科学技术学院、德国的高等专科学校及日本的短期大学。短期大学是以“传授和研究高深的专门技艺知识，培养职业上或实际生活中

① 全国十二所重点师范大学联合编写．教育学基础［M］．北京：教育科学出版社，2002：105.

所必要的能力"[①]为目的的学校。短期大学不设院系，直接开设专业，而且对各个专业不断进行调整，根据社会的需求灵活设置专业，为社会培养各种所需人才。

**（五）中学**

文艺复兴和宗教改革时期，随着工商业的繁荣和城市的发展，中等学校才出现，这是中等教育发展的初期。在中世纪，教会垄断教育，只有封建贵族和高级僧侣的子弟才能入学。资本主义生产的萌发，工商业的兴起，城市资产阶级随着财富和势力的不断扩张，新兴资产阶级要求自己的子弟有接受教育的权利，于是出现了以传授知识和发展儿童个性为主的新学校。如德国在宗教改革时期成立的"拉丁学校"和"文法学校"，法国的"专门学校"（college），英国的"公学"和"文法学校"等。这些就是世界上最早的一批中学。这类中学的一端并不和小学衔接，而是和预备学校或预备班衔接，另一端则和大学衔接。中学只接受贵族和大资产阶级的子弟入学，学习年限较长，目的是培养国家官吏或直接送入大学深造。当时，劳动人民子弟只有极少数能进入初等学校，而且不能进入中学学习。这个时期的中学，任务很单纯，实际上是大学的预备学校，学习内容都是古典人文学科，不重视自然科学的教学。

工业革命以后，大机器生产代替了工场手工业，社会关系也发生了重大变化。经济、政治的变革，引起了教育制度、内容、方法的变化，中等教育的变化尤为显著。这个时期，除了过去的古典中学外，出现了为资产阶级子弟开设的多种类型的学校。例如，英国、法国、德国的中学都分为三种：一种是为大资产阶级子弟设立的古典中学，注重古典学科，学习年限较长，为升大学做准备；一种是为中产阶级子弟设立的实科中学，注重现代学科及自然学科，培养医学、法律等职业和技术人才；还有一种是为中下层平民子弟设立的中学，注重计算和书写能力，培养下级职员。由此可以看到，这个时期的中等教育，已经具备了为升学和就业做准备的双重任务，学校也由单一型发展到多种型，日益完善的现代中等学校伴随着市场经济和资本主义的产生和发展而产生和发展起来。

**（六）职业学校**

西方发达国家的职业教育起源于英国，中等职业技术教育随着第一次科学技术革命而产生。最早的职业教育形式可追溯到家庭式学徒制，孩子首先在家庭学习有关道德、文化、技能等方面的知识。但是，18~19 世纪两次威力巨大的工业革命以摧枯拉朽之势瓦解了欧洲封建社会传统的经济发展模式，机器取代人力、工厂取代个体，工业革命使传统封建手工业在毫无还手之力中走向崩溃，时代变革的浪潮也将传统学徒制带入沉沦与衰败，新型职业学校悄然兴起。1695 年，德国虔敬派教育思想的主要代表牧师弗兰克（Frank）用教会捐募的资金设立了一所贫儿学校，主要聘请行业师傅讲授裁缝、刺绣、制图和研磨等课程；1705 年德国克里斯托夫·泽姆勒（Christopher Zemler）建立了一所小规模的数学和机械实科学校；除此以外，许多发达国家还先后通过了各种职业教育法令，大力发展这个阶段的职业教育。1919 年，德国决定对 14~18 岁的青少年继续实施义务的职业教育，相应的职业学校也逐步建立，主要包括三类：实科学校、地方工业学校和补习学校。同年，法国通过了《阿斯蒂埃法》，规定每个市

---

① 石蕊. 日本短期大学职业生涯教育：以长崎短期大学为例［D］. 大连：东北师范大学，2012.

镇设立一所职业学校，对18岁以下的青少年实施免费的、义务的职业教育①；1917年，美国颁布了《斯密斯—休斯法案》，要求在全国范围内建立中等职业学校，把普通中学办成综合中学，设立职业科，开设各种职业选修课程，从而奠定了美国发展中等职业技术教育的法律基础。

### （七）小学

小学教育即初等教育。初等教育的发展走过了一个漫长的历程。奴隶社会和封建社会时期东西方都有各自的初等教育，如欧洲中世纪的教区学校、城市学校、拉丁学校，中国汉代的书馆，元代的社学，明清时代的家塾、学馆、义塾等。文艺复兴以前，西欧有了行会学校和基尔特学校，教授本族语的读写、计算和宗教知识，这些学校就是欧洲城市最早的初等学校。文艺复兴时期，教会又办起许多小学。随着社会生产力和科学技术的发展，特别是资本主义生产关系的萌芽与形成，普及初等教育的思想首先在欧洲产生。世界上最早提出普及6年初等教育思想的是17世纪捷克教育家夸美纽斯。1619年，德意志魏玛公国公布的学校法令规定，父母应送其6~12岁子女入学，否则政府将强迫其履行义务，这被看作是正式实施义务教育的发端。随后英、德、法、美、日等主要资本主义国家相继通过立法的形式（颁布义务教育法）推行和确立初等教育义务教育制度，逐渐建立和形成了现代教育制度，走上规范化、制度化的发展道路。

### （八）幼儿教育机构

作为公共教育的现代幼儿教育机构的产生与发展和以使用蒸汽机为标志的第一次工业技术革命密切相关。这一阶段，幼儿教育机构产生于妇女就业谋职的客观需要，其功能在于照顾好外出谋职的母亲的幼儿，解除母亲们的后顾之忧。因此，建立专门的幼儿公共教育机构来照顾或抚养幼儿便成了一种社会需要。世界上第一所幼儿公共教育机构为英国空想主义者欧文（Owen）于1816年在英国纽兰纳克他自己的工厂中创办的“幼儿学校”（Infant School），工人专门收2~6岁的子女；1837年，德国教育家福禄贝尔（F. W. Frobel）在布兰肯堡创立了一所新型的幼儿教育机构，1840年正式命名为幼儿园（Kindergarten），幼儿园这一名称从此被世界各国广泛采用。福禄贝尔研究了幼儿园的工作内容和教学方法，创制了幼儿园里使用的专门教具——恩物，创立了幼儿园教育的体系。同时，他还开办了幼儿教师讲习班，按照他的幼儿教育思想训练了大批幼儿教师。随即，各个先进的资本主义国家都先后设立了幼儿教育机构并得到了较快发展，在第二次世界大战后逐渐走向普及。与此同时，幼儿教育的性质也在发展变化，已从以保育为主走向以教育为主。幼儿教育机构在不少国家已被列入学制系统，已成为国民教育体系的组成部分，并将成为终身教育的一个有机组成部分。

## 二、现代学校教育制度的类型

19世纪末20世纪初，西方发达资本主义国家通过“自上而下”和“自下而上”两条途径形成了三种基本的现代学制：双轨学制、单轨学制和分支型学制，如图5-1所示。



① 刘淑云，祁占勇. 德国职业教育制度的发展历程、基本特征及启示［J］. 当代职业教育，2017（6）：104-109.

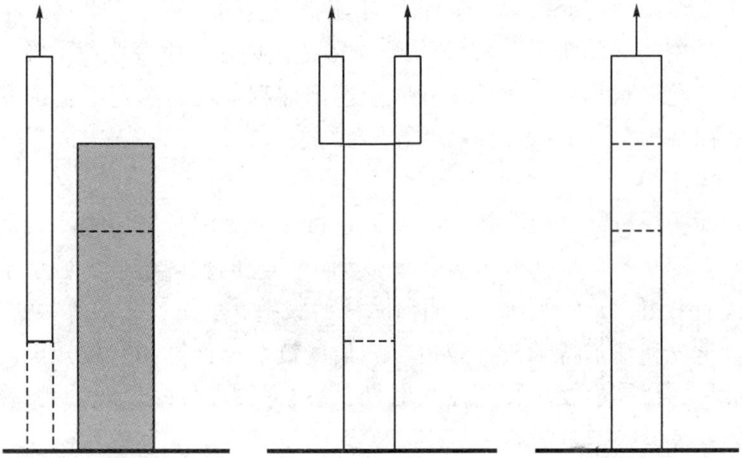


图 5-1　三种类型学制示意图①

### （一）双轨学制

双轨学制是纵向划分的学校系统，以第二次世界大战前的英、法、德等西欧国家为代表，因而这种学校系统又被称为“西欧型”或“欧洲型”学制。双轨学制是在 18~19 世纪特定的历史背景下，为保障资产阶级子弟的教育特权，同时满足广大劳动人民子女对教育文化需求而产生的学校系统。双轨学制把学校系统分为两个互不相通的轨道：一轨“自上而下”，其结构是——大学（后来也包括其他高等学校）、中学（包括中学预备班）。此轨主要是面向社会上层阶级，为社会上层阶级的子女服务，他们受到比较高深的、完备的教育，以便成为生产管理、商业经营、科学研究和从事其他社会活动的高级人才，具有精英教育性质。这类学校收取高昂的学费，提供优质的教育，将劳动人民的子女拒之学校大门之外。另一轨是“自下而上”，其结构是——小学（后来是小学和初中）及其后的职业学校（先是与小学相连的初等职业教育，后发展为和初中连接的中等职业教育）。此轨主要面向平民大众，是为满足广大民众对文化知识的需求而设立的，带有普及教育的性质。学生读完初级小学之后，不允许进入文法中学或公学，只能进入高等小学或初等、中等职业学校，成为适合生产需要的工人。这两个学校系统自成体系，既不相通，也不关联，就像两条平行的轨道，因而被称为双轨学制。

双轨学制的产生一方面保留了古代教育的等级性，同时也与资产阶级维护自身特殊利益有关，更为根本的是与资本主义发展初期脑力劳动与体力劳动存在严重的分离有关。生产力发展水平较低，因此对脑力劳动的质量要求也不高。可以说，双轨学制的形成有其客观的生产力基础。但是随着第二次世界大战的爆发和第三次科技革命的兴起，学校教育的双轨制由于违背机器大工业生产的普遍性而遭到了激烈的批判和否定。科技革命、社会发展对人才的迫切需求以及工人阶级争取教育权利的斗争，迫使

① 黄济，王策三. 现代教育论［M］. 北京：人民教育出版社，1996：269.

资产阶级在学制上做出了让步，其结果是双轨制学校体系得到了部分改变，逐渐向单轨学制和中间型学制过渡。20 世纪初的英国学制和英国现行制如图 5-2 和图 5-3 所示。

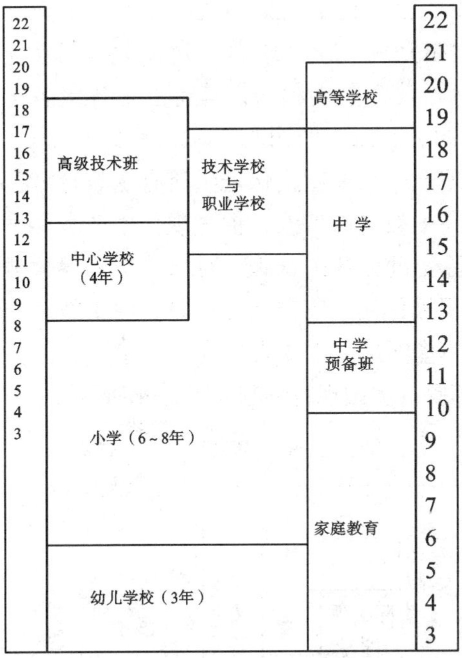


图 5-2　20 世纪初的英国学制图①

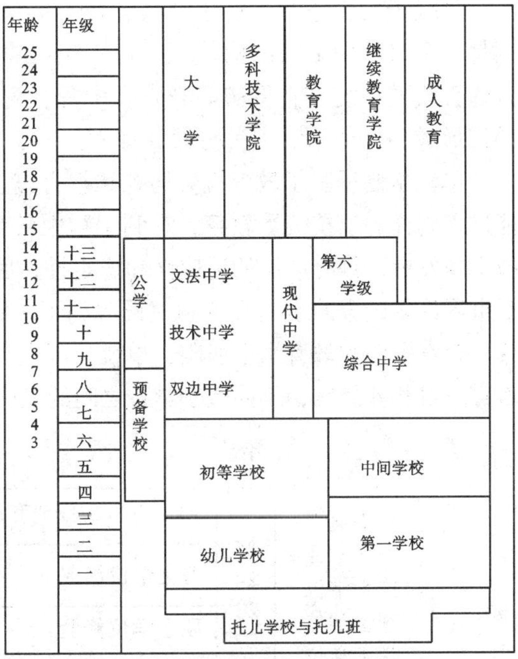


图 5-3　英国现行学制图②

**【知识考查】**

英国政府 1870 年颁布的《初等教育法》中，一方面保持原有的专为资产阶级子女服务的学校系统，另一方面为劳动人民的子女设立国民小学、职业学校。这种学制属于（　　）。

A. 双轨学制　　B. 单轨学制　　C. 中间型学制　　D. 分支型学制

答案：A

### （二）单轨学制

单轨学制是横向划分的学校系统，是从双轨型学制的基础上演化而来，最早产生于美国，后被世界许多国家所沿用。单轨学制以美国为代表，19 世纪后半叶之前，美国大部分学校都仿效欧洲各国的双轨型学制。美国南北战争结束之后，双轨型学制中的面向平民大众的一轨发展迅速，尤其是群众性小学和群众性中学在短期内如雨后春笋般发展起来，而面向资产阶级和有产阶级的另一轨不仅没有得到应有的发展，反而呈现出颓废的态势，最后逐渐被取代，由此形成了美国的单轨学制。单轨学制之所以能够在美国产生，主要是因为美国是一个移民国家，没有特权文化的羁绊，加之美国

① 黄济，王策三. 现代教育论［M］. 北京：人民教育出版社，1996：271.

② 同①：272.

没有经历封建社会，受封建思想影响较少，民主、平等、自由的观念深入人心，因而随着美国各州强迫义务教育法令的相继颁布以及美国公立中学运动的开展，使为社会上层阶级子女服务的一轨逐渐失去应有的优势和地位，直至被另一轨所湮没。单轨学制是一个自下而上的结构体系，即一个国家的学制是从小学、中学再到大学的相互连接的直线型系统。它将初等教育、中等教育和高等教育衔接起来，其特点是各级各类学校形成一个体系、多种分段，即六三三、五三四、八四、四四四、六六等多种分段。



单轨学制反映了教育机会均等和教育民主的理念，在原则上保证了所有受教育者都能进入同样的学校接受教育，有利于初中教育和高中教育的普及，促进现代生产和科学技术的发展，具有广泛的适应性和稳定性，因而备受世界各国青睐，对第二次世界大战后世界许多国家的学制改革和建设起到了一定的积极作用。需要指出的是，由于教育条件、教育资源和教育水平所限，单轨学制也存在一些不足，主要表现为同级学校之间的教育质量相差悬殊，不同级别学校之间的发展失衡等。美国现行学制如图 5-4 所示。

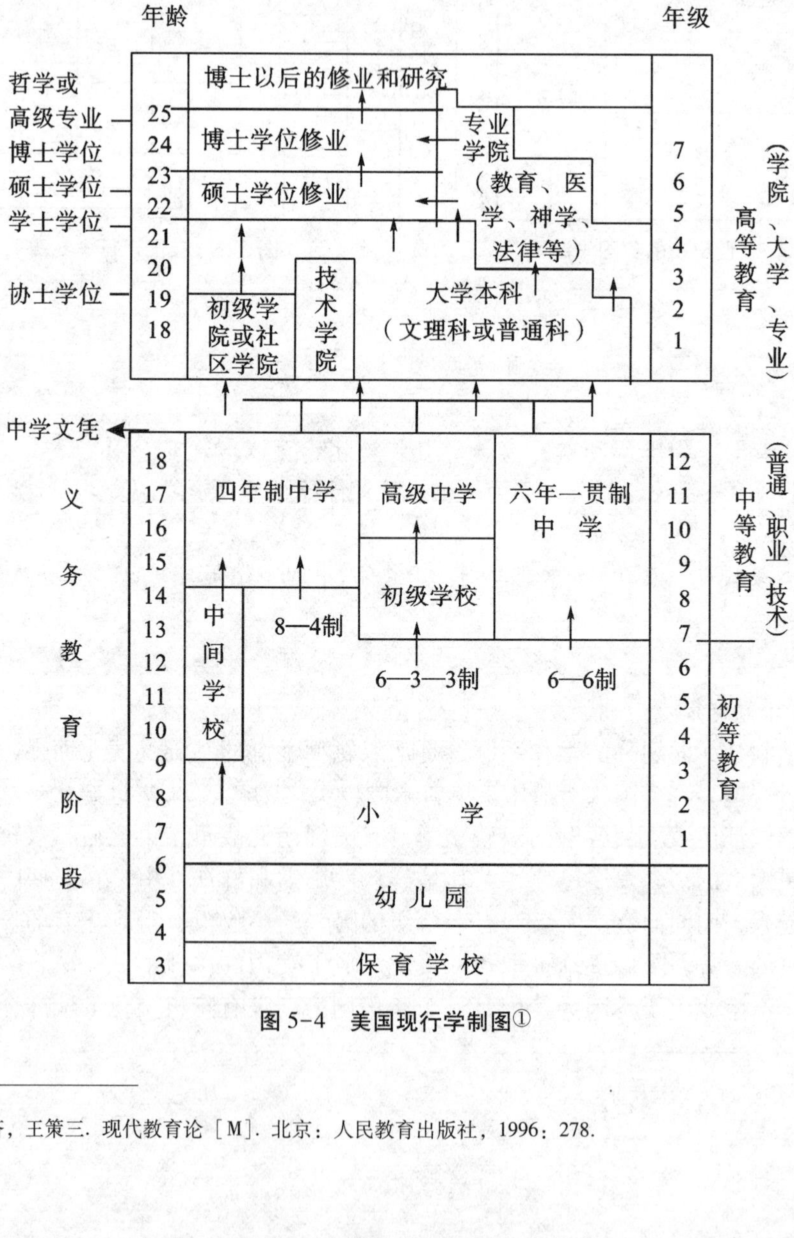


图 5-4　美国现行学制图①

① 黄济，王策三. 现代教育论［M］. 北京：人民教育出版社，1996：278.

### （三）分支型学制

分支型学制是介于双轨学制和单轨学制两者之间的学制结构，属中间型学制。这是苏联创造的一种学制类型，以苏联为代表。中间型学制同单轨学制的发展过程一致，也是从双轨型学制发展而来。在十月革命前，沙皇俄国实施的是欧洲的双轨型学制。十月革命后，为了粉碎资本主义教育体系，消除苏维埃社会主义教育发展的障碍，苏联建立了单轨的、统一的社会主义学校教育体系。在其后的发展过程中，为了适应当时教育的需求，又恢复了原文科中学的某些积极因素和职业学校单设的传统，在入学的前一阶段（小学和初中）实行单轨，到后一阶段（普通高中、中等职业技术学校）才实行分叉。普通高中的毕业生经考试合格后升入大学接受高等教育，而中等职业技术学校的毕业生则有两种选择：一种是大部分毕业生选择就业（工作三年之后也可升学），另一种是少数优秀毕业生可直接进入对口的高等学校就读。分支型学制的特点是“上通（高等学校）下达（初等学校），左（中等专业学校）右（中等职业学校）畅通”，是一种既有单轨学制特色又有双轨学制某些特色的新型学制。

分支型学制既有单轨学制的群众性和普及性，又有双轨学制中学术性一轨的高水平，同时也能较好地解决中等教育面临的升学与就业的矛盾，兼顾了教育公平和教育效益，注重了教育的普及与提高。然而，在实际的运作过程中，在各阶段的衔接及其分支的程度上存在一定的缺陷，如普通教育体系较为完备，水平较高，而职业教育却没有得到重视，条件较差，发展较慢，质量较低。苏联20世纪八九十年代学制如图5-5所示。

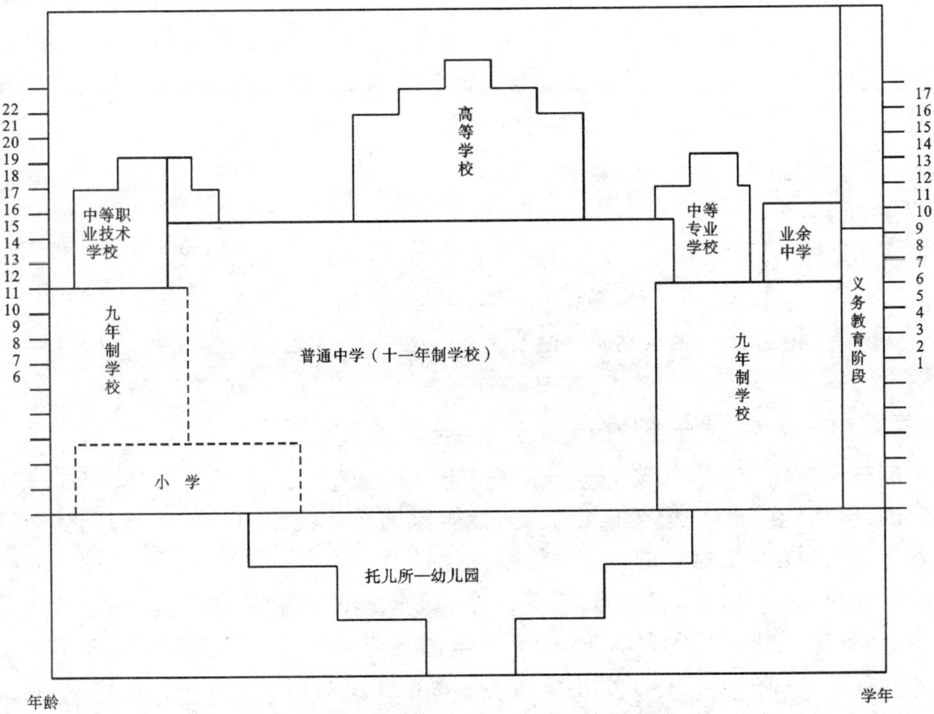


图5-5　苏联20世纪八九十年代学制图①





① 黄济，王策三．现代教育论［M］．北京：人民教育出版社，1996：281.

## 三、现代学校教育制度的变革

当前，世界各国都在积极调整和完善本国的现代学校教育制度，以适应社会发展的需要，培养21世纪富有创造力的新型人才，促进本国教育事业的发展，提高本国的综合国力。总地来看，现代学校教育制度的变革呈现以下趋势。

### （一）重视学前教育，并将其纳入学制系统

进入现代，社会各界越来越普遍认为学前教育在人生发展中的奠基作用，学前教育在国民教育体系中的地位逐步提高，学前教育问题日益成为世界各国普遍关注的热点话题。大多数国家都提倡及早开发儿童的智力，强调培养儿童的创造力，发展儿童的个性，为儿童接受小学教育及其以后的全面发展做好准备。为此，许多国家采取了措施，把学前教育列入学制系统，列为义务教育的范围，以提前实施义务教育，把学前教育的后期和义务教育的前期有机地衔接起来，改变过去那种学前教育与义务教育相互脱节的情况。这是现代学制的一个重要特点，是现代学制向终身教育制度发展的重要标志之一。根据2007年《全民教育全球监测报告》，有30个国家实施特定形式的义务制学前教育，到2011年时增加至35个。联合国教科文组织发布的《2017—2018全球教育监测报告》显示，目前全球1/3的国家立法规定提供至少一年的免费学前教育，21%的国家提供一年的义务学前教育。其中，美、英、日等国都将学前教育纳入学制系统的第一阶段；法国从2019年秋季学期起，将学前3年教育全面纳入义务教育体系①。联合国教科文组织认为，将学前教育纳入义务制范畴是重视学前教育的一个强烈政治信号，能推动形成普遍可以获得的学前教育。2015年，世界教育论坛发表的《仁川宣言》提出，“鼓励提供至少一年高质量的免费和义务学前教育，让所有的孩子都有获得高质量儿童早期发展、看护和教育的机会”②。

**【案例分析】**

观看视频：《惠民提案：幼儿园纳入义务教育阶段》

资料来源：https://video.tudou.com/v/XMTc5ODMyNDg2NA==.html

**请思考：**将幼儿园纳入义务教育：您赞成吗？

### （二）初等教育入学年龄提前，义务教育年限延长

各国的义务教育年限长短不一，大多为9年，包括小学和初中教育阶段。随着知识社会的到来，为了提高人才素质，大多数国家的义务教育的范围有进一步扩大的趋势。这主要表现在义务教育的一端在逐渐向学前教育方向扩展，而另一端则向初中后教育阶段延伸。初等教育入学年龄提前，可从不同国家低龄儿童的入学率上升情况加以说明。例如，在日本1947年3~6岁儿童的入学率仅为7.5%，1976年就达到了63.5%，而到了1982年，2~5岁儿童的入学率覆盖面达到了100%。在法国，1960年

---

① 李志涛. 国际学前教育发展政策趋向及启示［J］. 基础教育参考，2019（14）：6-10.

② 周红霞. 2030年教育：迈向全纳、公平、有质量的教育和全民终身学习：2015年世界教育论坛《仁川宣言》［J］. 世界教育信息，2015（14）：35-38.

3~6 岁儿童入学率为 26.9%，1973 年已达 90.3%，1981 年以后已全部入学[①]。联合国教科文组织国际教育委员会在《学会生存》的报告中也指出，初等教育将提前到更小的年龄阶段。在此基础上，为了提高人才培养质量，世界各国采取多种措施，或将学前教育纳入义务教育的范畴，或将义务教育拓展到高中甚至高中后教育，以此延伸义务教育的年限。如英国和法国等国家就将学前教育视作义务教育的初始阶段。德国、英国、荷兰等国将职业教育和部分继续教育作为义务教育的有机组成，分别实施 8~9 年、10~12 年、12~15 年等不同年限的义务教育。

### （三）普通教育与职业教育的综合化

促进普通教育和职业教育的综合化，是当前各国学制改革的一个重要方面。由于职业教育对发展社会生产力具有巨大作用，所以许多国家都强调普及职业教育，使全民都普遍接受职业技术教育，所采取的措施之一就是在普通学校中加强职业教育。如 1971 年，美国联邦教育总署署长马兰（Ma Lan）提出的“生计教育”理论，马兰主张生计教育应当成为所有学生的，而不仅仅是职业学校学生的课程，生计教育应贯穿小学一年级到高级中学甚至大专院校的所有年级，应使中学毕业生，甚至中途退学者，都掌握某种技能，能够维持生计。他把普通学校中实施生计教育分为三个阶段，第一阶段是职业了解阶段，为一到六年级；第二阶段是职业探索阶段，为七到十年级；第三阶段是职业选择阶段，为十一到十二年级[②]。同时，各国还认识到，普通文化知识水平的提高有利于学生更好地理解专业理论，发展学生的应变能力。因此，在职业技术学校中加强普通教育也是各国所采取的另一个改革措施。法国的职业中学开设了一种新的文凭——职业学士文凭，招收初中毕业生，学制四年，目的在于提高熟练技工的普通教育水平。日本通过推迟分专业的时间来加强职业高中的普通教育，即高中一年级不分专业，学习普通文化课，二年级才开始分专业。世界各国特别是发达国家的做法表明各国均走上了普通教育与职业教育综合化的尝试之路。

### （四）高等教育大众化

高等教育大众化既是高等教育自身发展的结果，亦是经济社会发展的必然选择。20 世纪初，美国率先进行了高等教育大众化的尝试，并收到显著的社会效果，大众化的理念逐渐得到普遍的认同。20 世纪后半期，世界高等教育发展进入了大众化和普及化发展时代，主要表现在三个方面：一是高校入学率。按通行说法，一国高校入学率，即在校大学生人数占同龄人的比例在 15%以下为精英教育，15%~50%为大众化教育，50%以上可算是达到普及。统计表明，到 1999 年，全球共有 20 个国家先后进入普及化阶段，发达国家高等教育毛入学率平均数达到 56.13，世界高等教育总体毛入学率达到 18.32%[③]。而我国从 20 世纪 90 年代后期开始，进入了高等教育大众化的“快车道”。1999 年 1 月由国务院批转的教育部《面向 21 世纪教育振兴行动计划》明确提出了“到 2010 年高等教育入学率接近 15%”的工作目标。同年 6 月，中共中央、国务院《关于深化教育改革全面推进素质教育的决定》进一步指出，“通过多种形式积极发展高等教

① 冯永刚. 中国学校教育制度的变革趋势［J］. 教育科学论坛，2011（10）：5-7.

② 邓和平. 20 世纪美国的普通中等教育改革［J］. 教育与职业，2000（3）：54-58.

③ 别敦荣，易梦春. 普及化趋势与世界高等教育发展格局：基于联合国教科文组织统计研究所相关数据的分析［J］. 教育研究，2018（4）：137.

育，到 2010 年，我国同龄人口的高等教育入学率要从现在的 9%提高到 15%”①。截至 2017 年，高等教育毛入学率已达到 45. 7%，在学总规模为 3 699 万人，占世界高等教育总规模的 20%②。二是高等教育机构日益多样化。针对传统高等学校脱离社会、周期长、不能适应非正规学习学生的要求等弱点，越来越多的国家采取灵活多样的办学形式、授课制度和学籍管理制度。例如，大学设置夜间部、函授部，举办公开讲座；建立注册视听生制度、校外生学位授予制度、跨校学习制度、非选拔升学制度；开办开放大学、无墙大学等。三是高等教育机构中学生的成分发生了变化，成人大学生所占的比重越来越大，与普通大学生的界限变得更加模糊。据 1985 年的统计数据，美国高等教育机构中 25 岁以上的学生占 42%，英国为 32%，法国为 31%，前联邦德国为 47%。近年来丹麦、挪威、瑞典等国过半数学生首次进入大学的年龄超过 22 岁，20 岁以下首次入学者的比例不到 20%。美国社区学院采取开放招生政策，学生年龄平均 38 岁③。我国也放宽了大学报考者的条件，不再有年龄限制，因此这两年出现了 70 老翁考大学的新现象。

**（五）终身教育体系的建构**

终身教育是当今各国教育改革的共同指导思想，而建构终身教育体系则是各国现代学制改革的共同目标。终身教育是指个体在人生的各个阶段中所受各种教育的总和，是个体所受的各种各样的教育类型的综合。1965 年，时任联合国教科文组织教育局继续教育部部长的法国教育学家保罗·朗格朗首次提出了“终身教育”这个术语。他指出，教育不应随着学校学习的终结而终止，而应该贯穿于生命过程的始终；1972 年，联合国教科文组织国际教育发展委员在《学会生存》的报告中提出“终身教育是学习化社会的基石”④ 的主张，推动了终身教育在世界范围内的发展；1981 年，日本中央教育审议会在咨询报告《关于终身教育》中，提出促进终身教育体系形成的教育发展原则；1976 年，美国通过了《终身学习法》，为建立终身教育体系提供了法律保障；此外，瑞士、法国、俄罗斯等国也通过立法形式，确立了教育改革的终身教育思想。而我国 1995 年颁发的《教育法》做出了“国家适应社会主义市场经济发展和社会进步的需要，推进教育改革，促进各级各类教育协调发展，建立和完善终身教育体系”的规定，奠定了终身教育的法律地位；《面向 21 世纪教育振兴行动计划》也提出，到 2010 年要基本建立起终身学习体系；党的十六大报告则把形成“全民学习、终身学习的学习型社会，促进人的全面发展”作为落实终身教育思想的重要指南和全面建设小康社会的教育奋斗目标；《国家中长期教育改革和发展规划纲要（2010—2020）》提出了“构建体系完备的终身教育、健全充满活力的教育体制”的战略目标。基于此，终身教育体系的逐渐构建正带动着现代教育制度发生重大的变革。成人教育体系越来越

---

① 教育部. 中共中央国务院关于深化教育改革，全面推进素质教育的决定［EB/OL］.（1999-06-13）［2019-10-10］. Http://www.moe.gov.cn/jyb_sjzl/more_177/tnull_2478.html.

② 教育部. 我国高等教育在学总规模居世界第一［EB/OL］.（2017-01-29）［2019-4-25］. Http://www.moe.edu.cn/jyb_xwfb/s5147/201709/t20170929_315704.html.

③ 张蓉. 当前各国学制改革的趋势［J］. 外国中小学教育，2003（11）：6-9.

④ 联合国教科文组织国际教育发展基金会. 学会生存：教育世界的今天和明天［R］. 华东师范大学比较教育研究所，译. 北京：教育科学出版社，1996：233.

开放、灵活，体系规模不断扩大，构建起与学历教育体系互为补充的“立交桥”。目前，许多国家出现的远距离教育、开放大学、社区教育、网络学校等，都是终身教育思想在传统学校教育之外范围广泛的教育实践。

## 第三节　义务教育

义务教育是依据法律规定，适龄儿童和青少年必须接受，家庭、学校和社会必须予以保证的国民教育①，是国家必须予以保障的公益性事业。其实质是国家依照法律的规定对适龄儿童和青少年实施的一定年限的强迫教育的制度，具有强制性、普及性、免费性、公共性和基础性是其显著特征。因此，义务教育又被称为强迫教育或免费义务教育。

义务教育发端于德国，发起人是宗教领袖马丁·路德（Martin Luther）。为了使人们都有学习《圣经》的能力，马丁·路德倡导“义务教育”。自 17 世纪以来，世界上各个国家相继颁布了法律对义务教育做出了相应的规定。1619 年，德国魏玛公国公布的学校法令规定：父母应送其 6~12 岁的子女入学，这是世界上最早的义务教育。而我国实施义务教育最早始于清末，提出四年制义务教育，中华人民共和国成立前国民政府也提出五年制义务教育。1986 年颁布的《义务教育法》是我国学制改革的重大事件，它的颁布，意味着我国将开始实施九年义务教育，使我国普及义务教育的事业开始走上依法治教的道路。

### 一、义务教育的学制

《教育法》第十八条以及《义务教育法》第二条都规定：“国家实行九年义务教育制度。”《义务教育法》第十一条规定：“凡年满六周岁的儿童，其父母或者其他法定监护人应当送其入学接受并完成义务教育；条件不具备的地区的儿童，可以推迟到七周岁。”同时第十二条规定：“适龄儿童、少年免试入学。地方各级人民政府应当保障适龄儿童、少年在户籍所在地学校就近入学。”

【知识考查】

某初中为提高生源质量，自行组织入学考试，实行跨学区招生。该学校的做法（　　）。

A. 合理，学校有招收学生的权利

B. 合理，学校有自主办学的权利

C. 不合法，违反了尊重学生人格的规定

D. 不合法，违反了免试、就近入学的规定

答案：D





① 夏征农，陈至立. 辞海［Z］. 上海：上海辞书出版社，2010：914.

## 二、义务教育的保障

《义务教育法》从国家、社会、学校、家庭等法律关系主体层面对其所承担的义务分别做出了规定，为义务教育的实施提供了法律上的种种保障。

### （一）国家保障

1. 组织、领导保障

国家是实施义务教育的主体之一。这里的国家主要是指各级人民政府及其教育行政部门和其他有关行政部门。国家在实施义务教育的过程中负有宏观调控与创造条件的职责，负有组织领导的责任，以保障义务教育顺利开展。为此，《义务教育法》第七条中规定："义务教育实行国务院领导，省、自治区、直辖市人民政府统筹规划实施，县级人民政府为主管理的体制。""县级以上人民政府教育行政部门具体负责义务教育实施工作；县级以上人民政府其他有关部门在各自的职责范围内负责义务教育实施工作。"《义务教育法》第六条规定："国务院和县级以上地方人民政府应当合理配置教育资源，促进义务教育均衡发展，改善薄弱学校的办学条件，并采取措施，保障农村地区、民族地区实施义务教育，保障家庭经济困难的和残疾的适龄儿童、少年接受义务教育。"

**【名人名言】**

统一思想认识，把推进义务教育均衡发展摆上重要位置。

——《教育部进一步推进义务教育均衡发展的若干意见》

2. 经费保障

根据《义务教育法》的规定，国家要建立义务教育经费保障机制，保证义务教育制度实施，这是国家履行政府职能的体现。国家对义务教育经费的保障主要从三个方面着手：首先，财政性教育经费投入是义务教育阶段最重要的经费来源。《义务教育法》第四十二条规定："国家将义务教育全面纳入财政保障范围，义务教育经费由国务院和地方各级人民政府依照本法规定予以保障。""国务院和地方各级人民政府将义务教育经费纳入财政预算，按照教职工编制标准、工资标准和学校建设标准、学生人均公用经费标准等，及时足额拨付义务教育经费，确保学校的正常运转和校舍安全，确保教职工工资按照规定发放。""国务院和地方各级人民政府用于实施义务教育财政拨款的增长比例应当高于财政经常性收入的增长比例，保证按照在校学生人数平均的义务教育费用逐步增长，保证教职工工资和学生人均公用经费逐步增长。"《义务教育法》第二条还规定："实施义务教育，不收学费、杂费。"其次，社会力量及个人捐资是义务教育经费筹措的有益渠道。《义务教育法》第四十八条规定："国家鼓励社会组织和个人向义务教育捐赠，鼓励按照国家有关基金会管理的规定设立义务教育基金。"最后，国家把农村义务教育全面纳入公共财政保障范围，关注义务教育的均衡发展。《义务教育法》第四十五条规定："县级人民政府编制预算，除向农村地区学校和薄弱学校倾斜外，应当均衡安排义务教育经费。"《义务教育法》第四十七条规定："国务院和县级以上地方人民政府根据实际需要，设立专项资金，扶持农村地区、民族地区实施义务教育。”

3. 师资保障

义务教育的属性决定义务教育必须均衡发展。义务教育是面向全体适龄儿童、少年的基本公共服务，提供基本均衡的义务教育是政府的法律责任，每一个适龄儿童、少年都应该享有接受高质量的义务教育的平等机会。在教育硬件设施普遍优化的条件下，师资力量的优化配置更显重要。国家有义务发展教师教育，更有义务为义务教育提供合格的师资。《义务教育法》第三十条规定：“教师应当取得国家规定的教师资格。”《义务教育法》第三十二条规定：“县级以上人民政府应当加强教师培养工作，采取措施发展教师教育。”“县级人民政府教育行政部门应当均衡配置本行政区域内学校师资力量，组织校长、教师的培训和流动，加强对薄弱学校的建设。”《义务教育法》第三十三条规定：“国务院和地方各级人民政府鼓励和支持城市学校教师和高等学校毕业生到农村地区、民族地区从事义务教育工作。”

**（二）社会保障**

在社会保障方面，国家鼓励各种社会力量及个人自愿捐资助学。《义务教育法》第四十八条规定：“国家鼓励社会组织和个人向义务教育捐赠，鼓励按照国家有关基金会管理的规定设立义务教育基金。”同时，《义务教育法》第十四条规定：“禁止用人单位招用应当接受义务教育的适龄儿童、少年。”“根据国家有关规定经批准招收适龄儿童、少年进行文艺、体育等专业训练的社会组织，应当保证所招收的适龄儿童、少年接受义务教育；自行实施义务教育的，应当经县级人民政府教育行政部门批准。”

**（三）学校保障**

学校是实施义务教育的主体，具有贯彻国家的教育方针，努力提高教育教学质量，使儿童在德、智、体、美等方面全面发展的义务。《义务教育法》第十六条规定：“学校建设，应当符合国家规定的办学标准，适应教育教学需要；应当符合国家规定的选址要求和建设标准，确保学生和教职工安全。”《义务教育法》第二十二条规定：“县级以上人民政府及其教育行政部门应当促进学校均衡发展，缩小学校之间办学条件的差距，不得将学校分为重点学校和非重点学校。学校不得分设重点班和非重点班。”《义务教育法》第三十五条规定：“学校和教师按照确定的教育教学内容和课程设置开展教育教学活动，保证达到国家规定的基本质量要求。”《义务教育法》第三十六条规定：“学校应当把德育放在首位，寓德育于教育教学之中，开展与学生年龄相适应的社会实践活动，形成学校、家庭、社会相互配合的思想道德教育体系，促进学生养成良好的思想品德和行为习惯。”《义务教育法》第三十七条规定：“学校应当保证学生的课外活动时间，组织开展文化娱乐等课外活动。社会公共文化体育设施应当为学校开展课外活动提供便利。”《义务教育法》第二十七条规定：“对违反学校管理制度的学生，学校应当予以批评教育，不得开除。”

**（四）家庭保障**

家庭在实施义务教育过程中的职责主要表现在严格依照法律规定，确保适龄子女接受规定年限的义务教育。《义务教育法》第五条规定：“适龄儿童、少年的父母或者其他法定监护人应当依法保证其按时入学接受并完成义务教育。”《义务教育法》第十一条规定：“凡年满六周岁的儿童，其父母或者其他法定监护人应当送其入学接受并完成义务教育；条件不具备的地区的儿童，可以推迟到七周岁。”《义务教育法》第五十八条还规定：“适龄儿童、少年的父母或者其他法定监护人无正当理由未依照本法规定送适龄儿童、少年入学接受义务教育的，由当地乡镇人民政府或者县级人民政府教育行政部门给予批评教育，责令限期改正。”





**【案例分析】**

**小芳辍学案**

小芳家住农村，在村里的小学上五年级。一天，爸爸突然对她说：“明天你不要去上学了，到小卖部给你妈帮忙吧。”小芳想念书，舍不得学校的老师和同学们。老师了解到小芳的情况后，找到小芳的爸爸，劝他让小芳继续上学。小芳爸爸说：“女孩子读书多了也没用，还不如让她在家里干点活。再说了小芳是我的女儿，让不让她上学由我说了算。”

**请思考：**小芳爸爸的说法对吗？小芳爸爸都违反了哪些规定？

资料来源：华东师范大学教育学编写组. 基于教师资格考试的教育学［M］. 上海：华东师范大学出版社，2016：285.

## 理解与反思

1. 现代学制有哪些类型？我国现行学制主要属于哪种类型？

2. 为什么终身教育会成为当代教育制度的发展方向？怎样才能使我国的教育制度朝终身教育的方向发展？

3. 现代学制的变革有哪些趋势？根据我国实际，参照现代学制变革的趋势，你认为我国的现行学制需要怎样进一步改革？

## 拓展阅读


［1］全国十二所重点师范大学联合编写. 教育学基础［M］. 北京：教育科学出版社，2002.

［2］孙喜亭. 教育原理［M］. 北京：北京师范大学出版社，2003.

［3］华东师范大学教育学编写组. 基于教师资格考试的教育学［M］. 上海：华东师范大学出版社，2016.

# 第六章 教师

■学习导航

（1）了解教师职业的由来、地位与作用，分析其劳动特点。

（2）掌握现代教师应具备的专业素质、职业角色以及教师专业发展的内涵、阶段与途径。（重点）

（3）理解教师权利与义务的主要内容；熟悉国家有关教育法律法规所规范的教师教育行为，并依据国家法律法规，分析评价教师在教育教学实践中的实际问题。（难点）

■思维导图

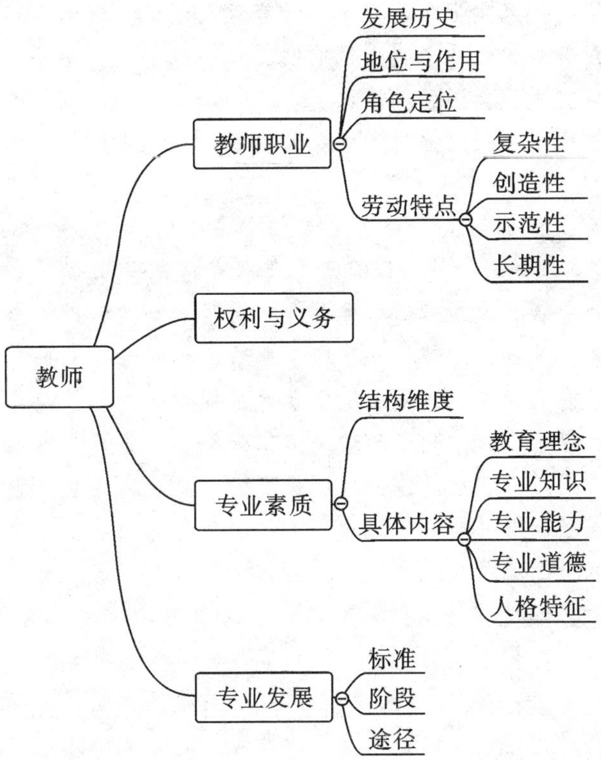

**■教育瞭望**

### 泰迪的故事

汤普森太太执教小学五年级。开学第一天，她对孩子们说："我会平等地关爱你们每一个人。"这样的承诺大部分教师都曾做过，却很少能成为现实。

在她所教的班上，有一名叫泰迪的学生，肮脏，头发留得盖住眼睛，身上不时散发出一股莫名的臭味，功课总是落后，不合群，情绪低落。汤普森太太第一眼看到这位学生就不喜欢他。每次批改他的作业时，她总是用一支大大的红笔，在泰迪作业的错误之处，狠狠地打上一个又一个的叉。

有一天，汤普森太太按照学校规定，检视所有学生以往的成绩单，意外地发现前任教师对泰迪的评语不同寻常。

一年级的教师这样写道："泰迪聪明、开朗，功课工整，待人彬彬有礼，真是一个人见人爱的好孩子!"二年级的教师这样写道："泰迪表现优秀、人缘颇佳。不幸的是他妈妈的绝症已进入晚期，家境艰难，泰迪的日子有些困难。"三年级的教师这样写道："妈妈的离世对泰迪是个沉重的打击，他试图走出来，可他的爸爸却对孩子不以为意。这样的家庭状况如果得不到改善，很快就会对泰迪的成长造成不良影响。"四年级教师这样写道："泰迪落后了，对学习失去了兴趣。他没有什么朋友，有几次竟在课堂上睡着了。"

直至这时，汤普森太太才意识到了问题所在。她很感愧疚。

圣诞节到了，所有的学生都准备了一份礼物送给老师。泰迪的礼物是用装午饭用的褐色纸包装起来的，里面包了两件东西，一条缺了几颗细小钻石的人造水晶钻石手链和在廉价店买的只剩半瓶的香水。汤普森太太很清晰地听到来自孩童群中窃窃偷笑的声音，汤普森太太马上制止了他们。她一边赞叹这条手链的华美，一边把它戴了起来，并且在手腕上洒了些香水。

放学后，泰迪留了下来，他对汤普森太太说："老师，今天您闻起来就像我妈妈以前一样。"

孩子们走完后，汤普森太太哭了足有一个多小时。从那天起，她从"教书"，转而"育人"。主导她内心的是那群有活力有感情的孩子们。

从那以后，汤普森太太对泰迪格外关注。有了老师的帮助，泰迪的心智开始复苏。她的鼓励越多，他的进步越快。年底，泰迪已经成为班里的佼佼者……

一年后，汤普森太太在门边发现一张泰迪写的纸条，称她是自己一生中遇见过的最好的老师。六年后，她收到了泰迪的第二张纸条，告诉老师他已经以第三名的成绩从高中毕业，而她，仍然是他一生中最好的老师。四年后，她收到了泰迪的另一封信。信中说虽然学业并非一帆风顺，但他仍想留在校园，他会坚持到最后，并且不久之后就将以最高荣誉从大学毕业。在信中，他把汤普森称作自己最好、最喜欢的老师。四年后，泰迪又给老师一封信。取得硕士学位后，他选择了继续深造，并再次说她是他一生中最喜欢的老师。他的签名是泰迪医学博士。

故事至此尚未结束。那个春天，又有一封书信翩然而至……泰迪说他遇到了生命中的最爱，即将举行婚礼。他告诉汤普森太太，他的父亲几年前也离世了，问她是否愿意以新郎母亲的身份出席婚礼……汤普森太太答应了。

婚礼那天，汤普森太太特地戴上了那条旧手链，还喷了香水，泰迪记得那是妈妈在和他度过的最后一个圣诞节里用过的那款香水。

他们互相拥抱时，泰迪博士在老师耳边轻声说："谢谢您对我的信任。您让我感受到自己的重要，您让我明白自己可以有所作为。"

汤普森太太热泪盈眶，轻声回语："泰迪，你错了，是你教会了我，让我相信我有能力去改变……直到遇见你，我才明白教师职业的真谛。"

资料来源：蓓拉德，玛丽·西蒙. 泰迪的礼物［M］. 郝广才，译. 北京：新星出版社，2011.

国运兴衰，系于教育；教育大计，教师为本。教师这一特殊的职业群体，肩负着为国家的未来培养高素质人才的重任，尤其在当前全面推进素质教育的进程中，建设高质量的教师队伍是我国教育事业兴旺发达的根本保证。所以，一名合格的人民教师，应该了解自身职业的由来、地位与作用，分析自身劳动的特点；理解现代教师应具备的专业素质、职业角色以及教师专业发展的阶段与途径；熟悉国家有关教育法律法规所规范的教师教育行为，以此分析教育教学实践中的实际问题。这对促进学生全面发展、教师专业发展、学校教育教学改革和社会的文明进步具有重要的意义和价值。

## 第一节　教师职业

职业是社会分工带来的必然产物，是人类社会进步的重要体现。教师职业是"人类历史上最古老的职业之一，也是最伟大、最神圣的职业之一"①。它的职业性是伴随着学校的产生、发展而增强的。教师是人类文明的重要传承者和创造者，教师职业受到社会历史和经济文化变迁的影响。

**【名人名言】**

教师的职业是太阳底下最光辉的职业。

——［捷克］夸美纽斯

### 一、教师职业的发展历史

综观人类教育发展史，教师职业大致经历了四个发展阶段。

#### （一）非职业化阶段

在制度化教育形成之前，教育与人类的生产或生活是融为一体的。原始社会中，

① 习近平. 做党和人民满意的好老师：同北京师范大学师生代表座谈时的讲话［N］. 人民日报，2014-09-10（1）.

从事教育活动的主要是氏族和部落的首领以及具有生产和生活经验的年长者，在生产劳动和日常生活中，有意识、有步骤地把生产知识技能、生活经验、风俗习惯和行为准则等传授给年青一代，是长者为师、能者为师，而那些承担教育之责的部落首领、长者和能人自然成为最初的“教师”。随着社会生产力的发展，剩余产品的出现，脑力劳动和体力劳动的分离，教育逐步从生产、生活中脱离出来，在奴隶社会初期形成了自己相对独立的形态——学校教育，也有了从事教育活动的教师。但是，学校产生后一个相当长的阶段，教师并不是专职的，更不是经过专门训练的。中国奴隶社会很长时期是“重在官府”“以吏为师”的；欧洲的封建社会，学校主要为教会所控制，教师由僧职人员兼任，“以僧为师”。

**（二）职业化阶段**

独立的教师职业伴随着私学的出现而产生。如我国春秋时期的诸子百家，竞相提出自己的政治理想和主张，并且设学授徒，宣传自己的学说和思想。其中影响和规模最大的是儒、墨两家，学生成百上千人。这样，就正式出现了以教为业，并以此谋生的教师和教师职业。而且私学教师的出现在一定程度上改变了官学教师身上过重的官吏色彩，使教师开始回归到专业教育工作者的角色上来；古希腊的“智者”也以专门教授人们知识为生。这时，私学教师逐渐形成一种职业，但由于没有形成从教的专业技能，更没有专门训练教师的教育机构，此时的教师职业基本上还不具备专门化水平。

**（三）专门化阶段**

教师职业的专门化以专门培养教师的教育机构的出现为标志。资产阶级革命的爆发，工业革命的开始，改变了人类的生活，同时也改变了学校教育发展的方向。学校最终从官府、教会中完全分离出来，教师则从官吏、僧侣中完全分离出来，人人受教育、教育机会均等的教育理念开始形成，义务教育制度逐步确立。为了适应普及教育的要求，此时期，独立师范教育机构的诞生成为推动教师职业发展的强大动力。1681年，法国天主教神甫拉萨尔创立了第一所师资训练学校，成为世界独立师范教育的开始。从1870年到1890年，世界许多国家颁布法规设立师范学校，中国也赶上了这个时代。1897年，盛怀宣在上海开办了“南洋公学”，分设上院、中院、师范院和外院，其中的师范院就是中国最早的师范教育。师范教育的产生，使教师的培养走上了专门化道路。

**（四）专业化阶段**

随着义务教育的普及和班级授课制的实施，人们对教育质量的要求越来越高，对教师的要求也从“量”的急需向“质”的提高方面转化。1966年，联合国教科文组织和国际劳工组织在《关于教师地位的建议》中提出：应当把教师职业作为专门职业看待，这是首次以官方文件的形式对教师专业化做出的明确说明。20世纪80年代开始，以美国优质教育委员会1983年发布的《国家处在危机之中：教师专业化发展运动兴起》和霍姆斯小组1986年发布的《明日之教师》为动力，教师专业化发展运动兴起。由此，教师职业专业化引起了世界各国的普遍关注。而我国1993年颁布的《中华人民共和国教师法》（以下简称《教师法》）对教师的概念进行了全面的界定：教师是履行教育教学职责的专业人员。我国1995年颁布《教师资格条例》，2012年颁布《幼儿园教师专业标准（试行）》《小学教师专业标准（试行）》《中学教师专业标准（试行）》，2013 年教育部颁布《中小学教师资格定期注册暂行办法》，这些都标志着我国教师职业正式进入提高质量的新阶段。

## 二、教师职业的地位与作用

### （一）教师职业的地位

教师职业的地位是指教师个人或群体在社会阶层中所处的位置。决定人们社会地位的因素有很多，现代社会学奠基人之一、德国著名社会学家马克斯·韦伯认为，其中的主要因素应该是经济因素、社会文化地位和权力因素[①]。日本学者天野郁夫也指出："在现代产业社会里，人们社会地位的高低，取决于他拥有多少社会资源。所谓社会资源，一般是指财富、权力、威望、知识和技能四者，人们对这些资源的拥有量越大，其社会地位就越高。"[②] 可见，衡量教师职业的社会地位时，总离不开政治地位、经济地位和职业声望等基础性要素。

1. 政治地位

教师职业的政治地位是教师在社会政治体系中的角色影响力以及政治待遇的总体水平，包括社会和国家赋予教师参政议政的权利、政治待遇的法律和政策保障等。教师职业政治地位的高低是与时代及社会制度的性质紧密联系在一起的。在等级森严的奴隶社会与封建社会，教育只是统治阶级愚弄和驯服人民的工具，教师也只不过是统治者的雇佣劳动力，必须完全服从于统治者的意志，因而根本没有什么政治权利与地位可言，甚至常常受到政治上的压制与迫害。所以，教师职业便成为那个时代处于穷途末路之境的知识分子为谋求生存而进行的最后选择。但是，随着时代的进步，社会的发展，教育的作用逐渐被人们重视，尊师重教的风气也日渐浓厚。世界各国赋予教师参政议政的权利，如我国各级政府选举教师当人大代表，公开表彰、奖励优秀教师以及从教师中选拔人才当政府领导，等等。1966 年 10 月，联合国教科文组织还发表了《关于教师地位的建议》，明确指出，鉴于"在教育事业发展中教师这种职务对人类和近代社会发展所做出的重大贡献，因而必须确保教师的应有地位"[③]。这种"应有地位"中就包括政治地位。在我国，1985 年设立教师节；1993 年 10 月通过了《教师法》，为维护教师的较高社会地位提供了法律保证，"教师是履行教育教学职责的专业人员。承担教书育人，培养社会主义事业接班人，提高民族素质的使命"。"各级人民政府应当采取措施，加强教师的思想政治教育和业务培训，改善教师的工作条件和生活条件，保障教师的合法权益，提高教师的社会地位。"《教师法》第一次全面地对教师的权利和义务、资格和任用、待遇、奖励等方面做出了法律上的规定，指出"全社会都应尊重教师"。我们党和国家多次重申要解决教师的实际问题，使教师"真正成为社会上最受人尊敬、最值得羡慕的职业之一"。





① 谢维和. 教育活动的社会学分析：一种教育社会学的研究［M］. 北京：教育科学出版社，2000：40.

② 张人杰. 国外教育社会学基本文选［M］. 上海：华东师范大学出版社，1991：152.

③ 周瑛，李晓萍. 教育学［M］. 沈阳：辽宁大学出版社，2008：165.

2. 经济地位

教师职业的经济地位主要指社会给予教师的工资报酬和物质利益水平，其依据主要是教师职业的劳动形式。马克思曾把人类劳动形式划分为简单劳动和复杂劳动。简单劳动意指一般人类劳动的消耗，“它是每个没有任何专长的普通人的肌体平均具有的简单劳动力的消耗”①。复杂劳动则“是这样一种劳动力的表现，这种劳动力比普通劳动力需要较高的教育费用，它的生产要花费较高的劳动时间，因此它具有较高的价值。既然这种劳动力的价值较高，它也就表现为较高级的劳动，也就在同样长的时间内物化为较多的价值”②。教师职业是一种专门职业，从事这种职业的劳动力必须接受专门培养和训练，具有专门知识和技能。显然，教师作为人类的一种劳动力，其劳动属于复杂劳动，具有较高价值。联合国教科文组织在《关于教师地位的建议》中提出：教师的工资第一应反映教育对于社会的重要性，从而反映出教师的重要性以及教师从就任教职之日起便肩负起来的一切责任；第二应比支付给需要类似的或同等的资格的其他职业的工资更有利③。从国外的情况来看，大部分发达国家的中小学教师工资都高于类似的或同等资格的其他职业的工资。而我国 1993 年在《教师法》中明确规定：“教师的平均工资水平不低于或高于国家公务员的平均工资水平，并逐步提高……教师的医疗待遇同公务员享受同等待遇。”我国教师经济地位较以往已有大幅提升。当然受地区经济发展、局部具体情况的影响，不同地方、不同级别的教师经济待遇有一定差异。

3. 职业声望

教师的职业声望是指社会舆论对教师职业的意义、价值与声誉的一个主观、综合评价，它反映一个社会对教师职业评价的高低，进而决定着人们对该职业的态度。北京市 2010 年出炉的一份调查显示，科学技术职业声望较高，教师、科学家、医生分别以 55. 10%、44. 02%、44. 02%的支持度排在职业声望的前三位。与此同时，调查发现不同阶段的教师职业声望有一定差异，高校教师职业声望最高，其次是中学教师，小学教师最低④。教师职业声望较高可能与我国文化传统有关，我国长期封建社会中，由于“官本位”的社会形态和民众心理特点，从政一直被认为是理想职业，而通过教育活动，在科举中获得成功是个人从政的必经之路。因此，教师是提升学生素养，使其获得从政资源的重要他人，尊师重教的文化传统在我国一直延续。

4. 专业地位

“专业化”与职业社会地位存在着十分密切的关系。教师的专业化水平和社会地位的提高是相互促进、互为条件的。没有一定的社会地位作保证，就难以吸引优秀人才从教，但没有一定专业水平就体现不了教师的劳动价值，教师社会地位的提高就是空谈。叶澜教授曾指出，一种职业能否被称为专业有三个条件：第一，有专业理论知识作依据，有专门的技能作保障；第二，承担重要的社会责任，具备较高的职业道德；第三，

---

① 马克思. 资本论（第 1 卷）［M］. 北京：人民出版社，1975：57-58.

② 同①：223.

③ 联合国教科文组织. 关于教师地位的建议［J］. 外国教育资料，1989（4）.

④ 来自中国新闻网 2010 年 11 月的调查，调查显示：教师、科学家、医生居职业声望三甲，2010 年.

具有专业性的自主权，表现为制定了专业资格制度，如入职、聘用、解聘、晋升等制度[①]。以此考察我国教师职业，改革开放40年来，其专业化水平的确较以前有了很大程度的提高。我国1993年10月颁布的《教师法》中将教师界定为“履行教育教学职责的专业人员”；并相继颁布《教师资格条例》（1995年12月）和《〈教师资格条例〉实施办法》（2000年9月）。2011年，教育部又开始试点中小学教师资格考试和定期注册制度改革。2015年，我国全面推行教师资格全国统考制度，提高教师入职门槛。这些举措都体现了国家对教师职业专门化、专业化的政策要求。当然，我们也应看到，我国教师专业化的水平有待进一步的完善和提升，教师的学历水平不高，师资短缺，优秀人才不愿从事教育，教师流失严重，这些都在一定程度上影响了教师专业地位的提高。

**（二）教师职业的作用**

教师职业对社会发展的作用是巨大的。首先，教师是人类文化的传递者，在人类社会发展中起着承上启下的桥梁作用；其次，教师是社会物质财富和精神财富的创造者，通过理论建构、知识创新、品德示范、宣传咨询等直接参与社会物质文明和精神文明建设，起着“先导”作用；最后，教师是人才生产的主要承担者，担负着培养一代新人的重任，在学生发展中起着“引导”作用，且这种“引导”应该是适应时代发展要求的，与时俱进的。

党的十八大以来，以习近平同志为核心的党中央高度重视教育事业。习近平总书记主持中央重要会议，通过一系列教育改革发展方案，为教育改革发展提出一系列新观点、新理念，特别是近年来习总书记对教师提出的“四个引路人”的论述更是明确了我们新时期教师“引导”的使命与作用。

1. 做学生锤炼品格的引路人

育才与育人的根本在于培养学生的德行。因此，教师要成为学生锤炼品格的引路人，要求教师引导学生具备勇于奋斗的精神状态、积极乐观向上的人生态度，做到自强不息、刚健有为；教师还要引导学生珍惜光阴，让学生全身心投入学习，引导学生问道、悟道、明理、求真。此外，教师的言行对学生品格产生重大影响，建立民主、平等的师生关系，有助于他们在这样的氛围中养成良好的道德品质。

2. 做学生学习知识的引路人

“授人以鱼不如授人以渔。”教书育人是教师的职责。教书不纯粹是传授文化知识给学生，更为重要的是让学生掌握学习文化知识的方法，从而更好地引导学生主动学习知识，培养学生自我学习的能力，实现学习方式的转变。在当今信息时代，学生获取知识的方式也不仅限于课堂教学，这就给教师做学生学习知识的引路人带来新的挑战和机遇。其一，教师引导学生学习不是让学生被动地学习课本知识，而是激发学生的学习兴趣和学习潜能，扩大学生的学习视野；其二，教师做学生学习知识的引路人，不但要培养学生分析问题能力、解决问题能力，还要引导学生自主学习、培养终身学习的能力，使其适应社会发展的需要；其三，教师还要答疑解惑，引导和帮助学生对不同渠道获得的信息与知识进行真假和正误的甄别，从而去伪存真、去粗取精。





① 叶澜. 新世纪教师专业素养初探［J］. 教育研究与实验，1998（1）：41-47.

3. 做学生创新思维的引路人

思维的发展和创新是未来一个时期内教育的发展重点和方向，也是教育教学的关键所在。在很长一段时期内，我国教育在一定程度上忽视了学生思维的培养和引导，随着习总书记对于四个引路人观点的提出，思维创新已经成为未来时代的一个主要潮流。在当前的教育教学过程中，学生的思维创新也成为教师应该着重关注和解决的问题。教师做学生创新思维的引路人，它需要教师更新教学观念，改变教学思路，探索培养创新思维方法：一是教师在教学过程中有意识地培养学生的创新思维，锻炼学生独立思考问题、分析问题和解决问题的能力；二是教师利用线上教育平台创新互动式教学，拓展学生创新思维空间，实施创新训练、创业训练和创业实践，将学生创新思维发挥到最大限度。

4. 做学生奉献祖国的引路人

教师的社会责任感影响着学生的社会责任感，教师的奉献精神熏陶着学生的奉献精神。教师不光是教给学生知识，也不光是训练学生探索未知的能力，更重要的是培养学生要有对祖国、民族、社会的科学认知，使学生具备强烈的责任意识、积极的生活状态和正确的人生态度。因此，教师应增强自己的社会责任感，形成高尚的奉献精神。只有具有良好社会责任感和奉献精神的教师，才能培养出富有良好社会责任感和奉献精神的学生。同时，教师教育学生不仅要做一个正常的人、健康的人、阳光的人，更要做一个对祖国、对社会、对人民有用的人，要有大格局、大视野，不能仅仅思考自己，要“穷则独善其身”，更要“达则兼济天下”。

## 三、教师职业的角色定位

美国社会心理学家米德首先将“角色”一词引入社会心理学，并创立了角色理论。所谓“角色”，是从戏剧中借用的术语，原指演员所扮演的某一特定人物，后引申到社会学理论中，指在社会或某一群体中处于一定地位并按相应的行为模式行为的一类人①。教师作为一个特殊的社会职业群体，无论是从群体行为或是从个人角度，总是在社会系统中扮演着一定角色，教师的特殊地位决定了社会对于教师的行为规范和期望，这就是教师的职业角色。

古今中外，诸多学者对教师这一社会角色都做过精辟的论述。在中国，《周礼·地官司徒序》中，郑玄注师字说：“师，教人以道之称也。”《礼记·文王世子篇》：“师也者，教之以事，而喻诸德者也。”孔子说：“温故而知新，可以为师矣。”唐代韩愈在其《师说》中提出：“师者，所以传道，授业，解惑者也。”此观点成为我国传统教师角色定位的代表性论述。教育家陶行知说：“先生不应该专教书，他的责任是教人做人。”人们还用“蜡烛”“春蚕”“人梯”“托起明天的太阳”“人类灵魂工程师”等话语比喻教师，反映了一定历史条件下我国社会对教师职业角色的认识和期待。

在西方，教师职业角色观念的形成、发展和变革，始终体现着社会发展中的教育人文精神和经济模式之间的矛盾。在西方的人生哲学体系中，“尊重个人权利和价值”是最为基础和重要的理念。从早期的儿童中心论者卢梭到后来的实用主义代表杜威等

① 昝宝毅. 社会地位与角色［J］. 社会，1987（1）：5-7.

人都十分重视教师在儿童自然、快乐发展过程中的辅助作用。这种传统发展至今，形成了教师角色特征中注重知识探索，引导交流，激励进步，尊重人格的一面。如美国学者格兰布斯将教师角色分为两大类，一是学习指导者，另一类是文化传播者。美国教育家林格伦在《课堂教育心理学》中将教师的角色分为三大类：第一是教学与行政的角色，其中教学角色最为重要，除此之外，还包括社会榜样、课堂管理员、办事员、青年团体工作者、公众的解释者等次要角色；第二是心理定向的角色，包括教育心理学家、人际关系的艺术家、社会心理学家和心理卫生工作者等角色；第三是自我表现的角色，包括社会服务工作者、受教育者和学者、家长等。这些角色相互联系并且相互重叠，有些角色相互补充或彼此矛盾①。

由此可见，教师的职业角色是多重的、变化的，社会在变迁，时代在发展，学校的内部结构和培养目标也在不断地变化和发展，这促使教师的职业角色也随之变化。

1. 传道者角色

“道之所存，师之所存。”教师作为引领人成长发展的一种职业，在其职业本质上就是通过自己的传道“让受教育者的性格和精神福祉（人格）产生持久的好转变化”②。在教师“传道”“授业”“解惑”三项任务中，最重要的是“传道”。“授业”与“解惑”是为“传道”服务的——“授业”以载道，“解惑”以明道，而“传道”对其余两者起着引领作用。“传道”对实现教师的职业本质而言具有“应该是其所是”的价值意蕴，这就决定了教师负有传递社会道德传统、价值观念的使命。教师应通过规范自身传道行为，在传道活动中通过知识传授，引导真理探究等活动，使其知识传授变得有趣，以更好地促进学生的成长和发展。

**【知识考查】**

“道之所存，师之所存也。”这句话反映了教师职业角色中的（　　）角色。

A.“传道者”　　B.“示范性”　　C.“授业、解惑者”　　D.“研究者”

答案：A

2. 学习促进者角色

这是教师最明显、最直接、最富时代性的角色特征，是教师角色中的核心特征。1952 年美国人本主义心理学家卡尔·罗杰斯在哈佛大学做“教和学的思考”的演讲时，首次把“促进者”这一概念引入教育领域。他认为有意义的教学应是让学习者获得对其行为有深远影响力的知识，而有此作用的知识必须依赖学习者自己去发现、转化而成。所以，要达到这一目的，教师需要发挥一种有别于传统角色的新作用，即停止教导而开始促进，使自己成为学生学习的促进者。教师要成为这种学习的促进者，首先应成为学生学习能力的培养者。教师不仅传授知识，而且重在检查学生对知识的掌握程度，教学方法由传统的单向传递转变为启发建构，突出学生的主体作用，推动

① 林格伦. 课堂教育心理学［M］. 章志光，等译. 昆明：云南人民出版社，1983：178.

② 菲利普·W. 杰克森. 什么是教育［M］. 吴春雷，马林梅，译. 合肥：安徽人民出版社，2012：155.

其不断开拓创新、发展自己。其次，成为学习促进者角色也要求教师是学生人生的引路人。教师不仅要传播知识，更要引领学生沿着正确的道路前进，并不断在其成长道路上设置不同的路标，成为学生健康心理和健康品德的促进者，引导学生学会自我调适，向更高的目标前进。

3. 教学活动的设计者、组织者、管理者角色

教学活动是一种集体活动，要全面实现教学的整体功能，就必须精心设计、周密组织和科学管理。首先，教师是教学活动的设计者。教学活动设计是教学活动开展的必要环节，也是关乎教学能否取得成效的关键环节。教师作为教学设计者，不仅要对教学内容和教学问题进行设计，还需对学习环境、教学策略、教学组织形式、教学评价等展开设计。当然，这些设计都需要教师依据一定的方法和标准，对教学目标和教学对象的特征进行分析。

这一角色要求教师，首先要把教学设计者的角色贯穿整个教学过程的始终。其次，教师是教学活动的组织者，要在教学资源分配（包括时间分配、内容安排、学生分组）和教学活动展开等方面进行科学实施——通过科学分配活动时间，采取合理的活动方式，启发学生思维、协调学生关系，激发集体学习动力。最后，教师是教学活动的管理者。教师须肩负起教育教学管理的职责，包括确定目标、建立班集体、制定和贯彻规章制度、维持班级纪律、组织班级活动、协调人际关系等，并对教育教学活动进行控制、检查和评定。

4. 研究者和学习者角色

许多教师认为自己本职工作就是教好书、上好课，搞科研是专家学者的事，与己无关，从而缺乏研究教育教学的意识。20 世纪 50 年代以来，随着教育改革的不断深入，人们开始对教师角色以及理论与实践关系进行反思，认识到教育理论观念的倡导者与实践场域中的教师应建立共生共荣关系，教师有责任审慎对待自己的教育实践，参与教育研究，在教育教学实践中去发现问题、研究问题和解决问题。教师的研究，不仅是对科学知识的研究，更是对教育对象即学生的研究，对教师和学生交往的研究，当然，这都需要教师终身学习，不断更新自身的知识结构，以便使教育教学和教学研究建立在更宽广的知识背景之上，更适应学生的个性发展。

5. 朋友的角色

著名教育家叶圣陶曾经说过："我要做学生的朋友，我要学生做我的朋友。"他强调教师应当是学生的朋友，须时刻关心、爱护学生。新时代的教育观，提倡师生间应建立平等、民主的"朋友式"师生关系，这样不仅有利于教师走进学生的内心，促进双方的情感交流和心灵沟通；也有利于营造轻松愉悦的课堂氛围，提升学生的学习兴趣，提高教育教学效率。

6."心理咨询者"角色

随着社会对心理健康的日渐重视以及儿童心理卫生工作的展开，人们对教师产生了"心理咨询者"的角色期待。学生在成长的每个阶段，都有不同的发展任务，可能面临不同的发展问题，其中有一部分问题属于心理问题，而非绝对的道德品质问题。因此，教师运用心理咨询的方法，辅助学校咨询人员指导、引导和帮助学生消除发展

过程中出现的心理问题，是教师超越课本的“教学”职责。这个职责要求教师掌握基本的咨询知识（学生心理问题的类型特征和咨询理论）、技术（倾听的技术，言语和非言语表达的技术），形成咨询态度（积极关注、尊重、真诚、感同身受），为学生提供心理安全的氛围和支持性的心理环境，从而发现学生潜在问题，为之提供建议和咨询，并在自己力所不及时，及时帮助学生寻找专业咨询机构或人员进行专业咨询和治疗，以促进学生的健康成长。

总之，教育要改革，教师要发展，必须首先对自己进行准确的角色定位，这样才能根据自己所担任角色的特定要求，确定自己的发展方向和内容，如此才不至于在社会、学校、学生对教师的多种角色期望中迷失方向。

## 四、教师职业的劳动特点

教师的工作是教育人、培养人的工作，是把人类社会积累的精神财富传授给年轻一代，并在此过程中开启学生智慧，塑造学生灵魂。这种劳动，既不同于从事物质资料生产的体力劳动，也不同于专门从事精神生产的其他脑力劳动，其主要特点有：

1. 复杂性

教师劳动属于专业行为，是一种高度复杂的心智劳动。教师劳动复杂性是由其工作性质、任务及过程的特殊性所决定的。

教师劳动对象具有复杂性。教师劳动的对象是有思想、有个性、有血有肉的活生生的人，是正在成长和发展中的下一代人。他们不可能像物质产品那样，可以按固定的流程、统一的型号，用一个模子来铸造，而要求教师在从事教育劳动时既要按统一标准来培养学生，又要注意针对层次不同、受社会影响不同、学生个体秉性不同，采取不同方法，因材施教。

教师劳动任务具有复杂性。教师不仅要引导学生掌握系统的文化科学基础知识和基本技能，发展学生智力、体力，培养能力，促进学生个性健康发展，还要培养学生社会主义品德和审美情操，奠定学生科学世界观的基础，以此引导学生在德、智、体、美、劳等方面达成全面、和谐而独特发展。

教师劳动过程具有复杂性。教师的劳动过程是一个运用智力的过程。教师拿到教材之后，首先是对教材知识进行消化处理，融入自己原来的知识结构当中，新知识和旧知识的结合，能使教师更好地理解教材的知识，形成符合自己风格的语言表述系统以对知识进行输出并传递给学生。因此，教师的劳动和体力劳动不同，是使用脑力思维的过程，而且这种脑力劳动又和其他类型的脑力劳动不同，其他脑力劳动比如做科学研究，只需要把科研成果呈现给外界就可以了，而老师的劳动并不单单是呈现给外界的问题，还需要呈现给学生，老师还要促进他们的消化吸收，从而最终把人类创造的千百年的文化知识变为学生个人的精神财富。这样，教师劳动的效果怎么样并不单单取决于他自己的劳动，还要取决于学生的学习情况，师生之间要相互配合。

2. 创造性

任何职业都要求创造性，但教师不同，需要更强的创造性。教师劳动的创造性主要表现在三个方面。

首先，教师需要因材施教。教师面对的是千差万别的学生，不可能用同一种模式去塑造他们，也不可能用同一个标准去要求他们，需要灵活地针对每个学生的特点，对他们提出不同的要求，创造性地运用各种方法，使每个学生都能得到发展。其次，教师需要不断更新教学方法。为了提高教学效果，教师需要尝试新的教学方法，进行教学方法的变换或改革。最后，教师需要“教育机智”。教育机智是教师在教育教学过程中的一种特殊定向能力，是指教师能根据学生新的特别是意外的情况，迅速而正确地做出判断，随机应变地采取及时、恰当而有效的教育措施解决问题的能力，主要包括敏锐的观察力、准确的判断力、适当的措施、及时的调节、随机处置等过程。有了这种能力，教师才能正确估计，判断课堂教学中出现的意外事件，从而找到有效的方法并正确地加以运用。

**【案例分析】**

**老师的腰围**

我在一所小学听一堂数学课，内容是有关测量的。孩子们的桌子上，放着长长短短的尺子。

老师是个女的，胖胖的，40来岁。讲完厘米、分米和米的概念后，她让学生们测量桌子、钱币、书本和手臂的长度。两分钟之后，班上像炸开了锅，一只只胳膊高举着，像一根根旗杆。被点名的同学报出答案后，都得到了表扬，张张小脸涨得红红的，嘴巴笑成了一朵朵花。那些没被点到名字的学生着急了，有的站起来，有的跳着脚，有的甚至爬到凳子上，高举着手喊：“老师，快叫我快叫我。”看着孩子们抓耳挠腮的猴急样，我坐在边上忍不住想笑。我能理解孩子们的心情：谁不想在老师、同学面前表现一番呢？何况还有我这个外人在场。

桌子的长度报过了，铅笔的长度报过了，书本和手臂的长度也报过了，老师说，我们再找找别的东西测量一下。老师的话刚完，我旁边的那个一直没得到机会的瘦个子男孩噌地站起来：“老师，我想测测你的腰围。”班上一下静了，同学们都转过头或侧过身看着这个瘦男孩，尔后又把目光对着老师。老师低头看了一下自己的腰，然后静静地看着学生，笑了，边笑边朝那个男孩说着：“好啊，你来量吧。”

小男孩拿着尺子，飞快地跑到黑板前。他用手按住尺子的一端，让尺子在老师的肚皮上翻着跟头，可能是男孩的手拙，也可能是尺子太短了，跟头翻了好几个，他才说出了一个答案：“87厘米。”

“不错，他量得很认真，答案也比较接近。”老师的话显然激起了其他同学的表现欲，她不失时机地问了一句，“其他同学有没有更好的办法，测得更准确一些？”她的话音刚落，一个胖乎乎的女孩站起来说：“老师，我有，我用手。”

小女孩已开始往黑板前跑了。其他学生的目光都在追逐女孩的身影。老师问：“你用手怎么量呢？”小女孩说：“我一掌是11厘米，我看是几掌就知道了。”老师笑了。小女孩的手在老师的腰上爬，刚爬了一圈之后，她就报出了答案：“89厘米。”

笑容在老师的脸上绽放，班级的气氛更活跃了。“有没有更好的办法？”老师问。教室里静悄悄的。孩子们或侧着头或趴在桌子上苦思冥想。片刻之后，前排的一个小孩站起来，“老师，你把裤带解下来，我们一量就知道了。”

我没想到这个小小的孩子会想到这种聪明的办法。老师肯定也没想到，我看到她在大笑，真正地开怀大笑。笑声仿佛长着腿，在教室里飞舞。

老师一边笑一边真的解下了裤带子。小同学显然已从老师的笑声中感受到了赞许，他握着尺子朝黑板前面走的时候，脸上的笑容仿佛要淌下来。

小同学量出的是90厘米，这当然是最准确的一个答案。老实说，这位老师并不算漂亮，但这节课却是我听过的最漂亮的一节课。

资料来源：王红艳，魏薇. 中外教育经典案例评析［M］. 济南：山东人民出版社，2005：6-8.

**请思考：**你觉得这节数学课上得“漂亮”吗？若答案是“漂亮”，“漂亮”在何处？

3. 示范性

教师的劳动对象是学生，学生的一个重要特点就是模仿教师。教师的思想观念、道德品质、感情、意志、知识技能、日常言行、仪表举止都是学生观察琢磨、参照和效仿的对象。学生的这种模仿性不仅是基于他们的求知欲望和道德取向，而且它是一种自然倾向和基本心理特征，正如植物的向阳性和向水性一样，而被称为“向师性”。所以，教师必须身体力行，以身作则，充分认识身教重于言教的意义，无论在言论行动上，还是在思想感情、立场观点方面都应成为学生的榜样。古人说得好：“其身正，不令而行；其身不正，虽令不从。”这正是对教师自身“示范性”的最好概括。

4. 长期性

教师劳动之所以具有长期性是由于教育活动具有迟效性。首先，教师的劳动成果是人才，而人才培养的周期长、见效慢，把一个人培养成能够独立于社会、服务于社会，不是一朝一夕的事情。“十年树木，百年树人”正是这个道理。其次，教师对学生施加的影响往往也需要很长的时间才能见效，教师不仅要促进学生知识的把握，还要促进学生能力的提高、形成良好的思想品德，就如雨露滋润禾苗一般，慢慢滋润，方能茁壮成长。而且，教师对学生的影响不会随着学生学业的结束而消失，而是会在学生长期的实践中更趋于完善和成熟。教师为学生在德智体美劳诸方面打下的基础，往往会影响学生的一生，成为他们终身发展的宝贵财富。

## 第二节　教师的权利与义务

教师是国家举办教育事业的主要依靠力量，教师队伍的整体素质如何，关系着国家教育事业的兴衰成败，从而也关系着国家现代化建设事业的兴衰成败。明确教师的权利和义务是教师管理体制改革和民主化发展的需要，是保障教师法定社会地位和权益的需要，也是提高教师自身素质的需要。

## 一、教师的权利

教师的权利是指教师在教育教学活动中依法享有的权利，是国家对教师可以做出或不做出一定行为，以及要求他人相应做出或不做出一定行为的许可与保障。教师在法律上的权利可分为两部分：一是教师作为普通公民的一般权利；二是教师作为教育专业人员所特有的权利。作为普通公民，教师享有《宪法》中所规定的公民基本权利，如生命权、健康权、自由权、姓名权、荣誉权、隐私权等；作为教育专业人员，教师在教育教学活动中也享有作为一种职业特定的且特殊的法律权利。《教育法》《义务教育法》《教师法》中均对教师作为教育专业人员应享有的权利做出了规定。本节主要讲述的是我国《教师法》中的相关规定。

《教师法》第七条规定了教师享有以下权利：

①进行教育教学活动，开展教育教学改革和实验。

②从事科学研究、学术交流，参加专业的学术团体，在学术活动中充分发表意见。

③指导学生的学习和发展，评定学生的品行和学业成绩。

④按时获取工资报酬，享受国家规定的福利待遇以及寒暑假期的带薪休假。

⑤对学校教育教学、管理工作和教育行政部门的工作提出意见和建议，通过教职工代表大会或者其他形式，参与学校的民主管理。

⑥参加进修或者其他方式的培训。

**【知识考查】**

学校派张老师参加省里的骨干教师培训，但扣其绩效工资五百元。这种做法（　　）。

A. 侵犯了教师的进修培训权　　B. 加强经费管理

C. 体现了按劳取酬　　D. 节约了办学成本

答案：A

教育部2009年颁布的《中小学班主任工作规定》第十六条规定：“班主任在日常教育教学管理中，有采取适当方式对学生进行批评教育的权利。”

上述关于教师权利的表述可概括为教育教学权、科学研究权、指导评价权、获得报酬权、民主管理权、进修培训权、批评教育权。这些权利概括了教师职业所应具有的主要权利。

## 二、教师的义务

教师的义务是指依照法律规定，教师从事教育教学工作必须履行的责任。教师的义务也分为两个部分：一是教师作为公民应承担的义务；二是教师作为教育专业人员应承担的义务。《教育法》《教师法》《中华人民共和国未成年人保护法》（以下简称《未成年人保护法》）和《中华人民共和国预防未成年人犯罪法》（以下简称《预防未成年人犯罪法》）等多部法律都对教师的义务做出了相关规定。本节主要讲述的是我国《教师法》中规定的教师作为教育专业人员应承担的义务。

《教师法》第八条规定了教师应当履行以下义务：

①遵守宪法、法律和职业道德，为人师表。

②贯彻国家的教育方针，遵守规章制度，执行学校的教学计划，履行教师聘约，完成教育教学工作任务。

③对学生进行宪法所确定的基本原则的教育和爱国主义、民族团结的教育，法制教育以及思想品德、文化、科学技术教育，组织、带领学生开展有益的社会活动。

④关心、爱护全体学生，尊重学生人格，促进学生在品德、智力、体质等方面全面发展。

⑤制止有害于学生的行为或者其他侵犯学生合法权益的行为，批评和抵制有害于学生健康成长的现象。

⑥不断提高思想政治觉悟和教育教学业务水平。

**【案例分析】**

某中学外语教师王某，称其母亲病危，需请假一周前往照顾。一周后，王某逾期未归，校方经调查，得知其在海南某公司任职，校方通过其妻紧急催促王某返校，当王某返校时，已累计离岗32天，致使他所任教班级的课落下很多，给教学工作造成很大损失。学校依据有关制度，对王某的行为进行了批评，并给予行政处分，扣发其脱岗期间的全部工资和奖金。但不久之后，王某再次擅离岗位，校方遂依据有关法律规定，对王某做出除名处理。王某不服，向这所学校的主管部门提出申诉，要求学校撤销对其做出的处理决定。

资料来源：徐建平，茅锐，江雪梅．教育政策与法规［M］．重庆：重庆大学出版社，2013：193.

**请思考：**教育主管部门应如何处理？

**【法律法规】**

根据《教师法》第三十七条：对故意不完成教育教学任务给教育教学工作造成损失的，由所在学校、其他教育机构或者教育行政部门给予行政处分或者解聘。

上述关于教师义务的表述可概括为遵守国家法律法规的义务、完成教育教学工作的义务、进行政治思想品德教育的义务、爱护和尊重学生的义务、保护学生合法权益的义务、提高政治素质和业务水平的义务。这些条款概括了教师职业所应履行的主要义务。

权利和义务是现代法律的核心问题。“没有无权利的义务，也没有无义务的权利”，教师的权利和义务之间是一种相互联系、不可互缺的关系。作为教师，既是权利的享有者，又是义务的承担者，因此应正确行使自己的权利，也需严格履行自己的义务。

## 第三节　教师的专业素质

2014 年 9 月，习近平总书记视察北京师范大学发表“四有”好老师（有理想信念、有道德情操、有扎实学识、有仁爱之心）的重要讲话，期望“造就一支师德高尚、业务精湛、结构合理、充满活力的高素质专业化教师队伍”，并强调“一个人遇到好老师是人生的幸运，一个学校拥有好老师是学校的光荣，一个民族源源不断涌现出一批又一批好老师则是民族的希望”①。这是国家对教师队伍重要性的确认，是国家对教师职业地位的确认，也是国家对高素质专业化教师队伍的呼唤。新时代的教师重塑自身角色，使自身具备良好的职业素质是社会发展的需要，同时也是教师作为职业角色的根本要求。

《教育大辞典》中，教师专业素质被界定为：“为完成一定的教学任务所需具备的心理品质和行为品质的基本条件。”②

### 一、教师专业素质结构的维度

要普遍有效地认识教师专业素质，就有必要抽象出关于教师专业素质的一系列“结构”。这里，教师专业素质结构是指描述教师素质中最基本构成要素的那些概念。“教师专业素质结构”可以从人们关于教师专业素质的认识之“杂多”中，通过抽象思维的“综合”和“统一”而获得，表 6-1 是长期以来人们关于教师专业素质认识的一些有代表性的研究和主张，它们为我们的“综合统一”提供了资源。

表 6-1　教师专业素质构成的几种不同观点③

| 研究者 | 教师专业发展的内容 |
|---|---|
| 曾荣光 | ①专业知识；②服务理想（1984，中国香港） |
| 林瑞钦 | ①所教学科的知识（能教）；②教育专业技能（会教）；③教育专业精神（愿教）（1990，中国台湾） |
| 艾伦 | ①学科知识；②行为技能；③人格技能（1991） |
| 叶澜 | ①专业理念；②知识结构；③能力结构（1998） |
| 《教育大辞典》 | ①良好的个人品德；②职业道德；③有比较广博的知识，精通所教学科知识；④教育理论素养；⑤语言素养；⑥能力；⑦身体健康 |
| 申继亮、辛涛 | ①职业理想；②教育观念；③知识机构；④教育教学能力（1998） |
| 傅道春 | ①专业伦理修养；②专业技能修养；③教师的人格；④知识与能力；⑤工作需要和态度（2001） |

① 习近平. 做党和人民满意的好老师：同北京师范大学师生代表座谈时的讲话［N］. 人民日报，2014-09-10（2）.

② 顾明远. 教育大辞典（卷 2）［M］. 上海：上海教育出版社，1990：16.

③ 根据谢安邦，朱波宇. 教师素质的范畴和结构探析［J］. 教师教育研究，2007（3）：1-5；胡志坚. 关于教师专业发展研究中几个问题的思考［J］. 教育研究与实验，2009（6）：38-40 文章内容整理而成.

表6-1(续)

| 研究者 | 教师专业发展的内容 |
| --- | --- |
| Barbara Kelley | ①精深的内容知识；②教育教学技能；③了解学生，对学生负责；④评价学生和基于评价的教学；⑤课堂管理能力；⑥反省实践能力与方法；⑦合作的观念和能力 |
| 叶澜等 | ①教育信念；②知识；③能力；④专业态度和动机；⑤自我发展需要和意识（在相关著作中还有另一种表述方式：①教育理念；②专业知识结构；③能力结构）(2001) |
| 习近平 | ①有理想信念；②有道德情操；③有扎实知识；④有仁爱之心 |

为了构建教师专业标准体系，建设高素质专业化教师队伍，2012 年教育部研究制定并颁布了《幼儿园教师专业标准（试行）》《小学教师专业标准（试行）》和《中学教师专业标准（试行）》。这是国家对幼儿园、小学、中学合格教师专业素质的基本要求，是教师实施教育教学行为的基本规范，是引领教师专业发展的基本准则，是教师培养、准入、培训、考核等工作的重要依据。小学教师和中学教师专业标准具体内容分别见表 6-2、表 6-3。

**表 6-2　小学教师专业标准的基本内容**

| 维度 | 领域 | 基本要求 |
| --- | --- | --- |
| 专业理念与师德 | （一）职业理解与认识 | 1. 贯彻党和国家教育方针政策，遵守教育法律法规；<br>2. 理解小学教育工作的意义，热爱小学教育事业，具有职业理想和敬业精神；<br>3. 认同小学教师的专业性和独特性，注重自身专业发展；<br>4. 具有良好职业道德修养，为人师表；<br>5. 具有团队合作精神，积极开展协作与交流 |
| | （二）对小学生的态度与行为 | 6. 关爱小学生，重视小学生身心健康，将保护小学生生命安全放在首位；<br>7. 尊重小学生独立人格，维护小学生合法权益，平等对待每一个小学生。不讽刺、挖苦、歧视小学生，不体罚或变相体罚小学生；<br>8. 信任小学生，尊重个体差异，主动了解和满足有益于小学生身心发展的不同需求；<br>9. 积极创造条件，让小学生拥有快乐的学校生活 |
| | （三）教育教学的态度与行为 | 10. 树立育人为本、德育为先的理念，将小学生的知识学习、能力发展与品德养成相结合，重视小学生全面发展；<br>11. 尊重教育规律和小学生身心发展规律，为每一个小学生提供适合的教育；<br>12. 引导小学生体验学习乐趣，保护小学生的求知欲和好奇心，培养小学生的广泛兴趣、动手能力和探究精神；<br>13. 引导小学生学会学习，养成良好学习习惯 |
| | （四）个人修养与行为 | 14. 富有爱心、责任心、耐心和细心；<br>15. 乐观向上、热情开朗、有亲和力；<br>16. 善于自我调节情绪，保持平和心态；<br>17. 勤于学习，不断进取；<br>18. 衣着整洁得体，语言规范健康，举止文明礼貌 |

表6-2(续)

| 维度 | 领域 | 基本要求 |
|---|---|---|
| 专业知识 | （五）小学生发展知识 | 19. 了解关于小学生生存、发展和保护的有关法律法规及政策规定；<br>20. 了解不同年龄及有特殊需要的小学生身心发展特点和规律，掌握保护和促进小学生身心健康发展的策略与方法；<br>21. 了解不同年龄小学生学习的特点，掌握小学生良好行为习惯养成的知识；<br>22. 了解幼小和小初衔接阶段小学生的心理特点，掌握帮助小学生顺利过渡的方法；<br>23. 了解对小学生进行青春期和性健康教育的知识和方法；<br>24. 了解小学生安全防护的知识，掌握针对小学生可能出现的各种侵犯与伤害行为的预防与应对方法 |
| | （六）学科知识 | 25. 适应小学综合性教学的要求，了解多学科知识；<br>26. 掌握所教学科知识体系、基本思想与方法；<br>27. 了解所教学科与社会实践的联系，了解与其他学科的联系 |
| | （七）教育教学知识 | 28. 掌握小学教育教学基本理论；<br>29. 掌握小学生品行养成的特点和规律；<br>30. 掌握不同年龄小学生的认知规律；<br>31. 掌握所教学科的课程标准和教学知识 |
| | （八）通识性知识 | 32. 具有相应的自然科学和人文社会科学知识；<br>33. 了解中国教育基本情况；<br>34. 具有相应的艺术欣赏与表现知识；<br>35. 具有适应教育内容、教学手段和方法现代化的信息技术知识 |
| 专业能力 | （九）教育教学设计 | 36. 合理制订小学生个体与集体的教育教学计划；<br>37. 合理利用教学资源，科学编写教学方案；<br>38. 合理设计丰富多彩的班队活动 |
| | （十）组织与实施 | 39. 建立良好的师生关系，帮助小学生建立良好的同伴关系；<br>40. 创设适宜的教学情境，根据小学生的反应及时调整教学活动；<br>41. 调动小学生学习积极性，结合小学生已有的知识和经验激发学习兴趣；<br>42. 发挥小学生主体性，灵活运用启发式、探究式、讨论式、参与式等教学方式；<br>43. 将现代教育技术手段渗透运用到教学中；<br>44. 较好使用口头语言、肢体语言与书面语言，使用普通话教学，规范书写钢笔字、粉笔字、毛笔字；<br>45. 妥善应对突发事件；<br>46. 鉴别小学生行为和思想动向，用科学的方法防止和有效矫正不良行为 |
| | （十一）激励与评价 | 47. 对小学生日常表现进行观察与判断，发现和赏识每一个小学生的点滴进步；<br>48. 灵活使用多元评价方式，给予小学生恰当的评价和指导；<br>49. 引导小学生进行积极的自我评价；<br>50. 利用评价结果不断改进教育教学工作 |
| | （十二）沟通与合作 | 51. 使用符合小学生特点的语言进行教育教学工作；<br>52. 善于倾听，和蔼可亲，与小学生进行有效沟通；<br>53. 与同事合作交流，分享经验和资源，共同发展；<br>54. 与家长进行有效沟通合作，共同促进小学生发展；<br>55. 协助小学与社区建立合作互助的良好关系 |
| | （十三）反思与发展 | 56. 主动搜集分析相关信息，不断进行反思，改进教育教学工作；<br>57. 针对教育教学工作中的现实需要与问题，进行探索和研究；<br>58. 制定专业发展规划，不断提高自身专业素质 |

表 6-3　中学教师专业标准的基本内容

| 维度 | 领域 | 基本要求 |
|---|---|---|
| 专业理念与师德 | （一）职业理解与认识 | 1. 贯彻党和国家教育方针政策，遵守教育法律法规。<br>2. 理解中学教育工作的意义，热爱中学教育事业，具有职业理想和敬业精神。<br>3. 认同中学教师的专业性和独特性，注重自身专业发展。<br>4. 具有良好职业道德修养，为人师表。<br>5. 具有团队合作精神，积极开展协作与交流。 |
| | （二）对学生的态度与行为 | 6. 关爱中学生，重视中学生身心健康发展，保护中学生生命安全。<br>7. 尊重中学生独立人格，维护中学生合法权益，平等对待每一个中学生。不讽刺、挖苦、歧视中学生，不体罚或变相体罚中学生。<br>8. 尊重个体差异，主动了解和满足中学生的不同需要。<br>9. 信任中学生，积极创造条件，促进中学生的自主发展。 |
| | （三）教育教学的态度与行为 | 10. 树立育人为本、德育为先的理念，将中学生的知识学习、能力发展与品德养成相结合，重视中学生的全面发展。<br>11. 尊重教育规律和中学生身心发展规律，为每一个中学生提供适合的教育。<br>12. 激发中学生的求知欲和好奇心，培养中学生学习兴趣和爱好，营造自由探索、勇于创新的氛围。<br>13. 引导中学生自主学习、自强自立，培养良好的思维习惯和适应社会的能力。 |
| | （四）个人修养与行为 | 14. 富有爱心、责任心、耐心和细心。<br>15. 乐观向上、热情开朗、有亲和力。<br>16. 善于自我调节情绪，保持平和心态。<br>17. 勤于学习，不断进取。<br>18. 衣着整洁得体，语言规范健康，举止文明礼貌。 |
| 专业知识 | （五）教育知识 | 19. 掌握中学教育的基本原理和主要方法。<br>20. 掌握班集体建设与班级管理的策略与方法。<br>21. 了解中学生身心发展的一般规律与特点。<br>22. 了解中学生世界观、人生观、价值观形成的过程及其教育方法。<br>23. 了解中学生思维能力与创新能力发展的过程与特点。<br>24. 了解中学生群体文化特点与行为方式。 |
| | （六）学科知识 | 25. 理解所教学科的知识体系、基本思想与方法。<br>26. 掌握所教学科内容的基本知识、基本原理与技能。<br>27. 了解所教学科与其他学科的联系。<br>28. 了解所教学科与社会实践的联系。 |
| | （七）学科教学知识 | 29. 掌握所教学科课程标准。<br>30. 掌握所教学科课程资源开发的主要方法与策略。<br>31. 了解中学生在学习具体学科内容时的认知特点。<br>32. 掌握针对具体学科内容进行教学的方法与策略。 |
| | （八）通识性知识 | 33. 具有相应的自然科学和人文社会科学知识。<br>34. 了解中国教育基本情况。<br>35. 具有相应的艺术欣赏与表现知识。<br>36. 具有适应教育内容、教学手段和方法现代化的信息技术知识。 |

表6-3(续)

| 维度 | 领域 | 基本要求 |
| --- | --- | --- |
| 专业能力 | （九）教学设计 | 37. 科学设计教学目标和教学计划。<br>38. 合理利用教学资源和方法设计教学过程。<br>39. 引导和帮助中学生设计个性化的学习计划。 |
| | （十）教学实施 | 40. 营造良好的学习环境与氛围，激发与保护中学生的学习兴趣。<br>41. 通过启发式、探究式、讨论式、参与式等多种方式，有效实施教学。<br>42. 有效调控教学过程。<br>43. 引发中学生独立思考和主动探究，发展学生创新能力。<br>44. 将现代教育技术手段渗透应用到教学中。 |
| | （十一）班级管理与教育活动 | 45. 建立良好的师生关系，帮助中学生建立良好的同伴关系。<br>46. 注重结合学科教学进行育人活动。<br>47. 根据中学生世界观、人生观、价值观形成的特点，有针对性地组织开展德育活动。<br>48. 针对中学生青春期生理和心理发展特点，有针对性地组织开展有益身心健康发展的教育活动。<br>49. 指导学生理想、心理、学业等多方面发展。<br>50. 有效管理和开展班级活动。<br>51. 妥善应对突发事件。 |
| | （十二）教育教学评价 | 52. 利用评价工具，掌握多元评价方法，多视角、全过程评价学生发展。<br>53. 引导学生进行自我评价。<br>54. 自我评价教育教学效果，及时调整和改进教育教学工作。 |
| | （十三）沟通与合作 | 55. 了解中学生，平等地与中学生进行沟通交流。<br>56. 与同事合作交流，分享经验和资源，共同发展。<br>57. 与家长进行有效沟通合作，共同促进中学生发展。<br>58. 协助中学与社区建立合作互助的良好关系。 |
| | （十四）反思与发展 | 59. 主动搜集分析相关信息，不断进行反思，改进教育教学工作。<br>60. 针对教育教学工作中的现实需要与问题，进行探索和研究。<br>61. 制定专业发展规划，不断提高自身专业素质。 |

## 二、教师专业素质结构的具体内容

综观国内外对于教师专业素质结构的研究，尽管不同研究者对教师必须具备的专业素质的关注点不同，但是，通过比较、分析和综合，我们可以把他们关于教师专业素质的认识统一为五个方面，即教育理念、专业知识、专业能力、专业道德、人格特征。

### （一）先进的教育理念

理念可简释为理想、信念，是左右人们态度、行为的一种无形而强大的观念力量。如贺麟先生所说："观念在人的精神生活上所占的地位，就好像光在人的实际生活和行为上所占的地位一样。没有光，整个世界黑暗了。没有观念，整个人生盲目了。"① 作

① 贺麟. 文化与人生［M］. 上海：上海人民出版社，2011：128.

为担负着培养学生这一特殊工作的教师，作为身处价值观日益多元化的社会背景中的教育工作者，教育理念是教师在教学实践及教育思维活动中形成的对教育的理性认识和主观要求，是建立在对教育规律认识的基础之上的教师追求的教育理想。先进的教育理念是一种“远见卓识”，它能正确地反映教育的本质和时代的特征，科学地指明前进方向[①]。根据教育发展的需要，现代教师所具有的教育理念应包含新的素质教育观、新的教师观、新的学生观。

首先，新的素质教育观。符合时代特征的科学的素质教育观要求教师对教育功能有全面的认识，要求教师全面理解素质教育。教师应该认识到教育不再仅仅是传授知识和技能，而是要面向全体学生，促进学生的全面发展，促进学生创新精神和实践能力的培养，促进学生生动、活泼、主动地发展，培养学生终身可持续发展的能力。

其次，新的教师观。传统教师观下，教师是知识的“传授者”和“搬运工”。随着时代的发展，教师观也有了新的内涵。一是角色的转变。从教师与学生的关系看，教师是学生学习的促进者；从教学与研究的关系看，教师是教育教学的研究者；从教学与课程的关系看，教师是课程的开发者和建设者；从学校与社区的关系看，教师是社区型开放的教师。二是教育教学行为的转变。新的教师观强调教师的教育教学行为要向尊重、赞赏、帮助、引导、反思、合作等方面发展。

最后，新的学生观。符合时代特征的学生观强调“以人为本”，强调要用发展的眼光认识学生，认为学生是具有个性与差异的人，是具有独立意义的主体。

### （二）合理的专业知识

教师合理的专业知识包含教师的本体性知识、条件性知识和实践性知识。这是教师从事教育工作的前提条件。本体性知识是教师所具有的特定的学科知识，它是教师成长的必要条件，教师在从事教育工作之前或之中，需要掌握一部分专业学科知识，以在教学中能熟练运用本学科知识。条件性知识指的是认识教育对象、开展教育活动和研究所需的教育学科知识和技能，如教育学、心理学、教学论、班级管理、现代教育技术等。条件性知识是保障教师成功的前提条件，这种知识不仅需要教师系统地学习，也需要教师在教育教学过程中逐渐地了解和习得，需要动态性地把握和领会。实践性知识指的是教师在面临实际的课堂情境时所具有的课堂背景知识以及与之相关的知识，它更多地来自教师的教学实践，具有明显的经验性成分，是教师教学经验的积累，这种知识对于教师的专业发展具有决定性的作用。在教学第一线不难观察到，一些具有专家级水平的教师凭直觉把握教学，他们会捕捉学生发出的微小暗示，并根据这些暗示信息调整教学，对学生的了解以及对不同学生的教育和教学恰到好处，凭着娴熟的教学技能，使学生在教与学的互动中，不知不觉就学到了许多知识，发展了各方面的能力。





① 王冀生．现代大学的教育理念［J］．辽宁高等教育研究，1999（1）：11-12.

【知识考查】

郑老师在指导新教师时说，了解学生身心发展规律、学习心理等，对做好教育教学工作极为重要。郑老师的体会表明，教师不可忽视（　　）。

A. 政治理论知识　　B. 文化基础知识

C. 学科专业知识　　D. 教育科学知识

答案：D

（三）复合型的专业能力

教师专业能力是教师在先进的专业理念与师德的指导下，把自己所掌握的专业知识运用到具体教育教学情境中，完成相应教育教学任务的本领，具体表现为完成一定教育教学活动的方式、方法和效率。教师的专业能力是从事教师职业的一种特殊能力，具有多元性、复合性。主要包括：

1. 了解和研究学生的能力

学生是教育的对象，了解学生是进行有效教育的前提。了解和研究学生德、智、体、美诸方面发展的情况以及个性和家庭教育等，能够帮助教师选择切实可行的教育教学方式，并预见教育行为的结果。一名教师，无论掌握多么广博深厚的知识，如果不注重对学生的研究，就无法准确地选择教育教学的方法，也很难达到良好的教学效果。因此，教师必须善于观察学生，对学生的思想行为、智力活动、情感表现有敏锐的观察力，通过学生的眼神、动作、表情等表现揣度学生的情绪体验、认知水平和努力程度，及时调整教育教学的措施和方法。

2. 语言表达能力

语言是教师向学生传授知识和施加影响的主要手段，即教师把知识技能传授给学生是以语言为载体的。教师的语言应当清楚明白、准确生动，具有感染力和说服力；应尽可能地符合学生的年龄特征、知识水平以及教材内容的特点。在音量、语速、声调等方面也要符合环境和表达内容的要求，符合学生身心发展的需要，适中而有变化。简单地说，就是要准确、简约、形象，要富有逻辑性和启发性。这就要求教师要有丰富的词汇储备、掌握语法的规律，有一定的心理学、逻辑学和教育学的修养，并在此基础上不断训练、不断发展。

3. 信息技术应用能力

随着互联网的飞速发展，信息的传递变得越来越简单方便，世界正式步入了信息化时代，移动互联网的出现更是为社会的各个行业带来巨大的变化，其中就包括教育。“互联网+教育”正在开启教育的变革，与日俱增的学校和受教育者开始自发地利用互联网跨越时空、实时互动、资源共享等的便利性来进行教学内容的传播和自主学习，传统教育模式和价值观发生了巨大的改变。为了紧跟时代的步伐，中小学（幼）教师应全面提升自身的信息技术应用能力。首先应转变教学理念。学生成为学习内容和问题解决的主导，教师的价值更多体现在资源提供、方法支持、问题解决的引导和启发上，这就要求教师在教学活动中更加高效地应用信息资源，使用各种信息工具与学生交流互动。教师要从课堂上教、站在讲台上讲，转变为融入学生中“导学”，借助大数据“诊学”，隐于“云端”助学。其次，应掌握现代信息技术的基础知识，具备操作现代教育教学媒体的能力，并借助技术手段进行学习，发挥现代教育技术的作用，提高教育的质量和效益。教师必须具有较强的独立获取信息、应用信息的能力，才能通过各种信息渠道吸取新知识、新技术、新理论，并经过选择、加工、提炼、综合，传递给学生。

4. 组织管理能力

班集体、学校集体是师生活动的基本环境。教师所面临的对象不是单个或少数学生，而是由学生个体组成的班级集体、学校集体。在集体中进行共同的活动，就需要教师有一定的组织管理能力，即一定的计划能力、决策能力、协调能力、控制能力、监督能力等。教师的组织能力是一种相当复杂的综合能力，除了教育教学的常规组织工作外，还表现在组织学生举行班会、参观访问、社会调查、演讲、知识竞赛、社会义务劳动等方面。教师必须善于计划和安排，认真处理好人际关系，对学生知人善任，针对学生身心发展的特点，进行恰当的管理，才能达到预期目的。

5. 教育科研能力

时代呼唤科研型教师。教育是富有创造性的工作，校本课程的开发、研究性学习的有效进行、德育工作的实效性探索、现代教育教学方法的改革，这一切都需要不断地研究与探索，需要教师承担起双重专业角色——既是教育者，又是研究者。因此，教师要增强教育科研意识，提高教育科研素养，自觉开展教育科研，努力将教育科学研究与日常的工作实践相结合，从实际工作中提出课题，结合教育教学改革任务进行实验研究，通过对实际情况的观察，积累第一手资料，从中进行分析探索，求得对教育教学规律的认识。

**【名人名言】**

如果你想让教师的劳动能够给教师带来乐趣，使天天上课不至于变成一种单调乏味的义务，那你就应当引导每一位教师走上从事研究这条幸福的道路上来。

——［苏联］苏霍姆林斯基

### （四）崇高的专业道德

教育是一项道德的事业，师德是为师之本。自20世纪70年代以来，在教师专业化运动的背景下，教师职业道德向教师专业道德的转变成为教师专业发展的重要方向。顾明远先生曾明确指出：“教师的专业性不仅要有较高的专门（所教学科）知识和技能，还应有较高的职业道德。”① 顾名思义，这种“较高的职业道德”是指“教师专业道德”，从“职业”到“专业”的转变，更突显了新时代师德对传统师德的继承、发展和超越②。为进一步增强教师的责任感、使命感、荣誉感，规范职业行为，明确师德底线，2008年我国教育部修订了《中小学教师职业道德规范》，将教师职业道德概括为爱国守法、爱岗敬业、关爱学生、教书育人、为人师表、终身学习等；党的十八大以





① 连秀云. 新世纪教师专业化的理论与实践［M］. 长春：东北师范大学出版社，2003：5.

② 罗昂. 教师专业伦理的内涵与持续发展［J］. 中国德育，2008（4）：22-25.

来，习近平总书记也多次在讲话中突出强调新时代师德对于推进教育事业发展和社会文明进程的重要性，进一步加强师德师风建设，2018 年教育部研究制定了《新时代中小学教师职业行为十项准则》。





【资料链接】

**新时代中小学教师职业行为十项准则**

（2018 年 11 月 8 日印发实施）

一、坚定政治方向。坚持以习近平新时代中国特色社会主义思想为指导，拥护中国共产党的领导，贯彻党的教育方针；不得在教育教学活动中及其他场合有损害党中央权威、违背党的路线方针政策的言行。

二、自觉爱国守法。忠于祖国，忠于人民，恪守宪法原则，遵守法律法规，依法履行教师职责；不得损害国家利益、社会公共利益，或违背社会公序良俗。

三、传播优秀文化。带头践行社会主义核心价值观，弘扬真善美，传递正能量；不得通过课堂、论坛、讲座、信息网络及其他渠道发表、转发错误观点，或编造散布虚假信息、不良信息。

四、潜心教书育人。落实立德树人根本任务，遵循教育规律和学生成长规律，因材施教，教学相长；不得违反教学纪律，敷衍教学，或擅自从事影响教育教学本职工作的兼职兼薪行为。

五、关心爱护学生。严慈相济，诲人不倦，真心关爱学生，严格要求学生，做学生良师益友；不得歧视、侮辱学生，严禁虐待、伤害学生。

六、加强安全防范。增强安全意识，加强安全教育，保护学生安全，防范事故风险；不得在教育教学活动中遇突发事件、面临危险时，不顾学生安危，擅离职守，自行逃离。

七、坚持言行雅正。为人师表，以身作则，举止文明，作风正派，自重自爱；不得与学生发生任何不正当关系，严禁任何形式的猥亵、性骚扰行为。

八、秉持公平诚信。坚持原则，处事公道，光明磊落，为人正直；不得在招生、考试、推优、保送及绩效考核、岗位聘用、职称评聘、评优评奖等工作中徇私舞弊、弄虚作假。

九、坚守廉洁自律。严于律己，清廉从教；不得索要、收受学生及家长财物或参加由学生及家长付费的宴请、旅游、娱乐休闲等活动，不得向学生推销图书报刊、教辅材料、社会保险或利用家长资源谋取私利。

十、规范从教行为。勤勉敬业，乐于奉献，自觉抵制不良风气；不得组织、参与有偿补课，或为校外培训机构和他人介绍生源、提供相关信息。

### （五）健康的人格特征

教师的人格特征是指教师的个性、情绪、健康以及处理人际关系的品质等。由于职业的特殊性，教师的人格和心理健康状况会直接或间接地影响学生及其他教师的心理与行为，对教师个人工作的成败也有极其重大的作用。正如所罗门教授说：“在个体人格发展方面，教师的影响仅次于父母。一个孩子如果拥有甜蜜的家庭，享有父母的爱，又得到一个身心健康的教师，那是无比幸福的。相反，如果他既不能由父母那边得到足够的关怀与爱护，又受到情绪不稳定教师的无端困扰，必将造成许多身心发展的问题。”① 因此，促进教师自身的人格和心理健康成长，不仅是开展学校教育的需要，也是教师作为一名专业工作者个人发展的需要。教师健康的人格特征主要包括：首先，积极乐观的情绪。教师的情绪是否稳定、乐观、积极，将影响教师的整个心理状态及行为，也关系到教育教学的效果。其次，豁达开朗的心胸。心胸开阔，豁达大度是一种友善的态度，在人际交往中能与他人和谐相处，包容异己，互通有无，理解关怀，如尊重、真诚、信任、赞美等。再次，坚忍不拔的毅力。繁重艰巨的教育工作要求教师有良好的、坚强的毅力，即教学工作中明确目的性和坚定性，处理问题时决策的果断性和坚持性，面对矛盾沉着冷静的自制力，以及给予爱和接受爱的能力。最后，广泛的兴趣。表现为始终保持旺盛的求知欲与广泛的兴趣，拥有广博的知识和深厚的教学功底，并善于捕捉新信息，如饥似渴地追求新知识，能够倾听不同意见，同时勇于表达自己的看法，热衷于社交活动，能适当地自我表现，即在各方面显现出高度的积极性和主动性。

## 第四节　教师专业发展

新时代对教育提出了更新的要求，作为知识传承者和创新者的教师，只有不断进行与时俱进的教育改革，才能符合时代的需要。越来越多的研究者以提高教育质量为目的，开始关注教师的专业发展。这一概念自20世纪80年代被提出以来，已然成为世界许多国家教育研究共同关注的课题，并对其重要性达成共识：对教师专业发展的关注是整个教育发展和改革的原动力——没有它，改革策略就仅仅只是理想而不能变为现实②。教师的专业发展状况直接影响教育的质量与信誉，是教育质量提高的根本保证。

**【名人名言】**

教育改革的核心在于课程改革，课程改革的核心在于课堂改革，课堂改革的核心在于教师专业发展。

——钟启泉

### 一、教师专业发展标准

谈到教师专业发展标准，首先应该厘清专业、专业发展以及教师专业发展的概念。关于专业的形成和特性、专业与职业的评判标准等研究源于1893年法国社会学家涂尔



① 黄和林. 教师心理健康的现状分析与促进措施［J］. 宁波教育学院学报，2000（4）：38-41.

② 周青，杨妙霞，杨辉祥. 美国科学教师专业发展标准及其启示［J］. 高等教育研究，2005（5）：62-66.

干（E. Durkheim，1858—1917）写下的博士论文《社会分工论》[①]。但时至今日，关于“专业”的概念界定依然莫衷一是。目前，采用较多的专业概念有两个，一个是卡尔-桑德斯的观点，即专业是指一群人在从事一种需要专门技术的职业。专业是一种需要特殊智力来培养和完成的职业，其目的在于提供专门性的服务。另一个是日本学者石村善助的观点，即专业是“通过特殊教育或训练掌握了业经证实的认识（科学或高深的知识），具有一定的基础理论的特殊技能，从而按照来自非特定的大多数公民自发表达出来的每个委托者的具体要求，从事具体的服务工作，借以为全体社会利益效力的职业”[②]。

由此我们可以认为，专业首先是一种职业，但它又不同于一般以谋生为目的的职业，它应具备某些特征，符合某种标准。因此，专业发展可指“一个普通的职业群体在一定时期内，逐渐符合专业标准、成为专门职业并获得相应的专业地位的过程”[③]。专业发展强调的是一个持续不断发展的过程，在这个过程中逐渐实现专业标准、提高职业群体的社会地位。这就意味着教师专业发展是指教师在整个专业生涯中，依托专业组织，通过终身专业训练，习得教育专业知识技能，实施专业自主，表现专业道德，逐步提高自身从教素质，成为一个良好的教育专业工作者的专业成长过程。

那么，教师职业是不是专业呢？根据已有的标准[④]，教师职业在当前专业化水准不高，只是半专业性或准专业性行业。因此，为了提高教育质量，提高教师的社会地位和物质待遇，吸引更多优秀人才从事教师职业，就必须使教师职业不断接近并符合已有的专业发展标准，进而被接纳为一种专业，实现教师专业发展。那么，教师专业发展有哪些标准可资借鉴呢？

**（一）澳大利亚的教师专业发展标准**[⑤]

1999 年，澳大利亚联邦政府创建了“面向 21 世纪的教师——开创不一样的未来”（Teachers for the 21st Century：Making the Difference）计划。该计划由联邦政府酝酿出台并承担资金筹备，目的就是要提高和改善教师的专业素质，使越来越多的学校朝着高效化方向发展，从而尽最大可能提高学生的学业成就。在此基础上，澳大利亚联邦政府在 2010 年正式公布了新的《全国教师专业发展标准》，从专业知识、专业实践和专业发展三要素、七个标准为教师发展提供了统一框架，以提高学生的学业成就。

1. 专业领域三要素

教师专业发展标准确立是促进高质量教学的保障。教师专业发展必须依据相互联系、依存、交叉的专业知识、专业实践和专业发展三个要素领域的要求来证明自己是否达到标准。在这三要素中，学生发展的主题始终贯穿在论述中。

（1）专业知识。教师应该很好地了解学生以及影响教和学的各种因素；熟悉学生在不同发展阶段的特征；掌握有效的教学方法支持学生的学习。

（2）专业实践。使用丰富的教学策略和资源使学生的学习结果最大化；通过分析

---

① THOMAS R，GUSKEY. 教师专业发展评价［M］. 方乐，张英，等译. 北京：中国轻工业出版社，2005.

② 刘慧. 教师职业专业性的思考：基于专业标准的分析［J］. 辽宁教育，2011（9）：10-11.

③ 胡志坚. 专业特征和专业标准的研究与教师专业化［J］. 师资培训研究，2003（1）：7-11.

④ 同③.

⑤ 俞婷婕，肖甦. 推动中小学教师专业发展的一项新举措：评述澳大利亚政府优秀教师计划及其进展［J］. 外国中小学教育，2007（9）：13-17.

学生的学习成绩促进对教学实践的评估和改进。

（3）专业发展。教师主动发展的内部动力指向其反思提高的意愿和能力；外部促进指向在专业团体中的相互学习和激励。

2. 七项标准

七项标准具体包括：①了解学生及学生如何学习；②了解所教内容并知道如何教；③计划并实施有效的教学与学习；④创造并维持一个安全而富有支持性的学习环境；⑤对学生学习情况进行评估、反馈和汇报；⑥积极进行专业学习与反思；⑦为学校和专业团体做出贡献。这七项标准可划分为受教育者知识、学科内容及学科教学法知识、教学过程管理、环境管理、评价与教师专业发展策略几个维度，从教师实际参与的专业行为对教师专业发展内容要素提出了一套具体要求。其中多数维度直接与受教育者相关，而教师专业发展策略也间接地为促进受教育者服务。

**（二）英国的教师专业发展标准①**

2016年7月，英国教育部同样公布了“教师专业发展标准”，从学校领导者、教师以及教师专业发展的提供者三个维度提出了教师专业发展五个方面的要求。教育部与此同时也颁布了“应用指南”，阐释了概要、应用、对专业发展的界定以及五部分标准释意，该标准的颁布对英国学校领导、教师和教育机构推进教师专业发展具有实践指导意义。

英国的“教师专业发展标准”认为有效的教师专业发展要以学生发展为目的，标准通篇围绕促进学生成就来建构教师专业发展的路径，要求学校各项教育教学活动的设计都围绕学生发展目标进行，其纲要为：

（1）教师专业发展应着眼于提高和评价学生的学业成绩。它包括：活动设计要围绕个体教师已有的经验、知识和需求以及教师和他们所在学校环境和日常经验等方面进行；确保每个活动项目与预期的学生学业成绩有逻辑关联性；正在开展的教学实践变化对学生学业成绩产生影响。

（2）教师专业发展应以坚实的理论和专业知识为基础。它包括：教学实践和理论水平同步发展；教学知识与专业知识相结合；引用论证信息，包括高水准学术研究、评估方法和教学资源；得到专业技能和知识丰富的专家帮助，提高参与者的理论理解力；激发教师对教学和学生学习的信念和期望。

（3）教师专业发展应包括专家合作及其建议指导。它包括：基于解决问题的同行支持；关于教学实践有的放矢的讨论，帮助有相似需求的学生通过提高期望值和引进新理念，挑战现存的教学实践；来自培训或指导人员的支持，有名师的榜样作用，也有建议和指导。

（4）教师专业发展规划应具有长远性和延续性。有效专业发展要包括互补性的单次活动，涵盖在系列连贯性的活动项目中；有效专业发展要用实验、反思、反馈和评价。

（5）学校领导必须优先考虑教师专业发展。它包括：清楚地了解如何提高学生的学业水平；为学生的成功不断完善清晰可见的高远愿景；领导人的榜样与支持有效专

① 李继红. 译解英国最新颁布的“教师专业发展标准”［J］. 大连教育学院学报，2016（9）：19-21.

业发展的所有愿望；确保充足的时间和资源；平衡学校、学科和教师的当务之急；培养真正的职业信任感。

## 二、教师专业发展阶段



教师专业发展具有阶段性，自1969年美国学者富勒（Fuller）首次提出了教师专业发展的关注阶段论以来，国外的学者对此进行了大量的研究，不同的学者站在不同的视角提出了不同的教师发展阶段理论（见表6-4）。



表6-4　国外研究中的教师专业发展阶段论①

| 研究者 | 教师专业发展阶段论 |
| --- | --- |
| 富勒 | 任教前关注阶段、早期求生阶段、关注教学情景阶段、关注学生阶段 |
| 卡茨 | 求生阶段、巩固阶段、更新阶段、成熟阶段 |
| 卡鲁索 | 焦虑/欢快期、混乱/清晰期、胜任/不胜任期、批判/新意识期、更有信心/更不胜任期、失败/缓解期 |
| 亚格尔、默滕斯 | 师资生前阶段、师资生阶段、初任教师阶段、发展中教师阶段、实务教师阶段、资深教师阶段 |
| 萨克斯、哈林顿 | 预想期、进入实习期、定向期、试误期、整合/巩固期、掌握期 |
| 伯登 | 求生阶段、调整阶段、成熟阶段 |
| 斯特菲 | 预备生涯阶段、专家阶段、退缩阶段、更新阶段、退出阶段 |
| 麦克唐纳 | 过渡阶段、探索阶段、创新和实验阶段、专业教学阶段 |
| 休伯曼 | 入职期、稳定期、实验和歧变期、重新估价期、平静和关系疏远期、保守和抱怨期、退休期 |

国内学者也从不同角度提出了教师专业发展阶段论，如2013年康翠、刘美凤按照国内学者连榕等人提出的“新手—熟手—专家”的教师成长观，以及参考国内小学教师职称评定制度，将教龄、职称、教研情况三个方面确定为新手教师、熟手教师和专家教师的选取标准，如表6-5所示。

表6-5　研究对象选取的标准②

| 标准 | 新手教师 | 熟手教师 | 专家教师 |
| --- | --- | --- | --- |
| 教龄 | 1~5年 | 6年及以上 | 10年及以上 |
| 职称 | 二级教师、一级教师 | 一级教师及以上 | 高级教师及以上 |
| 教研 | 一般参与 | 一般参与 | 学段/学校教研负责人 |

除此之外，叶澜等从“自我更新”取向角度对教师专业发展阶段进行的深入研究也是其中比较有代表性的研究，她把教师专业发展阶段划分为“非关注”阶段、

① 刘昀. 中学教师专业发展研究［D］. 武汉：华中师范大学，2004：9-11.

② 康翠，刘美凤. 不同专业发展阶段教师教案编制的质性研究［J］. 中国电化研究，2013（11）：66-73.

"虚拟关注"阶段、"生存关注"阶段、"任务关注"阶段和"自我更新关注"阶段，如表 6-6 所示。

表 6-6 "自我更新"取向教师专业发展阶段论及其特征①

| 阶段名称 | 时限 | 主要特征 |
|---|---|---|
| "非关注"阶段 | 正式教师教育之前 | 无意识中以非教师职业定向的形式形成了较稳固的教育信念，具备了一些"直觉式"的"前科学"知识以及与教师专业能力密切相关的一般能力 |
| "虚拟关注"阶段 | 师范学习阶段 | 从对合格教师的要求开始思考，在虚拟的教学环境中获得某些经验，对教育理论及教师技能进行学习和训练，有了对自我专业发展的反思 |
| "生存关注"阶段 | 新任教师阶段 | 在"现实的冲击"下，产生了强烈的自我专业发展的忧患意识，特别关注专业活动中的"生存"技能，专业发展集中在专业态度和动机方面 |
| "任务关注"阶段 | | 随着教学基本"生存"知识、技能的掌握，自信心日益增强，由关注自我的生存转到更多地关注教学，由关注"我能行吗"转到关注"我怎样才能行" |
| "自我更新关注"阶段 | | 不再受外部评价或职业升迁的牵制，自觉依照教师发展的一般路线和自己目前的发展条件，有意识地自我规划，以谋求最大限度的自我发展，关注学生的整体发展，积累了比较科学的个人实践知识 |

【知识考查】

师范学校的学生即"准教师"处于教师专业发展的（　　）阶段。

A."非关注"　B."虚拟关注"　C."生存关注"　D. 自我更新关注

答案：B

## 三、教师专业发展途径

从准教师转变为合格教师、优秀教师甚至是专家教师，实现教师的专业发展是一个复杂的、持续的过程。这个过程是个体以受教育者身份逐步实现对教育、教学规律深度认知的过程，单凭一己之力很难实现这个过程的顺利转变。

20 世纪 30 年代以前，西方一些发达国家把培养教师的活动称之为"师范教育"。形式上，"师范教育"主要是教师的职前教育，培养幼儿园、中小学教师；内容上，"师范教育"主要侧重于所教学科的专业教育；办学模式上，"师范教育"主要由中师、师专、师范本科院校承担。随着教育普及率提高，教师地位不断提升，西方国家在教师培养上把教师职前培养和职后培训同时提上日程，"师范教育"这一概念逐渐被"教师教育"取代。这不仅仅是简单的概念替换，而是标志着教师培养进入了一个新的





① 根据叶澜等著的《教师角色与教师发展新探》第十章整理而成.

历史阶段[1]。

长期以来，我国教师培养分为两大主要任务，即职前培养与职后进修培训。这两大任务一直由两个联系不够紧密的机构来承担。也就是说，师范院校承担着职前教师学历教育，而教育学院系统侧重的是在职教师的学历达标教育。这一模式不仅造成教师职前培养和职后培训之间缺乏过渡性与延续性，使教师成长的连续进程被人为地割裂和孤立，也造成教师教与学的脱节，并不利于教师的专业成长与发展。入职培训制度的建立与教师培养、培训三个阶段的教师教育体系连接起来之后，就使得师资培养和提高真正成为一个连续的和不间断的过程。因此，对任何一个教师来说，其专业成长与发展应是一个连续的过程，要贯穿于自己职业生涯的全过程。加强教师职前培养、入职培训和职后培训的有机整合，实现教师教育一体化，是教师专业发展的主要途径。

### （一）师范教育

在我国，师范教育可以说就是一种“培养师资的专业教育”[2]。它一般同教师的培养、训练和提高有着直接联系，是一种专业性质的教育。职前师范教育阶段是为培养教师专业人才服务的，是师范生进行专业准备与学习，初步形成教师职业所需要的知识与能力的关键期，也是教师专业发展的起始和奠基阶段。师范教育的质量直接决定新教师的质量，并影响教师今后的发展。因此，师范教育必须强化其培养教育专业人员的职能，把学术性、师范性和服务性结合起来；注重师范专业信念体系的形成和敬业精神的培养；建构反映教师专业所需要的知识和技能的课程体系；加强教育理论与实践的联系，建立有效的教师教育一体化制度。

### （二）入职培训

从入职培训的对象和时间看，主要是针对刚从师范学校获得合格教师资格的新教师，培训时间可视具体情况而定。在整个培训过程中，要始终贯彻两个重要的内容。一是对新教师进行监督和支持。新教师开始从事教学工作后会遇到一些问题困难。因此，必须在学校中挑选具有丰富教学经验的老教师担任新教师的指导教师，对其进行日常的监督和辅助。指导教师根据新教师任教情况、专业发展情况，专业领域的掌握情况等，制订适应新教师专业成长的目标和计划，并据此展开指导工作。二是对新教师表现的评估。在入职培训期间，对新教师进行评估，是整个入职培训过程中的一个重要阶段，借以确保合格的新教师从事教学工作。入职培训评价体系主要包括两种评价形式，一种是形成性评价，它是以满足教师不断完善自我的需要为目的所编制的评估测试；另一种是终结性的评估，评审结果用来指出并纠正新教师自身存在的专业缺陷，并对新教师以后的资格认证做出判断。

### （三）在职培训

教师在职培训，可以称为教师继续教育培训，是在职前教师教育、教师入职教育的基础上，通过提供完整的、连续的学习经验和活动来促进教师专业发展的继续教育培训。教师的在职培训主要是为了适应教育改革与发展的需要，为在职教师提供适应于教师专业发展不同阶段需要的继续教育。科学合理的在职教育培训是提升教师专业

---

① 周洪宇. 教师教育论［M］. 北京：北京师范大学出版社，2010：2-3.

② 胡乔木. 中国大百科全书·教育卷［M］. 北京：中国大百科全书出版社，1985：78.

发展的重要方式。1999 年，我国教育部颁布的《中小学教师基础教育规定》中强调：参加继续教育是中小学教师的权利和义务，并提出为教师适应岗位要求而设置的培训，培训时间每五年累计不少于 240 学时。2012 年颁布的《国务院关于加强教师队伍建设的意见》将每五年为一个周期的教师全员培训提高到 360 学时。中小学教师参加由政府主导的教师培训已日趋制度化和常态化。

教师的在职培训包括培训目标、对象、内容、模式、时间等多项具体实施方案，主要采取"理论学习、尝试实践、反省探究"相结合的方式，引导教师掌握不断涌现的现代教育理论，培养教师研究教育对象、教育问题的意识和能力。现代的教师在职培训非常注重唤醒教师的主体性、教师自身的研究者意识，培训教师不再是单纯地成为培训的被动接受者，而是培训的真正"参与者"。"参与式培训"是目前国际上普遍倡导的一类进行培训、教学和研讨的方法，它不同于以往听讲和观摩式培训，它要求培训者和受教育者共同承担学习任务，共同承担责任，强调的是学而不是教。通常使用的方法有小组研讨、案例分析、课例研究等。

**（四）教师学习共同体**

作为社会学概念，"共同体"一词源于德国学者滕尼斯。滕尼斯 1887 年指出，"共同体"应强调人与人之间的紧密关系、共同的精神意识及对"共同体"的归属感、认同感①。而作为教育学概念的"学习共同体"由博耶尔在 1995 年《基础学校：学习的共同体》这一报告中提出。他认为，在有效的学校教育中首要的是建立真正意义上的学习共同体，为了达到这个目的，学校必须有共同的愿景，能够彼此交流，人人平等，有规则纪律约束，关心照顾学生，气氛是快乐的。区别于传统行政力量的硬性主导和机械控制，"教师学习共同体"意在形塑"教师群"软文化，以维系教师间的情感和促进集体智慧共享。教师学习共同体是教师自发组织的，以提高教师专业能力和促进教师专业发展为根本宗旨，它积极尝试多种自主学习形式，注重成员之间的经验分享，实现一种互促共进的教师学习型组织（或者团体）②。简言之，"教师学习共同体"力倡基于共享的目标、愿景与价值观，在平等、民主的关系下学习与交流，分享知识与经验，促进教师个体与整体的共生专业发展。

**【案例分析】**

**"温馨学习单"**

Q 校英语组是 Q 校教师专业学习共同体实现程度较高的教研组，针对家长没有能力辅导的情况，英语组为学生及家长设计了"温馨学习单"，供家长了解学生每一天的英语学习进度和要求，也方便学生回家复习。

"温馨学习单"从单个教师的自主实验到推广到群体分享几经沉浮，随着研究的深入和发展逐渐发生着改变：

（1）2009 年我们刚开始尝试做起时，目的就是帮助学生知道每一个英语单词和句子的中文意思，也方便学生完成抄写作业。

① 斐迪南·滕尼斯. 共同体与社会——纯粹社会学的概念［M］. 林荣远，译. 北京：商务印书馆，1992：52-65.

② 魏会廷. 教师学习共同体：促进教师专业发展的新途径［M］. 武汉：武汉大学出版社，2014：41.

(2) 施行一阶段后，我们发现部分学生只是在等待教师给予中文意思，没有主动去预习生词和句子。我们觉得这个纯粹给的方式需要改变。

(3) 我们意识到温馨学习单必须是建立在学生自我预习的基础上……于是结合我们对语篇教学研究的深入，在温馨学习单中呈现了一些再构文本，将学生新旧知识进行合理融合……回家后只要通过对温馨学习单的再次巩固，学生就能轻松地掌握所学英语语言知识点。

资料来源：林美. 教师专业学习共同体的非制度化互动研究——基于案例的分析［J］. 当代教育科学，2014（16）.

**请思考：**如果你是教师，基于案例你如何看待教师学习共同体？



### （五）自我教育

教育家苏霍姆林斯基指出：真正的教育乃自我教育。自我教育是一种持久地体现人的责任感和使命感的教育，是指作为主体的个人，自己对自己的教育，即把自己作为教育对象的教育。在大力发展学生主体性的理论背景下，教师主体性的提高不应该放到被忽视的地位，其主体性必须要受到充分的重视。只有如此，教师才能积极地提高自己的教学能力，改进教学方式。而任何形式的教师教育，都要由教师发挥主观能动性，这种能动作用即是教师的自我教育。教师的自我教育是各种教育发挥作用的基础，教师只有不断地进行自我教育，发展和完善自己，才能具备教育学生的能力和资格。而教师的自我教育，就是对问题的自我发现、自我反思、自我探究、自我体验、自我提高的过程。这是一种实现自我价值、实现自身专业发展的重要体现，它促使教师职业发展呈现出更强大的主动性和自觉性，促使教师职业焕发更加旺盛的生命力。

## 理解与反思

1. 现代教师的职业角色有哪些？
2. 基于对教师职业特点的理解，谈谈如何更好地促进教师专业发展。

## 拓展阅读

［1］叶澜. 教师角色与教师发展新探［M］. 北京：教育科学出版社，2001.

［2］盖伊·格朗兰德，玛琳·詹姆斯. 早期学习标准和教师专业发展［M］. 刘昊，译. 北京：北京师范大学出版社，2014.

［3］王帅. 教师专业发展：标准、内容与向度［M］. 北京：科学出版社，2018.

# 第七章 学生

**■学习导航**

（1）了解学生身心发展规律，理清学生观的历史演变过程，并准确把握新时代的学生观。（重点）

（2）从各项法律法规中理解学生的权利和义务。（难点）

（3）把握师生关系的特点以及良好师生关系的构建策略。（重点）

**■思维导图**

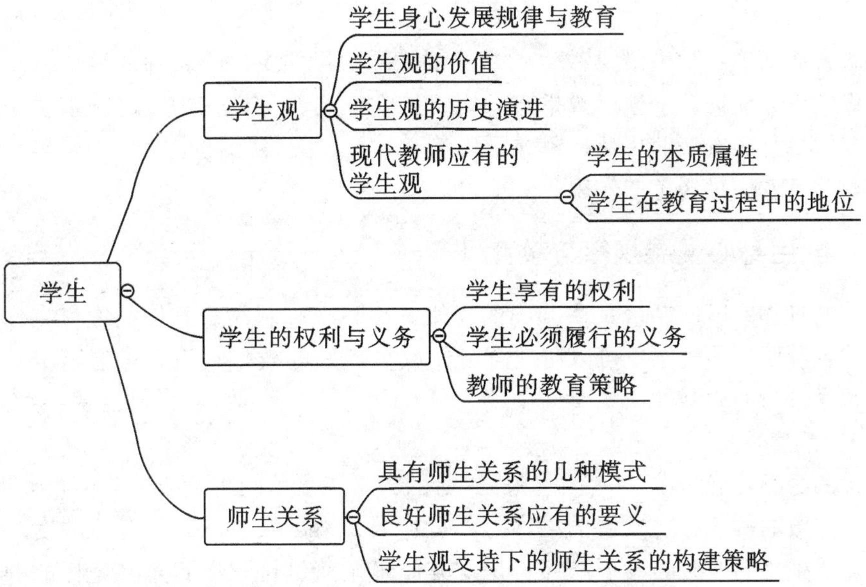

**教育瞭望**

著名数学家华罗庚上初中时，接受、理解数学知识比较慢，以致数学考试常常不及格。老师认为他已经无可救药，一次在班上公然宣称，假如你们当中将来会有一个同学没出息，那么这个人必定是华罗庚。结果华罗庚通过自己的勤奋自学，刻苦钻研，奋力拼搏，最终成为享誉世界的数学大师。

诗人臧克家，1930 年参加国立青岛大学入学考试时，数学得零分，作文也只写了三句杂感："人生永远追逐着幻光，但谁把幻光看成幻光，谁便沉入了无底的苦海。"这独具异彩的三句话"杂感"，短小精悍却极富哲思，立即打动了主考官闻一多，闻一多咏诵再三拍案叫绝。结果，虽然臧克家数学考试吃了"零蛋"，还是被青岛大学文学院破格录取了。最终，他成为一代杰出诗人、著名作家。

资料来源：《小学教育理论综合》历年真题汇编。

**请思考：**作为教师，我们应树立什么样的学生观？

种庄稼，首先要知道各种作物的生长发育特点，才能适时适量地施肥浇水；治病，首先要了解病人的具体病情，才能对症下药；教学，必须首先了解我们的教育对象——学生，才能选择恰当的教育的方法和措施，走进学生的心灵，点亮学生的人生。

## 第一节 学生观

在教育活动中，学生既是教育的对象，又是学习的主体。教师的教育活动必须以正确认识学生为前提。学生一般指在各级各类学校或教育机构中专门从事学习活动的人。把握学生身心发展的规律，树立正确的学生观，对良好师生关系的构建、对教师的有效教学有着举足轻重的作用。

### 一、学生身心发展规律与教育

学生的身心发展遵循着某些共同的规律，这些规律制约着我们的教育工作。遵循这些规律，利用这些规律，可以使教育工作取得良好的效果；否则可能事倍功半，甚至挫伤学生学习的积极性。

#### （一）顺序性

学生的身心发展是按照一定的顺序进行的，是一个由简单到复杂、由量变到质变、由低级到高级的过程，且发展的顺序是不可逆的，不可逾越的。如身体的发展遵循从上到下、从中心向四肢的发展顺序；记忆方面遵循从机械记忆到意义记忆的顺序；思维发展遵循从具体思维到抽象思维的发展顺序；情感的发展总是先有喜、怒、哀、惧等一般情感，再有理智感、道德感、美感等高级情感。

学生身心发展具有顺序性，就要求教育工作必须循序渐进，教学过程中要做到由浅入深、由易到难，不能拔苗助长、陵节而施。

（二）阶段性

学生的身心发展是一个分阶段的连续过程，在每个阶段，身心的发展都呈现出不一样的特点，且前一个阶段为后一个阶段的发展奠定了基础。如美国心理学家埃里克森就提出，人格的发展必须经历一系列阶段，每一阶段都有一种特定的危机和任务，危机的解决标志着前一阶段向后一阶段的转化，后一阶段发展任务的完成依赖于前一阶段冲突的解决。埃里克森把人的一生分为八个阶段①：

乳儿期（0~1 岁）——信任感对怀疑感；

婴儿期（1~3 岁）——自主性对害羞疑虑；

学前期（3~6 岁）——主动自发对退缩愧疚；

学龄期（6~12 岁）——勤奋进取对自贬自卑；

青年期（12~20 岁）——自我同一对角色混乱；

成年早期（20~24 岁）——友爱亲密对孤僻疏离；

成年中期（25~65 岁）——精力充沛对颓废迟滞（繁殖感对停滞感）；

成年晚期（65 岁以后）——自我完善对悲观沮丧。

学生在不同的阶段也有不同的危机和任务，因此教育要根据不同年龄阶段的不同特征采取不同的教育方法，培养学生的不同方面，不能搞一刀切、一锅煮。

（三）不均衡性

学生发展的不均衡性强调学生在不同阶段的发展速度有快有慢，不是匀速的。这种不均衡性表现在：

（1）同一方面的发展在不同的年龄阶段是不均衡的。比如身高、体重有两个高速发展的时期，第一个高速期是出生后的第一年，第二个高速期是青春发育期。再比如，儿童大脑发育的高峰期有三个，第一个是出生后 5~10 个月，第二个是 5~6 岁，第三个是 13~14 岁，其他时期大脑也在发育，只是速度相对平稳。

（2）不同方面在不同发展时期也具有不均衡性。有的方面在较早的时期就已经达到较高的发展水平，有的方面则要到较晚的时期才能达到较为成熟的水平。如知觉、记忆一般在 10~17 岁就达到了一个较成熟的水平，而比较与判断、动作反应与速度要到 18~29 岁才能达到一个比较成熟的水平②。

【资料链接】

**印刻实验**

奥地利生物学家洛伦兹通过小鸭子的印刻实验，提出了关键期的概念。刚刚破壳而出的小鸭子，会本能地跟在它第一眼看到的鸭妈妈后面。但是，如果它第一眼看到的不是自己的母亲，而是洛伦兹，于是有趣的事情发生了，洛伦兹在前面走着，后面跟着几只小鸭子，小鸭子把洛伦兹当成了自己的母亲。这个活的物体还可以换成一只猫或电动玩具。但如果在出生后的 20 小时内小鸭子接触不到活的物体，过了一两天后，不论是洛伦兹还是鸭妈妈，再怎么努力与小鸭子接触，小鸭子都不会跟随。这 20 个小时，就是“认母关键期”。



① 郭成，刘衍玲. 教育心理学教程［M］. 成都：四川教育出版社，2012：37-38.

② 冯文全. 现代教育学［M］. 北京：北京师范大学出版社，2012：82-83.

关键期指学习某一方面最敏感的时期。有关研究表明，孩子4~6个月是吞咽咀嚼关键期；7~10个月是爬的关键期；10~12个月是站立行走的关键期；2~3岁是口头语言发育的关键期；3岁之前是培养性格的关键期；4岁以前是形象视觉发展的关键期；4~5岁是开始学习书面语言的关键期；5岁是掌握数学概念的关键期；5~6岁是掌握语言词汇能力的关键期等；学习外语应在10岁之前开始。

学生的身心发展具有不均衡性，因此，在教育教学中教师要抓好学生发展的关键期，适时施教。

**（四）个别差异性**

学生的身心发展在遗传、环境、学校教育和个体的主观能动性等方面的影响下，表现出个体不同于他人的特点，这就是个别差异性。这种个别差异性主要表现在以下几个方面：

（1）同一年龄阶段的学生在同一方面的发展有差异。两个同为八岁的学生，一个身高只有130厘米，而另一个身高却有145厘米；一个学生的抽象思维已有很大发展，已经掌握数的概念并利用概念进行运算，而另一个却还不能脱离实物运算。

（2）同一年龄阶段的学生在不同方面的发展也有差异。同一个班的学生，有的擅长音乐，有的爱好体育；有的语言能力超群，有的动手能力强；有的善于观察，有的喜欢思考。

（3）学生在某方面的才能展现的时间早晚不同。有的学生天资聪颖，聪明早慧，有的学生却大器晚成。如方仲永五岁就能作诗，骆宾王七岁时就写出了《咏鹅》；而陈子昂早年却没有专心读书，“年十八未知书”，齐白石27岁才开始学画，40岁才表现出非凡的绘画才能。

教育教学工作要充分重视每个学生的个别差异，做到有的放矢、因材施教，使每个学生的潜能都得到充分发挥。

**（五）稳定性和可变性**

在一定社会环境和教育的影响下，学生身心发展的顺序、阶段大体相同，这是稳定性。如小学生的发展相对平稳，初中生的身心发展出现急剧变化等。

同时，我们还应注意到，随着物质生活水平的提升，教育条件的改善，处于不同时期的同一年龄阶段的学生在身心发展水平上发生了一定变化，如目前青少年学生的身高和体重远远超过中华人民共和国成立之初的青少年的身高和体重，这就是可变性。

在教育工作中，一方面，我们要注意学生身心发展的稳定性，按照学生发展的稳定的特性，选择科学的内容和方法；另一方面，我们又要重视学生身心发展的可变性，根据时代的变化及时更新教育观念和模式，更好地促进青少年学生的健康发展。

总之，教育要适应年青一代身心发展的规律，从学生身心发展的实际出发，不断提高他们身心发展的水平。

【知识考查】

1. 王阳明4岁还不会说话，但却能默背祖父家众多藏书，表明其身心发展具有（　　）。

A. 阶段性　B. 差异性　C. 不平衡性　D. 互补性

答案：C

2. 有的人聪明早慧，有的人大器晚成，说明人身心发展具有（　　）。

A. 不平衡性　B. 差异性　C. 阶段性　D. 顺序性

答案：B

3. "杂施而不逊，则坏乱而不修"，体现了身心发展的（　　）。

A. 顺序性　B. 差异性　C. 互补性　D. 不平衡性

答案：A

4. 个体身心发展的某一方面机能和能力最适宜形成的时期是（　　）。

A. 关键期　B. 机能期　C. 发展期　D. 差异期

答案：A

## 二、学生观的价值

学生观是教师对学生的本质属性和地位所持的认识和看法，它是教师教育观的重要组成部分，直接支配着教师的教育行为，决定着教师的教学态度、教学方式和教学效果。教师只有树立正确的学生观，才能与学生形成良好的师生关系，更好地促进学生的发展。

### （一）有助于学生的健康成长

古希腊神话故事中，塞浦路斯的国王皮格马利翁雕刻成一尊女神像后，竟然爱上了这位女神，整天含情脉脉地注视着她。后来，他的痴情感动了上天，女神竟然神奇地复活了，并成为他的妻子。这就是心理学上著名的"皮格马利翁效应"。在教育工作中，也有"皮格马利翁效应"。教师有什么样的学生观，就会在教学中不自觉地将自己的学生观传递给学生，学生获得这样的暗示后，就会成为教师所期望的样子。教师不经意的一个眼神、一个动作、一句话、一点情绪，都会对学生产生潜移默化的影响。"正确的学生观有利于形成教师期望—学生信念—获得成功—新的教师期望的良性循环"①。在正确学生观的影响下，学生会沿着教师期望的方向，在智力水平、人格养成、创新能力等方面获得相应的发展。

① 陈耀东，于伟. 树立正确的学生观［J］. 中国成人教育，2001,（9）：14-15.

【资料链接】

语文界的泰斗钱梦龙曾经说过："我上学时留了三次级，大家都认为我无药可救了。这时，学校来了一位吴老师，他说：'钱梦龙，我只教你查四角号码字典，如果你能学会，你肯定是一个非常聪明的孩子。'当我用四角号码查出我的名字时，我非常高兴，对查字典有了极大兴趣。以后，每当进行新课之前，吴老师总是让我把该课的生字查出来写在黑板上，我高兴得不得了，我崇拜吴老师，也爱上了国文课。学期结束时，在吴老师给我写的评语中有这样一句话：'该生天资聪颖。'这让我受益无穷，终生难忘。今天我做教师了，我对我的每一个学生也要影响一辈子，所以，一走进教室，面对45个学生，我感到他们都能成才。"

资料来源：陈耀东，于伟. 树立正确的学生观［J］. 中国成人教育，2001（9）：47.

### （二）有助于教师有效教学的实现

一切教育活动，都是围绕学生组织和实施的，教师的教学质量与效果也只有从学生身上才能体现出来。所谓"有效"，主要是指通过教师一段时间的教学后，学生获得了具体的进步或发展。判断教学是否有效的标准是学生学得如何，而不是教师教得如何。教师教得认真，但学生不想学或学无所得，这是无效或低效教学。有效教学的要义在于承认学生的主体地位，促进学生全面、个性地发展，而正确认识和对待学生，对有效教学的实现是极为重要的①。卢炳惠、张学华认为正确的学生观有利于教学的正常运行，有利于学生创新精神和创新能力的培养，有利于学生健全人格的形成，有利于发展学生的智力水平，有利于学生的各项发展②。

### （三）有利于和谐师生关系的构建

和谐师生关系的前提是相互尊重。只有在正确的学生观的引领下，教师才会真正把学生当作大写的"人"来看待，才会充分尊重学生，把学生当成学习的主体，努力为学生营造一种民主、和谐、宽松的学习氛围，促进学生主体性的发挥。在这一过程中，民主、平等、和谐的师生关系也就自然而然地构建起来了。

【名人名言】

在教师与学生两人之间，不需要第三者参加，常常在一起成为伟大而精选的伴侣。

——［德］赫尔巴特

### （四）有利于学生管理的顺利进行

教师只有树立正确的学生观，把学生作为平等的尊重的主体，才能避免学生被看作被管理的对象，避免教师体罚、讽刺和侮辱学生的现象发生。张香兰认为只有在中小学德育管理创新中树立正确的学生观，才能树立正确的管理指导思想和实施恰当的

---

① 金柱伟，高原. 学生观研究述评［J］. 教育科学论坛，2013，（6）：77-79.

② 卢炳惠，张学华. 论新的学生观［J］. 教育探索，2004，（6）：29-31.

管理措施，以促使德育管理工作收到成效[1]。

## 三、学生观的历史演进

在不同时期，受当时政治、经济、文化等方面的影响，人们形成了不同的学生观。这里，我们对几种典型的学生观进行归纳和总结[2]。

### （一）在对学生天性的认识上

在对学生天性的认识上存在两种不同的观点。一种是原罪论、性恶论，代表人物是赫尔巴特。持这种观点的人认为儿童生来就有一种盲目冲动的种子，处处驱使他不驯服，以致经常扰乱成人的计划，也把儿童的未来人格置于许多危险之中。另一种观点是性善论，代表人物是卢梭。他认为人的天性是善的，在人的心灵中根本没有什么生来就有的邪恶，是复杂的社会使人堕落，对儿童产生恶劣的影响。这突出表现于他的一句名言，“出自造物主之手的东西都是好的，而一到了人手里，就全变坏了”。

### （二）在对学生地位的认识上

一种是以赫尔巴特为代表的“教师中心论”，他认为教师在教育过程中，处于中心地位，具有绝对的权威，学生必须服从教师。另一种观点是以杜威为代表的“儿童中心论”，他认为儿童在教育过程中处于中心地位，教育的措施应围绕他们组织起来，教师在这一过程中处于次要地位，是以咨询者和辅导者的身份出现的。两种对学生地位认识思想的比较见表 7-1。

**表 7-1 赫尔巴特与杜威教育思想之比较**

| 内容 | 赫尔巴特 | 杜威 |
|---|---|---|
| 地位 | 教师中心论的代表人物 | 儿童中心论的代表人物 |
| | 传统教育学的代表人物 | 现代教育学的代表人物 |
| | 科学教育学之父 | 实用主义哲学的创始人 |
| 三中心 | 教师中心、教材中心、课堂中心 | 儿童中心、经验中心、活动中心 |
| 教学方法 | 四阶段教学法（明了、联想、系统、方法） | 五步教学法（创设疑难、确定疑难、提出假设、推断假设、验证假设） |
| 课程观 | 学科课程 | 经验课程 |
| | 间接经验 | 直接经验 |
| | 掌握人民文化知识精华 | 满足儿童的兴趣和需求 |
| | 注重知识的逻辑联系 | 从做中学 |

### （三）在对学生身份的认识上

赫尔巴特、斯宾塞等人把学生当成小大人看待，主张向学生传授成人的知识，为完满的生活做准备。而卢梭、杜威等人则主张从儿童的天性出发，从实际出发，把儿童看作独特的、处于特定阶段的人，让他们适应生活而不是为生活做准备。

① 张香兰. 中小学德育管理创新需要什么样的学生观［J］. 教育科学研究，2010（1）：23-26.

② 赵雪霞. 学生观综述［J］. 教书育人，2000（10）：6-7.

**（四）在知识方面**

英国教育家洛克曾提出著名的“白板说”，认为儿童就像一块白板，可任由教师涂抹。据此理论，许多人把学生的大脑当成知识的容器或仓库，主张向学生灌输系统的知识，学生则是被动地接受。而杜威等人则反对把学生当成知识的容器，反对系统的知识的传授，主张儿童从生活中、从活动中学习。与知识相比，他们更强调能力的发展。

**（五）在对学生的管理方面**

赫尔巴特提出了管理先行的思想，主张对学生施行严格的管理，以防止儿童现在和未来的反社会倾向的发展，从而达到维持学校和社会秩序的目的。而卢梭、杜威等人则主张对儿童实施顺从其天性的、自然的、自由的教育，反对严酷的纪律和惩罚。

以上从不同方面介绍了历史上有关的学生观，很明显，它们既有可取的积极的一面，又有不合理之处，我们对此应持扬弃的态度，取其精华，去其糟粕，为我们形成当代的正确学生观服务。

## 四、现代教师应有的学生观

德国作家海涅说过：“对教师来说，每个学生都是十分复杂、非常丰富的世界，每个学生心灵深处都有根独特的琴弦，教师的教育活动只有与学生的心灵对准音调，才能发生共鸣。”① 学生是教育过程中最基本的要素之一，是教师工作的对象，教师必须充分了解学生的本质属性与地位，这是教师有效促进学生发展的条件与保障，更是践行“以人为本”的学生观的前提与基础。

**（一）学生的本质属性**

学生作为教育的对象、学习的主体，具备一切人皆有的共同属性，但又具有不同于社会群体中其他人的特征。我们只有弄清学生的本质属性，才能更好地诠释教育。学生的本质属性，包括五个方面。

1. 学生是人

学生是人，看似是一个无须证明的命题，但却是一个现实中经常被忽略的存在。在传统教育中，由于受到功利主义和拜金主义的影响，一些教师没有把学生当作“人”来培养，学生成了教育物化的对象，教师就像对待物体一样来对待学生，使学生成了被物化者，也就是事实上的“学习工具”或“读书机器”。现代学生观要求，学生首先是人，他们有着自己的思想、自己的意志、情感、个性和尊严，需要从教师那里获得充分的尊重和满满的关爱。

2. 学生是独特的人

每个学生都有自身的独特性。他们由于遗传素质、社会环境、家庭条件和生活经历的不同，而形成了个人独特的“心理世界”，他们在兴趣、爱好、动机、需要、气质、性格、智能和特长等方面是各不相同、各有侧重的。“人心不同，各如其面”，独特性是个性的本质特征。珍视学生的独特性和培养具有独特个性的人，应成为我们对

① 唐秀玲. 树立正确的学生观［J］. 大连教育学院学报，2002（12）：71.

待学生的基本态度。独特性也意味着差异性，不仅要认识到学生的差异，而且要尊重学生的差异。差异不仅是教育的基础，也是学生发展的前提，应视为一种财富，使每个学生在原有基础上都得到完全、自由的发展。

**【案例分析】**

**欣赏“每一个”学生——刺丛中也有花**

花园里，同学们都纷纷说了自己喜欢的花，这时全校闻名的“调皮大王”李刚发话了：“老师，我最喜欢的是仙人掌，它虽然全身长满了刺，但它的生命力最旺盛，而且刺丛中还能开出美丽的花儿呢！”他的话立即遭到同学们的反驳。

“你们就看到它的刺了！你仔细看看人家刺中也有花，也值得我们去喜欢呀！”平时从不受欢迎的调皮大王，见同学们都不赞同他，便据理力争。

“刺中有花！刺中有花！”调皮大王的话如一股电流触动了我的神经，赏花与育人不也一个道理吗？我激动地走到李刚身边，搂着他的肩对同学们说：“李刚说得对，仙人掌虽然浑身是刺，但是它刺中也有美丽的花，我们不能只看到它的刺，就看不到它的花啦；更不能因为它刺多就不喜欢它的花。我们对待同学也应像赏花一样，特别是对缺点多一些的同学，更应该正确看待他身上潜在的闪光点。‘花’有千万种，各有优缺点，你们说对不对？”说着我拍了拍李刚的肩，我的话赢得了一片掌声，李刚也不好意思地低下了头。

资料来源：2012年教师资格证考试《中学教育知识与能力》试卷真题。

**请思考：**对个别学生的转化，你认为应从哪些方面着手？

3. 学生是发展中的人

学生是处在发展中的未成年人，这一时期，是一个人的生理、心理发展和定型的关键时期，是一个人从不成熟到基本成熟、从不定型到基本定型的成长发育时期，也是一个人生长发育特别旺盛的时期。对学生来说，他们身心各个方面都潜藏着极大的发展可能性，在他们身心发展过程中所展现出的各种特征都还处在变化之中，具有极大的可塑性。对那些暂时落后的或犯错的学生，教师不能嘲讽、挖苦、歧视他们，而要用宽容和鼓励的态度引导他们，帮助他们树立自信，实现成功。

学生是发展中的人，不是成人。学生和成人之间是存在很大差别的，学生的观察、思考、选择和体验，都和成人有明显不同。所以，我们“应当把成人看作成人，把学生看作学生”。正是由于学生处在发展之中，有很多不成熟的表现，因此需要教师给予他们必要的引导，以促进他们自由、健康、快乐地成长。

**【名人名言】**

你的教鞭下有瓦特，你的冷眼里有牛顿，你的讥笑中有爱迪生。

——陶行知

4. 学生是具有主体性的人

学生不是被动接受影响的对象，他们具有主体性，有着自己的意志、情感和尊严。教师要想让学生掌握其所教的知识，就必须给知识注入生命，充分调动学生学习的积极性和主动性，点燃学生的求知欲望，把学生当作发展的主体、学习的主人，引导他们自觉参与到教育过程中来，让学生在独立探索中收获成长，在自主发展中走向成熟。

**【资料链接】**

**陶行知强按鸡头啄食的故事**

一次，陶行知应邀到某大学演讲。他走进教室，就把一只大公鸡往讲台上一放，抓起一把米让它啄食。可是，公鸡惊慌不肯啄食。陶先生见它不吃，就强按鸡头“请”它吃，可公鸡拼命往后退，仍然不肯吃。陶先生干脆掰开公鸡的嘴使劲往里塞米，公鸡拼命挣扎，死也不肯吃。之后，陶先生松开手，后退数步。公鸡稍稍平静，徘徊一阵后，慢慢靠近米粒，继而悠闲地啄起米来。

陶先生用实际行动告诉我们，“填鸭式”教学是行不通的，每一位学生都是学习的主人，有着自己的主观能动性，教师应当充分尊重学生的主体性，以引导和鼓励为主，帮助学生成长。

资料来源：李吉川. 创新教学模式 激活学生主体参与意识［J］. 河南教育，2011（5）：64.

5. 学生是以学习为主要任务的人

学生的主要任务是学习，在学习中认识世界、改造世界，并从中获得身心的发展。学生的学习是在教师的指导下进行的规范化学习，这也是学生的学习与社会中其他群体学习的区别所在。教师的指导可以使学生少走弯路，加快学习进程，提升学习效率。

学生以学习间接经验为主。知识的学习有两种方式：一种是学习直接经验，一种是学习间接经验。学生的学习是要在尽可能短的时间内掌握大量人类已有的知识，以便认识世界并更好地去改造世界，因此，间接经验的学习就是最便捷、最高效的方式。

### （二）学生在教育过程中的地位

学生在教育过程中的地位一直是教育史上争论的重大问题，其中主要有两种对立的观点。一种是以赫尔巴特为代表的“教师中心论”，它把学生看成是可以随意涂抹的一张白纸，一个可以任意填灌的装知识的容器，教师在教育教学过程中起主宰作用和权威作用，学生处于从属地位。另一种是以杜威为代表的“学生中心论”，它重视学生学习的主动性和积极性，把学生视为教育过程的中心，“儿童变成了太阳，教育的一切措施应围绕着他们转动，儿童是中心，教育的措施便围绕着他们而组织起来”①，全部的教育教学都要从学生的兴趣、需要出发，教师只能处于辅助地位，整个教育要围绕学生进行。这两种观点各执一端，都没有准确回答学生在教育过程中的地位。现代教育理论认为，在教育过程中，学生既是教育的对象，又是学习的主体。

---

① 赵祥麟，王承绪. 杜威教育论著选［M］. 上海：华东师范大学出版社，1981：32.

1. 学生是教育的对象

从学生的特点来看，学生的身心发展还不够成熟，在教育过程中，学生主要听从教师的指导，模仿教师的言行，接受教师的教育和帮助，年龄越小的学生，对教师的模仿性就越强。因此，从这一角度讲，学生在教育过程中充当了教育的对象，是教育的客体。

从学生学习的过程来看，学生的学习是一个特殊的认识过程，在这一过程中，学生知识的获得，技能的掌握，品德的形成，都离不开教师的指导。教师在教育过程中发挥着主导性的作用，教育内容的加工、教学方法的选择都由教师完成。因此，学生只能处于教育对象的客体地位。

2. 学生是学习的主体

虽然学生是作为教育对象存在的，但是学生又是有着自己主观能动性的成长主体。外界的一切影响都必须经过学生主体主动思考、体验、吸收和转化，才能内化到学生头脑中，成为学生自己的知识经验和精神财富。离开学生这一主体的主动性，教师的教育目标就无法达成。教师的教学成效，很大程度上取决于学生这一主体学习主动性的发挥程度。在教育过程中，教师应承认学生的学习主体地位，给学生这一主体极大的尊重，充分调动学生学习的主动性和积极性，为学生搭建展示自己的舞台，引导学生去实现自己的人生价值。

**【名人名言】**

读书和学习是在别人思想和知识的帮助下，建立起自己的思想和知识。

——［俄］普希金

教育过程离不开教师的“教”和学生的“学”，我们强调学生是教育的对象，是为了突出教师在学生成长过程中的引导性作用。我们强调学生是学习的主体，是看到了学生是具有主观能动性的个体，是学习的主人，任何外界影响不经过学生的主动学习都不能被学生真正领会和掌握。因此，在教育过程中，学生既是教育的对象，又是学习的主体。

## 第二节　学生的权利与义务

学生应享有的权利和应履行的义务通过法律来体现。法律意义上的学生是指在各级各类学校及其他教育机构中登记注册并有其记录学业档案的受教育者，学生的法律地位是指学生以其权利能力和行为能力在具体法律关系中取得的一种主体资格。学生的法律地位有三种体现。

首先，学生是国家公民。《宪法》（2018 年修订）第三十三条规定：凡具有中华人民共和国国籍的人都是中华人民共和国公民。因此，具有我国国籍的学生也都是中华人民共和国的公民。

其次，学生是受教育者。作为学校这一特定环境中的一员，学生具有不同于一般国家公民的地位。《教育法》第三十六条第一款规定："受教育者在入学、升学、就业等方面依法享有平等权利。"《义务教育法》也规定："各级人民政府及其有关部门应当履行本法规定的各项职责，保障适龄儿童、少年接受义务教育的权利。"这些规定，反映了学生作为法律主体的地位和权利，可以区别于工人、农民等身份。

最后，大多数中小学生还是未成年人。18周岁以下学生的法律地位，由我国未成年人保护法所确立。《未成年人保护法》第三条规定："未成年人享有生存权、发展权、受保护权、参与权等权利，国家根据未成年人身心发展特点给予特殊、优先保护，保障未成年人的合法权益不受侵犯。未成年人享有受教育权，国家、社会、学校和家庭尊重和保障未成年人的受教育权。未成年人不分性别、民族、种族、家庭财产状况、宗教信仰等，依法平等地享有权利。"

学生的法律地位也决定了学生应享有法律所规定的权利，履行相应的义务。

## 一、学生享有的权利

学生的权利指学生依照国家法律法规拥有的一切正常权利。学生的权利是法律规定的，受到国家和法律的确认和保护。学校应保证学生在校期间享有各项合法权利，任何侵犯学生权利的做法都是违法行为。

### （一）生存权

生存权是公民最基本的权利，学生自然也享有这项权利，父母或其他监护人应该保护学生的生存权。《宪法》第四十九条规定："父母有抚养教育未成年子女的义务。"《未成年人保护法》第十条规定："父母或者其他监护人应当创造良好、和睦的家庭环境，依法履行对未成年人的监护职责和抚养义务。禁止对未成年人实施家庭暴力，禁止虐待、遗弃未成年人，禁止溺婴和其他残害婴儿的行为，不得歧视女性未成年人或者有残疾的未成年人。"

### （二）人身权

人身权是指没有直接的财产内容，与公民的人身不可分割的民事权利。学生依法享有人身权。具体来说，人身权又包含身体健康权、人格尊严权、人身自由权、隐私权、姓名权、肖像权和荣誉权等。

（1）身体健康权。身体健康权是公民依法享有的身体健康不受侵害的权利，它是学生人身权的重要内容。《教师法》第八条规定："制止有害于学生的行为或者其他侵犯学生合法权益的行为，批评和抵制有害于学生健康成长的现象。"《未成年人保护法》第二十二条规定："学校、幼儿园、托儿所应当建立安全制度，加强对未成年人的安全教育，采取措施保障未成年人的人身安全。"

（2）人格尊严权。学生的人格尊严神圣不可侵犯。《义务教育法》第二十九条规定："教师应当尊重学生的人格，不得歧视学生，不得对未成年人实施体罚、变相体罚或者其他侮辱人格尊严的行为，不得侵犯学生合法权益。"《未成年人保护法》第二十一条规定："学校、幼儿园、托儿所的教职员工应当尊重未成年人的人格尊严，不得对学生实施体罚、变相体罚或者其他侮辱人格尊严的行为。”《未成年人保护法》第五十五条规定：“公安机关、人民检察院、人民法院办理未成年人犯罪案件和涉及未成年人权益保护案件，应当照顾未成年人身心发展特点，尊重他们的人格尊严，保障他们的合法权益，并根据需要设立专门机构或者指定专人办理。”

（3）人身自由权。所谓人身自由，一般是指按照自由的意志支配自己的身体活动的自由。人身自由权利是宪法赋予公民的重要的人身权利，是公民参加国家管理和社会活动以及行使其他权利的必要条件。学生也享有人身自由权。我国《宪法》第三十七条规定：“中华人民共和国公民的人身自由不受侵犯。任何公民，非经人民检察院批准或者人民法院决定，并由公安机关执行，不受逮捕。禁止非法拘禁和以其他方法非法剥夺或者限制公民的人身自由，禁止非法搜查公民的身体。”一些学校的管理人员和教师法制观念淡薄，当学生有违法违纪行为时，不使用正确的教育手段，也不依靠司法机关，而是擅自关人，捆绑吊打，非法拘禁，私立公堂，不仅侵犯他人人身自由，甚至会导致被害人自杀等严重后果。此外，非法搜查学生身体也构成对学生人身自由权的侵害。有时班级里学生财物被偷，班主任为了搜寻被偷财物，而对学生非法进行搜查，不论教师动机如何，此种行为属违法行为。学校里应避免出现此类行为。

（4）隐私权。《未成年人保护法》第三十九条规定：“任何组织或者个人不得披露未成年人的个人隐私。”《未成年人保护法》第五十八条规定：“对未成年人犯罪案件，新闻报道、影视节目、公开出版物、网络等不得披露该未成年人的姓名、住所、照片、图像以及可能推断出该未成年人的资料。”《未成年人保护法》第六十九条规定：“侵犯未成年人隐私，构成违反治安管理行为的，由公安机关依法给予行政处罚。”

**【知识考查】**

1. 10岁的小学生琳琳因信件被妈妈陈某私自拆阅感到不悦，可妈妈说这样做是为了关心她，陈某的做法（　　）。

A. 合法，父母拥有监护未成年子女的权利

B. 合法，父母具有教育未成年子女的责任

C. 不合法，父母不得擅自拆阅子女的信件

D. 不合法，任何组织和个人不得拆阅未成年人的信件

答案：D

2. 某校在期末考试后，将学生的考试成绩排名张榜公布，该校做法（　　）

A. 体现了学校的管理权　　B. 体现了学校的教育权

C. 体现了学生的受教育权　　D. 侵犯了学生的隐私权

答案：D

（5）姓名权、肖像权与荣誉权。学生享有姓名权。姓名是每个人区别于其他人的标志，我国关于姓名权的规定主要体现在民事法律规范中。《中华人民共和国民法通则》（以下简称《民法通则》）第九十九条规定：公民享有姓名权，有权决定、使用和依照规定改变自己的姓名，禁止他人干涉、盗用、假冒。不能随意给学生起绰号、利

用学生名字的谐音开玩笑、未经同意在不当场合使用学生名字。学生也享有肖像权。《民法通则》第一百条规定："公民享有肖像权，未经本人同意，不得以营利为目的使用公民的肖像。"学生享有荣誉权。《未成年人保护法》第四十六条规定："国家依法保护未成年人的智力成果和荣誉权不受侵犯。"《民法通则》第一百二十条规定："公民的姓名权、肖像权、名誉权、荣誉权受到侵害的，有权要求停止侵害，恢复名誉，消除影响，赔礼道歉，并可以要求赔偿损失。"





**（三）受教育权**

受教育权是我国公民的一项基本权利。《宪法》第四十六条规定："中华人民共和国公民有受教育的权利和义务。"《未成年人保护法》第十三条也做出规定："父母或者其他监护人应当尊重未成年人受教育的权利，必须使适龄未成年人依法入学接受并完成义务教育，不得使接受义务教育的未成年人辍学。"《未成年人保护法》第十八条规定："学校应当尊重未成年学生受教育的权利，关心、爱护学生，对品行有缺点、学习有困难的学生，应当耐心教育、帮助，不得歧视，不得违反法律和国家规定开除未成年学生。"具体来说，学生的受教育权体现在以下方面：

（1）平等接受教育的权利。《教育法》第九条规定："中华人民共和国公民有受教育的权利和义务。公民不分民族、种族、性别、职业、财产状况、宗教信仰等，依法享有平等的受教育机会。"

（2）参加教育教学计划安排的各种活动，并使用教育教学设施、设备、图书资料的权利。

（3）按照国家有关规定获得奖学金、贷学金、助学金的权利。

（4）在学业成绩和品行上获得公正评价，完成规定的学业后获得相应的学业证书、学位证书的权利。

（5）对学校给予的处分不服向有关部门提出申诉，对学校、教师侵犯其人身权、财产权等合法权益，提出申诉或者依法提起诉讼的权利。

（6）法律、法规规定的其他权利，如受教育的选择权、上课权、考试权等。

**【案例分析】**

**出租学生为家具城装饰门面**

某城镇一所中心小学，经费比较紧张。该校领导为此十分发愁，正在想方设法搞创收，以改善办学条件、提高教师待遇之际，恰好本镇一家具城准备开业，其老板想用100名学生来装点门面。老板主动找上门来，学校与老板双方一拍即合，决定出100名五年级学生，老板给每个学生一顶帽子，付学校500元劳务费。10月10日上午8时，由两名教师带队，100名学生来到了家具城，先清理已摆好的各种家具。10点钟时，随着声声爆竹，开业庆典开始，学生们又手持鲜花欢迎前来祝贺的来宾，一直干到中午11点30分，学生才回家。尔后，500元的收入被学校平均分给了学校26名教师。

**请思考：**这一做法侵犯了学生的哪项权利？

针对特殊学生群体的受教育权，相关法律也有相关规定：

（1）针对义务教育阶段学生，《义务教育法》第四条也规定：“凡具有中华人民共和国国籍的适龄儿童、少年，不分性别、民族、种族、家庭财产状况、宗教信仰等，依法享有平等接受义务教育的权利，并履行接受义务教育的义务。”

（2）针对女童，《教育法》第三十七条也有规定：“受教育者在入学、升学、就业等方面依法享有平等权利。学校和有关行政部门应当按照国家有关规定，保障女子在入学、升学、就业、授予学位、派出留学等方面享有同男子平等的权利。”

（3）针对经济困难学生，《教育法》第三十八条规定：“国家、社会对符合入学条件、家庭经济困难的儿童、少年、青年，提供各种形式的资助。”

（4）针对残疾学生，《教育法》第三十九条规定：“国家、社会、学校及其他教育机构应当根据残疾人身心特性和需要实施教育，并为其提供帮助和便利。”《义务教育法》第十九条也规定：“普通学校应当接收具有接受普通教育能力的残疾适龄儿童、少年随班就读，并为其学习、康复提供帮助。”

**（四）财产权**

财产权是指以财产利益为内容，直接体现财产利益的民事权利。它包括物权、债权、继承权、知识产权中的财产权利（著作权）等。《民法通则》第七十五条规定：“公民的合法财产受法律保护，禁止任何组织或者个人侵占、哄抢、破坏或者非法查封、扣押、冻结、没收。”学校为了维护正常的教学秩序，通常会采取一些管理手段，如有些学校会搜查学生的物品或者暂时扣押学生的手机、游戏机等，有些学校甚至出现教师对学生罚款的情况。在一些教师看来，这是很正常的管理手段，事实上这种行为侵犯了学生的财产权。

**【案例分析】**

某小学五年级学生杨某在上语文课时，偷看课外书，被王老师发现。王老师以杨某在课堂上偷看课外书为由，将该小说收缴后放在讲台上。下课后，王老师忘记将该书带走，结果造成该书丢失。次日，当杨某向王老师要书时，王老师告知他书已丢失，但王老师说杨某上课看课外书是违纪行为，书是在被没收的状态下丢失的，因此拒绝赔偿。

**请思考：**此案例中，王老师是否该承担赔偿责任呢？

**【知识考查】**

小学生王玲的作文被老师推荐发表，所获稿酬应归（　　）。

A. 学校　　B. 推荐老师　　C. 班主任　　D. 王玲

答案：D

## 二、学生必须履行的义务

没有无权利的义务，也没有无义务的权利。学生作为法律关系的参加者，在享受法定权利的同时，也要承担相应的法定义务。学生的义务就是指学生必须依法行为或不行为的范式。学生义务是法律规定的；学生义务具有无条件性；学生义务不能放弃和转嫁；学生义务是与其身心和认知特点相适应的义务；学生不承担义务，也要受到相应的惩处。

《教育法》第四十四条明确规定学生应当履行下列义务：

（1）遵守法律、法规。这是公民必须履行的基本义务。学生作为国家公民，遵守法律、法规是一项基本要求。遵守法律、法规是《宪法》赋予每个社会公民的义务，是合格公民的基本素养。《宪法》第三十三条规定，“任何公民享有宪法和法律规定的权利，同时必须履行宪法和法律规定的义务。”学生作为公民，履行遵守法律、法规的义务是不可推卸的。这里的法律、法规是指宪法、法律、行政法规、部委规章、地方性法规和规章，当然也包括有关教育的各种法律、法规、规章，要做到“有法必依”，“违法必究”。

（2）遵守学生行为规范，尊敬师长，养成良好的思想品德和行为习惯。这是国家对学生在政治、思想、品德、学习及行为等方面的基本要求。学生行为规范特指国家教育行政管理机关制定、颁发的关于学生行为准则的统一规定，它包括《小学生日常行为规范》《中学生日常行为规范》《高等学校学生行为准则》以及《小学生守则》《中学生守则》《高等学校学生守则》等。这些规章集中体现了国家对学生不同阶段，即小学生、中学生和高等学校学生政治、思想、品德等方面的基本要求，各级各类学校的学生应当遵守相应的行为规范。

（3）努力学习，完成规定的学习任务。这是学生在校期间的主要任务。学习科学文化知识，完成规定的学业，以便使自己成为德智体等方面全面发展的社会主义事业的建设者和接班人，是学生的首要任务，也是学生区别于其他公民的一项主要义务。

（4）遵守所在学校或者其他教育机构的管理制度。这里所说的“管理制度”是指学校或其他机构的思想政治教育管理制度、教育管理制度、学籍管理制度和体育管理、卫生管理、图书仪器管理、校园及宿舍管理等方面的管理制度。学生有遵守所在学校相关管理制度的义务。

当然，权利和义务从来都应是统一的，不可分割的，学生享有权利的同时必须承担相应的义务，即“没有无义务的权利，也没有无权利的义务”。学生的权利可以放弃，义务不能放弃；有些权利本身也是义务，如学生拥有的受教育权中的上课权，同时又有完成规定学习任务的义务。

【知识考查】

初中生王某迷恋上网，有时甚至几天不回家，把学业荒废了。老师批评他，他说："我又没干违法的事，也不犯罪，谁也管不着。"对这件事认识正确的是（　　）。

A. 王某上网是个人私事，老师不应干涉

B. 网络传播许多不健康的东西，学生不能上网

C. 适龄少年儿童必须依法完成规定年限的义务教育，老师的批评是正确的

D. 受教育是王某的权利，王某可以放弃

答案：C

## 三、教师的教育策略

尊重和保障学生的合法权利，是依法执教、依法治校的重要方面，也是转变教育观念、推进教育改革与发展的重要举措。学生作为教育中重要的权利主体，其权利受侵、其义务拒不履行的现象时有发生。作为教师，应该从以学生为本的角度出发，自觉维护学生的合法权利，督促学生积极承担相应的义务。

### （一）准确把握学生的身份和法律地位，树立现代学生观

教师应该认识到学生虽然是受教育者，但是学生和教师都是国家公民，在法律面前，他们的地位是平等的，依法享有公民应该享有的一切权利。教师作为教育者，在学生成长过程中发挥着不可替代的作用，因此，教师拥有什么样的学生观就显得至关重要。在教育教学中，教师必须做到热爱学生，始终把学生作为学习的主人来看待，认识到每个学生都是处于发展之中的活生生的、有独立意识的生命体，才有可能尊重学生所拥有的权利。

### （二）自觉增强自身的法律素养，做到依法执教

教师对各项法律法规的把握程度和遵守程度很大程度上决定了学生权利能否顺利得到保障。因此，教师需要专门学习各项法律法规，尤其是教育方面的法律法规，如《教育法》《义务教育法》《中华人民共和国高等教育法》《教师法》《未成年人保护法》《中华人民共和国民办教育促进法》《预防未成年人犯罪法》等，准确把握学生的各项权利和义务，并在自己的教学过程中严格遵守法律法规，自觉维护学生的权利，督促学生履行好自己的义务，谨防教师、学校或其他机构侵犯学生权利的行为发生。

### （三）遵循学生身心发展的规律和特点，促进学生全面和谐发展

不同年龄阶段的学生有不同的身心发展特点及规律，作为教师，应当根据不同阶段学生身心发展的特点，对他们进行社会生活指导、心理健康辅导和青春期教育，全面贯彻国家的教育方针，提高教育质量，注重培养学生独立思考能力、创新能力和实践能力，促进学生在德智体美劳等方面全面发展。

### （四）增强学生的身份意识，尊重学生的人格尊严

教师在教育教学过程中要引导学生对自己的学生身份充分认同，让学生在明晰自己权利的同时，能主动承担起自己的义务，自觉遵守相关法律法规，遵守基本的学生

行为规范，尊敬师长，养成良好的思想品德和行为习惯，努力学习，做好学生的分内之事，并遵守学校的管理制度。

教师应当关心、爱护学生，不得对犯错学生实施体罚、变相体罚或者其他侮辱人格尊严的行为；不得歧视品行有缺点、学习有困难的学生，应当给予他们耐心的教育和帮助。



**（五）转变传统观念，努力构建民主、平等、和谐的师生关系**

教师应当彻底摒弃“师尊生卑”的传统观念，把学生当成主体来对待，让学生主动参与到班级管理当中来，尊重学生个体的各项权利，通过“师爱”架构起师生之间沟通的桥梁，努力构建民主、平等、和谐的师生关系。良好师生关系的构建，对学生权利的保护和义务的履行埋下了温情的伏笔。



**（六）加强与家长的沟通，共同维护学生的健康成长**

教师应当通过家访、电话、微信或 QQ 与学生父母或者其他监护人及时沟通学生的家校表现，密切配合，督促学生形成良好的学习习惯和生活习惯，保证学生的睡眠、娱乐和体育锻炼时间，让学生健康成长。

## 第三节　师生关系

学校中存在多种人际关系，如学生与学生之间的关系、教师与教师之间的关系、学校领导与教师之间的关系等，但在这诸多的人际关系中，师生关系是学校中最核心、最基本的人际关系。正如赞科夫所说，“就教育工作的效果来说，很重要的一点是要看教师和学生之间的关系如何。”大量事实表明：良好的师生关系对教师的教和学生的学都有着极大的促进作用，能使师生双方在认知上彼此认同，情感上相互愉悦，行为上目标趋同，从而营造出一种心情舒畅、气氛融洽的心理环境，有利于师生积极性的发挥与教育教学质量的提高。正所谓“亲其师，信其道也”，不亲其师，自然也就难信其道。

### 一、现有师生关系的几种模式

当前的师生关系类型主要有专制型、放任型和民主型三种（见表 7-2）。不同的师生关系有不同的表现，究其原因，是由不同的学生观导致的。

**（一）专制型的师生关系**

在专制型的师生关系中，教师过分强调自己的权威，把学生视为命令的执行者，学生在这样的关系中只能被动服从教师的领导，毫无主动性可言。

**（二）放任型的师生关系**

在放任型的师生关系中，教师只顾完成教学任务，对学生采取放任自流的态度，学生处于无序的发展之中。

**（三）民主型的师生关系**

在民主型的师生关系中，教师既尊重学生，又严格要求学生，既注意发挥自己的引导性作用，又关注学生的主体性，师生之间关系平等、和谐，是一种理想的师生关系类型。

表 7-2　我国目前存在的师生关系类型①

| 关系类型 | 师生相互态度 | 师生感情关系 | 师生在课堂合作状态 | 效果 |
|---|---|---|---|---|
| 专制型 | 教师以领导者自居，学生采取服从态度 | 师生之间感情平稳，无冲突 | 教师包揽一切活动，学生跟着教师设计的路子走，明显缺乏学习的主动性、创造性 | 从知识的掌握看，有一定的教学效果，但学生独立思考、独立解决问题的能力差 |
| 放任型 | 教师对学生没有严格要求，放松指导责任，学生对学习采取自由态度 | 课堂气氛淡漠 | 教师让学生自主学习，学生各行其是；教师能解答学生的问题，但不能给予及时的正确指导，不认真检查学习效果 | 教学效果明显下降 |
| 民主型 | 教师对学生严格要求，热情、公正、尊重学生，发扬教学民主；学生尊敬老师，接受指导，主动自觉进行学习 | 情绪热烈、和谐，课堂气氛活跃 | 师生之间呈现积极的双向的交流，学生积极思考、提出问题、各抒己见；教师认真引导 | 教学效果良好 |

## 二、良好师生关系应有的要义

良好的师生关系对教师的教和学生的学都有非常重要的意义。那么，良好的师生关系应该具备哪些特点呢？

### （一）民主平等

民主平等是民主型师生关系的基础。在现代教学中我们倡导师生双方在平等的基础上相互尊重、相互理解、相互包容。存在主义哲学家马丁·布贝尔曾经指出，师生关系在本质上就是一种人格对等的“我—你”式对话关系，这种“人格对等”是良好师生关系尤其要追求与期待的。“一切为了学生，为了学生的一切，为了一切学生”是新时代学生观的新要求。“一切为了学生”倡导的是教师的奉献精神；“为了学生的一切”倡导的是一种全面发展的学生观；“为了一切学生”倡导则是一种民主精神，以学生为本，尊重学生的人格，信任学生，对学生一视同仁，把学生作为学习的主人，教学过程要适应学生的身心发展规律，重视学生素质的提升，注重培养学生的创新意识和创新能力。师生在课堂上是一种民主对话、平等沟通的关系，教师走下讲台后，虚心向学生学习，教师不再是真理的代言人，学生可以有不同意见，可以质疑教师。师生在共同参与的教育过程中形成和谐、融洽的心理关系，营造民主平等的学习氛围，实现师生的共同成长。

### （二）尊师爱生

尊师爱生是民主型师生关系在教育过程中的具体体现。学生尊敬教师，教师热爱学生，师生之间相互尊重、相互关爱。尊师是爱生的结果，爱生是尊师的前提，没有

① 傅道春. 教育学：情境与原理［M］. 北京：教育科学出版社，1999：162-163.

尊重和爱，就没有教育。陶行知先生曾说，“爱满天下，爱生如子”，教师要尽可能地利用各种机会，主动接近学生，了解学生，做学生的贴心人和知心朋友，全身心地关爱学生，从而赢得学生对自己的尊重。学生尊敬教师，对教师的教学进行支持、鼓励，促使教师更加热爱工作、热爱学生；教师对学生的热爱，也进而促使学生更加尊敬教师，认真向教师学习。当然，教师爱护学生也不是对学生无原则的迁就，而要认真教学，对学生严格要求；学生尊师，是尊其诲人不倦、尊其学识渊博，对于教师教学中的糟粕和错误部分，则敢于提意见，或展开辩论。

### （三）教学相长

教学相长是民主型师生关系的目标。教师既是教育者，也是受教育者；学生是受教育者，也可以是教育者。一方面，教师要帮助学生获取前人留下的知识财富，促进学生道德提升与个性发展；另一方面，通过师生之间的对话和交流，教师也可以从中收获成长，实现自己的人生价值和专业发展。现代学生在某些方面完全可以超过老师，尤其是在计算机或前沿科技等方面，学生已掌握的信息量和接受能力远远超过了教师，因此，教师在这些方面应该虚心向学生求教。另外，教师在教学中要不断启发学生的积极性，善于听取学生的意见，鼓励学生在学习中不断向教师提出一些值得思考的问题，帮助自己改进教学。在这个过程中，师生双方是作为利益共同体而存在的，不但教师的学识水平和教学水平得到了提高，学生的知识和学习能力也不断得到提高。

## 三、学生观支持下的师生关系的构建策略

师生关系作为一种关系，需要师生双方共同努力才能得以构建。仅有教师努力或仅有学生努力都是远远不够的。

从教师角度来讲，教师应对良好师生关系的构建从以下方面做出努力。

### （一）教师要树立正确的学生观

有什么样的学生观，就会有什么样的教育活动，就会有什么样的师生关系。树立正确的学生观，教师可以从如下四个方面着手。第一，教师必须正确认识学生的本质属性及其在教育过程中的地位。学生是人，是独特的人，是发展中的人，是有主体性的人，是以学习为主要任务的人；学生是教育的对象，同时又是学习的主人。教师必须清楚地认识到，在现代师生关系中，师生在教学中的地位是平等的。以往教师常说自己是“三尺微命，一介书生”，但对学生却往往是居高临下，学生想向老师请教问题，老师门槛多半有“三尺”之高，很难迈过。如今，“三尺”之上的高贵和神圣已经不符合时代需求了，现代教师应该摆正心态，把学生当成学习的主角，努力为学生答好疑，解好惑。第二，教师要深入了解每位学生的内心世界，关注他们的兴趣爱好、气质秉性、知识水平、身体状况、道德品质，以便更好地与学生进行交流。第三，尊重学生，公平公正地对待每一位学生。每位学生都是独特的个体，都有自己的闪光之处，教师不能以成绩论英雄，要善于发现每个学生的闪光点，鼓励并帮助每位学生获得合适的发展。只有教师尊重学生，学生才会尊重教师。李镇西在《爱心与教育》一书中提道：“教师对学生具有了真诚的信任和尊重，学生会感到人格的尊严，又会对老师产生朋友般的信赖。”被尊重是学生内心的需要，是学生进步的内在动力。“理解是

教育的前提，尊重是教育成功的基础。”第四，宽容学生。学生是处于发展之中的个体，在发展过程中难免犯错，教师不能用粗暴的态度对待学生，而应该用宽容的态度对待犯错的学生，给他们一个改正的机会。

**【资料链接】**

**你的同桌今天哪儿去了?**

一位学生在作文里叙述了一件事：我是一位不被人关注的学生，我在班里似乎是不存在的。老师不关心我，同学也从来不理我，甚至连我分给他们的糖果都不吃，我感到很孤独、很无助……一次上课时，老师朝着我的座位走来。我想，老师一定是来关心我的，他也许会问我学习遇到困难了吗？作业会做吗？甚至是今天早上你吃饭了吗？我满心欢喜。可是，老师走到我的身边，平静地问了我一句话，差点没把我给气死——“你的同桌今天哪儿去了?”从此，我恨这位老师，也开始恨他所教的课程。——被人需要和关注是人的天性，教育者应该有意识地去关注每一位学生，爱护每一位孩子。

资料来源：林华民. 世界经典教育案例启示录［M］. 北京：农村读物出版社，2010：119.

### （二）教师要树立自己的威信

教师威信是构建和谐师生关系的必要条件。教师的威信，是指教师具有使学生感到信服的精神感召力量。教师的威信是一种强有力的教育手段，它能使人亲而近之，因此，有威信的教师往往更受学生欢迎，更能使学生信服。如果教师没有威信，那教师的教学也就无法正常开展，教师和学生之间也不可能存在真正民主、平等、和谐的师生关系。教师以身作则、言行一致、率先垂范、乐于奉献、学识渊博、举止端庄等行为举止都是在学生面前树立自己威信的有效方式，教师做到这些，自然会赢得学生的尊敬和爱戴，在学生心目中树立起真正的威信，从而顺利完成教书育人的神圣使命。

### （三）教师要提高自身素养

教师的素养是建立和谐师生关系的基础，有扎实学识和过硬教学本领的教师是学生最为佩服的教师。现代社会发展迅速，学生所面临的问题也更加复杂，这就要求教师具有更全面的综合素养。教师的综合素养具体表现为知识素养、能力素养和品德素养。教师要把课堂当成自己生长的地方，在输出知识的同不断更新自己的知识结构，提升自己的教育教学能力、锤炼自己的思想品德，不断改进教学方法、提升授课艺术，用广博的知识和高超的教学艺术赢得学生的尊敬，用高尚的师德感染学生，用创新型的教学方法引领学生，真正唤醒学生的主体意识，促进学生个性的充分发展，为良好师生关系的构建打下坚实的基础。

### （四）教师要正确处理师生矛盾和冲突

师生之间的矛盾和冲突是引起师生关系紧张的重要因素，教师处理这些矛盾和冲突的方式，很大程度上会对师生关系产生直接影响。面对师生间的矛盾冲突时：首先，教师要控制好自己的情绪，切勿将矛盾激化；其次，教师要冷静分析矛盾产生的原因，找出合适的解决办法；再次，教师要始终坚持启发、疏导、调节、控制矛盾发展的方向。最后，教师要多与学生沟通，与学生形成相互理解的良好局面。





**【案例分析】**

**老师该不该砸周同学的手机？**

2016年3月23日9点半左右，某中学高二学生周同学与另一男生在上英语课时低头玩手机，被正在上课的英语老师发现后，要求周同学站起来，并走到周同学身边，从他课桌里摸出手机直接摔向地面。不知是老师觉得不解恨还是什么原因，老师把地上的手机捡起来，连砸了3次，直到手机屏幕粉碎，后盖与机体分离。据悉，这部摔坏的手机，是周同学过年刚买的。对于该英语老师的行为，大家众说纷纭，学生认为有点过。李同学是周同学的同班同学，他说，此前，学校和老师多次强调，学生上课不能玩手机，也收缴过一些学生的手机，但收缴的手机全都放进了学校德育办的保险柜，“砸手机还是第一次”。“上课玩手机确实不应该，老师可以没收，这也是保证课堂纪律，为了大家好。”李同学说，在他看来，把学生手机砸了还是有点过头，“我们很多同学都这样认为。”

资料来源：宁雅舟. 关于师生冲突的案例分析［J］. 当代教育理论与实践，2016：(11).

**请思考：上述案例中，学生课上玩手机事实上已经造成了师生之间的矛盾和冲突，该英语老师显然采用了不当的方式来处理这一冲突，结果，冲突非但没解决，反而更激化了师生之间的矛盾。如果你是这位英语老师，你会如何缓解这场矛盾和冲突呢？**

### （五）教师要发扬教学民主

课堂教学不仅仅是知识传递的过程，也是师生之间人际交往、情感交融、思想共鸣的过程。这就要求教师在课堂教学中充分发扬教学民主，努力营造一种宽松、和谐、高效的课堂氛围，让学生从心理上感受到自由与安全……[①]在课堂教学中，教师引导学生参与到教学中来，鼓励学生大胆提出自己对教学的各项安排，对于切实可行的学生建议，应当认真听取，给予充分肯定，并全面履行。在这样一种宽松的氛围中，融洽的师生关系更容易得以构建。

### （六）教师要善于与学生沟通

教师作为学生成长的引路人，对良好师生关系的建立应当负有主要责任。在教学过程中，教师要关注学生的情感体验和人格养成，懂得和学生沟通和对话的艺术，对学生严而有格，宽严相济，多一点理解，少一些嘲讽；多一点赞许，少一些批评；多一点微笑，少一些打击；多一点幽默，少一些冷漠，相信学生会在这样的师生交往中感到温馨惬意，良好的师生关系也就因此建立起来了。

---

① 李全波. 发扬教学民主 培养创新精神［J］. 吉林教育，2011（6）：42.

**【案例分析】**

有一次，教我高中语文的陈佑国老师布置了一篇作文，题目是“我的家乡”。我在习作中写道：“……家乡门前的大海上，一条条紫菜种植网，仿佛就是一座座横跨在大海上的绿色浮桥……”这段现在看来很一般的描述，陈老师却给我打了一个“优”，还把我的作文当作范文贴在教室的学习园地里，供全班同学欣赏。从那以后，我特别喜欢陈老师，喜欢上语文课，作文水平也有了明显提高。

资料来源：林华民. 世界经典教育案例启示录［M］. 北京：农村读物出版社，2010：117.

**请思考：**案例中陈老师给“我”并不算优秀的作文打“优”的做法高明在哪里？

**【资料链接】**

**教师微笑的力量**

在我的记忆里，至今仍保留着小学时陈老师的那次微笑。时隔久远，可它仍常常不请自来，使我沉浸在一种对于生命、工作的美好体验之中。

那年我读五年级，由于家里穷，经常用表哥写剩的铅笔头。那时我真的很希望自己能拥有一支崭新的笔。一天下午，我吃过午饭就来到学校。当时同学们还没来，老师们也在午休。教师的讲桌上，放着陈老师那支镀金的钢笔，我偷偷地把它放进自己的书包里。

下午第一节语文课上，陈老师找起了她的钢笔，从不说谎的我把答案写在了脸上。放学后，老师叫我去她办公室一趟。到现在我还清楚地记得，那时我的心就像要赴刑场似的狂跳。一路上，老师的冷言冷语不断闪现在我的脑海里。我不敢想象老师会怎样惩罚我。到了她的办公室门前，我所有的感官全都紧张地张开了。门开了，露出了老师的脸，令我震惊的是，她竟是嘴角弯弯地微笑着的。一刹那间，我只觉得仿佛是阴沉的天空被捅出了一个窟窿，光芒四射的阳光瀑布般地倾泻而下，暖人心脏。我紧张害怕的心一下子松弛了下来。也许太出乎意料，那一刻定格在我脑海里，成为永恒，至今我仍可栩栩如生地把它再现出来。

谈话几乎是在老师的微笑中进行的。在她的微笑中，我认识到了自己的错误；在她的微笑中，我看到了为人师者的博大胸襟。她教育了我，但并没有使我感受到生活的寒冷。那个下午，对我而言，依然是生命中一个阳光灿烂的时分。那阳光，就是陈老师的微笑。

如今，我选择了和陈老师同样的职业。每当站在学生面前时，我总不忘微笑着面对他们。

教师的微笑是对学生懂事乖巧时的欣赏，无知犯错时的宽容，不知所措时的爱心，困难挫折时的勇气。如今的我也对微笑产生的力量折射的光芒深有体会。当我每天伴着朝阳，带着微笑，踏着铃声走进教室时，我会在快乐中教学。当我把自己的微笑带给学生，学生同样把微笑返还给我，他们会在快乐中学习。有时会发现学生上课只盯着你的脸仅仅是因为有微笑的存在。尽管在课堂我们不可能一种表情，但是微笑着走进课堂算是给学生最好的问候。有时想想，作为老师，我们不愿看到课堂上绷着脸的学生，同样，学生也不愿看到课堂上绷着脸的老师。优秀的教师课堂上常常魅力四射，赋有感染力，微笑则是点燃激情的“钥匙”。其实，严肃的面容不代表老师的严谨治学，严厉的措辞不代表老师过人的才智。相反，老师的“凶巴巴”会使学生紧张，和老师产生距离，只有微笑才能显示出老师的宽容和深厚。

老师的微笑可以和学生拉近距离，走进学生的心里；老师的微笑可以感染学生，让学生也微笑起来，使班级形成良好的氛围；老师的微笑是班级情感的源泉，教会学生健康快乐地成长；老师的微笑是温暖的双手，拂去学生心头的伤痛。

资料来源：苹果教育网。

从学生角度来讲，学生也需要对良好师生关系的构建做出努力。

（1）学生要尊敬教师。学生尊敬教师这是对学生最起码的要求。学生作为受教育者，教师是其在学校中接受教育的主渠道，教师将自己所学的知识毫无保留地教给学生，并希望学生成人成才，于情于理，学生都应该对帮助自己成长的教师表示尊敬，具体表现为：第一，尊重教师的劳动成果。上课认真听讲，课后认真完成作业，遵守课堂纪律，不迟到、不早退、不无故旷课，用自己的学习表现去回馈教师。第二，尊重教师的人格、不随意给教师起绰号，不以不恭的言行侮辱教师，见到教师主动上前打招呼。

（2）学生应主动与教师交往。增进师生关系，主动交流是前提。作为学生，主动接近教师并与教师进行交往是增进师生之情的重要途径；在学习过程中，有不懂的知识点应虚心向教师求教，做到勤学好问，不仅掌握了知识，还能增进师生之间的情感，无形中缩小了和教师之间的距离；在学习之余，也可以多关心教师，如主动帮助教师做一些力所能及的事情，遇到教师生病学生能做到主动问候，嘘寒问暖，这都是和教师主动交往的重要途径。相信在学生的积极努力之下，良好的师生关系会更快建立起来。

（3）学生要学会感恩教师。教师不仅帮助学生掌握科学文化知识和技能，还教给学生做人的道理。当学生成功之时，教师和学生一起分享成就的喜悦；当学生犯错之时，教师耐心细致地拨正学生前进的航向；在学生因取得一点成绩而骄傲之时，教师是学生的清醒剂。教师既是学生的良师，又是学生最真挚的朋友。因此，学生应对教师心怀感恩之情，感恩教师无私的付出，感恩教师对自己的帮助。

**【资料链接】**

**会答就举左手，不会答就举右手**

一位老师讲上课时，他向学生提问，发现一个学习成绩最差的学生也举手了，他就让他起来回答，结果这个学生却一个字也答不上来。他没有当即批评他，而是下课后把他请到了办公室，问他为什么不会答却还要举手时，这个学生低下头说：“老师，别人都会，如果我不举手其他同学会笑话我的。”于是他和这名学生悄悄“约定”：今后你会答就举左手，不会就举右手。此后，每当看到这名学生举起左手时，老师都尽量让他来回答；而举右手时，就不点他了。一段时间后，这个成绩最差的学生变得开朗了，学习也有了很大的进步。

资料来源：林华民. 世界经典教育案例启示录［M］. 北京：农村读物出版社，2010：116.

只有通过师生双方的共同努力，民主平等、尊师爱生、教学相长的良好师生关系才有望形成。

## 理解与反思

1. 学生身心发展有哪些规律？教师在教育教学中应该如何遵循这些规律？
2. 现代教师应该树立什么样的学生观？
3. 良好的师生关系应该具备哪些特点？应该如何构建？

## 拓展阅读


[1] 熊和平. 学生身体与教育真相［M］. 杭州：浙江大学出版社，2014.

[2] 李荣兰. 教师如何尊重学生［M］. 长春：东北师范大学出版社，2010.

[3] 李晓燕. 学生权利和义务问题研究［M］. 武汉：华中师范大学出版社，2008.

[4] 俞海燕，郑金洲. 故事中的师生关系调整［M］. 福州：福建教育出版社，2008.

[5] 王旭东. 国外师生关系研究［M］. 海口：海南出版社，2000.

[6] 贺斌. 零距离施教：名师和谐师生关系的构建艺术［M］. 重庆：西南师范大学出版社，2008.

# 第八章 课程

**■学习导航**

（1）理解课程的内涵，并掌握课程的类型，形成自己关于课程的定义。（重点）
（2）理解课程组织的四个环节。（难点）
（3）了解课程改革的影响因素和我国课程改革的基本情况。（难点）

**■思维导图**

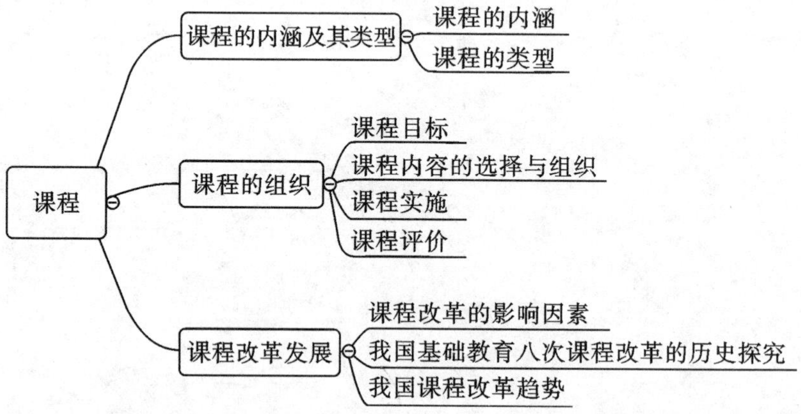

**教育瞭望**

## 什么是课程?

收到浙江省台州市东方理想学校的入学通知后，纠结了很长一段时间，管枞屹妈妈最终下定决心，把孩子送到这所刚刚“借着别人的房子”办起来、几乎不为人知的民办学校。

成绩一向优秀的管枞屹原本有许多选择，可以任意挑选台州最好的中学，即便去杭州、宁波等教育资源更丰富的地方，对他而言也并不费力。

管枞屹起初并不理解妈妈，这不是把我当小白鼠吗?就是在这样的猜疑中，他跨入了东方理想学校的大门。渐渐地，他发现这扇大门背后，是一个与自己的想象完全不同的世界。3年后，他很庆幸自己没有步入一所传统学校，整天为分数和名次挣扎，而是过上了真正意义的“学校生活”。

“这不是一所死盯成绩的学校。”在越来越多东方理想学校家长眼中，校长卢献当初向他们描述的办一所“身体比成绩重要、阅读比做题重要、能力比分数重要、成长比成功重要”的学校并不是一句空话，而是慢慢变成了现实。

比如，在东方理想学校，每天管枞屹要拿出两个小时“浪费”在运动场上，包括雷打不动的2 000米跑步、练武术与体育舞蹈；每天拿出9个半小时“浪费”在床上，包括晚上8.5小时和中午1小时的睡眠时间；每周拿出3个小时“浪费”在看电影上；每周还要拿出90分钟“浪费”在社团选修课……更让他惊喜的是，学习也并不是“天天在学校”。按照学校的课程计划，管枞屹登上了学校所在区域的最高峰“老人尖”，参加了外来务工子女教育调查；暑假期间，他还与老师、同学一起外出游学，登临武昌黄鹤楼，走进西安古城，感受“走进现场学习”的无穷魅力……看上去与学习并无多大关联，但在东方理想学校，这些内容被称为学校的“必修课”，每个人都必须参与。

在卢献看来，一个人从立足社会到走向成熟所需的素养，绝不是简单的“条块状”语文、数学、科学等学科素养，必定是指向一个完整的“人”所需要的综合素养。因此，他倡导“用课程重新定义学校”。

“最好的知识是关于方法的知识”，在东方理想学校，所有文化学科都统整到“阅读—思考—表达”这一基础课程里——衡量教学的一个重要标准就是看“阅读—思考—表达”发生了没有。在此基础上，学校提出了自己的课改策略：建立自主学习“双通道”，一是个体“阅读—思考—表达”，二是从个体学习走向合作学习。为了使改革有效推进，东方理想学校在“内容”与“方法”整合的基础上，各学科开展了基于学科素养的整合行动。

以语文学科为例，执行校长谭淑云领衔启动了“三课制”改革——教材学习课、阅读拓展课、实践活动课。比如八年级上学期说明文单元，按常规共10课时，通过“一带多”整合教学，语文组将教材内容用4课时完成；余下的6课时，其中2课时用来拓展阅读《北京园林》等课外文章，2课时让孩子们集体展示分享“说不尽的桥”，2课时结合北京游学进行游记展示。谭淑云的想法是，通过大量的阅读与思考，系统的体验与表达，全面提高学生的语文素养。

资料来源：黄浩. 用课程打造“东方理想园”[N]. 中国教师报，2016-11-16 (6).

# 第一节　课程的内涵及其类型

## 一、课程的内涵

“课程”是教育的“心脏”，有什么样的“课程”就有什么样的教育活动，就有什么样的学生发展。

“课程”概念的界定是我们研究课程的首要问题，但是，要为“课程”下一个精确的定义却是一件非常困难的事情。人们在不同场合、不同语境下，以不同方式使用着这一概念，正如圣·奥古斯丁所言：“时间是什么？如无人问我则我知道，如果我欲对发问者说明则我不知道。”个体在使用这一概念的时候，可能都是无意识或在文化惯性之下赋予课程一定的含义，而未真正厘清、思考自己言辞中的“课程”含义。美国学者斯考特曾说，“课程”是一个使用的最为普遍，但是定义最差的教育术语。虽然，课程论早已是教育理论中公认的重要学科，但目前为止，课程概念却至今没有达成能够得到人们公认的结果，甚至也没有形成若干便于人们使用和沟通的工具性定义。但尚未形成一个普遍公认的课程定义，并不影响课程研究的推进，实际上对各种课程定义的使用方式及其含义的辨析，正是我们逐步深化课程研究的一条重要途径。

### （一）课程词义的历史溯源

据考证，“课程”一词最早出现在我国唐宋时代。唐代孔颖达在《五经正义》里为《诗经·小雅·小弁》中的“奕奕寝庙，君子作之”做注释时曾使用“课程”一词，他写道：“维护课程，必君子监之，乃依法制。”但这里的“课程”与今天所用之义相差甚远。宋代朱熹在《朱子全书·论学》里，多次使用“课程”一词，如“宽着期限，紧着课程”“小立课程，大做功夫”。虽然朱熹并未对“课程”一词做出明确界定，但其含义还是较为清晰的，即指功课及其进程安排。这里的“功课”作为学生的学习内容涵盖范围非常广泛，既包括礼、乐、射、御、书、数等六艺，又包括孝、悌、忠、信等伦理道德，还包括洒扫、应对、进退之节，正心、诚意及修己治人之道。该含义与我们现在研究的课程概念有相似之处，但这里是指学习内容的安排次序和相关规定，较少涉及教授方法上的要求和规范，因此它只能称得上“学程”。到了近代，班级授课制开始广泛实行，加之赫尔巴特学派“五段教学法”的引入，人们开始关注教学的程序和设计，于是课程的含义便从“学程”变成了“教程”。中华人民共和国成立以后，由于受苏联凯洛夫教育学的影响，到20世纪80年代中期以前，“课程”一词在我国还很少出现，且常与教学计划、教学内容同等看待。

英国哲学家、教育家斯宾塞（H. Spencer）在1859年发表了一篇著名的文章《什么知识最有价值》（*What Knowledge is of Most Worth*）中提出了“课程”（curriculum）一词，意指“教学内容的系统组织”。从英语词源分析，“课程”（curriculum）一词来源于拉丁文词根“currere”，意思是指“跑道”（racecourse），由此理解，课程就是为学生设计的“跑道”，是一种传统的静态课程体系。后来，人们认识到这种课程含义的局限性，从而提出更加偏向动态的“奔跑”，如此，课程的着眼点就会根据每个人认识和学习的独特性以及经验的动态建构性，呈现出不同样态的课程理论和实践。伴随着现代教育的深入推进，“课程”逐步成为一个独立的研究领域，人们对于课程的认识和理解也在不断深化和发展。

### （二）课程含义的多样性及其把握

对“课程”一词，不同的历史阶段、不同的民族文化、不同的社会背景中的人们根据自我经验及其对于社会、知识、教育等的理解，形成了多种多样的“课程”观点。美国学者鲁尔于 1973 在其博士论文《课程含义的哲学探讨》统计，当时的课程定义至少已有 119 种①。时至今日，课程的定义可能更是多样，而这些还尚未包括没有清晰呈现给他人或没有以学术发表等方式表述出来的实然状态的不同个体持有的“课程”观。在众多的课程定义中，以下六个观点较具代表性。

1. 课程即学问和学科

把课程理解为学问（discipline）和学科（subject）是最早出现的，且是流行甚广的一种观点。我国古代的“六艺”（礼、乐、射、御、书、数）、“五经”（诗、书、礼、乐、春秋），以及“四书”（《论语》《孟子》《大学》《中庸》）等都是典型的学问性分科课程。欧洲中世纪初的“七艺”（文法、修辞、辩证法、算术、几何、天文、音乐等科目）被公认为是西方现代学校课程体系形成的基础。美国哥伦比亚大学名誉教授费尼克斯（P. H. Phenix）在《课程面临的抉择》一文中明确指出，“我的主题，说的简洁些，一切的课程内容应当从学问中引申出来。或者换言之，唯有学问中所包含的知识才是课程的适当内容……未被学问化的知识，无论对于教授还是学习，都是不适宜的。……一切的教授应当是以学问为中心的”②。

把课程等同于“学问和学科”，基本上代表了我国学术界的权威观点。

但是，如果“课程”研究只关注学问和科目容易造成学生学习范围狭窄，不利于学生的心智发展、情感陶冶、创造性表现等，很难保证学生形成全面成长所需的各种素养。实际上，当前很多学校为学生提供的学习远远超出了正式列入课程的学科范围。我国最近一次课程改革把综合实践课列入课程，说明把课程等同于学科是不完全的。

2. 课程即学习经验

20 世纪 30 年代以后，把课程视为“学生在学校所获得的全部经验”这一观点受到人们的广泛重视，对课程理论与实践产生了较为深远的影响。它不再立足教师教授的角度定义课程，而是从学生学习的角度确定课程内涵。美国教育家杜威的实用主义经验论是其渊源。20 世纪初，杜威反对“课程是活动或预先决定的目的”这类观点，强调课程应与儿童生活相沟通，应把教材引入儿童生活，让儿童直接去体验。到了 20 世纪 30 年代，在经验主义哲学、完形心理学和进步主义教育运动的冲击下，人们更加关注学生的兴趣、需要和个性发展。



① 乔治·A. 比彻姆. 课程理论［M］. 黄明皖，译. 北京：人民教育出版社，1989：169.

② 钟启泉. 现代课程论［M］. 上海：上海教育出版社，1989：115.

**【名人名言】**

学校科目相互联系的真正中心，不是科学，不是文学，不是历史，不是地理，而是儿童本身的社会活动。

——［美］杜威

这种课程观把学生视为具有很大独特性和潜力的受教育者，因此学生的经验是最重要的。学生的学习取决于他自己做了什么，而不是教师做了什么。也就是说，只有学生获得的经验才是课程。当前，西方一些人本主义课程论者都趋向于这一观点，把课程从学科、教材转向学生。

这一课程定义实现了视角转换，从教师、教材、学科等转向到了学生、经验等，试图把握学生实际学到些什么——因为经验是学生在从事的学习活动中经过体验和反思而获得的意义。此时，教师的工作主要是为学生提供获得经验的环境，在同样的环境中，每个学生获得的经验都是不同的。

从理论上讲，这一课程观似乎很有吸引力，但在实践中却很难落实。首先，把课程定义为学生的经验，经验的范围过于广泛且容易引起歧义。学生获得的经验哪些应该由学校提供，哪些可以校外获得，哪些应该是有计划的，哪些可以是散乱无计划的，这些都无从界定。其次，每个人的学习经验不同，经验只有学生才能知晓和把握，教师提供了环境，学生是否获得经验，难以有效监测。最后，在班级授课制背景下可能面临为班级学生提供统一经验和个体性经验的巨大矛盾。

3. 课程即文化再生产

鲍尔斯和金蒂斯被认为是这一主张的重要代表人物。他们认为任何文化中的课程，事实上都是该种社会文化的反映，学校教育的职责就是要再生产对下一代有用的知识和价值，课程就是从某种社会文化中选择出来对下一代有用的知识、技能等。该观点具有一定的现实意义，从教育的文化功能来看，传承文化是教育活动的重要功能，促使社会实现文化在新生代身上的再生，也是教育目的保守功能的重要体现。但是，课程如果不加批判地再生产社会文化，可能就会导致不合理的社会文化因素或现存偏见永久化，无法培养具有批判和改造社会文化能力，推动社会变革、发展、进步的社会新人，社会发展可能就会停滞不前。

4. 课程即社会改造的过程

教育系统具有一定的稳定性，有学者认为，课程是一个“懒惰的巨人”，它总是落后于社会上汹涌的变革流。一些激进的教育家认为，课程不是要使学生适应或顺从于社会文化，而是要帮助学生摆脱社会制度的束缚，课程应该有助于学生在社会方面得到发展，帮助学生学会制定社会规划，培养学生的批判意识和能力，从而对“学校敢于建立一种新的社会秩序吗”的命题做出积极回应，通过学生批判、改革社会的意识和能力的培养，推动社会的变革和不断进步。

巴西的弗雷尔（P. Freire）是这一观点的典型代表，他批评资本主义社会的学校课程已经成了一种维护社会现状的工具，使人民大众甘心处于从属地位，或归咎于天性无能，所以，他主张课程应该使学生摆脱盲目依从的状态，即要使学生在规划和实施课程的过程中起主要作用。

这一观点过分夸大了学校和教育的作用。任何国家的课程都是一个国家在主流价值观的指导之下，对现存知识总体进行筛选的。学校课程无法突破国家主流价值导向，实现社会秩序的巨大变革，学校也未在政治上强大到足以促使社会发生重大革命的程度，通过教育实现社会秩序的重建似乎也有些天真。但是，该观点强调对于学生批判和改造社会意识和能力的培养对课程设计和实施也具有较大积极价值。

需要指出的是，进入20世纪70年代以后，课程内涵呈现出一些新的变化和发展趋势。例如，从强调学科内容及其对于师生的控制到强调受教育者的经验和体验，再到强调课程的会话本质；从强调目标、计划的预设性到强调过程本身的价值；从强调教材这一单要素到强调教师、学生、教材、环境四要素的整合；从只强调显性课程到强调显性课程与隐性课程并重；从强调"实际课程"到强调"实际课程"与"空无课程"并重；从只强调学校课程到强调学校课程与校外课程的整合。

面对众多课程定义，我们就会发现每一种课程定义或多或少都有某些积极特征，但是也有明显不足之处。那么，如何把握课程定义的多样性呢？

首先，我们要理解课程定义多样性的原因。盲人摸象的故事中，众多盲人从不同角度去触摸大象，从而给出大象形象的不同表述。课程定义之所以复杂多样，原因主要有两个：一是课程自身的复杂性所致。课程虽是隶属教育系统的概念范畴，但课程面对着学生、知识、社会三个核心要素，三个要素之间关系又相互错综复杂，使其犹如盲人所摸的"大象"，充满复杂性。二是课程研究者的出发点和角度不同。不同时代、社会、文化背景之下，人们所持哲学观、知识观、学生观等不同，对于课程总会给出不同的理解。

其次，我们要合理把握课程定义的多样性。

一是我们要注意到课程定义的历史性。不同历史时代，人们赋予课程的内涵不同。如在中华人民共和国成立初期，为扫除文盲、半文盲，提高人们知识和文化素质，我国把课程定义为教学科目。随着时代的发展，我们通过课程所希望达成的学生素养标准已经发生重大变化，那么课程定义变化也在情理之中。

二是我们应注意课程定义背后的知识观。传统观点认为知识是静态的，具有放之四海而皆准的普适性和统一性，人们在任何时间和地方都不可能以任何方式改变它。动态知识观则认为知识是个人主动建构的东西，具有变化性、个体性、生成性。两种不同的知识观之下，就会产生不同的课程定义。持有不同的课程定义可能就会形成不同的知识观指导下的课程实践。

三是课程的层次不同。美国学者古德莱德（J. I. Goodlad）认为，基于课程的不同意义和不同层次，存在以下五种不同类型的课程。第一种是理想的课程，是一些研究机构、学术团体和课程专家基于自己的思考和研究，提出的学校应该开设的课程。但是专家的观点只有被国家认可，才能转化为第二种课程形态。第二种是正式的课程，即由教育行政部门规定的课程计划、课程标准和教材，也就是列入学校课程表中的课程。第三种是领悟的课程，是指任课教师所领会、理解的课程。每个人对同一文本的理解可能都会不尽相同，教师对于课程的理解与理想、正式课程存在一定差异。第四种课程是运作的课程，即教师在课堂上实际实施的课程。第五种是经验的课程，指学生实际体验到的东西[①]。每个人对于课程概念的界定和使用可能会在层次上有所区别。

四是教育工作者应注重课程定义所要面对的问题。每一个课程定义都有一定的时代指向，也都是为了解决一定的问题而出现的。对于教育工作者，重要的不是选择这种或那种课程定义，而是在众多的课程定义中，明辨各种课程定义所要解决的问题以及由此而带来的新的问题，以便能够根据自身课程实践的要求，做出明智的课程决策。

## 二、课程的类型

课程类型是指课程的组织方式或设计课程的种类。因课程观不同，学校的实际情况不同，课程工作者设计的课程类型也会有所差异。根据不同标准，我们可把课程分成不同类型。

### （一）根据课程的组织方式分类

中国台湾学者林本在总结他人分类的基础上，将现代学校课程分六类。

（1）科目本位课程，又可称为分科课程。这类课程以学科为中心而设计，分科课程是从有关科学中选取一定的材料，组成不同学科，分科进行教学。分科课程是一种单学科的课程组织模式，它强调不同学科门类之间的相对独立性，强调一门学科的逻辑体系的完整性。各教学科目分化孤立；知识之间界限清晰、明确，如六艺、七艺课程等。

分科课程有助于突出教学的逻辑性和系统性，有助于体现教学的专业性、学术性和结构性，易于学生分门别类地学习不同知识，效率较高，也有助于教学的组织与评价。但它较少考虑学科之间的相互联系，把每一门学科看成与其他学科互不关联的实体，不利于学生形成整体的知识视野，且容易导致轻视学生的需要、轻视经验和生活，忽略当代社会生活的现实需要，不利于培养学生多维思维能力和综合实践能力。

（2）相关课程，又称关联课程。为增强各教学科目之间的联系，克服学科本位课程的不足而把两门或以上的学科课程在教学中加强相互联系，但是并未形成新的学科。这种课程改变分科课程的分割状况，加强科际间的联系，同时又较容易纳入现有体系中，教师相对愿意接受，实施起来也较为容易。

**【资料链接】**

**卢湾中学的“无边界教学”**

“一线校长和教师，太需要跨出自己的学校和教室，跨出自己的定式思维和学科。”一位参会代表发出感叹。当天，这场由中国教师报主办，上海市黄浦区教育学院、上海市黄浦区教育学会承办的2016全国中小学深化课程改革研讨会暨“突破边界”黄浦现场会，吸引了来自全国20个省份的600余名代表前来参会。

跨界为丰富课程育人而“突破”

气温越高，气压越低还是越高？早晨太阳距离地球近，还是中午距离地球近？……

① 钟启泉. 国外课程改革透视［M］. 西安：陕西人民教育出版社，1993：22-23.

这些看似简单的问题，一旦突破学科边界，便能生发出更多的意义。于是，物理教师找到地理教师，共同研讨气温与气压的问题；语文教师与地理教师合作，用地理知识解读《两小儿辩日》的“难题”……在卢湾中学，学科跨界的校本研修课已经成为常态，学校尝试的“串门式教学”允许教师走进其他学科教师的课堂讲课，多位教师同上一节课。

当天在会议现场，卢湾中学教师带来的展示课上，几位不同学科教师相互配合，适时现身引领；学生或合作研讨，或动手演练；信息技术的有效融合，既可以辅助呈现学习内容，又可以实时展示学习成果。不管是音乐与数学的奇妙“相遇”，还是语文、历史、化学“复杂”的整合“问鼎”，都在挑战我们的传统思维，“突破”课堂的边界。

资料来源：http://www.sohu.com/a/119636581_372546.

（3）融合课程，或称合科课程，更强调各学科间的联系，把部分学科统合兼并于范围较广的新科目中。它不同于相关课程之处就是将同一领域的或不同领域的某些学科加以合并，编制成为新的学科。例如，把物理学和地理学的某些领域合并成地球科学课程。

（4）广域课程。广域课程与融合课程相比，只是在综合的范围上的差别。广域课程比融合课程更为宽泛，往往包含某一完整的知识分支或知识领域，如综合理科、综合社会科学等，但是学科组合并非简单的知识拼凑，而是把各个学科实现有机整合。美国的“跨学科入门化学”（IAC）由引论、有机化学、物理化学、环境化学、核化学等单元组成，旨在促使学生理解物理、化学、生物学、核科学、环境科学、地学等之间的密切关系。

（5）核心课程。核心课程以重大社会问题为中心，组织教学内容的综合课程。它是在广域课程的基础上，为使教育内容充分发挥其统一性，把比较价值上最为重要的领域作为中心，其他领域则为周边与中心发生联系，在社会改造主义教育观指导下而形成的以社会中重大问题为核心的课程。如香港中学曾经开设的“国事课程”。

（6）经验本位课程。经验本位课程比广域课程及核心课程更进一步，而特别重视学生的直接经验，由学生自由地选择并组织知识与经验，来解决其日常生活的问题。经验本位课程是以儿童的主体性活动的经验为中心组织的课程，也叫生活课程、活动课程、儿童中心课程，它源于杜威的进步主义教育思想。

从目的而言，学科课程更加注重种族间接经验的传递，而活动课程更加强调个体直接经验的获得；在编排方式上，学科课程更强调知识的系统性，而活动课程更强调活动的系统性；从教学方式中的师生地位而言，学科课程往往以教师为主导，而活动课程更加强调学生自主获得经验；从课程评价来看，学科课程更加注重课程结束之后的终结性评价，而活动课程更加注重活动过程的评价。

经验本位课程的显著优点是贴近生活，打破学科界限，容易激发学生的学习兴趣，形成较为完整的知识图景，具有较强的实践应用性。其缺点为不利于系统知识的学习。学生在实际活动中获得的知识可能是较为散乱的，而且课程质量和实施成效往往受到学生学习状态的影响，从而出现较大差异性，难以形成国民统一的素养规格。

以上六种课程形态，越往后面课程的综合性越强，越偏重于综合课程的类型。综合课程与分科课程相对应，它是一种双学科或多学科的课程组织模式，它强调学科之间的内在联系，强调不同学科的相互整合。例如，我国新一轮基础教育课程改革在义务教育阶段设置了品德与生活（1~2 年级）、品德与社会（3~6 年级）、科学（3~6 年级）、历史与社会（7~9 年级）、科学（7~9 年级）、艺术（1~9 年级）和体育与健康（7~9 年级）等综合课程。我国新一轮基础教育课程改革在课程结构方面的要求如下：小学阶段以综合课程为主；初中阶段设置分科与综合相结合的课程；高中以分科课程为主。

综合以上六种课程形态，从效率和效益的角度分析，分科课程易于编订、便于教学且易于考查，是高效率的课程类型，但因破坏知识的整体图景、脱离社会生活和学生的兴趣、心理发展，呈现出较低效益；而其他的课程类型因其可以克服知识割裂的局限性，所以呈现高效益特征，但是核心课程和经验课程难以编写，师资不足，实施有难度，评价不易，呈现出低效率。然而，知识取向的综合课程（相关课程、融合课程、广域课程）则兼备分科课程的高效率和综合课程的高效益，但实施仍然有一定难度。

**（二）根据课程哲学观分类**

课程主要面对三个核心要素，学生、知识和社会。对于这三个因素的哲学理解和位置把握就形成了相应的课程哲学观。根据课程哲学观的不同，可以把课程分成学生中心课程、学科中心课程和社会中心课程。其中，学生中心课程更加强调课程满足学生需要、兴趣；学科中心课程认为课程主要是传承知识的载体，实现人类文化的代际传递是课程的主要功能，那么课程就应该以学科知识为中心进行组织和实施；社会中心课程强调课程服务社会的价值，强调培养适应或改造社会的人。

**（三）根据课程的呈现或表现形式分类**

根据这一标准可把课程分成显性课程和隐性课程。显性课程又被称为正式课程。隐性课程又可被称为潜在课程、潜课程、隐蔽课程。显性课程是指一个教育系统内或教育机构中用正式文件颁布而提供给学生学习，通过考核可获取特定教育学历或资格证书的课程，表现为课程方案中明确列出和有专门要求的课程。隐性课程是指以间接方式呈现的课程，是显性课程以外学生所获得的所有学校教育的经验，不作为获得学历或证书的必备条件。

隐性课程最早可溯源于杜威提出的附带学习。19 世纪 20~30 年代，杜威认为学生学习的不只是显性的正规课程，学生从显性课程中学到的知识或经验，只是学习的一部分，并不是全部。而且还存在着有关于情意方面的学习，即“附带学习”。他曾说“也许当今教学上最大的失败是：仅在特定时间教给学生特定的东西。附带学习（指态度、喜好）可能比学校中有关阅读、地理、历史的学习更重要，因为这些态度是面对未来生活最根本的”。隐性课程一词最初是由杰克逊（P. Jackson）使用。杰克逊在他的《教室中的生活》（1968）中首先使用了隐性课程一词。他分析了教室中的团体生活、报偿体系和权威结构等特征，认为这些不明显的学校特征形成了独特的学校气氛，从而构成了隐性课程。隐性课程也就是由规则、法规和常规构成，对学生的社会化发生着不可避免的影响。杰克逊的研究主要揭示学校是如何隐性地传递和强化各种态度和行为的。

学校和教师更加容易关注显性课程，但实际上隐性课程在教育实践中随处可见。隐性课程可分为观念性隐性课程、物质性隐性课程、制度性隐性课程和心理性隐性课程。观念性隐性课程主要有校风、班风、教育理念、价值观、知识观等。物质性隐性课程主要包括学校建筑、教室设置、校园环境等。制度性隐性课程包括管理体制、学校组织机构、班级管理方式等。心理性隐性课程包括人际关系状况、师生特有心态和行为方式等。

隐性课程与显性课程的主要区别如下：从影响方式和机制上，显性课程是直接的、外显的、明确的方式，引发的是学生有意识的心理反应；隐性课程是间接的、隐性的、不明确的方式，主要是通过引发学生无意识的心理反应而发生作用。从内容上而言，显性课程一般是经过预先设计，精心组织和编排，系统性和逻辑性较强，隐性课程则设计性稍差或者课程实施者没有意识到，更难以有效、精心设计和编排。

隐性课程和显性课程也有相互联系，主要表现为两者总是相伴相随，相互转化。首先，显性课程的实施总是伴随着隐性课程的存在，隐性课程有时会对显性课程的运作产生正向的积极促进作用，有时又会起到消极阻碍作用。为发挥隐性课程的促进作用，教师需要有意识地对隐性课程进行编排、设计和建设。其次，隐性课程与显性课程可能会相互转化。如显性课程有时如果能够转化为隐性课程，可能就能起到教育“润物细无声”的功效。

**【知识考查】**

墙上所贴的课程表属于（　　）课程。

A. 隐性课程　　B. 国家课程　　C. 显性课程　　D. 合作课程

答案：A

**（四）根据权利主体不同分类**

根据课程的权利主体所享有的权利和承担的职责可把课程分为国家课程、地方课程、校本课程。

国家课程是由国家规定的课程，它集中体现一个国家的意志，是国家根据人才质量培养的目标而设置的，具有统一性和规范性的特点。国家课程一般是依靠自上而下的推行方式，由教育行政部门委托、组织课程专家编订。因其统一性和规范性特点容易形成国家统一的国民素质规格，如当前我国中小学语文、历史、道德与法治三个学科教材实行统一的国家部编教材，就是典型的国家课程。国家课程因其统一性可能会出现不能很好适应每一个地方实际情况的现象。

我国 1999 年提出试行国家课程、地方课程、学校课程（校本课程），并在 2001 年《基础教育课程改革纲要（试行）》中明确提出试行三级课程、三级管理，为地方课程和校本课程的开发和发展提供了政策支持。

地方课程和校本课程就是地方和学校根据自身实际情况而在国家课程的基础上编排、设计的具有地方和学校特色的课程。地方课程是在国家规定的各个教育阶段的课程计划内，由省一级教育行政部门或其授权的教育部门依据当地的政治、经济、文化、民族等发展需要而开发的课程。如重庆曾启动普通高中课程改革，在普高引入一门全新课程——“通用技术”，课程教学内容包括修马桶、做凳子、换灯泡等生活常用技术，并且是会考科目，任何学生都不得免考。校本课程是以学校为课程编制主体，自主开发和实施的一种课程形态，是在具体实施上述两类课程的前提下，通过对本校学生的需求进行科学评估，充分利用当地社区和学校的课程资源而开发的多样性的、可供学生选择的课程。当前很多学校都开发出了如魔术揭秘、戏评易中天等不同类型、不同内容的校本课程。





**【知识考查】**

（　　）具有较强统一性和规范性特征。

A. 校本课程　　B. 地方课程　　C. 国家课程　　D. 选修课程

答案：C

## 第二节　课程的组织

课程的开发与组织是课程领域的基本问题之一。对于课程开发与组织影响最大的当属美国教育学家拉尔夫·泰勒，他在其著作《课程与教学的基本原理》（1949）提出了课程开发的经典模式——目标模式，这一模式对后世课程开发、设计产生了极为重要的深远影响，拉尔夫·泰勒因此被称为现代课程理论之父，他提出的目标模式又被称为泰勒模式。

目标模式（the objectives model）是以目标为课程开发的基础和核心，围绕课程目标的确定及其实现、评价而进行课程开发的模式，其课程设计主要围绕着四个问题展开：一是学校应该达到哪些教育目标？二是提供哪些教育经验才能实现这些目标？三是怎样才能有效组织这些教育经验？四是我们怎样才能确定这些目标正在得到实现？四个问题可以简化为课程目标制定、课程内容选择、课程内容组织和课程评价。这些都是课程的重要组成要素。泰勒的目标模式已经涵盖课程组织工作中绝大多数的核心和关键组成环节。

课程组织就是在特定教育价值观的指导下，将所选出的各种课程要素组织成课程结构，使各种课程要素在动态运行的课程结构系统中合理产生，以有效地实现课程目标。课程组织涉及课程目标、课程内容、课程实施以及课程评价等相关工作，复杂而又非常关键，直接关系到课程改革与实施的成效。

### 一、课程目标

课程目标是课程本身要实现的具体目标和意图。课程是教育活动的关键环节，从某种意义上来说，所有的教育目的都要以课程为中介才能得以实现。课程目标可以说是对某一个教育阶段的学生在课程学习之后，德、智、体、美、劳等方面期望实现程度的规定。课程目标是指导整个课程编制过程中最为关键的准则。

**（一）课程目标的特征**

（1）整体性。各级各类课程目标都是相互关联，而非彼此孤立。

（2）阶段性。课程目标是一个涵盖多层次和全方位课程范围的系统，如小学课程目标、初中课程目标等。

（3）持续性。高年级的课程目标往往是低年级课程目标的延续和深化。

（4）层次性。课程目标可逐步分解成总目标及其从属目标。

（5）递进性。低年级课程目标是高年级课程目标的基础。

（6）时间性。课程目标会随着时间推移和时代变迁而进行相应调整和变革。

**（二）课程目标的取向**

课程目标总是在一定价值观基础上形成的目标和意图，总会通过一定的形式表现出来，使课程目标总会具有不同的价值和形式取向。

课程目标的价值取向主要体现为课程目标在知识、学生和社会三个核心要素的重要性及其位置确定方面。知识本位的课程目标认为课程应该反映学科（人类文化遗产中的最具学术性的文化知识）价值，作为课程重要因素。学生本位课程目标重视课程对促进个体成长的价值——情感、认知、行动的整合，选择此类课程要素作为课程核心。社会本位课程目标认为课程对社会发展的促进更为重要，围绕当代重大的社会问题来认识课程，帮助学生学会如何参与制定社会规划。

课程目标形式取向主要表现为课程目标的性质选择及表述方式体现。主要有以下几种类型：

1. 行为目标

美国博比特（F. Bobbitt）1918 年出版了《课程论》一书，标志着课程成为一个独立的领域。他在书中提出了课程科学化的问题。他认为科学的时代要求精确性和具体性，课程目标必须具体化、标准化。在他所提出的课程编制的五个步骤中，有四个步骤是关于如何确定目标的。在他 1924 年的著作《怎样编制课程》一书中，他曾经具体列举了 10 个领域中的 800 多个目标。这与当时美国流行的刺激-反应学习理论形成呼应。在刺激-反应心理学学习观点下，人们认为学习是通过一系列细小的步骤，按照一定的顺序逐步达成目标的，细小的步骤首先达成小的目标，一个又一个小的目标最终就形成了个人发展的大的目标。人类区别于动物的高明之处就在于人类可以形成非常多的刺激-反应联结，一个受过教育的成年人可以达到数百万个联结。桑代克当时也曾经为小学算术列举出 3 000 个目标，这在当时被看作一种时髦之举。

课程目标的长处在于具体性和可操作性，行为课程目标一旦确定，就为师生课程实施提供了极其明确的、具有很强可操作性的行为指南，而且在课程评价过程中，师生也容易以外在行为是否发生以及达成预定行为的程度来对照课程目标。但是，这种课程目标的缺陷也非常明显。它强调可以明确识别的行为目标要素，就很容易把那些难以测评，很难被转化为行为的内容排斥在课程领域之外，如人情感意志领域中的许多高级心理素质（价值观、态度、审美情趣等）是很难用外显的、可观察的行为来具体化的。行为目标认为一个人的素质发展目标可以逐次进行分解，一个又一个小的目标达成之后就可以实现大的目标，这样把人的个体行为进行了分解，分解成了零零散散的独立部分，最终导致只见树木，不见森林，不利于通过各种教学科目整体性地陶冶学生的个性。行为目标是在课程制定和实施之前预先设定的，这种预设性的课程目标，控制了课程的所有环节，能够确保课程的方向性，但是容易限制课程开发和实施过程中的创造性，师生无法根据实践需要灵活性地添设新的目标，以及增加事先并未关注，但是实践中确实发生而对于学生成长来说意义重大的课程内容。不仅如此，预设性的课程目标如果最初制定得并不科学，可能就会导致课程的整体失败。

2. 生成性课程目标

施良方把其译为展开性目标。生成性课程目标是在教育情境中随着教育过程的展开而自然生成的课程目标。它更加注重学生的经验和能力，强调培养受教育者的完整人格和自主能力。生成性课程目标来源于杜威的教育思想。杜威认为目标是不能外在于教育经验而预设的，在他看来，教育是儿童经验的不断改造，是儿童的生活和生长，生活、生长以及经验的改造本身即构成了教育的目的。

生成性目标取向听起来非常好，但人们批评它过于理想化了，它需要教师能与学生进行有意义的对话，要求教师不仅要熟悉各门学科体系和学生身心发展的特征，而且要有很强的研究和观察能力，工作量大；不适合像语法、代数、物理学等学科。

**【资料链接】**

**《松鼠》的结尾是不是不和谐的音符？**

讲授法国作家布丰的《松鼠》时，在指导学生反复朗读课文的基础上，我让他们提出自己的疑难问题或是自己感兴趣的问题。“老师，我认为文章最后一个自然段的最后两句话，是这篇文章中的一个不和谐的音符。”

我笑着问：“为什么你会得出这样的结论呢？”

“我没有亲眼见过松鼠，读了这篇文章，了解到松鼠原来是个漂亮、驯良、乖巧的小动物，我感觉自己很喜欢它。可是，文章最后却说‘松鼠也是一种有用的小动物。它们的肉可以吃，尾毛可以制成画笔，皮可以制成皮衣。’我在读到此处时，感到很别扭。如果我们真心喜欢一个小动物，比如说小狗，我们在夸奖它一番后，会告诉别人它的肉可以吃，皮可以制成皮袄吗？”

……

我进一步鼓励道：“你敢于向课本挑战，很了不起。同学们，你们当中有没有人同意这位同学的观点，认为这是不和谐的音符呢？”

学生1：本单元的单元主题中有这样几句话：“你一定很喜欢动物吧？动物和人类一样，是地球这个大家庭的成员……了解这些动物的外形、特点习性，将唤起我们对动物世界生存状态的关注，激发我们关爱动物、保护动物的热情。”我认为课文的结尾与本单元的主题是不吻合的。

学生2：布丰生于1707年，死于1788年。可能在18世纪人们还没有环保的意识。今天我们读这篇文章的时候，我们读到松鼠的肉可以吃，感觉别扭，可能是我们在感情上已经把松鼠当作了我们的朋友。

学生3:《松鼠》是本单元的第一课,《松树金龟子》是本单元的第二课。在单元预习课上，我曾经比较着阅读两篇文章的结尾，坦率地说，我更喜欢后一篇文章的结尾:“……松树金龟子的危害，照我看来，成不了灾……如果我是松树林主人的话，我对它造成的小损失不会太放在心上。茂密的松林被吃掉些树叶，损失点松针，算不得重大事件。别去打扰它吧！它是暑天暮色的点缀，是夏至那天镶在天幕上的漂亮首饰。”

这位学生读得很动情，读完后，教室里爆发出一阵热烈的掌声。

突然，一个学生把手高高举起。

学生4:我不同意以上几位同学的观点。今天刚开始上课的时候，老师就告诉我们，这篇课文是一篇科学小品。我想科学小品属于说明文，说明文是给人以知识的。这样结尾，既照应开头的“很讨人喜欢”，又点出松鼠的用途，加深人们对可爱的小松鼠的了解，首尾呼应，结构严密，介绍完整。

学生5:我想，有些同学认为这篇课文的结尾是不和谐的音符，可能是因为他们太喜欢小松鼠了，担心人们一旦知道松鼠的肉可以吃，就会去捕杀松鼠。如果仅仅是因为这个原因而不愿让作者说实话，那不是在搞“愚民政策”吗？其实，当了解到松鼠不仅漂亮、驯良、乖巧，而且它还是一种有用的小动物时，你不觉得更喜欢它们了吗？

资料来源：单咏梅.《松鼠》的结尾是不和谐的音符吗？[J]. 语文建设，2002（12）：32-33.

3. 表现性目标

美国学者艾斯纳（E. W. Eisner）在批判行为目标的基础上提出了表现性目标，他认为行为目标“可能是适合于”某些教育目的，但是不适合用来概括我们所珍视的大多数教育期望。表现性目标是指学生在活动中表现出来的某种程度上首创性的反应的形式，而不是事先规定的结果。它一般给学生一个具体的教育情境，而追求学生在此情境中反应的多元性而非行为目标中统一性的结果，也就是说结果是开放性的。如想象自己躺在浮力很大的死海上，描述下悠闲的情景；如果把死海交给你的话，你怎么开发死海？

艾斯纳是在自己所从事的艺术教育领域里发现预定的行为目标不适用的，从而提出表现性目标作为补充。的确，表现性目标非常有助于培养学生发散思维和创新性特质，但是因其过于模糊，很难起到课程指南的作用。而且，各门学科都有其自身的特点，对于某些学科，表现性目标并不适合，也很难保证他们掌握必需的内容。

### （三）确定课程目标的方法

1. 筛选法

筛选法由美国北加州大学课程开发中心研制，后来被许多教育机构模仿。

第一，预定若干设计课程的各个方面的课程目标。如培养吃苦耐劳的性格。

第二，书面征求有关人员对预定课程目标的意见，并允许他们补充其他课程目标。

第三，把预定课程目标的和补充的课程目标汇总起来。

第四，请有关人员根据汇总的课程目标，依次选出若干最重要的课程目标。

第五，根据统计结果，确定名次靠前的若干课程目标。

2. 参照法

课程制定者参考过去的课程目标和其他国家的课程目标，并根据本国国情和教育状况、本地和本校实际情况，确定符合实际需要的课程目标。这种剪刀加糨糊式复制、拼接而成的课程目标方法历来受到批评，但是如果课程目标制定者能够在分析过去和其他国家的课程目标时，以一种科学的分析态度，比较过去和现在、其他国家和自我制定主体的不同实际情况，从中借鉴和参考有用信息，也能起到“他山之石，可以攻玉”的成效，这就不失为一条便捷有效的途径。





## 二、课程内容的选择与组织

课程目标一旦确定，就需要从人类文化经验库中选择出一定的经验作为课程内容，而且为了达成课程内容组成要素之间的协调配合及功能最优化，课程制定者必须对课程内容进行相应的组织。这就涉及课程内容的选择和组织问题。

### （一）课程内容的主要体现

课程内容不仅指教育过程中师生教学所用的教材，其包含的内容远远超出这一范围。课程内容通常包括课程标准、教材、教师用书、练习册等。

1. 课程标准

课程标准是各学科的纲领性指导文件，发挥着教学工作的“组织者”作用。课程标准的统一性可以确保不同教师以有效、连贯的方式，目标一致地开展教育教学工作。课程标准一般包括说明部分和本文部分。

说明部分简明扼要地说明本学科开设的意义，对教学的目的、任务和指导思想进行规定，并提出教材选编的原则以及教学法的建议等。

本文部分是课程标准的中心或基本部分。它主要系统安排一个学科全部教材的主要课题、要目或章、节，规定每个课题教学的要点和时数，并编有练习、实习、实验、参观等实际作业的要求以及其他教学活动的时数。有些课程标准还列出教师参考用书、学生课外活动、教学仪器、直观教具和视听教材等。教师要研究课程标准，在充分理解、准确把握学科开设意义和价值的基础上，对各个阶段教学的目的和任务以及实施要求进行深度解读。

2. 教材

教材又称课本，是依据课程标准编制的，系统反映学科内容的教学用书。它是课程标准的具体化，它区别于一般书籍，往往按照学年或学期分册，划分单元或章节。它主要由目录、课文、习题、实验、图标、注释和附录等部分构成，其中课文是教材的主体部分构成。随着科学技术的发展及与教育的深度融合，教材形式越加多样化。

教材是师生开展教育教学活动的重要媒介，其作用体现为以下几个方面。

教材是教师进行教学的主要依据，它为教师备课、上课、布置作业、评定学生学业成绩提供了基本材料依据。读懂、吃透、熟练和准确把握教材是教师顺利进行教学，完成教学任务，达成教学目标的重要前提条件。

教材是学生在学校获得系统知识的主要载体。它可以帮助学生掌握教师讲授的主要内容，而且也是学生根据自己的学习习惯展开预习、复习和做作业的重要材料。教材内容一般都是编制者精心选择和编排而成的基础性知识，掌握这些知识有助于学生以此为基础拓展知识领域。教师要引导学生合理、有效使用教材，并以教材为工具实现素养的全面提升。

教材是教师分析本学科的教学目标、内容范围和教学任务的主要依据和参考。

教材是教师研究和确定本学科在整个学校课程中的地位，以及本学科和其他学科关系，合理安排本学科的主要教学活动'课外活动、实验活动或其他社会实践活动的主要依据。

为了使教材功能最大限度地发挥出来，教材编排要符合卫生学、美学和心理学要求。教材内容要层次分明，文字表述简练、准确、生动、流畅；篇幅详略得当；标题和结论要用不同字体醒目标出；封面、图标、插图等要力求美观、清晰；字体大小合适，装订坚固，规格大小、薄厚要合适，便于携带。

**（二）课程内容选择的原则**

人类社会累积起来的知识和经验浩如烟海，现有的学科门类就有数千门之多。当前，知识更新速度日益加快，美国未来学家托夫勒20世纪70年代就曾经预测，就知识增长的速度来讲，今天出生的小孩到大学毕业时，世界上的知识总量将增加4倍。当这个小孩50岁时，知识总量将是他出生时的50倍，而且全世界97%的知识都是在他出生以后才研究出来的。据一位德国科学家估计："今天一个科学家，即使夜以继日地工作，也只能阅览有关他自己这个专业的世界上全部出版物的5%。"美国曾有资深学者风趣地说："人类的欲望无穷，而世界上的财富无限，为解决这个矛盾，经济学横空出世；知识日新月异，而学生的时间和精力终究有限，为解决这个矛盾，课程论应运而生。"课程内容的选择可遵循以下原则：

1. 课程内容应注意基础性

从当前时代发展来说，课程内容应注重基础性。斯宾塞曾言："教育是为未来美好生活做准备的活动。"在知识更新速度极慢的时代发展背景下，教育通过一定的课程内容为学生准备未来生活所需要的所有知识是可能的。但是，知识更新速度的加快以及知识储量的显著增多，使得教育为未来生活准备所有知识已经完全不可能了。那么，此时我们应该给学生准备什么样的知识呢？这就是课程内容选择时应考虑的第一个问题。知识更新速度的加快使得一个人必须具有终身学习素质才能适应社会的发展，而人的学习总是需要已有知识经验作为基础，只有具备扎实的基础知识才能更好地拓展和习得更多知识，形成终身学习素养。从这个方面来说，课程内容应该选择对于学生终身学习来说尤为重要和基础的知识。同时，我们也应该认识到知识学习并非学生发展的全部，联合国教科文组织曾提出教育的四大支柱，即学会求知，学会做事，学会共处，学会做人。为使学生更好适应动态社会对人的素养要求，课程内容应从各个方面为学生打下厚重坚实的素养基础。

从学生所处的年级阶段来说，基础教育阶段是人成长的关键时期，犹如雄伟大厦不能建筑在松软沙滩上一样，基础教育阶段就应该为学生的后继学习以及成人时期的个人发展打下坚实的基础。

我国基础教育一直以来都较为注重课程内容的基础性，如中华人民共和国成立之后的很长一段时间，我国非常注重双基教育，即基础知识和基本技能，这在一定历史时期，对教育发展起到了重要作用。我国《基础教育课程改革纲要（试行）》明确提出要改变课程过于注重知识传授的倾向，强调形成积极主动的学习态度，使获得基础知识与基本技能的过程同时成为学会学习和形成正确价值观的过程。这是对传统双基教育的进一步发展。2016 年 9 月，中国学生发展核心素养研究成果发布，在梳理我国历史，借鉴他国经验并对不同人群进行广泛调研的基础上，把中国学生核心素养确定为文化基础、自主发展、社会参与三个方面，综合表现为人文底蕴、科学精神、学会学习、健康生活、责任担当、实践创新 6 大素养，具体细化为国家认同等 18 个基本要点。

2. 课程内容应贴近社会生活

教育内容脱离社会实际，历来是教育受到批判的焦点之一，在世界各国均是如此。学生是在学校里接受教育的，但是学校也是社会大系统的组成部分，学生成长也逃离不了社会的影响。只有课程内容贴近社会生活，才能使学生直观体验到知识的价值，从而生发学习动力。只有课程内容贴近社会生活，才能培养学生的问题解决能力和社会实践素养。

但是，贴近社会生活这一原则的细化和落实也容易出现一些问题。如 20 世纪初，一些教育家曾注意到课程内容贴近社会生活的需要，可他们只是根据报刊的常用书籍，以及书信来选择常用词汇，甚至以此来选择历史、地理课的内容，这种做法不利于学生掌握学科的基础知识和基本技能，因而很快就被遗弃了。

当我们考虑到课程内容与社会生活之间关联的时候，我们不仅要培养学生适应现在社会所需的能力，教育效果的滞后性特征使得我们既要关注当前社会需要，还要考虑到将来社会的需要；不仅要考虑让学生适应未来社会的需要，还要注重培养学生影响和改造社会的素养。

3. 课程内容要与学生和学校教育的特点相适应

课程内容总是为一定教育阶段的学生服务的，如果选择出来的课程内容不能被学生同化，无法内化为他们的自身素质，那么课程内容对他们的行为、态度、个性等都不会带来什么影响，也就是说，这对他们来说都是无用的客观外在物质。因此课程内容应符合学生的兴趣、需要和能力，符合学生的认知发展规律。

同时，中小学教育是基础教育，要为学生将来的发展打基础。课程内容要考虑到他们德、智、体、美、劳等方面的发展，为他们提供完整的教育。但是我们也要认识到在基础教育阶段实现的程度和侧重的方面。

### （三）课程内容的组织原则

为了使各种课程内容要素有效联系起来，形成有机整体，产生累积效应，需要对选择出来的课程内容进行组织和编排。关于课程内容组织的问题，泰勒提出三个基本原则：连续性——直线式地陈述主要的课程要素；顺序性——强调每一后继内容要以前面内容为基础，又对有关内容加以深入、广泛地展开；整合性——强调各种课程内容之间形成横向联系，以有助于学生获得一种统一的观点，并把自己的行为与所学的课程内容统一起来。在实际工作中，我们可以以泰勒的观点为指导，处理以下几种关系。

1. 纵向组织与横向组织

教育史上，最有影响的是课程内容组织的纵向组织原则，也称序列组织，就是按照某些准则以先后顺序排列课程内容。古语“不陵节而施”“先其易者，后其节目”，夸美纽斯告诫教师要按由简至繁的序列安排内容，这些都强调了课程内容组织的纵向原则。一般纵向原则组织注重内容排列从已知到未知，从具体到抽象，从简到繁。

20 世纪 70 年代以后，一些教育家开始强调课程内容组织的横向组织原则，要求打破学科的界限和传统的知识体系，以便让学生有机会更好地探索社会和个人最关心的问题。这种观点注重知识和知识之间的交叉与相互联系，旨在打破学科之间的相互割裂，给学生形成一个完整的知识图景。这与 20 世纪 60 年代自然科学与社会科学汇流，社会科学内部各学科日趋综合的知识发展态势相适应。但是，横向组织在当前也出现了较多的实际问题，如任课教师要精通或熟悉多门学科的内容，目前的教师队伍尚不具备这些条件。同时，学校的课程表安排以及考试评价等方面都会遇到一些障碍。

2. 逻辑顺序与心理顺序

课程内容是按逻辑顺序组织还是按心理顺序组织，或许是教育史上争论最激烈的课程问题，也是所谓的“传统教育”与“新教育”的最大分歧所在。逻辑顺序是根据学科本身的系统性和内在联系来组织课程内容；心理顺序就是指按照学生心理发展的特点来组织课程内容。传统教育就是指根据学科本身的系统和内在的联系来组织课程内容；新教育强调要根据学生身心发展的特征，以及他们的兴趣、需要、经验背景等来组织课程内容。

现在几乎没有人会固执一端，越来越多的人倾向于两者之间的统一。一方面，课程内容应考到学科本身的体系。学科体系是客观事物的发展和内在联系的反映，学科体系的呈现可以使学生较好地了解自然界和人类社会的发展过程，况且每门学科各部分内容之间确实都有内在的逻辑关系，某一内容总是要以另一部分内容为基础，同时又是其他部分内容学习的基础。另一方面，课程内容服务于学生发展，如果不符合学生认知和学习特点，学生就难以接受，那么再科学的内容也是无效的。

但是，逻辑顺序和心理顺序的统一在课程实践中还会遇到许多具体的问题。比如，不同的人对某门学科的逻辑顺序会有不同的看法，如对于先学习拼音还是先学习汉字，不同的人会持有不同的观点。

3. 直线式与螺旋式

直线式把一门课程的内容组织成一条在逻辑上前后联系的直线，前后内容基本不重复。螺旋式（或圆周式）则要在不同阶段使课程内容重复出现，但逐渐扩大范围和加深深度。

苏联教育家赞科夫主张教师所讲的内容，只要学生懂了就可以往下讲，不要原地踏步。因为过多地重复同一内容会使学生感到厌倦，只有不断呈现新的知识才能使学生保持对内容的新鲜感和对学习的兴趣。美国教育心理学家布鲁纳则主张以螺旋式组织课程内容。他认为课程与教学内容的核心是学科的基本结构，应该从低年级开始教各门学科最基本的原理，随着学年的递升而螺旋式地反复并逐渐提高课程难度。也就是说，课程与教学内容主要是要向学生呈现学科的基本概念和原理，以后不断在更高层次上重复它们，直到学生全面掌握该门学科为止。

实际上，这两种编排方式各有利弊。直线式可以避免不必要的重复，有利于加大学习容量，加快学习进度、节省教学时间，教学效率高。由于学生不断接受新知识，因而也有利于提高学习的兴趣。但是，这种体系比较适合于思维能力较强的学生。学习能力较弱的学生可能无法顺利掌握应有知识，从而造成学生学习的“两极分化”现象。螺旋式则注重课程内容的由简到繁，由易到难，重学科基本概念基本原理，适应了学生的认知结构及其发展阶段，使学生能够较好地掌握知识。但是，这种方式教学效率低，内容重复，浪费时间，容易影响部分学生的学习兴趣。综合以上可见，两者各自的长处也正是对方的短处。此外，两种课程组织方式对于学生思维的训练有不同作用，直线式要求逻辑思维，而螺旋式则要求直觉思维。为兼顾两种方式的优点，全面提升学生思维品质，课程组织中一般强调直线式与螺旋式两种方式并重。

## 三、课程实施

课程实施通常是指把新的课程计划付诸实践的过程，也就是说把书面的课程计划变为现实的过程。一般而言，课程设计得越好，实施起来越容易，效果可能越好。20世纪70年代以前的课程文献中，很少有对于“课程实施”的专门研究。研究者普遍认为只要精心设计课程计划，课程改革就一定能够取得良好效果。课程改革的倡导者往往过多地沉醉于描绘改革的理想或蓝图，而对课程计划的实施过程极少关注。但是在20世纪50~60年代，布鲁纳领导美国学科结构运动失败以后，人们发现许多重大的甚至影响深远的课程改革计划不是昙花一现、中途夭折，就是其实施结果与原先的理想相去甚远。反思其中原因，课程计划在实施过程中“走样”，课程方案没有得到很好实施是重要原因。自此，课程实施引发研究者的广泛关注。

课程实施取向是指教师在课程实施过程中的态度及其行为倾向。一般而言，教师课程实施存在以下几种取向。

（1）得过且过取向。这是课程实施中最保守的做法。持有这种取向的人，往往对课程计划的重要性和实现预期的课程目标持怀疑和悲观态度。基于此，他们把课程实施当成讨价还价的过程，他们的行动更多的是避开问题，而非朝向目标。他们付出丁点儿的努力，就想着要有可靠的保障。这种课程实施结果无法事先预料。

（2）忠实取向。忠实取向课程实施即忠实地执行课程计划的过程。教师应忠实地、亦步亦趋、循规蹈矩地严格执行课程计划。课程实施就类似于建筑工人依照图纸盖房子，课程专家以学术权威绘制图纸，教师无条件地接受“图纸”，忠实执行方案，教师课程实施质量的判断标准就是教师是否忠实执行课程方案。这是一种典型的“防教师”的课程，防止教师对课程计划做出任何的改变。但是，要求教师绝对忠实执行课程方案，从教师的意愿、能力以及课程理解的多样性上来说，都是不可能的，也束缚了教师课程实施的创造性。

（3）适应或改编取向，又可以称为相互调试取向。它把课程实施视为一个连续的动态发展过程，是课程设计者和课程实施者互动协调的过程。课程实施可以类似于球赛过程，比赛之前，教练员和球员一起制定方案，但是在比赛过程中，球员要对方案和赛场动态的变化情况进行相互调试。据此理解，教师的课程实施也要在课程设计方案和课程实施实践中进行相互调试。教师对预定课程计划进行积极的、理智的改造是课程实施成功的基本保证。规定的课程和实施的课程可以有差距，完全照搬、不按具体教学情境取舍的课程实践并不一定是好的课程实践。特别是在我国幅员辽阔、情况差异性大的情况下更是如此。

（4）创生取向。创生取向认为教师和学生具有创造性，犹如面对同样的乐谱，个人经验、情感等的融入可以使不同人有不同的演奏效果一样，不同的教师和学生面对同样的课程计划文本可能会生发出不同的理解、体会、感悟，形成不同的经验。

课程的四种取向中，得过且过取向是最不可取的，因为课程总是走在日趋完善的路上，尤其是时代发展的加快需要世界各国每隔一段时间进行一次课程变革。忠实取向在需要向学生传递精确、客观知识时是可取的，如地震灾难来临时的应急举措等知识。当然，一般而言，我们主张教师采取适应或改编取向以及创生取向。但创生取向可能对于教师和学生的素质要求较高，具有较强的理想化色彩，在实践中可能遇到较多问题。

## 四、课程评价

课程评价概括起来说，是指评价主体基于自己的需要、理想及价值观等而确定一定的评价标准，依据课程与教学目标，采用合适的方法与手段搜集、整理、分析必要的课程与教学信息，并根据一定的评价标准对课程与教学的设计、活动实施过程及结果等问题进行价值判断的活动。这里，课程评价中的“课程”是指涵盖教学的“大课程”。

课程评价是课程的重要环节，指引和规定着课程活动的目标走向及其各个环节的实施。课程评价有许多不同类型，评价依据不同，其分类就会不同。

### （一）课程评价的主要类型

1. 以评价标准为依据进行分类

根据评价标准的不同，课程评价可以分成相对评价、绝对评价、个体内差异评价三种类型。

相对评价，又称常模式参照评价，是指以评价对象群体的平均水平或其中的某一对象的水平为参照点，确定评价对象在群体中的相对位置或与群体中某一个体之间的差距的一种评价。在这种评价中，评价对象所在的群体的整体状况，影响着每个群体成员的水平。群体变化或群体标准变化，个体水平都会发生变化。在现实生活中，智力测验和标准化测验是常见的相对评价。

绝对评价又称为目标或标准参照评价，是指在评价对象群体之外，以某一预定的目标或标准为客观参照点，确定评价对象达到标准绝对位置的一种评价。绝对性评价标准较为客观，特别适用于旨在鉴定资格和水平的课程评价活动。一般来说，只要评价过程科学合理，绝对评价就能在很大程度上判断出对象达到客观标准要求的水平。在实际工作中，确保评价标准的稳定性、客观性和准确性，是提高绝对评价科学化水平的关键。

个体内差异评价是把评价对象群体中每个评价对象个体的过去与现在进行比较，或者把个体的有关侧面相互进行比较，从而得到评价结论的评价类型。它以评价对象个体的自身状况作为参照系，可以照顾到评价对象的个体差异，也不会给被评价对象造成竞争压力，从而能够综合、动态地考察评价对象的发展变化。实践中，它常常会被当作改变差生、促进教师和改善材料的措施被使用并收到较好效果。但由于不存在客观标准，又没有外部比较，很难准确确定评价对象的真实水平，因此提供给对象或主体的有效反馈信息也较为有限。

2. 根据评价主体不同进行分类

根据评价主体的不同，课程评价可以分成自评价与他评价两种类型。

自评价是根据评价指标，参照一定的标准，课程设计和实施主体自己对自己评价。自我评价的过程有时是内隐性的，它通过思想内部的“反省”“自查”“检讨”“总结”“自判”等方式来进行。对于某些较为隐性的评价内容，他人从外在进行评价往往难以发现，只有自评价才能反映出来。理性的自评价一般有较高准确性，有利于培养自我判断和自我发现能力，增强自我评价意识和能力，及时调节和改进工作，从而促进自我教育和自我完善。当然，自我评价因为缺少外界参照系，评价者往往高估或低估自己，使评价者对成绩与问题的估计与客观实际发生偏差。评价者自我评价时也可能存在自我要求不高的现象，当发现问题时会有更多的自我保护心理和行为倾向，为自己的不足寻找借口。

他评价，是指作为评价对象之外的其他主体对评价对象进行评价。他评价是一种外部的显性评价，它主要通过外人对评价对象进行明显的（或看得见的、众所周知的）统计分析或文字描述来开展评价。这种评价比较客观、真实，可信度较高，以旁观者视角更容易看到成绩与问题所在。同时，同行之间的他评价有助于评价对象总结经验及相互学习，达到共同提高之效。

3. 根据评价关注点不同进行分类

根据评价关注点的不同，课程评价可以分为内部评价和结果评价。

内部评价指评价者在课程评价时更多侧重对课程计划本身的评价。对此，美国学者斯克里文用评价斧头进行比喻。人们在评价斧头时可能会有两种倾向，一是考查斧头的设计、所选用的材料、重量的比例、把手的形状和合适性。人们这样假定，设计良好和选材合适的斧头一般来说砍柴效果更好，人们一般不会去直接测量砍柴这个事实。同样，课程内部评价更多关注课程计划所包含的各个要素及其结构安排的科学性、合理性。也有人认为课程评价更应关注课程实际达到目标的效果如何，这就是结果评价。结果评价更加关注课程实施的结果。评价者通常是通过课程实施之前和之后的前测与后测之间，实验组与控制组之间或其他标准参数之间的差异来做出判断。

两种评价方式各自具有自身合理性及局限性。

4. 以评价作用为依据的分类

依据评价所起的主要作用的不同，课程评价可分为诊断性评价、形成性评价与终结性评价三个类型。

（1）诊断性评价。课程诊断性评价是在一门课程或一个学习单元开始之前，对受教育者认知、情感和技能方面的条件、基础和状况进行的评估，旨在了解和掌握被评价对象原有的基础和状况，提高课程方案对于学生学习的适应性，从而为先决学习条件不佳或缺失的学生设计一种可以排除学习障碍的课程方案，为那些已掌握一部分或全部教材内容的学生设计一些发挥其长处并防止其厌烦和自满情绪的学习方案。

（2）形成性评价。课程形成性评价又称过程评价，是指在课程研制、课程与教学过程和学生学习过程中对课程编制、教师的教学和学生的学习的动态状况进行的系统性评价。这种评价的目标在于改进工作，通过评价活动提供频繁而及时的反馈信息，帮助被评价者发现问题，促使课程工作者改进课程，教师改进课程与教学方案及其实施，学生改进自我学习。

（3）终结性评价。课程终结性评价是在课程活动告一段落时，为了解并确定其成果而进行的评价。课程实施一段时间之后，对于课程方案的有效性程度进行评价以及教育教学实践中的期末考试、年终考评等，都可以看成是终结性评价。它的目的是以预定目标为标准评定和判断课程的整体效果，或者检测学生学习成效，对教师课程举措进行实施成效的检测，并对其做出结论。这是一种典型的事后评价，可为下一步活动方案设计提供一定的反馈信息。

5. 以评价的方法为依据的分类

按照评价方法的不同，课程评价可以分为定量评价和定性评价。

定量评价是指搜集数据资料，通过教育测量与统计、模糊数学等方法，用精确数字描述对评价对象的评价结论。定性评价是指搜集资料和现象，采用系统分析、哲学分析等方法，用语言文字描述对评价对象的评价结论。

**（二）课程评价的功能**

1. 导向功能

判断课程目标是否实现以及在多大程度上已经得以实现，需要课程主体开展相应的课程评价活动。课程评价过程中，评价主体通常会以教育目的、评价目的和评价理论作为价值判断的标准，设置评价指标体系，然后根据评价标准进行评价。课程评价标准就像课程活动的方向盘，指导着课程开发和使用的方向及所有过程，左右着师生活动的准备、展开和结果。

2. 诊断功能

有效的课程评价不仅可以帮助师生了解教学进展和变化，还能够帮助师生发现课程活动中可能存在的问题，而这些问题就是教师思考课程改进的重要依据。

评价者根据评价标准搜集和整理课程相关的各种信息，能够发现课程方案、教学计划、教学方法与手段、学生学习中的优缺点和存在的问题，从而为修改课程方案，选择适当的教材、方法、手段，改善学生的学习提供材料储备。评价就能对课程的各个要素或方面的优良程度进行鉴定，从而产生诊断功能。

3. 激励功能

课程评价要对课程要素多方面做出等级或水平高低的评论结果，就会直接影响被评价对象的形象、利益、荣誉等，从而可以在一定程度上激发评价对象的成就动机，激励他们全力以赴地做好工作，研制出更好的课程方案，设计出更好的教学计划，进行更高质量的课程实施。

4. 调节功能

课程评价能够整理并获得相应的反馈信息，被评价者可以此为依据及时调整课程各个要素，对形成有效的课程方案、教学设计、教学材料与工具等发挥积极作用。

5. 鉴定功能

课程可以区别、鉴定一定的组织（学校）、方案（课程与教学计划）和个体（学生、教师）等对象的某些方面或各方面水平的优劣程度，确定其价值有无与大小，衡量其是否达到应有标准、是否实现国家和社会所赋予的任务，为其评定相应的等级。科学、合理、公正的课程评价确定的不同等级可为教育管理科学化提供前提和基础。

# 第三节　课程改革发展

**【问题情境】**

一次，著名物理学家朗之万给居里夫人的女儿等一批科学家的孩子们上课时，向孩子们提出了一个问题：根据阿基米德定理，物体浸入水中，必须排出相同体积的水。可是，为什么金鱼放到水里却不会排出水呢？孩子们个个都想找到问题的答案。有的说，金鱼的鳞片有特殊的结构；有的说，因为金鱼的身体到水里会收缩；还有的说，阿基米德定理只适用于非生物，不适用于生物。此时，居里夫人的女儿绮瑞娜不满意这些答案，她开始怀疑老师出错了题目，她找来一条鱼，通过亲手实验加以证实——金鱼在水里也是要排出水的。孩子们醒悟了，不是他们回答得不对，而是老师问得不对。是不是朗之万的粗心而致呢？不是，他是有意出错题，为的是让孩子们在错误的迷宫中自己跑出来。他认为，这样做比塞给他们一大包知识更有好处。

朗之万的这种教学理念和教学方式，向广大教育者提出了如下问题：在教育教学过程中，是要教给学生大量的书本知识，还是要引导学生发展？是以知识为课程目标和教学目标，还是以学生的发展为课程目标和教学目标？

21 世纪以来，世界各国有识之士都普遍认识到，高素质的人才是知识经济时代国家最重要的资源。高素质的人才需要通过教育来培养。当前，教育在提高国民素质、增强综合国力中发挥着越来越重要的作用。为了提高教育质量，更好发挥教育在增加国家核心竞争力的重要作用，世界上 200 多个国家和地区中，无论发达国家还是发展中国家都会每隔一段时间进行一次课程改革。

## 一、课程改革的影响因素

从系统论观点而言，社会是一个大系统，教育是社会中的一个子系统，它一方面以特定的社会结构要素的形式存在着，另一方面又不断与社会中其他要素，如政治、经济、文化等相互作用。课程作为教育活动的核心，其发展变革也自然会受到这些因素的影响与制约。

### （一）政治因素与课程变革

布鲁纳（Bruner，1915—）曾言："不顾教育过程中的政治、经济和社会环境来论述教育学理论的心理学家和教育家，是自甘浅薄，势必在社会上和教室里受到蔑视。"政治因素对课程变革的影响是多方面的，也是非常深远的。尤其是政治变革影响到教育的根本性质之时，这种影响就尤为强烈、明显和直接。从方向上来说，政治对课程变革的影响并非总是积极进步的，可能也会产生消极抑制作用，甚至使课程发展走向倒退。政治对课程变革的影响主要体现为以下几个方面。

1. 课程目标

在教育目标体系中，课程目标是国家的教育目的和各级各类学校培养目标的具体化。统治阶级都会根据自己的利益、愿望和政治要求制定相应的教育目的和培养目标，从而使得课程目标受到政治因素的强烈影响。美苏争霸期间，苏联第一颗人造卫星上天，给美国朝野带来了极大的政治恐慌。为此，美国颁布了《国防教育法》(1958) 等系列文件，并在全国开展了轰轰烈烈的课程现代化运动。

2. 课程变革的内容选择

课程内容的选择总是要服务于一定的课程目标，课程目标的政治制约性决定了课程内容的选择。面对人类文化知识宝库，选择什么及不选择什么作为课程内容都是受国家统治阶级意志的影响和控制的，都在一定程度上体现着国家的意识形态。

3. 课程的编制过程

课程规划、课程标准和教材都是课程内容的具体化。课程规划、课程标准和教材的编写过程都具有强烈的政治性，否则统治阶级难以实现教育目的和培养目标，国家和社会所需要的人才也难以培养。

**（二）经济因素与课程变革**

经济因素对教育变革尤其是学校课程变革起着直接推动作用。现代以来，伴随着科技发展，生产过程日渐复杂，社会生产领域需要具有较高科技文化素质的人才，为此，学校课程也在发生相应变化，表现为课程门类日益增多，课程内容更加贴近经济发展需求，科技知识含量加重。经济因素对课程变革的影响主要体现在以下几个方面。

1. 经济发展所需劳动力的素质要求制约着课程目标的设定

现代社会，经济发展对劳动力的素质规格提出了新的要求。劳动力不仅要具备较强的基础知识和基本技能，还需要具有健全的心理品质，在认知、情感、意志、道德、审美等方面符合现代社会的发展需要。我国改革开放以来，20 世纪 70 年代末，学校偏重知识教学，课程目标重知识的学习和掌握；20 世纪 80 年代上半期，学校课程目标受国际课程变革的影响，较为重视能力训练和智力开发；20 世纪 90 年代以来，学校课程开始重视知识与能力、过程与方法、情感态度与价值观等多方面素质的综合发展。

2. 国家经济体制会影响课程变革

我国以往实行计划经济模式，由政府统一对资源进行配置，这种经济体制下，我国课程价值取向更加倾向于为国家意识形态服务。实施市场经济体制以来，市场在资源配置中发挥重要作用，促进了生产的多样性、产业的多元化，对人才的需求也日趋多样化。市场经济体制对于课程变革的影响主要体现为课程价值取向、课程目标和课程结构的优化三个方面。

就课程价值取向而言，市场经济的发展打破了计划经济体制下片面强调整齐划一，追求共性的人才培养模式，而更加注重培养学生的主体意识，重视学生的个性发展。

就课程目标而言，市场经济体制之下，人们的就业出现了多样性和流动性特征，人们很难预料将来会从事什么工作，狭窄的知识面妨碍和削减了其就业的适应性。长期以来，我国基础教育“应试”色彩浓厚，高考成了基础教育一切工作的指挥棒。学校课程从编制到实施更多都是为了在升学考试中获取优势，课程注重知识传授，忽视学生素质的全面培养和发展。市场经济的运行，影响着人们的基础教育价值观。如在沿海经济发达地区，人们更为注重全面提高公民素质，更加强调系统知识的基础、一般的学习能力基础、方法的基础、使用工具的基础等多个方面素养的培养。

就课程结构而言，“信息爆炸”时代，在市场经济带来的就业不确定面前，人类适应当前和未来社会最好的办法不是被动收藏知识，而是具备自学能力、科学研究能力和创造能力等。以往学校课程的学科壁垒将被打破，实现各种课程的有机组合和优化。如必需课程和选修课程的结合，分科课程与活动课程相结合等。

**（三）文化因素与课程变革**

学校课程总是在一定社会文化资源库中，经由教育机制筛选出一定的内容，组织和编排而成的。文化对于学校课程变革的影响主要体现在以下几个方面。

1. 文化模式影响课程变革

文化模式通常是指民族各部分文化内容之间彼此交错联系而形成的一种系统的文化结构。文化是民族存在的最核心因素，不同民族因生存条件和方式不同，就会有不同文化，不同文化就会有不同的文化特质，课程设置就应该充分考虑民族特色，设置与不同民族文化相适应的课程。以往，我国中小学课程建设忽视文化模式对于课程的影响，课程高度集中统一，较少考虑民族差异，脱离民族地区的生产生活实际。近年来，我国课程变革逐步认识到这一问题，在课程计划中推行一纲多本，实施双语教学，并强调乡土教材的补充，取得了较好成效。

2. 文化变迁影响课程变革

文化变迁是指文化内容或结构的变化。文化只有在变迁中才能得以创新和进步，才能推动社会发展。学校课程并不是简单的传递、传播和创新文化的载体，它应随着文化变迁做出相应的调整和变革，如增减科目、删减内容或重新组合课程结构。尤其是当前知识更新速度日新月异，科技迅猛发展，文化变迁也更为激烈，学习课程也会面对较大变革。

3. 文化多元影响课程变革

文化多元是指社会内部多种文化并存的状态。文化多样共存是当下世界的基本样态。1988 年，社会学家费孝通先生提出中华民族多元一体的想法，认为五十多个民族，这是多元；中华民族，这是一体。学校课程如何体现文化间差异，尊重各少数民族文化，实现课程文化的多元与一体的整合，成为课程面临的一个实际问题。

**（四）科技革新与课程变革**

科技的进步和变革以及与教育的深入融合，对学校课程影响日益加剧，主要体现在以下几个方面。

1. 科技革新制约课程目标变革

传授知识和发展能力是学校课程的两大重要主题目标。科技在两大目标的复杂演变过程中发挥着决定性作用。当前，科学技术发展的加快，使得传授知识和发展能力的重心又发生了变化，培养学生能力成为课程的首要目标。《学会生存——教育世界的今天和明天》一书中说道：“科学技术的时代意味着：知识正在不断地变革，革新正在不断地日新月异。所以大家一致同意：教育应该较少地致力于传递和储存知识（尽管我们要留心，不要过于夸大这一点），而应该更努力寻求获得知识的方法（学会如何学习）。”

2. 科技革新推动课程结构变革

科技革新首先影响着人文科学与自然科学在课程系统中的地位和相互关系。近代科技迅速发展使得近代学校课程的科目从单一的人文学科向人文学科与自然学科并重转变。学校理科课程的科目构成也与科学技术门类演变直接相关。17～19世纪，科学发展呈现出纵向分化的基本趋势，学校理科课程门类与科学领域的门类几乎是一一对应的。

**（五）学生发展与课程变革**

学校的课程变革不仅要考虑政治、经济、文化和科技等发展的需要，而且要充分考虑到学生发展状态及其需求，根据学生智力、能力等的发展水平及其倾向、潜力进行课程内容的选择、组织和变革。

1. 学生身心发展特征与课程变革

课程最终是为学生服务的，学生对课程改革的反应也是最敏感的，课程变革如果符合学生身心发展的实际情况，满足了学生成长需求，学生就会对课程持欢迎态度，才会有较强学习兴趣和动力；否则，课程变革脱离了学生实际，课程就可能会受到学生的反对，甚至排斥，从而影响其学习情绪、状态和成效。

学生身心发展的特性主要表现为整体性、连续性、阶段性和个别差异性。

首先，课程变革要考虑学生身心发展的整体性，对学生的品德、才智、审美、体质、劳动素养等方面进行培养，为此，课程变革要注重各门课程之间的相互协调，课程结构的整体优化以及课程整体功能的全面发挥。

其次，课程变革要尊重学生身心发展的连续性和阶段性。课程变革尤其是课程内容等方面，应该充分注意到课程内容促进学生连续性发展时的相互衔接性，同时也要注意到不同阶段的学生身心发展的不同特点和需要。

最后，学生身心发展具有个别差异性，其个性心理特征和个性倾向性表现出种种差异，如兴趣、需要、动机、气质、性格、能力等方面。有些学生喜欢自然科学类科目，有些学生对社会科学类科目更感兴趣，有些学生则偏好音体美等课程，为了促进学生在全面发展的基础上能够实现差异性的发展，课程变革就应优化课程结构，在设定一定必修课程的基础上，设置一定的选修科目，以适应不同个性学生的成长需要。

2. 学生需要与课程变革

杜威曾言，教育是经验的不断改造。人的成长尤其是心智功能的发展受外部环境和教育的影响极大。学生与外界相互作用之后获得的经验体系不断发展，而发展起来的思维、能力、态度等又会反过来成为外部环境、教育能否对其产生影响的重要制约性条件。课程对学生发展的影响效果，不仅取决于课程本身的质量，还取决于学生内部的具体发展状态。因此，课程改革必须激发学生身心发展的内在动力，促使学生掌握教学内容。

一般认为，儿童新的需要和已有的心理水平之间的矛盾运动是儿童心理发展的最根本动力。伴随儿童的成长，他所面对的内部和外部环境不断发生变化。这对儿童的成长也提出越来越高的要求，儿童产生新的更高水准的成长需要。这个矛盾促发而成的动力就会推动儿童心理持续发展。学校的课程变革必须满足学生身心发展的全面需要，通过科目本位课程、融合课程等不同课程形式为学生提供书本知识式的间接经验以及体验式等形式的直接经验，满足学生不同层面的成长需要。

3. 课程变革应着眼于为学生发展创设“最近发展区”

苏联心理学家维果茨基提出“最近发展区”概念。他认为学生在发展过程中有两种发展水平，一是学生现有的发展水平，由一定的已经完成的系统所形成的儿童心理机能的水平；二是即将达到的发展水平。两种水平之间的差距成为最近发展区，在儿童发展中主要表现为“在有指导的情况下，凭借成人的帮助所达到的解决问题的水平与在独立活动中所达到的解决问题的水平之间的差异”①。

最近发展区理论告诉我们，教育并非亦步亦趋地被动跟在学生现有发展水平的后面，可以通过创设符合最近发展区水平的目标及其教育影响，促进学生身心发展。课程作为教育活动的重要和核心组成要素，更应着眼于学生的最近发展区，选择课程内容，创设课程影响。也就是说，课程既要超越学生已有的发展水平，又必须经过教师指导，使学生凭借已有知识、经验和能力素养，了解问题的主要症结并加以分析，以此促进学生的成长和进步。

## 二、我国基础教育八次课程改革的历史

自中华人民共和国成立以来，我国共经历八次基础教育课程改革，每次课程改革呈现出不同的特点与特色。根据每次基础教育课程改革的特点，可以分为四个重要阶段②。

1. 第一阶段：经济恢复与发展阶段的课程改革（1949—1966 年）

这一阶段是中华人民共和国成立后恢复经济与发展经济阶段，其经历三次课程改革。这三次改革为我国基础教育的发展与改革奠定了坚实的基础。

第一次课程改革（1949—1952 年）确定的方针是“吸收旧教育有用经验，借助苏联经验，建设新民主主义的教育”。这次改革初步确立了我国中小学新课程体系。中学主要设置政治、语文、数学、自然、生物、化学、物理、历史、地理、外语、体育、音乐、美术等课程，小学设语文、算术、自然、历史、地理、体育、图画、音乐等课程。1950 年 9 月成立人民教育出版社，承担编写国家统一教材的任务，1951 年出版了第一套中小学通用教材。1951—1952 年，教育部还提出全国统一教学计划、统一教学大纲与统一教科书的“大一统”课程模式。

为适应我国第一个“五年计划”与改变第一次课程改革中的结构单一、学生掌握知识片面等问题，我国又进行了第二次课程改革（1953—1957 年）。课程改革的重点是整顿、巩固和发展中小学，初步形成了比较全面的中小学课程体系，有计划地修订教学计划、教学大纲和教科书，为教师编写专门的教师参考用书等。

随着 1957 年我国教育方针的转变，教育部又进行了第三次基础教育课程改革。这次课程改革经历了调整时期、“大跃进”时期及调整与反思时期。调整时期强调知识教学和劳动教学有机地结合：“大跃进”时期改革的主题是缩短学制年限、精简课程；调整与反思时期主要对上个时期的教育改革进行相应调整，制定并颁布新的教学计划和

① 朱智贤. 心理学大辞典［M］，北京：北京师范大学出版社，1989：1007.

② 王桂艳. 我国基础教育八次课程改革的历史研究及启示［J］. 辽宁教育行政学院学报，2011（9）：13-15.

教学大纲，起草并编写了第四套全国通用教材。

这个阶段的课程改革主要受苏联教育与教学的影响，模仿痕迹明显；由国家控制课程管理与编制，统一科目与内容，课程结构单一；初步形成了比较全面的中小学课程体系。但全国统一的课程内容推行过程中困难重重。

2. 第二阶段："文革"时期课程改革（1963—1976 年）

"文革"前期继续深化课程改革，改变教材内过深、过难问题，1963 年人民教育出版社编辑出版了第四套全国通用的中小学教材，强调了"双基"，并适当反映了科技新成就。随后"文革"爆发，课程改革停止，革命成为当时最重要的课程。

3. 第三阶段：改革开放后的基础教育课程改革（1978—1996 年）

这段时期的基础教育课程改革主要有三次，主要内容包括教育的拨乱反正、课程设置的多元化与教育体制改革三个方面。这个阶段的改革让我们在重视本国课程变化的同时，开始关注国外课程。

第五次课程改革（1978—1980 年）主要确定中小学实行十年制，颁布了统一的教学大纲，集中编写了第五套全国通用的十年制中小学教材，出台了《全日制中学暂行工作条例（试行草案）》和《全日制小学暂行工作条例（试行草案）》。

第六次课程改革（1981—1985 年）是在国内与国际形势变化巨大，人才竞争激烈的情况下拉开序幕的。这次课程改革重新编制五年制小学和五年制中学的教学计划，组织编写了第六套教材，颁发了中小学各科教学大纲，对课程计划进行调整：适当设置综合课，调整各学科课时比例，提前自然科学的起始年级，地方有一定的自主权，学校课程中包括活动课和学科课。

我国的第七次课程改革（1986—1996 年）主要针对拨乱反正时期教育中出现的一些问题，如政府有关部门对学校统得太死，学校缺乏活力，教育结构不合理，普及义务教育，教育体制僵化等问题，有针对性地改革。改革的主要内容有：第一次把"教学计划"更名为"课程计划"；在这个计划中，将课程表分为"六三制"和"五四制"两种；在课程表中将所有课程分为两大类，即学科类和活动类，课程表中还留有空间让地方安排课程；允许一些地区和单位按大纲初审稿编写教材，在实验教材的基础上，对大纲不合适的地方进行修改，形成了 24 个学科义务教育教学大纲（试用）。

这个阶段的基础教育课程改革关注的视野扩大，借鉴国际上的先进经验，开始注重地区差异，废除了课程行政管理"集权制"的领导地位，确立了"一纲多本"课程改革方略。这一时期课程改革仍然以学科中心课程为主，课程内容偏深、偏难、偏重。

4. 第四阶段：新世纪教育创新阶段的基础教育课程改革（1996 年至今）

与世界教育接轨后，中国学生在国际性大赛中智力表现成绩突出，但令人担忧的是我国培养的学生缺乏创新精神与动手能力。近二十年的经济与政治的改革，需要的社会人才的质量与规格也发生了最大的变化，教育学者开始思考我国新世纪基础教育未来发展趋势及人才培养的质量与规格。由教育部牵头的教育调查表明我国基础教育存在着教育观念滞后、人才培养目标与时代发展需求不能完全地适应等问题，于 1999 年开启我国新一轮的基础教育课程改革。这次课程改革主要内容有：①改变以往课程中知识传授的单一目标，形成知识与技能、过程与方法、态度与价值观三位一体的课程目标；②改变过去学科中心课程理论指导的学科课程重视社会中心课程理论指导的综合课程强调学生的经验与经历，重视学生学习过程中的参与意识；③转变学生观，关注学生学习过程中创新精神与实践能力培养的教学方法与手段；④改变课程评价过分强调甄别与选拔的功能发挥评价促进学生发展、教师提高和改进教学实践的功能；⑤改变课程管理过于集中的状况实行国家、地方、学校三级课程管理增强课程对地方学校及学生的适应性。这一时期课程改革的特点是国际视野与中国特色相结合、课程的继承与创新相结合、注重营造一种新的课程文化。

## 三、我国课程改革趋势

纵观全国各地的课程改革，结合国际课程改革经验，我国课程改革的未来发展应朝着以下几个方面发展：

第一，提升课程改革的理念水平和理论品位。第二，在课程政策上，要实现国家课程、地方课程与校本课程的整合。第三，在课程内容上，要实现学科知识与个人知识的内在整合。第四，在课程结构上，要更新课程种类，恰当分析必修课程与选修课程的关系，努力实现课程的综合化。第五，在课程实施上，要超越忠实取向，走向相互适应取向和课程创生取向。第六，在课程评价上，要超越目标取向的评价，走向过程取向和主体取向的评价。

在课程改革的指导思想上，强调大众教育，即“教育为大众”“科学为人人”。在当今科学技术广泛应用的时代，人人都要懂得科学技术才能适应时代的发展。当然，大众教育并不意味着排除培养少数精英，使他们站在科学技术发展的前沿，创造更新的技术。但是，我们必须意识到，培养少数精英也需要建立在提高大众教育水平的基础上。为此，课程要有灵活性，把必修课的标准定在大多数学生能接受的水准上，同时为不同的学生设置各种选修课，允许学生选学不同的课程。

在课程设置上，以往过分强调课程的工具性，强调课程要适应经济建设的需要、为社会服务，而现在则更强调课程对人的发展的促进作用。教育最直接面向的是人，教育的本质是提高人的素质，即个体的发展。教育促进个人的发展与教育服务社会发展和经济建设并不矛盾，只有个体获得良好的发展，才能更好地服务于社会的发展。也就是说，整个国家的国民素质提升，自然有利于经济建设和社会进步。因此，要把教育为人的发展服务与为社会发展和经济建设服务两方面的功能统一起来，要重视学生的个性发展，因材施教。

在课程目标上，过去强调掌握知识和发展能力，而现在则更强调培养学生对事物的情感、态度、价值观。知识并非不重要，而是知识学习的出发点不同。不是为知识而学习，而是要在知识学习的基础上，建立起必要的情感认识和价值观。如学习地理知识后，学生就应该具备环保意识；学习了抗日战争的历史，就要激发学生的爱国主义情感等。

在课程编制上，以往课程是以学科系统为依据，现在则以社会实际为依据。以往学生的学习可能更多指向升学的目标，现在学习则是为了走向社会以及更好地适应未来的生活。因此，课程设置除了学科课程外，还应强调设置实践性课程，通过实践活动培养学生综合运用在学科课程中学到的知识与能力，培养他们的创新精神和实践能力。

在知识内容上，过去强调学习各学科的系统知识，现在更强调知识的综合性、整合性，强调学科间的相互联系。许多国家都设置了综合学习课程，把自然科学和人文社会科学结合起来。如此，在教学过程中，以往可能是以教师为中心，现在则更加强调学生的自主性。网络化时代的到来必然会引起教学的变革，变革的趋势是学生自主学习将加强，学生对教师的依赖性将降低。因此，无论是在课程设置上还是在教学中，都要注意给学生留有自主学习的空间。

总之，时代的发展、科技的进步、社会的变革要求学校课程不断改革，而课程改革又势必会引起教学过程的一系列变革。时代和社会的发展变革必将催生课程领域随之而变，课程的不断改革将成为教育发展过程中的常态。

## 理解与反思

1. 谈谈你对课程内涵的理解。

2. 谈谈对不同类型课程的优缺点的认识，分析其适应情形。

3. 如果让你组建团队，开发校本课程，你会在课程目标、课程内容、课程实施、课程评价方面有什么样的选择？谈谈你的理由。

4. 课程的变化，教师的教育教学也需随之发生变化。课程的未来发展趋势，对教师都提出了哪些要求？教师应如何适应课程改革的未来发展？

## 拓展阅读


[1] 施良方. 课程理论：课程的基础原理与问题 [M]. 北京：教育科学出版社，1996.

[2] 张华. 课程与教学论 [M]. 上海：上海教育出版社，2000.

[3] [美] 威廉·F. 派纳，等. 理解课程（上、下） [M]. 张华，等译. 北京：教育科学出版社，2003.

[4] 王本陆. 课程与教学论 [M]. 北京：高等教育出版社，2004.

[5] 钟启泉. 课程论 [M]. 北京：教育科学出版社，2007.

[6] 余文森. 课程与教学论 [M]. 福州：福建教育出版社，2015.

# 第九章

# 课堂教学与课外活动

## ■学习导航

（1）理解教学的内涵，明确教学的任务和作用。

（2）理解教学过程的本质，运用教学过程的基本规律解决教学过程的实际问题。(重点)

（3）掌握并运用教学过程的原则与方法组织教学。

（4）运用教学原理设计并组织教学。(难点)

（5）理解课外活动的含义，能设计与组织实施课外活动。

## ■思维导图

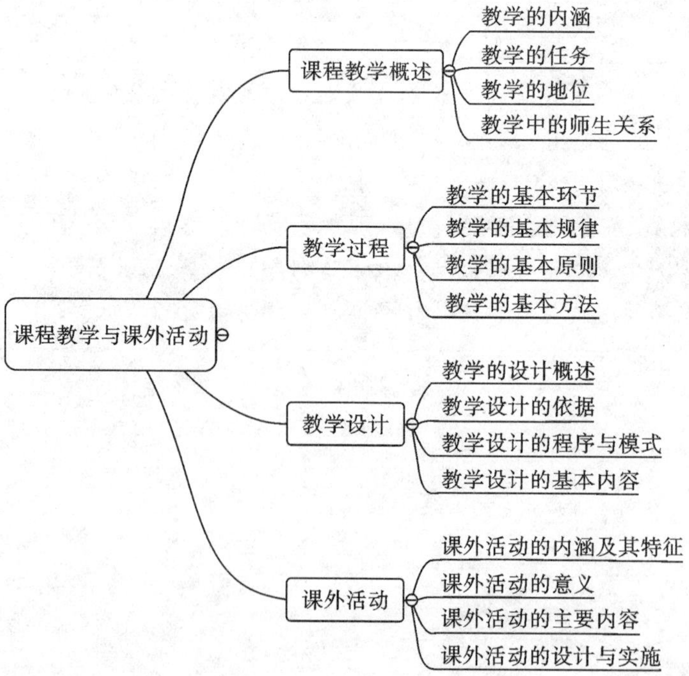

■教育瞭望

**知识与能力的关系**

最近几年，我在小学高年级语文教学中对苏霍姆林斯基关于“不要让能力和知识关系失调”的论述进行了探讨和研究，有了较深的体会。

中小学教育是基础教育，而小学则是基础的基础。这不单是就小学生所学习的知识而言的，还要考虑小学生在学习知识的过程中应该培养的良好学习习惯和能力。也就是说，在教育过程中教师不但要考虑学生学会了什么，更应该深思学生掌握了哪些学习方法，是否为今后在中学或者更远时候的继续学习奠定了基础，铺好了路。苏霍姆林斯基说得好：“教师在教学和教育工作中是首创精神的缔造者。小学面临着许多重要的任务，而其中占据首位的就是要教会儿童学习。教师主要操心的事情之一，就是在儿童应当掌握的理论知识分量跟实际技能技巧之间确定的相互关系。”

资料来源：陈旭远. 课程与教学论［M］. 北京：高等教育出版社，2012：220.

教学是学校的中心工作，课堂教学与课外活动是学校实施全面发展教育的主要途径。经验证明，只有坚持以教学为中心，教育质量才会提高；否则，教育质量就没有保障。而要搞好学校教学工作，就必须理解教学的基本含义，掌握教学的基本规律，遵循教学的基本原则，运用教学的基本方法，设计并有效地组织实施教学过程，将课堂教学与课外活动结合起来，共同促进学生的全面发展。

## 第一节　课堂教学概述

### 一、教学的内涵

“教学”一词在英语中常常被写成“teach”“learn”“instruct”，其意思是“教授、学习”，同时 teach 也与“信号”有所联系。其实不论是以“学习”“教导”所指向的教学内容，还是以“信号”“符号”为中介来进行的教学，都说明“教”与“学”是密不可分的。

中国古代殷商时期的甲骨文中分别出现过“斅”和“學”两个字。一般认为“教”字来源于“学”字（“爻”），两个字最早同时出现则是在《尚书·兑命》中的“斅学半”（斅，xiao，同“教”）。据宋朝蔡沈注解：“斅，教也……始之自学，学也；终之教人，亦学也。”在《礼记·学记》“建国君民，教学为先”中，教学的含义却极为广泛，几乎是“教育”的同义语。

到底什么是教学呢？

苏联教育家斯科特金（1900—1991）认为：“教学是一种传授社会经验的手段，通过教学传授的是社会活动中各种关系的模式、图式、总的原则和标准。”① 美国教育心理学家布鲁纳认为：“教学是通过引导受教育者对问题或知识体系循序渐进地学习来提高受教育者正在学习中的理解、转换和迁移能力。”② 王策三认为：“所谓教学乃是教师教、学生学的统一活动。”③ 李秉德认为：“教学就是教的人指导学的人进行学习的活动。进一步说，指的是教和学相结合或相统一的活动。这里要注意的是‘结合’或‘统一’二字。就是说，只有教或者只有学的片面活动，或者只是这两项活动的简单相加而没有什么‘结合’或‘统一’，都不是我们所说的严格意义上的教学活动。”④

可见，人们对教学的表述并不完全一致，但它们都体现了教学所具有的共同特征。第一，教学是有目的的活动。无论是提升能力，还是获得经验，或是形成某种品德，都说明教学具有明确的目的性，即使没有指明教学的目的性，其目的性都始终存在。第二，教学是教与学相统一的活动，只有教或只有学，都难以构成教学活动，教与学具有相互依存性。正如杜威所言：“教之于学就如同买之于卖。”⑤ 第三，都关注教师与学生在教学中的地位和作用。教师与学生是教学过程中的两个主体，教师是教的主体，学生是学的主体。教的主体地位体现在教师在教学过程中的主导作用，学的主体地位体现在学生在教学过程中学的主动性。教与学相辅相成，学生主动的效果，取决于教师的主导；教师主导的设计，取决于对学生主体的认知。教与学在教学过程中的地位和作用同等重要，既不能因为学生是学的主体而去削弱教师的主导作用，也不能因为教师的主导作用，剥夺了学生的学习主体地位。

**【名人名言】**

教学是一种传授社会经验的手段，通过教学传授的是社会活动中各种关系的模式、图式、总的原则和标准。

——斯科特金

## 二、教学的任务

1995 年《教育法》规定：“教育必须为社会主义现代化建设服务，必须与生产劳动相结合，培养德、智、体等方面全面发展的社会主义事业的建设者和接班人。”该法明确了我国的教育目的，规定了我国人才培养的质量规格要求，也为教师确定教学任务指明了方向。因此，我国教学的基本任务主要表现在以下几个方面：

第一，加强道德教育。教学是学生思想品德形成的重要途径，可以把学生培养成具有爱国主义、集体主义精神和社会责任感，热爱社会主义，具有社会主义民主法制意识，遵守国家法律和社会公德，能够继承和发扬中华民族的优秀传统和革命传统，

① 顾明远. 教育大辞典（上）[M]. 上海：上海教育出版社，1998：711.

② 同①.

③ 王策三. 教学论稿 [M]. 北京：人民教育出版社，1985：88-89.

④ 李秉德. 教育学 [M]. 北京：人民教育出版社，1991：2.

⑤ 中央教育科学研究所比较教育研究室. 简明国际教育百科全书. 教学（下）[M]. 北京：教育科学出版社，1999：233-240.

从而形成正确的世界观、人生观、价值观的社会主义建设者和接班人。教学使人具有崇高的思想品德和高尚的审美情操，确保了人才培养的性质与方向。

第二，掌握基础知识，培养基本技能。基础知识指在一个人的知识系统中具有奠基作用的知识，在学科中表现为基本概念、基本原理、基本公式等，在生产、生活中表现为人们应对生产、生活问题的基本常识。基本技能指一个人应对学习、生产、生活时所必须具备的能力，没有这种能力，一切活动都难以正常进行，比如学习能力、交往能力、分析解决问题的能力、探究创新的能力等。基本能力因学科而异，如语文中的识字、阅读、写作、交流的能力，数学中的逻辑思维能力，自然科学的实验操作能力等。基础知识、基本技能之所以重要，是因为它对一个人的学习、生活、工作具有奠基作用，我国具有重视"双基教学"的传统。事实证明，基础不牢地动山摇，基础打得好，学生的发展就更加顺利。

第三，发展学生智力，增强学生体力。智力是人们在认知过程中所表现出来的基本能力，包括观察能力、记忆能力、思维能力、想象能力等。学生的学习活动主要是以获得经验为主的认知活动，无论是获得间接经验还是直接经验都需要良好的智力条件，发展学生的智力不仅可以提高学生的发展水平，更是促进学生持续发展的重要保障。体力是学生认识和发展的物质基础，没有强健的体魄，学生的一切活动都难以正常进行。学生的活动以学为主，但不能因为学习而忽视了对学生的健康关怀，更不能因为学习而影响学生的身心健康。

第四，提升综合素养，促进全面发展。全面发展是我国教育目的的价值追求，说明教学的任务不仅要关注学生发展的某一方面或某几方面，而是要关注学生的一切发展。新课程改革提出了教学的三维目标，中国学生发展核心素养围绕学生的全面发展提出了三大领域、六大方面、十八个核心要素，力求尽可能全面地描述学生的全面发展，为教学任务的确定指明方向，并在教学任务中具体化。提升综合素养，必须综合自然与社会的因素、先天与后天的因素、主观与客观的因素，为学生身心健康、和谐发展，创造一切条件，提供一切可能。

## 三、教学的地位

教学在学校工作中处于核心地位，这是由教学的主要作用所决定的。

教学是教育目标达成的最基本的途径。学生的全面发展有多种途径，课外活动、生产劳动、社会实践、环境熏陶，都有利于促进人的全面发展，但这些都无法与教学的重要作用相提并论。教学是有目的、有计划、有组织的活动，能最大限度地满足个体发展与社会发展的需要；教学是由专业人员组织开展的专业化活动，遵循了个体发展与教育发展的规律，能为人的发展创造最佳条件，提供最大可能性；教学是按课程计划组织实施的系统活动，为学生的发展提供了完整的课程体系，能最大限度地满足学生全面发展的需要。教学的这一系列特性决定了它比其他教育途径作用更大，在教育中的地位更高。

以教学为中心是学校的基本职能所决定的。学校是人才培养的专门场所，无论是基础教育还是高等教育，学校都以培养人为第一要务。而培养人不是一个单一的个体活动，而是一个庞大的系统工程，就教育空间而言，有学校教育、家庭教育、社会教育，就学校教育而言，有教学工作、学生管理、安全保卫、后勤保障、家校合作、社会参与等系列活动。在学校开展的众多活动中，教学无疑是最核心的工作，其他工作要么为教学保驾护航，要么配合教学工作完成育人的任务。

### 四、教学中的师生关系

教学活动是教师教与学生学相统一的活动，在教学活动中师生是一种什么样的关系呢？不同学者观点不同。如“教师主导，学生主体论”，细思之下，这个观点总有不妥之处。

因为“主导”是教师作为教的主体所发生的行为，是一个动词，而学生“主体”所发生的行为是什么则不清楚，并且“主体”是一个代词，把一个动词和一个代词并列，显然是牛头不对马嘴。那么，教学中师生到底是一种什么关系呢？

把教与学分开来看，教师是教的主体，学生是学的主体。教师是教的行为的执行者，学生是学的行为的执行者。教的行为不能取代学的行为，学的行为也不能取代教的行为。教的任务是确定教学目标，整合教学资源，选择教学方法，设计教学过程，组织教学实施，评价教学效果。学的任务是确定学习目标，选择学习内容，运用学习方法，规划学习过程，检验学习效果。这两个主体都有属于自己的主体活动，都要承担主体责任，都要承受主体活动后果。

把教学作为一个整体活动来看，教师与学生共同构成教学活动的主体。教学既是师生共同建构的活动，师生也必然共同成为教学活动的主体，不存在谁是“主体”，谁是“主导”。两个主体在教学活动中分别扮演不同的角色，承担不同的责任。教的主体履行教的职责，承担主导的责任，学的主体履行学的职责，承担主动学习的责任。两个主体充分履行职责，教学任务就能顺利完成。

同时，教师与学生互为客体。教学活动中教师与学生是一对矛盾统一体。他们互为主客体，教师是教的主体时，学生就是教的客体，学生是学的主体时，教师就是学的客体。并且，这一对主客体相互制约、相互影响，教的主体服务于学的主体，教师教什么、如何教，都取决于对教的客体，即学的主体的认知。相应地，学的主体学什么、如何学、学习效果如何，也取决于对学的客体，即教的主体的理解。两个主客体相互理解愈深，彼此关照愈切，教学关系就会愈融洽，教学合作就会愈成功。

## 第二节　教学过程

### 一、教学的基本环节

教学活动是由一系列相互衔接的环节构成的，教学活动成功离不开每一个环节的成功及各个环节之间的相互协调与配合。一般而言，教学过程都比较注重备课、上课、作业布置与批改、辅导、学业成绩检查与评定。

#### （一）备课

备课就是为上课做准备。教学是有目的、有计划的活动，只有对教学目标、内容、过程、方法等进行精心的规划、设计，教学才有针对性、预见性。对教师而言，一堂课准备愈充分，实施才会愈从容；对学生而言，教师备课愈充分，愈能满足学生的学习需求。同时备课的过程也是一个教师积累知识，提升教学设计能力，不断促进专业成长的过程。

1. 备课的内容

教师备课备什么呢？一般说来，教学需要什么，老师备课时就准备什么。教学是一个复杂的系统工程，构成教学的基本要素及其相互关系，都是备课需要考虑的因素，不仅如此，教学还受到来自外部各种因素的影响，因此，备课还要学会睁眼看世界，考虑教学内外各种制约因素及其相互关系。具体说来，备课的内容主要包括：对象认知、内容选择、方法运用、过程设计等。

一是了解学生。学生是教学的对象，是教学的出发点，也是教学的归宿。教师只有充分了解学生，才能准确定位教学目标，合理选择教学内容，恰当运用教学方法，有效组织教学活动。了解学生既要了解学生的群体特性，也要了解学生的个别特性，了解群体特征有利于班级教学，为学生提出共同的学习目标，满足学生群体的学习需求；了解个别特性，便于因材施教，满足不同学生个别化的学习需求。既要了解学生的学习起点，也要了解学生的发展目标。了解学生是全方位的，既要了解学生的学习态度、动机、方法、水平，还要了解学生的性格特征、成长过程、家庭环境、人际关系等，了解愈深刻，教学的针对性就愈强，就能从实际出发，最大限度地满足学生的学习需求。

二是内容准备。教学内容是达成目标的重要依据。教学内容有多种存在形式，最常见的是教材，教材以外的内容则是浩如烟海、包罗万象，哪些内容可以进入课堂，都需要教师的精心筛选、用心开发。

内容准备包括三个方面：理解课程标准、读懂教材、开发其他课程资源。理解课程标准是内容准备的前提，正因为教学内容漫无边际，才需要有选择的标准。课程标准规定了学科的性质，阐明了学科教学的基本理念，规定了教学达成的基本目标，提出了教学实施的建议，为目标定位、内容选择、方法运用指明了方向。教材是教学的依据，读懂教材要正确理解教材编写意图，准确把握教材的重点与难点，教材内容发掘要与课程标准相一致。随着教育改革的不断深入，教学主张从课本走向生活、从学校走向社会，联系学生实际、联系社会实际组织教学，教学内容准备也要联系生产、生活实际开发课程资源，满足学生的学习需求。

三是方法准备。选择什么样的教学方法跟学生交流，直接影响教学效果。备课时，教师常常根据教学内容与教学环境的实际，选择教学方法。

2. 备课的形式

教师备课有多种表现形式：课时计划、单元计划、学期或学年教学计划。

课时计划也称教案，它是为教师直接准备的教学方案。其一般包括：教学对象、学科名称、授课时间、教学内容、教学目的、教学方法、教学重难点、教具准备、教学过程设计等。

课时计划有详略两种，可根据教师本人的教学经验决定其详略。课时计划不仅可供教师教学参考，也为总结和研究教学工作提供了资料。许多教师在教学结束后，还要进行教学反思，这也是课时计划的组成部分，这对促进教师的反思性成长也是很有帮助的。

单元计划也称课题计划，指教师针对一个课题或教学单元所做的教学计划。课题计划的内容包括课题名称、课题教学目的、课题划分、主要教学方法、教具准备等。制订单元计划时教师应明确本单元在学科知识体系中所处的地位和作用，正确处理本单元与前后课题之间的关系。

学期或学年教学计划指学期或常年开始前教师对本学期或本学年度教学工作所做的计划安排。其内容包括：学生基本情况分析，本学期或学年教学总体目标，教学内容构成，各单元在学期或学年中的时间安排等。

3. 备课的方法

根据参与备课的人的情况不同，可以把备课分为独立备课、小组备课和集体备课三种。

独立备课是指任课教师自己根据教学需要，根据自己的教学经验进行备课。小组备课是指同一学科的教师或同一个学习小组的教师，针对同样的教学内容或教学情境进行的备课。集体备课是指教师集体针对同一堂课所做的教学准备，可以不受学科、年龄和职务等限制，不同的人从不同的视角对一堂课进行教学设计，提出自己的见解，小组备课也可以看作是一个小型的集体备课，小组或集体备课有助于同行之间的学习交流，尤其在研究课或竞赛课的教学准备中较为常用。

**（二）上课**

上课是教学的实施环节，是整个教学工作的中心环节。上课是教师实现教学目标、学生达成学习目标的重要途径，能否实现教学目标最终取决于上课的效果。一般说来，教师上课都是参照课时计划进行的，但课时计划不应成为教师教学能力发挥的束缚，教师应根据教学情境的变化，灵活地使用课时计划。上课是教师综合素养的体现，教师的教育观念、道德情操、专业知识、专业能力、教育技术在上课的过程中都能得到充分体现。

虽然人们对一节好课的评价标准不尽相同，但是，不同观点都共同指向以下标准：

（1）教学目标明确。教学主体对一节课所要达到的教学目标都应当明确。目标明确包括两层含义：一是指教学目标要求要正确，既符合课程标准的要求，也符合学生的实际、教材的实际。按照新课程教学目标的要求，教学目标应包括知识与技能、过程与方法、情感态度与价值观三个维度。虽然每一个维度在一堂课中的表现各不相同，但目标确定是否全面、是否具体、是否切合学生实际，都是衡量目标是否明确的依据。二是要让学生明确教学目标的要求，把教学目标转化成学生的学习目标。这样，教学目标对学生的学习行为才具有导向作用。

（2）教学内容正确。即保证教学内容的科学性与思想性。教学内容的来源有两个方面，一是教材的内容，二是教材外的内容。教学内容正确包括两个方面：一方面是指正确解读教材的内容，对教材的理解没有知识性的错误；另一方面是指对教材外内容的开发利用正确。教师无论从何处选择教学内容，必须首先保证内容的科学性与思想性，同时还要注意内容的适合性。并非没有知识性错误的内容都是正确的，分量是否适中，难易是否适度，引用是否及时都是考察内容正确与否的标准，只有内容理解正确与选择使用正确才是真正的内容正确。

(3) 教学方法恰当。教学方法的选择与使用，受教学主体、内容、环境、设备等因素的制约。教师要科学选择与使用教学方法，有效协调教学要素之间的关系，保障教学实施顺利进行。教学方法本身没有好坏之分，恰当的方法就是好的教学方法。

(4) 过程设计合理。教学具有历时性，一切教学目标的达成都是通过师生的教学活动过程实现的。一堂好课就像一出好戏，不仅跌宕起伏、情节生动，每一个角色都能在剧中实现自身的价值，良好的教学过程往往兼具流畅性、灵活性、趣味性色彩，既让人感到轻松，又让人收获满满。

(5) 教学氛围良好。教学氛围是由教育主体之间相互作用而建构的教学情境或教学气氛。良好的教学氛围表现在三个方面：一是民主、平等的人际关系。师生之间、同学之间在人格上是平等的，都享有充分参与教学活动的自由。二是自由、开放的学习氛围。课堂不是学生思想的禁地，而是自由开放的乐土，教师应引导学生自由思考、勤于探索、勇于创新、敢于质疑，把学生从已知的世界引向无限广阔的未知世界。三是接纳相融的心理氛围。每个人在课堂上都在追求真理，尽管在认知上不能达成共识，但在心理上不能排斥他人，应形成对强者欣赏、对弱者支持、对异者理解与包容的氛围。

(6) 教学效果良好。衡量教学效果主要看教学目标达成度。在教学目标合理的前提下，如果预期的教学目标完全实现了，无疑会是一堂好课。除此之外，良好的教学过程和积极的自我评价也是教学效果良好的表现。

此外，一堂好课的观察点还有很多，教师的形象气质、教师的语言、板书设计、时间分配、环境布置等都可以成为评价的标准。站在社会的角度还可以从社会目标达成度来评价一堂课，是否联系社会实际，是否满足社会需求等。

### （三）作业布置

作业布置是在理论联系实际的原则下，教师培养学生的问题解决能力、巩固知识的重要手段。作业因时间不同可分为课内作业与课外作业，因空间不同可分为学校作业与家庭作业，因形式不同可分为口头作业、书面作业与实践操作性作业。

作业布置不能随心所欲，应考虑教学目标要求与学生学习的实际。作业布置不当不仅达不到学习效果，反而会造成学习伤害。因而，作业布置应遵循下列四个基本原则：

一是难易适度、分量适中的原则。难易适度指作业布置应以学生的一般水平为准，它主要检查学生掌握基础知识与基本技能的情况，看普通学生是否达到了学习的基本要求。分量适中指作业完成不会造成学生过重的学习负担，应在普通学生完成作业的同时有比较充足的休息时间。

二是理论联系实际的原则。作业的布置有助于加深学生对基本公式、基本原理的理解，应联系实际注重问题解决。

三是差异性原则。为满足不同学生的学习需求，作业布置也应体现个体差异，即分别对学习困难的学生、学习优秀的学生和中间状态的学生提出不同层次的作业要求，使每一类学生都能经过努力完成作业，如可以给学习成绩好、学习能力强的学生适当布置少量难度较大的作业。

四是典型性原则。作业的选择应具有代表性、典型性，能承载相关学科的基本原理，能使学生通过完成作业达到触类旁通的效果，避免题海战术加重学生的学业负担。

**（四）课外辅导**

课外辅导是上课的一种补充形式，它是在学生上课之余，对学生进行的学习帮助。课外辅导有个别辅导和集体辅导两种形式。个别辅导主要是针对个别学生的学习问题给予的辅导，可以是教师单独进行的辅导，也可以是在集体中针对个别学生的问题进行的辅导。集体辅导是针对学生集体存在的问题进行的辅导。辅导不是上课的延续或重复，而是对课堂上或课后发现的问题的及时解决。

**（五）学业成绩检查与评定**

学业成绩检查与评定是测试教学效果、调控教学行为的一个重要环节。一方面，教师通过成绩检查与评定可以了解学生的学习情况，为学生的学习及时提供反馈信息，帮助学生查漏补缺；另一方面，成绩检查评定有利于教师全面了解自己的教学效果，反思教学过程，改进教学措施，提升教学质量。另外，学业成绩的检查与评定还是高一级学校选拔人才的有效措施。

科学合理的检查与评定对教学能起到积极的促进作用；反之，则不仅不利于教学，而且会挫伤学生学习的积极性与自尊心，阻碍学生发展。

检查与评定学业成绩必须坚持科学性、有效性和可靠性的原则，能通过测评了解学生学习的真实水平，诊断教学问题，积累教学经验，评价内容力求全面，评价方式灵活多样。

常用的评定方式有考查和考试两种。考查是在教学过程中为及时掌握学生学习情况而使用的学业成绩检查评定方式，有日常观察、课堂提问、检查作业和书面测验等。考试是对学生学业成绩进行总结性检查的一种评定方式，包括笔试、口试和实践操作等多种形式。

成绩评定有评分和评语两种形式。常用的记分法有百分制和等级制。评语是用语言对学生的学习做性状描述，指出优势与不足，还可以针对问题提出改进措施，指导学生学习。

教学工作的各个环节相互联系、相互促进，共同构成了完整的教学活动系统。每个环节在教学活动中的地位和作用虽不相同，但都是不可或缺的，只有充分发挥各个环节的作用，才能保障教学活动的全面实施。

## 二、教学的基本规律

规律是事物本身所固有的、内在的、本质的、必然的联系。在教学活动中也有很多此类的联系，我们把这些联系称为教学活动的基本规律。

**（一）知识性与思想性相统一**

在教学过程中传授知识与对学生进行思想品德教育是不可分离的。知识是思想的载体，无论何种思想都会以知识的形式表现出来。任何知识，无论是科学的还是人文的，都具有思想教育的功能，脱离思想教育的纯粹的知识教学是不存在的，这便是教学的教育性原理。

首先，知识是思想品德形成的基础。学生思想品德的形成必须先有道德认知，然后才有道德行为，学生道德认知的过程就是掌握知识的过程。不仅如此，其他认知活动，即使不是思想道德内容的认知，也具有道德教育的功能。因为任何认知能力的提升，都有利于提升学生的道德认知。同时，学生知识获得的过程，也是学生学习动机激发、学习态度养成、学习习惯形成的过程，本身就具有思想品德教育的价值。

思想品德的形成对学生知识的获得具有促进作用。学习是有目的的活动，需要受教育者明确学习目标，端正学习态度，激发学习热情，才能克服学习困难，取得学习成功。思想品德高尚的人会志存高远，激发强大的学习动能，为获取知识、勇攀科学高峰而努力学习。心胸狭隘的人，心里只有自己，不考虑国家、民族、社会、他人，其学习潜能也难以得到有效开发，知识学习也不会取得好的成果。

传授知识与思想教育结合要防止两种倾向，一是只强调传授知识而忽视思想品德的教育；二是脱离知识单纯地强调思想品德教育，使思想品德教育流于一句空话。

### （二）直接经验与间接经验相统一

教学过程是学生经验获得的过程，也是师生之间经验交流的过程。其中既有直接经验，也有间接经验，而且这两种经验在教学过程中相辅相成，不可或缺。

直接经验是个体在自身的实践活动中获得的经验。间接经验是从他人处获得的或其他途径获得的他人的经验。这两种经验对学生的学习都很重要。直接经验是间接经验的基础，没有丝毫直接经验的人，是不可能获得间接经验的，因为一切新经验的获得都以原有的经验为基础。学生的学习以获得间接经验为主，学校教育中学科知识的教学几乎都是在传授间接经验，并且是经过提炼、筛选后的成熟的经验。

获得直接经验需要漫长的时间，获得间接经验省时高效，学生的学习需要把两种经验结合起来，既要防止脱离学生实际一味传授间接经验，又要避免过度强调自主探索实践，花费过多时间去获得直接经验。

### （三）掌握知识与能力相统一

教学活动中学生掌握知识需要借助一定的能力来完成，如观察力、记忆力、思维能力、想象能力等，离开能力参与，知识无从获得。同时，能力的提升也必然伴随知识获得的过程。教学中知识与能力不可分离。

首先，知识是能力形成的基础。能力是运用已有知识经验解决问题的过程中，表现出来的心理特征。知识愈贫乏，愈难以把握问题的实质、发现事物的内在联系、找到解决问题的办法。知识丰富的人常常办法比问题多，表现在能力上也是比较强的。

其次，能力影响获取知识的速度、深度与广度。观察能力强，可以眼观六路、耳听八方；记忆力强，可以过目不忘；思维能力强，可以一针见血，入木三分。因此，教学过程也是师生能力展示的过程。

尊重知识与能力相统一的规律，要防止两种倾向：一是片面地强调知识的重要性，尤其在片面追求升学率的背景下，课堂教学具有明显的知识中心倾向，师生共同关注的重点是知识，而不是受教育者本身。二是片面地强调能力的重要性，从一个极端走向另一个极端，脱离知识教学，搞所谓专项的能力训练。

### （四）教师主导与学生主动相统一

教学过程是师生共同参与的教与学相统一的过程。教师的教与学生的学共同建构了完整的教学活动，离开任何一方，教学都不完整。

教学过程离不开教师的主导作用。教师主导使教学有方向、有目标、有组织、有效率。教学是一个专业性比较强的活动，必须由专业人士来设计与实施。教师受过教学的专门训练，掌握了教育规律及学生身心发展的规律，了解国家的教育方针及社会对人才培养的要求。教师主导直指教学目标，避免了学生盲目探索，避免课堂各行其是，保障了教学的有效运行。

教学过程离不开学生的主动学习。主动学习有两层含义，一是指学习态度主动，学生有内在的学习需求；二是指学习的行动，与主导相对应。教学效果最终取决于学生的学习行动，学生学习行动的动机较强、行动的方法好、行动的习惯好，教学的效果自然就会好。

在主导与主动的关系中，两者互为主客体，教师是主导的主体，学习的客体；学生是主动学习的主体，主导的客体，两者共同构成教学的主体。主导与主动是相互制约、相互影响的。教师的主导以学生的主动为基础，为学生主动服务。学生的主动以教师的主导为引领，同时反作用于教师的主导，对主导提出要求，给主导提出改进的意见。

## 三、教学的基本原则

教学原则是教学活动应遵循的基本要求，是人们教学实践经验的概括和总结。它反映了人们对教学活动本质性特点和内在规律性的认识，是指导教学工作有效进行的指导性原则和行为准则①。常用的教学原则有下列几种：

### （一）科学性与思想性相统一

科学性与思想性相统一是指在对学生进行科学知识传授的过程中，应加强对学生思想、政治与道德的教育。

贯彻这一原则，是我国教育目的的基本要求，我们的教育目的是培养社会主义的建设者和接班人，只掌握先进的科学知识，没有坚定的政治信念、良好的道德素养，都不能胜任这一要求。在学校教育中，教学的科学性与思想性历来是一致的、统一的，没有科学性，就没有思想性。教学的思想性取决于教学的科学性，同时思想性也是提高教学的科学性的重要保证。贯彻这一原则要求：

第一，教师要确保教学的科学性。教学内容正确，教学方法恰当，程序设计合理。

第二，教师要深入发掘教学中的思想性因素，自觉对学生进行思想品德教育。

第三，教师要将思想性贯穿教学过程始终。

第四，教师要不断提高自己的思想道德修养，以身作则，达到身教重于言教的效果。

### （二）理论联系实际

理论联系实际是指在教学过程中要把理论知识的学习与社会实践或学生的直接经验结合起来，以加深对理论的理解，增强学生运用理论解决实际问题的能力。

这一原则符合认识发展的规律，一切理论都来源于实践，并且要接受实践的检验。同时，这一原则也符合学生的学习特征，学生学习以获得间接经验为主，但离不开学

① 王策三. 教学论稿［M］. 北京：人民教育出版社，1985：147.

生的直接经验。贯彻这一原则要求：

第一，教学过程要注重对学生系统理论知识的传授。

第二，教学要丰富学生实践经验。

第三，教学要联系学生实际、联系社会实际，从而理解相关的理论知识。

**（三）因材施教**

因材施教指在教学过程中教师要尊重学生的个体差异，根据学生学习的不同需求及学生学习的实际，对学生施加不同的教育影响。

这一原则符合学生身心发展规律，个体发展具有差异性与不平衡性，只有根据学生发展的实际水平进行有针对性的教学，才能收到预期的教学效果。贯彻这一原则要求：

第一，教师要了解学生的个体差异，尊重每一个学生。

第二，教师要设计个性化的教学，尽可能满足学生个性化学习的需要。

第三，教师要对学生的学习进行个性化评价。

**【资料链接】**

**孔子因材施教的故事**

子路问："闻斯行诸？"子曰："有父兄在，如之何闻斯行之？"

冉有问："闻斯行诸？"子曰："闻斯行之？"

公西华曰："由也问闻斯行诸，子曰：'有父兄在'；求也问闻斯行诸，子曰：'闻斯行之'；赤也惑，敢问。"

子曰："求也退，故进之；由也兼人，故退之。"

资料来源：《论语·先进篇》。

**（四）循序渐进**

循序渐进指教学活动要遵循学生的认识发展规律，由浅入深、由近及远、由低级到高级设计和组织教学，引导学生一步步地获得知识、习得技能，形成良好的思想品德。

《拔苗助长》的寓言故事告诉我们，农作物的生长也有特定的过程，违背自然规律就会遭到惩罚。循序渐进的原则符合事物发展的基本规律，任何事物的发展都要经历从量变到质变逐渐演化的过程。人们对客观事物的认识，也有一个由简到繁，由低级到高级，由直观到抽象的循"序"过程，人们对任何事物都不可能一步就达到对其本质的认识。技能形成也有一个从不熟练到逐渐熟练的过程，再好的方法都不可能一蹴而就。贯彻这一原则要求：

第一，教师要认识事物发展规律，找到事物发展的"序"。

第二，教师在教学过程中需要把握学生的发展顺序与知识的逻辑顺序。

第三，教师要建立教学内容与学生之间的链接，按照学生的发展顺序，安排教学的逻辑顺序。

**（五）直观性**

直观性指在教学过程中，教师要利用直观手段，通过引导学生开展多种形式的感知，丰富学生的感性认识，发展学生的观察力和形象思维，并为学生形成正确而深刻的理性认识奠定基础。

这一原则反映了认识发展从感性认识到理性认识的基本规律。人们总是透过事物的现象才能看到事物的本质。遵循这一原则能促使具体形象与抽象概念相结合，减少理解抽象概念的困难；能激发学生的学习兴趣和热情；有助于发展学生的观察能力、形象思维能力，促进对知识的理解巩固。

贯彻这一原则要求：

第一，直观的类型多种多样，有实物直观、模型直观、语言直观，教师使用最方便的是语言直观。

第二，直观手段的选用要符合教学的目的要求和各科教学的特点。

第三，直观教具的选用要符合学生的年龄特征和认识水平。

第四，运用直观手段，要与教师适当的讲解相配合。

第五，教师要合理考虑使用直观教具的数量、时间和地点，使用不当可能对教学产生消极影响。

**（六）启发性**

启发性指在教学中教师要承认学生是学习的主体，注意调动他们的学习主动性，引导他们独立思考，积极探索，生动活泼地学习，自觉地掌握科学知识和提高分析问题及解决问题的能力。

这一原则是由学生的特点所决定的。古希腊有位哲人说过："头脑不是一个要被填满的容器，而是一把需要点燃的火把。"学生是学习的主体，是具有能动性的主体，总是带着经验进入课堂，任何外在经验只有经过学生的消化吸收才能转化为学生的个体经验。因此，教学要尊重学生的经验，引导学生主动思考。贯彻这一原则要求：

第一，教师要树立正确的学生观，承认学生是教学活动的主体，让学生成为学习活动的主人。

第二，教师要充分调动学生的学习积极性和主动性。

第三，教师要创设问题情境，引导学生质疑问题和学会思考。

第四，教师要发扬民主教学。在教学中教师应注意建立民主平等的师生关系和生生关系，创造民主和谐的教学气氛，鼓励学生敢于发表自己的独立见解。

**（七）巩固性**

巩固性指教学中使学生在理解的基础上，将知识、技能牢固地保持在记忆中，达到熟练程度，需要时能及时、准确地再现。

巩固性原则是学生顺利接受新知识，积累所学知识，并运用于实际的必要条件，没有知识的巩固就没有知识的积累。古今中外的教育都非常重视知识巩固的作用。孔子说"学而时习之""温故而知新"，俄国教育家乌申斯基提出"复习乃学习之母"，都是在强调巩固在知识获得过程中的作用。

贯彻这一原则要求：

第一，任何新知识的获得都需要巩固，忽视这一环节就会产生遗忘。

第二，理解是巩固的基础。心理学研究表明，理解记忆比机械记忆更容易保持而不易遗忘，教学过程应引导学生加强对学习内容的理解。

第三，根据遗忘的规律组织及时复习与循环复习有利于知识的巩固。

第四，实践与综合运用有利于加强对知识的理解与巩固。

第五，知识或技能巩固的方式多种多样，多种方法灵活运用能收到理想的效果。

## 四、教学的基本方法

### （一）教学方法概述

1．教学方法的含义

对于教学方法，不同的人给出了不同的定义。西方学界具有代表性的说法有："教学方法是教师为达到教学目的而组织和使用教学技术、教材、教具和教学辅助材料以促成学生按照要求进行学习的方法。"[①]"教学方法是指大多数教师能够充分加以运用并适合于多学科反复使用的教学步骤或程序。"[②] 我国学者王策三认为，"教学方法是指为达到教学目的，实现教学内容，运用教学手段而进行的，由教学原则指导的一整套方式组成的、师生相互作用的活动"[③]。李秉德认为，"教学方法，是在教学过程中，教师和学生为实现教学目的，完成教学任务而采取的教与学相互作用的活动方式的总称"[④]。

不难看出，这些定义虽然在用词上各不相同，但所反映的主体思想是一致的。

第一，明确了教学方法是为教学目的服务的，没有目的就没有方法。

第二，教学方法具有可操作性。无论是教学技术与手段，还是教学的步骤与程序，教学方法都具有可操作性。

第三，教学方法都是伴随一定的主体而存在的，没有教师与学生的存在，也就没有教学方法的存在。

综合以上几个特征，我们可以把教学方法定义为：教学方法是教学活动的主体为实现一定的教学目的，借助一定的教学资源而采取的教与学的活动方式、手段及程序的总称。

广义的教学方法包括教师的教法、学生的学法及教学合作的方法。

狭义的教学方法指师生共同参与完成教学活动所使用的方法。

2．教学方法的特点

教学方法的特点是在教学实践中表现出来的教学方法的一系列外部特征。一般认为教学方法具有如下几方面的基本特点：

（1）实践性。教学方法注重教学实际问题的解决，具有可操作性，其运用程序、实施要求、影响媒介等都与教学实践紧密相连。同时，教学方法的实践效果又是检验其优劣的重要指标。

（2）多样性。教学方法是教师和学生在教学实践过程中探索出来的活动方式的概括和总结。由于教学方法受多种因素的制约，构成教学的任何一个因素的改变都可能导致方法的更新，教学要素组合的多样性，必然导致教学方法的多样性，即使同一个老师教同样的内容、面对一样的学生，教学情境发生变化，教学方法也会随之发生变

① CLARK L H, STARR I S. Secondary School Teaching Methods, Third Edition. London: Macmillan Publishing Co, Inc. 1977: 25.

② DEJNOZKA E L, KAPEL D E. American Educator Encyclo-Pedia. New York: Greenwood Press. 1982: 519-520.

③ 王策三. 教学论稿［M］. 北京：人民教育出版社，1985：244.

④ 李秉德. 教学论［M］. 北京：人民教育出版社，1991：197.

化，一个教师只有形成自己的教学方法体系，建立属于自己的教学“方法库”，才能在方法选择上随机应变，使用时游刃有余。

（3）整体性。教学是一个系统工程，无法用一个万能的方法来解决所有的教学问题，任何一种方法都必须与其他教学方法密切配合、互相补充，才能发挥方法的整体性功能，再好的方法，如果只是孤立地使用，没有其他方法的配合与点缀，都难以收到理想的教学效果，从这个意义上说，就整个教学过程而言，根本就没有一种“最好的教学方法”。

（4）继承性。教学方法也和其他教育现象一样，具有历史继承性。自从有了教学实践活动，人们就开始了对教学方法的探讨。千百年来，人们在教学实践活动中探索出许许多多行之有效的教学方法，积累了丰富的教学实践经验，许多方法流传千古，至今还保持着旺盛的生命力，如苏格拉底的“产婆术”，今天仍为广大教学工作者所推崇。即使要进行教学方法创新，也不可能从零开始，都必然要从多方面吸收和利用传统教学方法中一切有价值的成分。

（5）发展性。教学有法，但无定法。任何教学方法都不是一成不变的。随着科学技术的进步，教育观念的不断变革，古老的教学方法必然渗入今天的时代元素。不仅如此，教学条件的变化也必然催生新的教学方法不断涌现。

**（二）教学方法的分类**

教学方法的数量有很多，千百年来，人们在教学活动实践中总结出不计其数的教学方法。仅目前我国中小学常用的教学方法就有讲授法、讨论法、谈话法、读书指导法、演示法、实验法等数十种方法。对如此众多的教学方法进行分类不仅有助于教学方法科学体系的建立，更有助于师生科学有效地选择和使用教学方法，提高教学效率。

1. 国外教学方法分类模式

（1）桑代克的教学方法分类。

桑代克把教学方法分为读书教学法、讨论教学法、讲演教学法、练习教学法、实物教学法、实验教学法、设计教学法、表演教学法、自动教学法。对于上述分类，桑代克并未指明分类标准，有的是依据各种教学方法所使用的手段（工具）和动作，如读书、讨论、表演等；同时，他似乎又要在分类中体现从被动到主动、从简单到复杂、不断提高活动水平的性质变化特点。

（2）巴班斯基的教学方法分类。

巴班斯基依据对人的活动的认识，认为教学活动包括三种成分，即知识信息活动的组织、个人活动的调整、活动过程的随机检查，并依此把教学划分为三大类。

第一大类：组织和自我组织学习认识活动的方法。其中有口述法、直观法、实践法，这是根据教材的逻辑保证学生一定的思维活动的方法，根据学生如何掌握教材保证学生获得教材知识的方法。

第二大类：激发学习和形成学习动机的方法。其中包括刺激学习兴趣及引起学习动机的方法、刺激学生学习义务以引起学生学习动机的方法。

第三大类：检查和自我检查教学效果的方法。其中包括口头检查法、直观检查法、实习检查法。

(3) 拉斯卡的教学方法分类。

拉斯卡依据新行为主义的学习理论，即刺激-反应联结理论，把学习刺激分为 A、B、C、D 四种，据此相应地把教学方法分为四种基本类型，分别是：呈现的方法、实践的方法、发现的方法、强化的方法。

2. 中国教学方法分类模式

(1) 李秉德的教学方法分类。

李秉德教授按照教学方法的外部形态，以及相对应的这种形态下学生认识活动的特点，把中小学教学活动中常用的教学方法分为五类。

第一类方法：以语言传递信息为主的方法，包括讲授法、谈话法、讨论法、读书指导法等。

第二类方法：以直接感知为主的方法，包括演示法、参观法等。

第三类方法：以实际训练为主的方法，包括练习法、实验法、实习作业法。

第四类方法：以欣赏活动为主的教学方法，如陶冶法等。

第五类方法：以引导探究为主的方法，如发现法、探究法等。

(2) 黄甫全的教学方法分类。

黄甫全教授认为，从具体到抽象，教学方法是由三个层次构成的。

第一层次：原理性教学方法。该类教学方法解决教学规律、教学思想、新教学理论观念与学校教学实践直接的联系问题，是教学意识在教学实践中方法化的结果，如启发式、发现式、设计教学法、注入式方法等。

第二层次：技术性教学方法。该类教学方法向上可以接受原理性教学方法的指导，向下可以与不同学科的教学内容相结合，构成操作性教学方法，在教学方法体系中发挥着中介性作用。例如，讲授法、谈话法、演示法、参观法、实验法、练习法、讨论法、读书指导法、实习作业法等。

第三层次：操作性教学方法。该类教学方法指学校不同学科的教学中具有特殊性的具体方法，如语文课的分散识字法、外语课的听说法、美术课的写生法、音乐课的视唱法、劳动技术课的工序法等。

目前，我国不少教育学教材根据学生获取知识的主要来源和教学活动的方式，把教学方法分成四类：一是语言的方法，包括讲授法、谈话法、读书指导法；二是直观的方法，包括演示法、参观法；三是实习的方法，包括练习法、实验法、实习法、作业法；四是研究的方法，包括讨论法、发现法等。

**（三）课堂教学常用方法**

课堂教学的教学方法多种多样，这里所阐述的是其中最常用的一些方法。

1. 以语言传递为主的教学方法

以语言传递为主的教学方法主要包括讲授法、谈话法、讨论法、读书指导法等。

(1) 讲授法。

讲授法是教师运用口头语言系统地向学生传授知识的方法，是一种最古老的教学方法，也是应用最广泛的一种教学方法，基本的形式是教师讲、学生听，分为讲述、讲解和讲演三种。

讲述是指教师运用口头语言向学生叙述、描绘事物或现象。讲解是指教师向学生解释、说明、论证概念、原理、公式等。讲演是指当众演说，发表自己的见解。

三种讲授方法之间没有严格的界限，在教学活动中常常结合使用。讲授法的优点在于，可以使学生在比较短的时间内获得大量的、系统的知识，有利于发挥教师的主导作用，有利于教学活动有目的有计划地进行。不足之处在于，方法的运用主要依赖教师的语言素养，讲授过程容易满堂灌，不利于照顾学生的个体差异，难以调动学生自觉主动学习的积极性。

运用讲授法的基本要求：

①教师应保证讲授内容的科学性和思想性。教师讲授的概念、原理、事实、观点必须是正确的。

②讲授过程要条理清晰，重点突出，便于学生理解。

③讲究语言艺术。首先，要做到语言准确、简明、清晰；其次，要形象生动，富有感染力，符合学生的年龄特征；最后，还要讲究语速、语调，以提供适宜的声音刺激。

④注意与其他教学方法配合使用。完全采用讲授法，容易使学生进入疲劳状态，不能收到理想的教学效果，实践证明：讲授法与其他方法交替使用，教学效果良好。

（2）谈话法。

谈话法是教师根据学生已有的知识经验，借助问题，通过口头交谈的方式，引导学生进行比较、分析、判断、推理等思维活动，从而获得知识的方法。

谈话法的优点在于，能充分发挥教师的主导作用，调动学生学习的积极性、主动性，引导学生跟着老师的节拍积极思考问题，同时也有利于学生交往能力与语言表达能力的培养。不足之处在于，参与谈话的学生多了，时间就没有保障，参与谈话的学生少了，又不能满足多数学生的学习需求。

运用谈话法的基本要求：

①做好谈话前的准备。谈话的目的是什么？确定什么话题？设计哪些问题？提问哪些学生？针对学生可能谈到的问题教师有怎样的应对策略？这一系列的问题在谈话前，教师都应该胸有成竹。对于课堂生成的谈话内容，教师应当因势利导，灵活应对，使之与谈话主题相结合。

②面向全体，提高谈话的参与度。谈话法表面上是教师与个别学生之间的交流与对话，但教学影响是面向全体学生的。因此，一方面，谈话的内容应适合全体学生学习的需要，应是教学中带有普遍性的问题；另一方面，谈话的对象也应具有代表性，不能只关注学习成绩优秀的少数学生，而应该对不同层次、不同类型的学生都有所涉及。

③注重谈话艺术。谈话是老师主导下的师生互动、生生互动的交流活动。教师首先要引导谈话的方向，使谈话目标明确，主题鲜明。其次，激发学生参与的热情。学生参与热情愈高，谈论的话题愈深入，愈有利于对学生分析解决问题能力的培养。

④及时对谈话进行归纳总结，突出谈话主题，帮助学生形成良好的知识结构。

（3）讨论法。

讨论法是学生在教师的指导下为解决某个问题而进行探讨、辨明是非真伪以获取知识的方法。其优点在于讨论法能充分地给予每个学生表达自己观点的机会，能更好地发挥学生的主动性、积极性，有利于培养学生独立思维能力、口头表达能力，促进学生灵活地运用知识。讨论法的不足之处在于，受学生已有经验和主观态度的影响，容易出现流于形式或偏离主题等现象。

运用讨论法的基本要求：

①确定讨论主题。第一，要选择那些有讨论价值的内容作为讨论的主题，比如，与教学内容密切相关的概念、原理或事实。第二，讨论的主题应与学生的已有认知水平相适应，过难的话题，学生会觉得无话可说；过于简单的话题，又没有讨论的必要。

②加强讨论管理。讨论虽然是各抒己见，但总是围绕一定的主题、指向一定的目标的。老师应在讨论时加强巡视，注意倾听，收集学生讨论的信息，捕捉学生讨论中出现的问题与闪光点。当学生遇到问题，讨论难以持续时，及时给予点拨；在讨论偏离主题时，及时给予提醒；在讨论热烈、成效显著时，及时给予鼓励。讨论的形式灵活多样，可以在班级内自由展开，可以分小组进行，还可以同桌结伴讨论。一般说来，自由讨论的结果更具开放性，分小组讨论的问题更具规范性与深入性。目前，分组讨论作为一种较为常用的合作学习的教学组织形式，受到师生的广泛欢迎。

③做好评价总结。运用讨论法是为了集思广益，但讨论的结果常常很难获得一个固定的答案。这就要求教师及时对讨论做出评价总结。对讨论过程中学生的积极行为及时给予肯定，对讨论的结果及时做出评价，即使没有统一的标准答案，教师也应该在广泛听取学生讨论意见的基础上给出自己的结论。

（4）读书指导法。

读书指导法是教师指导学生通过阅读教科书、参考书以获取知识或巩固知识的方法，包括指导学生预习、复习、阅读参考书、自学教材等。培养学生阅读课外书和教材的能力是教学的基本任务之一。有学者指出“未来的文盲，不是目不识丁的人，而是没有掌握学习方法，不会钻研问题的人”。培养学生自己探索、独立实践、解决问题的能力是我们进行读书指导法教学的核心。

这一方法的优点是：有利于发挥老师的主导作用，也能充分体现学生的学习主体地位；有利于教会学生学习，培养学生主动分析问题、解决问题的能力，养成良好的学习习惯。其缺点在于，由于学生阅读能力存在差异，课内阅读难以保持相同的阅读进度，在一定程度上制约着教学进程的推进。

读书指导教学法的基本要求：

①激发学生读书的热情，培养良好的读书习惯。俗话说兴趣是最好的老师，无论阅读课内的还是课外的书籍，学生必须对阅读的书籍有兴趣，有较强的阅读动机，这样才能有阅读的主动性与积极性。

②指导读书的内容。读书指导法既适用于课内阅读，也适用于课外阅读。课内阅读指导应明确教学目标，注重问题牵引，有利于培养学生的阅读能力、分析解决问题的能力及合作交流的能力。课外阅读，浩瀚无边，读书指导应结合学生的课内学习，指向学生的全面发展，做到有的放矢，课内与课外结合，主导与主体互动。

③指导学生读书的方法。根据对书本内容的理解程度，读书分为粗读、细读和精读三种。粗读了解教材结构，便于理解知识框架，初步了解各部分之间的相互关系；细读厘清事实，明确相关的基本原理；精读把握重难点，加深对内容的整体理解。

④教会学生使用工具书，培养学生借助工具书阅读的习惯。

⑤引导学生做读书笔记，加强与书本的交流与对话，把学习引向深入。

2. 以直接感知为主的教学方法

以直接感知为主的教学方法主要有演示法和参观法。

（1）演示法。

演示法是教师根据教学目的和内容，通过呈现实物、模型、图片等直观教具或通过示范性操作实验和电教手段，指导学生获得知识或巩固知识的教学方法。它常与讲授法、谈话法等结合使用。演示法的优点在于具有很强的直观性，有利于克服单纯理论讲授的不足，有利于教学重点和难点的突破，尤其符合小学生的认识发展规律，不足之处是演示要受条件的限制，如细胞分裂的演示实验只能在实验条件下进行。

演示法教学的基本要求：

①明确演示目的。学生学习是有意识、有目的的活动，目的不明确，学生的行为易受无意注意影响，观察教师示范操作时常常被一些非关键情境所吸引，而忽视了应观察的主要内容。这就要求教师在运用演示教学时，应先向学生交代演示目的，并要求他们注意观察演示对象的主要特征和主要方面，从而对所演示的知识技能形成鲜明而深刻的印象。

②演示与解说指导相结合。演示教学不是单纯的操作表演，教学过程中要边演示边讲解，要告诉学生观察什么、注意什么，使学生能够集中注意力观察重点，避免注意力分散。解说语言要准确、简明、精炼，表达要生动、形象，有利于学生形成表象。同时，要引导学生在获得感性经验的基础上，对观察的现象进行分析、归纳、概括、总结，形成对事物的理性认识，培养学生的思维能力。

③注意演示方法。演示常常是由一系列动作组成的一个过程，这一系列的动作是有序的、相互联系又相互制约的。因此，演示首先要进行活动分解，把整个演示分解为几个相互联系的环节。教师把环节进行分解逐一演示，学生从局部观察到整体感知，从而获得对事物的整体认识。其次，要把握好演示的进度，比如，操作技能通常是个连续的过程，假如教师只做一般性的示范然后就让学生简单地模仿，学生往往只能是比比画画并不能真正掌握技能。但如果改进演示方法，借助“慢镜头”把操作过程按顺序逐一展开，学生就易于观察从而掌握要领。最后，操作要规范。学生的技能一旦形成，往往相伴终身，不易更改，因此教师在演示中一定要注意动作规范、标准、前后一致，以免误导学生，影响教学效果。

（2）参观法。

参观法是教师根据教学实验的需要，组织和指导学生到实地直接观察客观事物，从而获得知识的教学方法。参观法的优点在于，能使学生获得丰富感性知识，加强理论和实际的联系，提高兴趣，发展能力，培养积极情感。参观法的不足之处在于易受参观条件的限制，尤其是组织校外参观牵涉面广，难以成行。

参观法的基本要求：

①做好参观的准备工作。教师要明确参观的目的和对象，确定参观的形式和方法，做好参观的组织和指导工作。

②引导好学生的参观。教师要向学生提出注意事项，指导学生注意观察主要事物

和现象，要求学生认真听取介绍和解释，收集有关资料，做好参观记录。同时，教师要做好参观的组织纪律教育和安全教育。

③做好参观总结。参观结束后，及时指导学生把参观所得的感性认识上升为理性认识，并与所学的理论知识结合起来，写好参观报告，做好参观总结。

3. 以实际训练为主的教学方法

以实际训练为主的教学方法包括练习法、实验法、实习作业法等。

（1）练习法。

练习法是学生在教师指导下运用知识进行一定的操作，从而消化巩固知识，并形成技能、技巧的教学方法。练习法是各年级、各学科普遍采用的方法之一。练习法按性质和特点可分为心智技能的练习、动作技能的练习和文明行为习惯的练习等，按练习方式可分为口头练习、书面练习、实际操作练习等。练习法在各科教学中得到了广泛的应用，尤其是工具性学科（如语文、外语、数学等）和技能性学科（如体育、音乐、美术等）。

练习法的优点在于，能充分体现学生的学习主体地位，有利于巩固知识；在引导学生把知识应用于实际、发展学生的能力及形成学生的道德品质等方面具有重要的作用。但运用不当会加重学生的学习负担。

练习法的基本要求：

①明确练习的目的和要求。练习虽是多次地完成某种活动，但并不是简单、机械地重复，而是有目的、有步骤、有指导地形成和改进学生技能、技巧，发展学生能力的过程。因此，在练习时，教师不仅要有明确的目的，而且也要使学生了解每次练习的目的和具体要求，并使他们依靠对教材的理解自觉地进行练习。

②精选练习材料。练习材料要根据练习目的、学生实际情况及学习和生活上的实际需要加以选择；要加强基本技能的训练，把典型练习、变式练习和创造性练习密切结合起来，努力促进学生技能的积极迁移，使学生能举一反三，触类旁通，发展他们的实际操作能力和创造能力。

③指导练习方法。练习方法要按照确定的步骤进行，不管何种练习，都要求学生积极思考。练习方法与任务难度及任务的多少有关，有的练习材料可采用全部练习法，有的练习材料可采用分段练习法（又称单项或分步练习体系），即把某种复杂的操作活动，分解为几个部分，先专门练习其中的某一部分，然后再过渡到综合练习。练习开始时，教师通过讲解和示范，使学生获得有关练习的方法和实际动作的清晰表象，然后再让学生进行练习，先求正确，后求熟练。练习的方式要适当多样化，以提高学生练习的兴趣和效果。

④适当分配练习的分量、次数和时间。技能、技巧或习惯的形成，都需要足够的练习，但是，练习的分量和次数，要根据学科的性质、练习的材料和学生的年龄特征来确定，不是越多越好。就练习的时间分配而言，一般说来，适当的分散练习比过度的集中练习效果更好。在开始阶段，练习的次数要多些，每次练习的时间不宜过长，然后可逐渐延长练习的时距，每次练习的时间略可增加。

⑤了解练习的结果。每一次练习之后，检查哪些方面有成效，哪些方面存在缺点或错误，让学生及时知道练习结果，保留必要的、符合目的的动作，舍弃多余的动作，

或组织一些矫正性的练习。当学生出现高原状态时，教师要帮助学生分析原因，指导他们改变旧的活动结构，采用新的方式，并提高他们的信心，鼓励他们突破高原状态，争取更大的进步。

（2）实验法。

实验法是学生在教师指导下，运用一定的仪器设备进行独立操作，观察和研究这种操作引起的现象和过程，以获取知识的教学方法。实验法的优点在于，学生通过实验活动既能获得感性经验，又有利于形成理论认识。实验的过程不仅有利于培养学生的动手能力、观察能力、独立思考能力，也有利于培养学生的科学态度、探究精神。不足之处在于，实验法要受实验条件的限制，目前，中小学师生的科学实验观念还比较淡薄，实验教学法运用还不够广泛。

运用实验法的基本要求：

①实验准备。实验之前，教师要准备好实验器材，并就实验的目的、内容、步骤、仪器的使用操作要领等向学生做简要说明。

②实验指导。中小学生实践经验贫乏，难以独立完成实验，教师除了在实验之前做必要的实验说明之外，还要在实验过程中对学生的实验做跟踪指导，比如，及时提醒实验及操作方法，规范动作要领，搜集实验素材，根据学生实验中出现的问题，加强对学生的集体指导或个别指导。

③实验总结。中小学生容易被实验的外在因素和表面因素吸引，从而忽略对实验重要现象的观察与分析，忽略对重要实验素材的搜集与处理。因此，教师要及时引导学生做好实验总结，交流实验结果，汇报实验情况，或写出实验报告。

（3）实习作业法。

实习作业法是学生根据教师布置的任务，在课内或课外进行实际操作，将已学知识运用于实践的教学方法。实习作业法的基本形式是学生在教师的指导下，运用所学知识解决实际问题。实习作业法的优点在于，通过将所学知识运用于实际，把理论与实践结合起来，不仅有利于加深对知识的理解，而且有利于学生通过实践获得新的知识，还有利于培养学生的实践能力与创新精神。

实习作业法的基本要求：

①做好实习的准备。教师要让学生明确实习的目的与任务，增强实习的目的性与自觉性；制订详细的实习计划，并明确提出具体可操作的步骤和要求；准备好实习器具，编好实习小组。

②操作过程中加强集体和个别指导，使学生明了操作方法及有关注意事项，在必要时教师先给以示范。同时教师应要求学生独立操作，及时小结各步骤的操作情况，及时检查阶段性结果。

③选择恰当的实习方式。实习作业的方式多种多样，如测量、制作、栽培、饲养等，教师要根据学生知识的性质和特点选择相应的实习方式。

④做好实习总结。实习结束后，教师应要求学生做好总结评定，并写出实习工作总结，以巩固操作的收获，帮助学生养成良好的实习习惯，培养实事求是的科学精神。

**（四）教学方法的选择和运用**

教学方法的选择和运用要受多种因素制约。

巴班斯基认为，影响教师选择教学方法的六项主要度量因子包括：①教学规律及由此引申出的教学原则；②教学目的和任务；③具体学科的内容和方法；④学生的学习可能性，如年龄方面的可能性（体力、心理方面）、原有的准备水平、班集体的特点；⑤外部条件的特征；⑥教师本身的可能性，如教师的经验、对教学过程典型情景的了解（在该情景中，某种方法可能更为有效）教师的理论修养与实际准备水平、运用某些方面的特点、选择最佳方案的技能、个性品质等。清楚地把握和科学地分析教学过程中的众多复杂因素及相互关系，构成了教师正确选择教学方法及与此相关的实际方式的科学基础。一般说来，选择和运用教学方法，下列五项因素是必须考虑的。

一是依据教学目标确定教学方法。教学目标不同所借助的教学方法与技术也不相同。不同的学科领域和不同的学习阶段，教学目标各不相同，教师可依据具体的可操作性目标来选择和确定具体的教学方法。知识性的目标重思维与理解的方法，能力与技能性的目标重实践训练的方法，情感性的目标重体验与熏陶的方法。

二是依据教学内容特点选择教学方法。不同学科的知识内容与学习要求不同，所用的教学方法也不相同；不同阶段、不同单元、不同课时的内容与要求也不一致，这些都要求教学方法的选择要兼具多样性和灵活性的特点。科学类的课程常用观察实验的方法，艺体类的课程常用示范与操作性的方法，文史类的课程常用阅读推理的方法。

三是根据学生实际特点选择教学方法。教学过程受学生自身特点的制约，不同的学生有不同的学习基础、不同的学习习惯、不同的学习风格，在学习方法的选择上也有各自的喜好。有的学生长于机械记忆，有的长于逻辑思维，有的长于动手操作，有的长于形象感知。教学方法的选择贵在因材施教，满足学生对学习方法的需求。

四是依据教师的自身特点选择教学方法。任何一种教学方法，只有适应了教师的自身条件，并能为教师充分理解和把握，才有可能在实际教学活动中有效地发挥其功能和作用。不同的教师有不同的教学风格，在教学方法的使用上有各自的优势，也有自己的不足，有人长于逻辑推理，有人长于形象思维，有人长于操作演示，有人长于情境创设。因此，教师在选择教学方法时，应当根据自己的实际优势，扬长避短，选择与自己优势匹配的教学方法。

五是依据教学环境条件选择教学方法。教师在选择教学方法时，要受时间、空间、教学设备与环境的制约。尤其在教学设施与环境方面，目前城乡之间、区域之间还存在较大差异，因此教学方法的选择和运用要因地制宜，要根据教学环境提供的条件与可能性来选择。

教师选择教学方法的目的，是要在实际教学活动中有效地运用。有效运用教学方法必须遵循下列四项基本原则：

一是思想性原则。教学方法的选择和运用必须有先进的教学思想做指导，有利于使教学过程简单化、趣味化，有利于促进学生的全面发展。

二是综合性原则。教学方法不具有排他性，高效的教学常常是多种方法综合运用的结果。方法的多样性可以使教学过程变得生动有趣，有效防止学生学习倦怠。

三是灵活性原则。教学方法常常在教师备课的时候就已经预选了。但教学实施具有灵活性与生成性。教学方法的运用应根据生成的教学实际灵活多变，而不是固守预设的方法。

四是主体性原则。教学方法包括教师教的方法与学生学的方法。教师与学生都是教学方法使用的主体，且随着教学改革的不断深入，学的方法更加受到重视。

教学方法的选择和运用应更多地关注学生的学习方法，关注学生在教学过程中的参与度，使学生从教学活动的“看客”，真正成为教学活动的“主人”。



# 第三节　教学设计

## 一、教学设计概述



### （一）教学设计的含义

美国行为主义心理学家马杰（R. Mager）认为，教学设计由三个基本问题组成：首先是“我要去哪里”，即教学目标的制定；其次是“我如何去那里”，包括受教育者起始状态的分析、教学内容的确定、教学方法与教学媒介的选择等；最后是“我怎么判断我已达到了那里”，即教学评价与监控。

迪克（W. Dick）和凯瑞（L. Carey）以系统观看待教学设计，认为“教学设计过程本身可以视为一个系统。系统的目的是引发和促进教学。这一系统中的成分包括受教育者、教师、教学材料及学习环境”。他们说：“教学过程应该怎样准备呢？教师如何确定自己应该做什么？何时做？毫不令人奇怪的是，坚持教学系统观的人，会把教学准备、实施、评价及教学的修改视为一个整体过程。”所以他们把教学设计定义为“用系统方法描述教学、分析、设计、开发、评价和修改的全过程”①。

史密斯（L. Smith）和雷根（T. J. Ragan）在其《教学设计》一书中指出：教学设计指将学习与教学的原理转化为教学材料、教学活动、信息资源和教学评价计划的系统化和反思性过程②。这一定义除了体现系统与反思的思想，还强调教学设计是从学习原理和教学原理转化而来的，即教学设计是学习与教学原理的具体运用。

邬美娜将教学设计定义为：教学设计是运用系统方法分析教学问题和确定教学目标，建立解决教学问题的策略方案，试行解决方案，评价试行结果和对方案进行修改的过程。它以优化教学效果为目的，以学习理论、教学理论和教育传播学理论为基础③。路海东将教学设计定义为：教学设计是指在实施教学之前由教师对教学目标、教学方法、教学评价等进行规划和组织并形成设计方案的过程④。

### （二）教学设计的特征

根据对教学设计的理解，我们可以归纳出教学设计典型特征如下：

（1）教学设计有明确的目的性，且常常指向最优化的教学效果。

（2）教学设计受多种因素的制约，需要考虑教学的各构成要素及相互关系，任何一个教学因素都可能成为影响教学的关键因素。

---

① 迪克，凯瑞. 系统化教学设计［M］. 庞维国，等译. 上海：华东师范大学出版社，2007：2-4.

② 史密斯，雷根. 教学设计［M］. 庞维国，等译. 上海：华东师范大学出版社，2008：4.

③ 邬美娜. 教学设计［M］. 北京：高等教育出版社，1994：11.

④ 莫雷. 教育心理学［M］. 北京：教育科学出版社，2011：312.

(3) 教学设计的主体主要是教师，但也不排除其他相关人士（如学生、教学设计专家等）的参与。

(4) 教学设计主要在教学活动实施前进行，也可以在教学实施的过程中或教学实施后进行。

基于对以上特点的分析，我们可以将教学设计定义为：为实现理想的教学目标，教学设计的主体基于对教学构成要素与制约因素及其相互关系的理解，而对教学活动进行的系统规划与组织，以寻求理想教学目标实现的过程。

## 二、教学设计的依据

俗话说，教学是一门科学，更是一门艺术。因此，成功的教学不是教学要素的随意拼凑，必须遵循教育教学规律，根据教学对象和教学目标的要求，确定合适的教学起点与终点，将教学诸要素有序、优化地安排，以实现教学过程与教学效果的最优化。教学设计也不是设计者随意杜撰教学的过程，其必然有一定的理论与现实依据。

### （一）理论依据

1. 传播学理论

传播是人类社会普遍存在的信息交流的社会现象。传播学是一门研究人类传播行为的科学，是随着广播、电视、杂志、报纸等传播媒体的发展，逐步从社会学、心理学、政治学等学科中分离出来的一门学科。从某种意义上来说，教育也是一种传播活动，它是按照确定的教育目标，通过教育媒体，将相应的教育内容传递给特定的教育对象。它与大众传播有许多共同之处，两者关系密切，可以把传播理论的研究成果应用到现代媒体教育中来，提高教育质量和效率。

香农认为，传播过程是“信源”（即传者）把要提供的信息经过“信道”传递给“信宿”（即受者），“信宿”接收这些经过“译码”（即解释符号）的信息符号的过程。有效的信息传播需要传者的经验与受者的经验有一部分重叠，否则受者难以理解或正确认识。拉斯韦尔认为信息传播关注五个关键因素：谁（who）→说什么（says what）→通过什么渠道（in which channel）→对谁（to whom）→取得什么效果（with what effects），即“五 W 理论”。

2. 学习理论

学习理论是研究人类学习过程中的心理机制的一门学问，主要是对于学习的实质、学习的过程和规律及制约学习的各种条件和因素等理论的探讨和解释。目前，影响较大的有行为主义、认知学派、人本主义以及建构主义的学习理论。行为主义强调学习过程中外力的作用；认识学派强调受教育者对知识的理解；人本主义强调学习的内在需求；建构主义强调对话与生成。不同理论指导下的教学设计各有侧重。

3. 教育理论

教育理论是关于教育基本问题的理论概括，是对教育现象及其本质规律的认识。其包括教育本质论、目的论、价值论、主体论、过程论、方法论等。对每一个问题论述的不同理论流派都有不同的观点，比如对教育价值的论述就有社会本位论、个体本位论、个人与社会相结合等不同的观点。不同教育价值观念主导下的课堂教学设计在目标定位、内容选择、方法运用、过程设计上都会有自己的特点。

此外，任何一个先进的科学理论，都可能与教学设计建立联系，运用这些理论设计与组织教学，都可能为教学设计带来新的视觉，找到新的依据。

**（二）现实依据**

教学所面临的现实复杂多样，任何一种现实对教学的组织实施都具有制约作用，因此教学设计必须基于现实、尊重现实，最终实现改变现实的目的。

1. 学生

学生是教学的对象、学习的主体，是教学的起点，也是教学的归宿。教学设计必须了解学生，做好学情分析。教学设计要了解学习起点，明确教学起点；了解学习需求，确定教学目标；了解学习特点，设计教学过程；了解集体水平，确定统一要求；了解个体差异，设计因材施教。任何脱离学生现实的教学设计，都可能使教师的教学成为自娱自乐的舞台剧。

2. 教师

教师是教的主体，在教学活动中发挥主导作用。教师为何主导？主导什么？如何主导？这些不仅受外在因素制约，更要受自身素养的影响。教学设计对教师而言，要突出自身优势，体现自身风格，尽可能开发自身教育资源，把言教与身教结合起来，追求理想的教学效果。

3. 教材

教材是教学的重要依据，自然也是教学设计的重要依据。教师理解教材的过程，就是将理想的课程转化为现实课程的过程，没有教师对教材的发掘、理解、加工、重塑，就不能找到教材与学生、教材与生活的结合点。

4. 教学条件

教学总是处在一定的现实环境中，要受到人、财、物、时间、空间、信息等资源的制约。时间与空间条件，技术与设备水平都对教学设计与实施有直接的影响，教学设计要因地制宜，充分利用现有资源优势，开发利用一切可用资源，使教学更贴近生活，更符合学生的实际，更能满足学生的学习需求。

5. 社会现实

教育具有社会制约性，受社会政治、经济、文化、科学等制约，同时反作用于社会生活的各个方面。教学虽在课堂进行，但不受空间制约，它能突破时空的界限，让学生在知识的海洋里翱翔。教学设计要联系社会实际，尊重历史，找准教育发展的根基；认识时代发展的特征，定位人才培养的标准；了解国家教育方针，明确人才发展方向。当人类进入智能社会的时候，教学设计应明确智慧比知识更为重要。

## 三、教学设计的程序与模式

教学设计模式是人们教学实践经验的概括与总结，根据教学对象和教学目标，确定合适的教学起点与终点，将教学诸要素有序、优化地安排，形成教学方案，是每一个教学设计都不容回避的问题。为回答这类问题提供的参照样式和指导的方法论就是教学设计的模式。

教学设计模式虽然多种多样，但影响较大的却是几种经典的教学设计模式。

### （一）迪克和凯瑞模式

迪克和凯瑞教学设计模型（即迪克和凯瑞模式）是迪克与凯瑞在 20 世纪 60 年代创建的，其采用了系统化方法。系统化的方法强调任务中各环节之间的关系，任务过程中的每一步作为下一步的条件，对于是否达到目标要求，通过反馈进行检测，如果没有达到要求，就要对该过程进行反复修改直至达到既定教学目标。迪克和凯瑞模式的结构流程如图 9–1 所示。

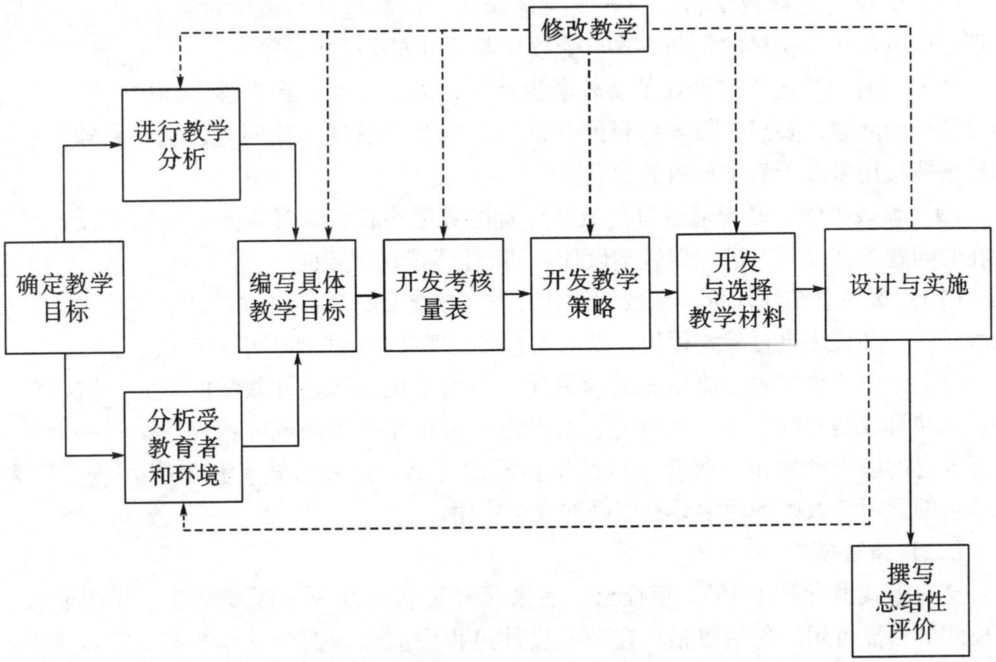


**图 9–1　迪克和凯瑞模式的结构流程**

这一模式十分注重教学过程的系统性。迪克和凯瑞认为教学过程是将教学看成一个系统的过程，这一过程的每一个成分对成功的学习而言都是至关重要的。这一模式包括十个相互联系的组成部分，这些组成部分是教学设计人员用来设计、开发、评价和调整教学的一系列步骤（程序）和技术。

（1）确定教学目标。教学活动的首要任务是确定教学目标，即教学设计者要明确受教育者在完成教学任务后应该学会什么。

（2）进行教学分析。分析实现学习目标所需要的步骤，分析下位技能，确定实现这些步骤所必须掌握的技能。

（3）分析受教育者和环境。受教育者是教学活动的出发点与归属。对受教育者学习起点及个别差异的了解是教学设计的重要依据。要更好地了解受教育者和学习环境，就必须在教学中进行受教育者分析，从而更准确地把握影响受教育者学习绩效的因素。根据这些因素对受教育者进行分析，制定出相应的教学策略，从而促进教学效果的提高。

（4）编写具体教学目标。教学目标是关于受教育者在完成一个教学单元后能够做什么的描述，是教学设计的关键。教学目标的编写不仅仅是为了明确学生的学习目的，更重要的是可以给设计者选择教学内容、运用教学策略、评估教学效果提供依据。

（5）开发考核量表。教师通过开发标准化的考核量表，可以对受教育者的学习结果进行标准化评价。受教育者通过标准参照考试，可以对自己的学习结果进行评价，对自己的学习情况做出分析总结，调整学习行为，提高学习的有效性。教师通过考试，可以充分了解受教育者对学习目标的掌握情况。根据这些反馈情况，对教学设计做出补充和修改，从而使整个教学更加完善。

（6）开发教学策略。开发教学策略包括教学内容的安排顺序和组织形式，并对受教育者的学习活动顺序和组织及教学和学习活动的传递方式等进行规划设计。

（7）开发与选择教学材料。开发与选择教学材料包括对教学材料的搜集、分析、处理，以及对教学材料的呈现方式与受教育者学习方式的指导等。

（8）设计与实施形成性评价。教学设计无论多么完美，在教学实践中总会出现这样或那样的问题，要想在教学材料的开发过程中及早发现这些问题，就要实施形成性评价来搜集用来改善教学材料的信息。

（9）修改教学。教育通过对形成性评价的数据分析，及时发现先前教学设计环节存在的问题，并及时改进，使教学设计各环节目标趋于一致。

（10）撰写总结性评价。在教学设计开发完成之后，就要通过总结性评价对所开发的教学活动和程序进行最终评价，以确定它在现实教学中是否具有有效性。

以上十个步骤代表了迪克和凯瑞倡导的运用系统方法设计教学的程序。这些程序之所以被看成是系统方法，是因为它们是由一组相互作用的成分构成的，每一个成分都有各自的输入和输出，整合之后产生预期的产品。这一模式有利于明确学习目标，对学生的学习与教师的教学具有明确的导向作用。

**（二）肯普模式**

这一模式由肯普在 1977 年提出，后来又经过多次修改才逐步完善（见图 9-2）。该模式的特点可用三句话概括：在教学设计过程中应强调四个基本要素，需着重解决三个主要问题，要适当安排十个教学环节。

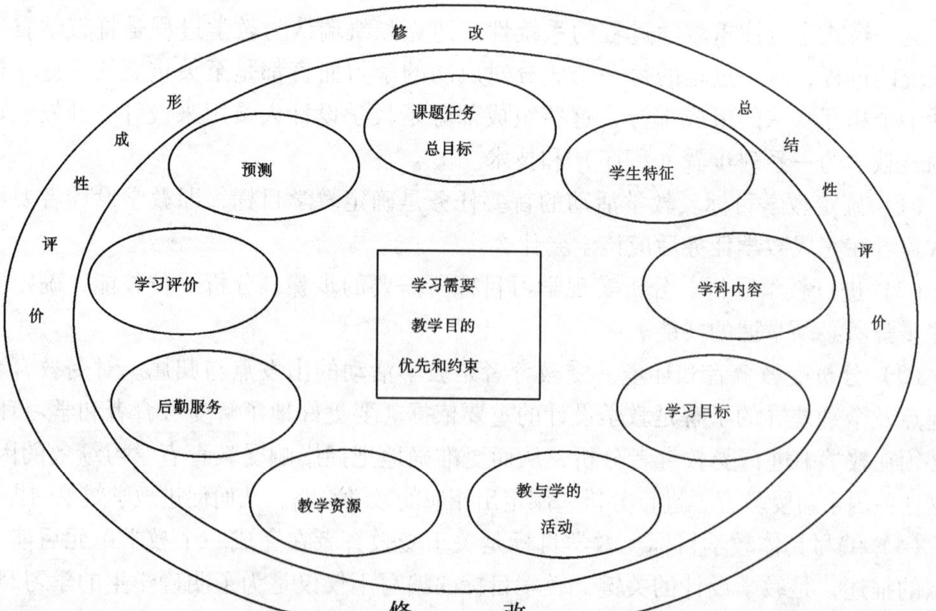


图 9-2　肯普模式

四个基本要素主要指教学目标、受教育者特征、教学资源和教学评价。差不多在任何一个教学设计模型中都可以见到其踪影。这四个最基本的成分形成系统的教学规划的框架。

三个主要问题为：①学生必须学习到什么（确定教学目标）；②为达到预期的目标应如何进行教学（即根据教学目标的分析确定教学内容和教学资源，根据受教育者的特征分析确定教学起点，并在此基础上确定教学策略、教学方法）；③检查和评定预期的教学效果（进行教学评价）。

肯普认为，一个综合性教学设计有十个成分：①确定学习需要与学习目的；②分析受教育者特征；③分析学科内容；④向受教育者阐明教学目标；⑤选择课题与任务；⑥预测学生的准备情况；⑦实施教学活动；⑧利用教学资源；⑨提供辅助性服务；⑩进行教学评价。

肯普认为，虽然十个成分构成一个逻辑的、顺时针的序列，但教师在操作每一个成分时不一定非要按此顺序。这也是使用这一椭圆形模型的其中一个原因。一个椭圆没有一个特定的起点。每个人都可以按照自己的意愿实施这一教学设计过程，不管从哪里切入，都可以根据他们认为符合逻辑的或合适的顺序进行设计。在椭圆形模型图示中，这些要素之间并不是用直线或箭头相连的。一般来说，事物的前后衔接表明的是一种序列、线性秩序。虽然肯普使用椭圆形模型的目的是想传递一种灵活性，但也不否认十个成分也可以有某种序列联系。使用椭圆形模型的另一个原因是十个成分之间存在较高的相互依赖性，对一个成分做出的决定可能会影响其他的成分。例如，尽管已经陈述了教学目标，但学科内容的具体项目可能会增加或重新排序，或者，当教学传递方法被选定之后，教学目标的意图会比最初陈述时更为清晰，这就需要对目标进行修改。因此，这一椭圆形的外层伴随着评价与修改两个程序，即在具体的教学设计与实施过程中，任何一个教学环节都可以根据对其过程或结果的评价做出适当修改。

**（三）史密斯-雷根模式**

史密斯和雷根提出的教学设计过程模式把受教育者的特点、教学目标、教学资源和策略、教学评价和修改按照四个基本问题划分为三个阶段进行具体化。这三个阶段分别是教学分析阶段、教学策略设计阶段、教学评价阶段。如图9-3所示。

在第一阶段，分析学习环境、受教育者、学习任务，制定初步的设计栏目；在第二阶段，确定组织策略、传递策略，设计好教学过程；在第三阶段，进行形成性评价，对预期的教学过程予以修正。这三个阶段或三个设计活动是绝大多数教学设计模式都予以强调的。

1. 教学分析阶段

设计人员要尽可能多地了解受教育者所处的环境，了解受教育者本身的特点及要求受教育者完成什么样的学习任务；还要了解学习任务本身，了解受教育者究竟需要掌握多少知识技能才能完成学习任务。教学分析阶段设计人员要回答的问题主要有：

（1）受教育者所处的学习环境是什么样的？

（2）学习大概需要花费多长时间？这些时间是否有保障？

（3）受教育者是否有实际操作的学习机会？

（4）受教育者对参加学习的兴趣有多大？他们将得到什么样的回报？

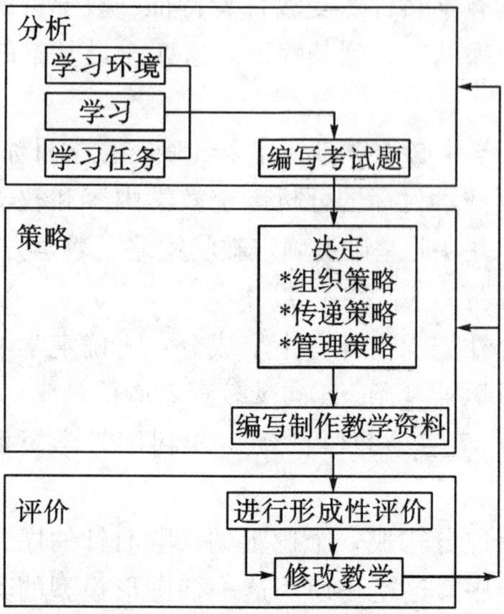


图 9-3 史密斯-雷根模式

（5）哪些人是预期的受教育者？是什么吸引着他们？他们有什么样的教育背景？

（6）所有的受教育者都需要达到相同的目标吗？

（7）为了掌握新的知识技能，受教育者需要有什么样的基础？

（8）受教育者需要掌握什么样的知识技能？

（9）如何评估受教育者是否达标？

2. 教学策略设计阶段

教学策略是教学实施的关键，教学效果必须注重三类教学策略的设计。

教学组织策略：这是指有关教学内容应按何种方式组织、次序应如何排列及具体教学活动应如何安排（如何做出教学处方）的策略。

教学内容传递策略：为实现教学内容由教师向学生的有效传递，应仔细考虑教学媒体的选用和教学的交互方式。传递策略就是有关教学媒体的选择、使用及学生如何分组（个别化、双人组、小组或是班级授课等不同交互方式）的策略。

教学资源管理策略：这是指在前面两种策略已经确定的前提下，如何对教学资源进行计划与分配的策略。

3. 教学评价阶段

教学评价既包括对受教育者的评估，也包括对教学的评估。在设计评价活动时，设计人员要明确下列四个问题：

（1）教学内容是否准确无误？

（2）为了得到改进教学的信息，我们需要什么样的反馈？我们是否需要安排试验教学？是一对一试教还是小团体试教？

（3）为了了解教学中还存在哪些不足，我们需要提出怎样的反思性问题？

（4）在实际教学中应该做出哪些调整？

史密斯和雷根的教学设计模式突出的特点是强调三类教学策略的设计，并把重点放在教学组织策略上，而教学内容的组织和有关策略的制定，必须充分考虑学生原有的认知结构，这与认知学习理论密切相关，是对行为主义教学设计理念的重大改进。

## 四、教学设计的基本内容

教学活动是由构成教学的基本要素及其相互关系组成的复杂系统，要取得良好的教学效果需要对系统运行的各个环节进行精心设计，主要包括对教学目标、教学内容、教学方法、教学结构与教学评价的设计。

### （一）教学目标设计

教学目标是教学活动的预期结果，对教学活动具有导向和激励作用。

1. 教学目标的类型

以布鲁姆（B. S. Bloom）为首的一个委员会，从20世纪50年代起，用分类学的方法分析学生在课堂中发生的各种学习，并在此基础上将教学目标分为认知领域、情感领域和动作技能领域。

美国心理学家加涅将教学所能产生的结果分为五类：言语信息、智慧技能、认知策略、运作技能和态度。

我国的教学目标分类源于全面发展的教育方针，过去强调基础知识、基本技能，基础教育新课程改革提出了知识与技能、过程与方法、情感态度与价值观念三个维度的目标。现在围绕学生的全面发展，提出了中国学生核心素养，包括三大领域、六大要素、18个核心素养。

2. 如何进行教学目标设计

教学目标的确定受多种因素制约，设计教学目标应遵循科学性、系统性、层次性与具体性的原则，由近及远、由内而外，既要考虑学生的学习需求、教学的条件，也要考虑国家的教育方针、文化传统与时代特征，具体包括下列四个环节：

（1）教学目标分解。

（2）教学任务分析。

（3）教学起点确定。

（4）教学目标表述。

### （二）教学内容设计

教学内容，是指教学过程中同师生发生交互作用、服务于教学目的达成的动态生成的素材及信息，教师给学生传授的知识和技能、灌输的思想和观点，学生培养的习惯和行为等的总和，有人也把它叫作课程。

教学内容虽然以教材为主要依据，但教材之外的内容却是浩瀚无边的。即使使用同样的教材，使用的主体不同，对教材内容的开发与组织也会大相径庭。充分发挥教学内容的育人功能，离不开教学内容设计。

教学内容设计包括下列两个环节：

1. 教学内容的选择

教学内容的存在方式有两种：一是内容，主要是教材；二是可能的内容，也就是说，教材之外，凡是有利于达成教学目标的内容都可能成为真实的教学内容。选择教学内容应遵循科学性、教育性、发展性与可接受性原则，使内容真正为目的服务。

2. 教学内容的组织编排

不同的教学内容之间总存在一定的逻辑关系，相应地，人的认识发展也存在一定的逻辑顺序，教学内容的组织与编排会直接影响到教学效果。教学内容只有与人的认知发展的逻辑顺序一致，才能被学生接受。为此，布鲁纳提出了螺旋式编排理论、加涅提出了直线式编排理论、奥苏贝尔提出了渐进分化和综合贯通理论。编排教学内容的基本要求有：

（1）知识顺序与认知顺序相结合。

（2）理论与实践相结合。

（3）统一要求与因材施教相结合。

（4）预设与重组相结合。

**（三）教学方法设计**

教学方法设计是指根据教学实践的需要选择和使用教学方法的过程，具体包括：

（1）了解教学方法的基本类型。

（2）依据教学目标确定教学方法。

（3）依据教学内容特点选择教学方法。

（4）根据学生特点选择教学方法。

（5）依据教师的自身特点选择教学方法。

（6）依据教学环境条件选择教学方法。

**（四）教学结构设计**

何克抗教授认为，“所谓教学结构是指在一定的教育思想、教学理论和学习理论指导下的、在某种环境中展开的教学活动进程的稳定结构形式，是教学系统四个组成要素（教师、学生、教材和教学媒体）相互联系、相互作用的具体体现”①，教学是由多种要素构成的复杂的结构系统，包括教学的目标结构、主体结构、内容结构、时空结构、教学节奏与教学环节（教学过程）构成等。根据教学活动主体参与教学活动的差异，可以将教学结构分为教师中心型、学生中心型和师生合作型三种基本类型。教学结构不同必然带来教学效果的差异。当前，教学结构设计的发展趋势包括：

（1）从依据个别因素到依据综合多种因素设计教学结构。

（2）从教学结构模式化到结构多样化。

（3）从主体单一化到主体多元化。

（4）教学结构设计科学化趋势明显。

**（五）教学评价设计**

教学评价对教学具有甄别、选拔、反馈、调控、促进发展等多种功能，评价设计是教学设计的重要环节。所谓教学评价设计是指在教学活动实施之前，教师对学生课堂学习行为做出价值判断设计的过程。这一过程需要回答诸如评价什么，依据什么评价及如何评价等问题，以便在课堂教学评价实施的过程中有的放矢，发挥评价促进学生发展的功能。

教学评价设计包括下列五个方面的内容：

---

① 何克抗. 教学结构理论与教学深化改革（上）[J]. 电化教育研究，2007（7）：6.

1. 教学评价内容设计

一般说来，在对学生进行课堂教学评价时以下四个方面的内容是不容忽视的：

（1）学习情感与态度的评价。

（2）学习内容的评价。

（3）学习方式方法的评价。

（4）学习效果的评价。

2. 教学评价标准设计

对学生课堂学习的评价，很难确定一个统一的标准，这是由教学活动的情境性与学生发展的差异性所决定的。因此，在确定评价标准时必须立足于特定的教学活动情境，并随着评价的不断深入、评价者水平的不断提高或者其他评价约束条件的变化，评价标准也要进行相应的调整，而不是一成不变地应用于整个教学任务的始终。

3. 课堂评价主体设计

传统的课堂评价主体单一，教师是评价的绝对权威，学生在课堂上很少有发言权。新课程实施强调评价主体多元化，课堂活动的参与者都可以成为课堂评价的主体。

4. 课堂评价方式设计

课堂评价的方式多种多样，主要包括言语评价、体态语评价和物化评价三大类。每一种评价方式都有自身的优势与不足，与其他评价方式结合使用，可以扬长避短。

5. 课堂评价方法设计

教师要在课堂上对学生做出准确的评价，必须借助一定的评价工具，科学运用评价方法。常用的课堂评价方法有：观察法、测验法、调查法、竞赛法、作品分析法。

## 第四节　课外活动

### 一、课外活动的内涵及其特征

#### （一）课外活动的含义与分类

课外活动简言之是课堂教学之外所开展的活动。广义的课外活动泛指课堂教学之外的一切活动。狭义的课外活动是指在课程教学计划和教学大纲之外，由学校组织指导或由校外教育机关组织、指导、发动学生开展的有计划的教育活动。它是整个教育系统的一部分，与课程教学相辅相成，共同促进学生的全面发展。

根据课外活动组织者的不同，可将课外活动分为校内活动与校外活动。校内活动指由学校领导、教师或学生自主组织开展的活动，其活动地点可在校内，也可在校外。校外活动指由校外教育机构组织开展的活动。

校内活动根据参与面的大小，又分为校级活动、年级活动、跨年级活动、班级活动、小组活动与独立活动等，如升旗仪式、团队会、校园文化节、阳光体育活动、班会活动、社团活动、兴趣小组活动等。

校外活动包括政治教育活动、科技活动、文艺活动、体育活动、公益劳动等。

校外教育机构有综合的与专门的两类。综合的校外教育机构承担多种任务和活动内容，如少年宫、青少年活动中心等。专门的校外教育机构专为开展某项活动而设。如青少年图书馆、阅览室、少儿科技站、少年儿童广播站等。

### （二）课外活动的特征

课外活动与课堂教学虽然都是实现教育目的的重要途径，但由于课外活动在活动内容、组织形式、活动方式上等又不同于课堂教学，因此，其又具备了它自身的特点。



1. 自主性

课外活动是在课堂教学以外进行的活动，组织者根据教育教学的实际需要，可随时随地地经常组织形式多种多样、内容丰富多彩的活动，课外活动有时是学校或校外教育机关统一组织的活动，更多时候是在学校或校外教育机关的指导下，教育者根据自己的兴趣、爱好、特长以及实际的需要，自愿地组织、选择和参加的活动。课外活动不仅能发挥受教育者的积极性和主动性，而且能使受教育者的才能、个性得到充分发展，有利于受教育者的优良个性品质的培养。



2. 灵活性

课外活动的开展，可以根据学校的实际情况和受教育者的身心发展状况等来确定。活动规模的大小、活动时间的长短、活动内容的选择等都可以灵活掌握，没有固定模式，生动活泼，灵活多样。

3. 实践性

课外活动与课堂教学相比，具有很强的实践性。课堂教学中，受教育者可以获得知识，培养思想品德，提高审美能力等。在课外活动中，受教育者有直接动手的机会，在其亲自参与、组织、设计的各项实践中，能获得实际知识，提高思想品德和身体素质，各方面的能力都能在实践活动中获得发展。

## 二、课外活动的意义

课外活动具有区别于课堂教学的独有的特点。在整个教育活动中，它的影响是广泛而深刻的。作为教育途径中一条十分重要的途径，课外活动在人的身心发展中有着重要的意义和作用。

首先，课外活动可以促进学生的全面发展及社会化。课外活动由于强调学生自主参与、自愿组合，充分发挥了学生的个性。在活动过程中，学生的主体作用得到了充分发挥，才能得到了施展，学生的独立性、责任心、参与意识等也进一步增强。校内外活动为学生提供了一个理想的环境，在这里，学生渐渐习得一些成人社会的行为，同时，学生还要解决一些与同伴相处的问题，这些都有助于学生从童年向成人转化。

其次，课外活动可以促进学生在社会化过程中的个性化。没有个性化，所谓个性的社会化就失去了现实意义，甚至是不可能的。社会要求各种各样的人才为它服务，在这一点上，个体的社会化与个性化是一致的，课外活动恰好能够在促进个体社会化的过程中最大限度地满足个体在个性化方面的需要。

再次，课外活动给学习生活增添了乐趣。一般来说，课外活动是学生自愿参加的，他们没有多少心理负担，有的只是探索的愉悦；另外，相对于课内学习，课外活动内容比较新颖，容易给人以新鲜刺激，使人身心得到享受；课外活动也能帮助学生学会利用闲暇培养健康的兴趣爱好，丰富其精神生活。

最后，课外活动在发挥学生特长发面也有重要作用。在普及层次的课外活动中，通过有计划的丰富多彩的活动，每个学生都能找到发展自己特长的领域，尤其对一些差生来说更是如此。另外，在提高层次的课外活动中，一部分学生可以脱颖而出。国内外许多著名的科学家、学者都有这样的经历：学校教育虽然给他们的发展奠定了坚实的基础，而专业方面的成就，往往是与他们在青少年时代的课外兴趣和活动相联系的。

## 三、课外活动的主要内容

课外活动由于不受课程计划和教学大纲的限制，具有较大的自由性和灵活性，其内容包罗万象，只要有利于促进学生的全面发展，活动条件具备，都可以组织和开展课外活动。一般说来，常见的课外活动有下列五种类型：

1. 课外德育活动

德育是全面发展教育的重要组成部分，包括对学生的思想、政治、道德与法律方面的教育。课外活动是德育的重要途径。因为其形式多样、内容丰富，充分体现了学生的学习主体地位，使学生在活动中具有较强的自主性与能动性，因而，其具有课堂教学无可比拟的优越性。课外德育的形式多种多样，一是结合节日、纪念日，组织学生开展各种教育活动，如利用国庆节、中秋节、劳动节、母亲节等进行歌咏赛、诗歌朗诵赛等活动，加强对学生的爱国主义、集体主义、传统美德等教育。二是结合国内外、校内外大事及学生发展的需要，设计各种专项教育活动，如普法专题教育活动、心理健康专题活动、以班级为单位的主题班会活动等。

2. 科技活动

科学技术日新月异，增强学生的科技意识，培养学生的创新精神，课外活动发挥着不可替代的作用。科技活动可以通过科技兴趣小组、科技竞赛、科技发明、科技参观等活动进行。其目的是帮助学生认识科学技术的价值，培养他们对科学技术的兴趣、树立科学的态度、掌握科学的方法，从而激发他们立志为科技进步做贡献的热情。

3. 文化体育活动

学校是文化培育、交流、传播、创新的主要场所，一切文化都在这里聚会，无论是传统文化、现代文化，外来文化、本土文化，社区文化还是校园文化都会在这里以不同的形式表现出来。文体活动的形式丰富多彩，如文艺会演、联欢会、辩论赛、演讲赛、体育竞赛、生日聚会、亲子活动等，以此达成文化交流、强身健体、陶冶性情的目的。

4. 课外劳动

劳动教育是对学生进行劳动观念、劳动技能培养的教育。学生的课外劳动包括校内和校外两种。校内劳动主要是校园公共卫生及个人内务卫生，有的学校还有劳动教育基地，可供学生劳动实习。校外劳动有两种，一种是有组织的校外生产劳动，一种是学生自主的校外劳动，如家务劳动、社区志愿者行动等。无论何种劳动，只要学生主动参与劳动过程，就能形成劳动观念，获得劳动技能，收获劳动成果。

5. 其他课外活动

除以上课外活动以外，课外活动的内容还有许多，如课题研究、社会调查、研学旅行、综合实践等，只要是学生力所能及的、条件允许的活动，都有利于促进学生的全面发展。





## 四、课外活动的设计与实施

### （一）课外活动的设计原则

1. 目的性原则

课外活动要有具体明确的目的，避免形式主义。其目的的确定应考虑学生发展的需要，考虑活动的条件与可能性，考虑教育目的的总体要求。

2. 自主性原则

课外活动不像课堂教学那样是学生必须参与的活动，是对学生学习活动的基本要求。它往往考虑学生的个体差异，尊重学生的兴趣爱好与自主选择权利，同时在活动过程中，学生是绝对的活动主体，教师应尽可能地给学生的自主活动创造条件，并给予适当指导，而不是取代学生活动。

3. 灵活性原则

课外活动的内容、形式多种多样，除了以学校、班级为单位的大型课外活动有统一的要求，一般的课外活动，学生都可以根据自身的需要，选择适宜的内容与形式，尤其是个体的课外活动，则具有更大的自由度与灵活性。

4. 协作性原则

课外活动常常需要主体之间的相互协调与配合，尤其是集体性或小组性的活动，一般都具有明确的分工，活动主体之间只有密切配合、相互支持，才能取得理想的活动效果。协作不仅在同学之间进行，尤其是需要教师指导的活动，更需要师生之间的相互协作。

### （二）课外活动设计与实施步骤

1. 确定选题

活动没有主题，就没有目标，也就没有意义。主题选择的依据：一是集体的奋斗目标与发展计划对活动内容的需要；二是班集体的现实情况是否有需要解决的热点、难点问题；三是学校教育教学工作的计划与安排；四是学生主体的活动需要；五是社会现实的发展需要，即社会热点问题在学校中的反映。

2. 制订活动计划

活动计划包括活动的目的和内容、活动的基本方式和程序、活动时间地点安排、具体准备工作及组织管理等。校级活动计划由学校制订，班级活动计划由班主任、班委会或全体同学共同制订。个体活动计划，主要由自主确定。活动设计应有利于最大限度地调动学生参与活动的积极性，最大限度地考虑学生的个体差异及活动需求，最大限度地开发利用当地的活动资源，以便取得最佳活动效果。

3. 实施与总结

活动实施是课外活动的中心环节，活动开始前，教师应做好充分准备，让活动参与者明确活动要求，做好物质上与精神上的准备。活动中教师应充分调动学生参与的积极性，充分体现学生的活动主体地位、发挥其主体作用，教师还应根据需要对学生的活动做必要的指导，把活动引向深入，活动过程还应做好记录。活动结束，教师应引导学生及时总结，认真反思，为提升活动水平、提高效率积累经验。

## 理解与反思

1. 陈述教学过程的基本规律。
2. 教学设计的依据是什么？简要说明社会现实对教学设计的影响。
3. 选择和使用教学方法的依据。
4. 简要说明教学设计的内容与基本程序。
5. 简要说明课外活动的意义。

## 拓展阅读


［1］古德，布罗菲．透视课堂［M］．陶志琼，王凤，邓晓芳，译．北京：中国轻工业出版社，2002.

［2］加涅 R M，布里格斯 L J，韦杰 W W．教学设计［M］．皮连生，庞维国，等译．上海：华东师范大学出版社，1999.

［3］冯克诚．课外活动的整体设计与实施［M］．北京：中国物资出版社，1998.

［4］张华．体现时代精神的综合实践活动课程：理念与实践［J］．人民教育，2017（22）：40-43.

# 第十章 学校德育

**■学习导航**

(1) 理解品德的内涵与结构。(重点)

(2) 掌握德育的内容。(重点)

(3) 掌握德育的原则、途径与方法，并在实践中运用相关德育原理开展教育教学活动。(重点、难点)

**■思维导图**

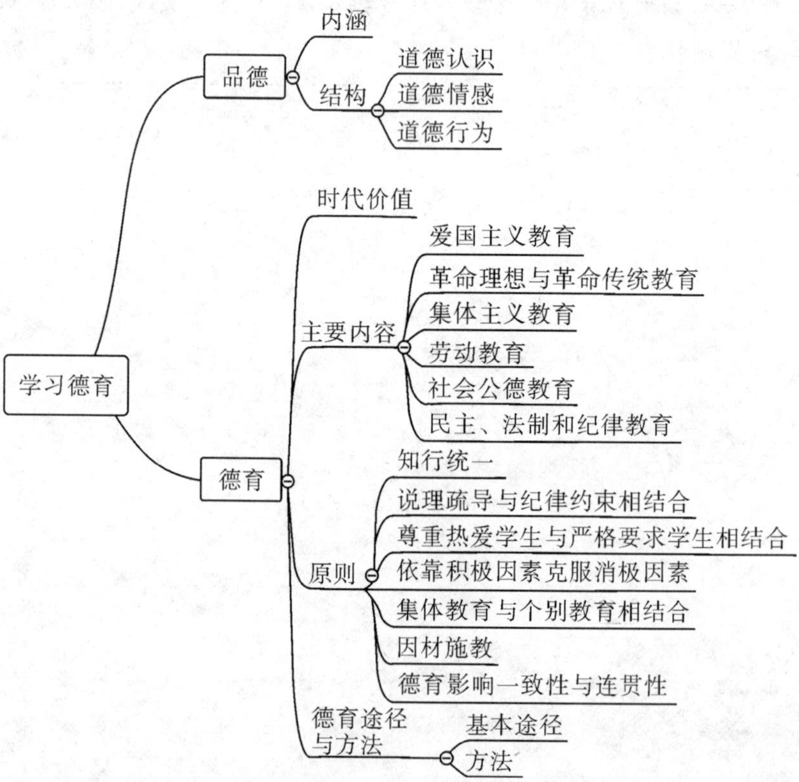

■教育瞭望

## 把德育课堂开在花园里

在河北省廊坊市，廊坊第一中学的“花园课堂”远近闻名。

“花园课堂”就开在学校的教学楼下。这里有48个花坛和成片的绿地花园，过去常有“杂草与鲜花争宠，垃圾与落叶共存”的杂乱景象。从去年9月开学以来，2013级一个班的学生自发分成7个组，从周一至周日轮流将这些花坛、绿地花园清理得干干净净，节假日各小组也自发安排成员来校维护。没多长时间，这些花坛、绿地就“旧貌换新颜”。

从学生的做法出发，我们开始反思学校德育教育：“教”的本质是为“学”创设情境。就德育课程来说，传统的说教早已过时，体验式德育课程的成效正逐渐显现，生活本身就是丰富的德育资源，学校也正应该“处处是课堂，事事是课程，人人是师生”。在这样的思考下，我们把学生自发的活动精心打造成为“校本特色课程”，并将“花园课堂”的关键词总结为“持守”。

“持守”，一是有时间长度保持的含义，二是有守望最高精神境界目标的含义。为什么要用这个词？我认为需从课程、德行、传承三个关键词去理解。

就课程而言，我们做的是体验式德育课程，而不仅仅是一项阶段性活动。我们要让学生们在“花园”这个具体的教育情境中完成陪伴他们高中三年的德育自修，感受花草荣枯、感悟生命真谛，100个孩子三年持守可能会有100种个性化的感悟。这种体验课程的自修是在每天、每季、每年的周而复始中完成的。

就德行而言，从持续做好小事、具体事中育德，一天是拔草、两天是拔草，日月持守，一定会拔升孩子们的德行。持守“花园课堂”一年多来，同学们的学习品质、日常行为表现都发生着显著的变化，孩子们也体验着没有物质奖励、纯公益的德行修炼。

就传承而言，“花园课堂”作为廊坊一中打造的校本特色课程，由2013级一个班发端，由他们持守三年、传承下去。在高一阶段，同学们在每天收拾教学楼花坛，打扫绿地卫生，除草、捡垃圾的同时，发起了向高二、高三年级学长的宣讲活动，深入每一个班演讲，在国旗下讲话，在教学楼大屏幕播放“花园课堂”PPT，让“花园课堂”的公益理念传遍整个校园。今年，新生入学了，他们又走入高一各班，向学弟学妹宣讲，很快就有高一新同学申请加入“花园会”。一届一届学生的传承，他们在“花园课堂”中修为的德行、内化的精神就一定会向外拓展、向社会渗透。

由此，我们试着反思我们的学校德育工作。当下的教育背景早已不允许我们简单地用说教来进行德育，必须努力探索新途径，创设德育情境，为学生提供丰富的体验场，让学生本身成为道德教育的主体，达到道德自育的效果。这就需要我们创设一个个的德育情境，给学生一个个体验场，不再用教养、驯化的方法去做，而是把学生推到前台。

现在，体验式德育课程已经成为我校德育新阵地，孩子们在持守“花园课堂”的同时，还在打造食堂课程、宿舍文明就寝课程，坚持开设周一升旗课程、每天早操课间操课程等一系列课程，这是在初步尝试着情境化的德育教育新途径，也是廊坊一中德育新途径的常态实施过程。

资料来源：许长虹. 把德育课堂开在花园里［N］. 光明日报，2016-01-13（15）.

## 第一节 品德

人作为社会实体，本质上是一切社会关系的总和。为了使青少年学生更好地适应一定的社会关系，就需要对其进行德育教育。学校是专门从事培养人的工作的社会机构。以德育等工作为抓手，促进学生养成良好的思想品德，是学校教育的重要任务。

### 一、品德的内涵

品德或道德品质（moral trait）是指个人根据一定的道德行为准则行动时所形成和表现出来的某些稳固的特征。它是内在的心理倾向与外在行为的统一，也就是说品德是内在的心理倾向，但在实践中往往会表现出某种与之相对应的外在显性行为。外显行为与内在心理倾向并非一一对应，有某种品德还需有外在情境呈现才可能有相应外显行为发生。如我们常说“拾金不昧”是道德品质的表现，但是具有这种品德的人必须在有金可拾的情境中才可能表现出来。因此，外显行为是评价个人道德品质的重要指标，但它并不代表个人道德的全部，也不能仅仅把它作为评价道德的唯一指标。

### 二、品德的结构

道德品质包括道德认识、道德情感和道德行为三种基本心理成分，也可以称为品德的基本结构。一个人是否具备某种道德品质，就要看他是否已经具备构成品德的这三个基本要素。学校德育的实质就是通过一定的教育影响形成一定社会所要求的品德结构。

1. 道德认识

道德认识是人们内心对于是非、善恶、美丑等的认识和评价。个体做出一定道德行为，总会依据一定的行动准则，而这个准则总是在个体对于善恶标准及其意义的认识和把握基础上而建立起来的，这种认识和把握就是道德认识。道德认识的形成主要体现为对一定道德知识的领会以及内化这些知识变为自我道德实践中的行动指南，甚至成为坚定的道德信念以此来评价自己和别人的道德行为。

2. 道德情感

道德情感是伴随着道德认识而产生的，是对人的道德需要是否得到实现所产生的一种内心体验。道德情感总是和道德认识相联系的，一般而言，道德认识越深刻，道德情感就会越鲜明和强烈。有些人可能也知道生活中要助人为乐，具有相应的道德认识，但是如果面对自己或他人没有表现出助人为乐行为情境时没有产生任何情感波动，可能就说明其道德认识并不深刻。当然，如果个体在道德认识的基础上，产生深刻、强烈的道德情感，道德情感就会成为道德行为的巨大推动力量。道德情感的产生和变化，需要依赖道德认识的提高，也需要长期的道德实践体验。道德认识和道德情感紧密结合，就构成人的道德动机。

3. 道德行为

道德行为是基于一定的道德认识和道德情感，而在行动中表现出的对他人或社会的反应，它是道德动机的具体表现与外部标志，也是个体实现道德动机的重要手段。学校德育成效的较为显性的标志可能就是学生表现出的道德行为。面对道德情境，学生仅有某种道德认知，而缺乏某种道德行为表现，不能说是成功的德育。因此，学校德育要教育学生控制行为、选择行为，评价自己和他人的道德行为，从而使道德行为变成自然而然的道德习惯。

道德认识、道德情感和道德行为作为道德品质的基本组成部分，三者缺一不可且相互关联。德育活动中，必须充分将这三者整合起来，避免让学生简单记忆某种社会规范，也不能仅仅依靠纪律、惩罚等手段约束学生的行为。学校德育必须积极提高学生个体的道德认识水平，以形成其强烈的道德情感，促使其道德行为变为道德习惯。

## 第二节　德育的内容

### 一、德育的时代价值

国无德不兴，人无德不立。在社会发展的各个历史阶段，尤其是阶级社会中，统治阶级都十分重视德育，重视把受教育者培养成具有本阶级价值观、道德和世界观等素养结构的人。德育的内容及其价值导向直接决定着教育“为谁培养人”的方向问题。我国历来重视德育，尤其是重视青少年德育。2004 年，我国颁布了《中共中央国务院关于进一步加强和改进未成年人思想道德建设的若干意见》。习近平总书记一贯高度重视培养社会主义建设者和接班人，把立德树人作为教育的重要任务和中心环节。

【名人名言】

因为道德是做人的根本。根本一坏，纵然使你有一些学问和本领，也无甚用处。

——陶行知

### 二、德育的主要内容

德育内容具体规定学生发展的政治方向和应掌握的思想观点与道德规范，是完成德育任务、实现德育目的的一个重要保证。因此，全面而正确地确定青少年学生德育的内容是一个极其重要的问题。我国中小学德育主要包括以下一些内容：

#### （一）爱国主义教育

爱国主义教育是指在祖国土地上长期生活、劳动和奋斗中形成的热爱祖国并为之献身的思想教育。爱国主义是一面具有最大号召力的旗帜，是中华民族的优良传统。

几千年以来，中国人民的爱国主义精神就是推动历史前进的一种巨大力量。它是在中华民族悠久历史文化的基础上产生和发展起来的，反过来又给予中华民族的历史发展以重大的影响。

世界范围内，不同国家因文化内容不同，社会发展状况不同，可能会在爱国主义的内容和形式上有所不同，但是几乎没有任何一个国家不对青少年学生进行爱国主义教育。





目前，我国爱国主义教育的主要内容如下：

1. 培养热爱祖国的深厚感情

德育工作者要引导学生从小热爱家乡、学校、亲人、师友，从祖国的锦绣河山、国旗、国徽等周围的具体事物开始，逐步了解祖国的光荣历史、灿烂的文化、杰出的英雄和伟大、智慧的人民，从而热爱无数先烈为之流血牺牲、无数普通人民艰苦奋斗创立的社会主义新中国。

2. 增强国家和民族的意识

“国家兴亡、匹夫有责”，每个人的命运都和国家的发展息息相关，只有国家强大，才有幸福感饱满的个体。德育工作者要引导和教育学生，不要忘记自己是中国人，培养学生的中华民族自豪感，以维护民族团结、祖国统一为己任，为实现中华民族的伟大复兴而奋斗。

3. 为实现社会主义现代化建设而奋斗

个人发展与国家前途命运关系密切。德育工作者要教育学生关心地方和国家大事，关心祖国的前途与命运，为了个人成长，为了祖国的繁荣昌盛，为了中华民族伟大复兴的实现，努力学习，立志献身于祖国的社会主义现代化建设。

4. 发扬国际主义、维护世界和平

随着科技和互联网的发展，地球已经成为世界上不同国家命运紧密联系的村落，人类已经成为休戚与共的命运共同体。爱国主义和国际主义两者并不冲突。德育工作者要在培养学生爱国主义情感的同时，注重学生国际视野及其情感的发展，要让学生认识到中国的发展和进步，是世界发展和进步的部分，我们同世界各国人民和平友好、平等互利、互相支持与学习，为反对霸权主义、维护世界和平、争取人类进步而斗争。

**（二）革命理想与革命传统教育**

理想是人们在认识过程中形成的一种信念、一种希望和追求。理想是青少年积极进取的精神动力。没有理想或缺乏正确而远大的理想，一个人可能就会无所作为或者为追求个人私利而走向邪路。德育工作者要引导学生树立远大、科学的理想，确保其发展的正确方向，为其成长提供巨大力量。每个青少年都有自己的理想，但是只有当个人理想志愿与国家前途、民族命运结合起来，把个人理想追求融入国家和民族事业中，青少年学生才能不负韶华，成就自己，贡献祖国。为使学生能够继续发扬老一辈为国奋斗的优良革命传统，把个人理想和革命理想及国家发展的理想充分结合起来，德育工作者要对学生进行革命理想和革命传统教育。

1. 激励学生有个人的理想和追求

学生的个人理想应该和社会理想结合起来。

学生个人的理想不可能也不应当脱离社会的共同理想这一基础。青少年的个人理想，应该是将社会的公同理想转化为学生个人的各种各样、绚丽多彩的理想。

如果只有共同理想，学生的理想就显得很虚幻。只要求学生树立共同理想，忽视学生个人具体的理想与追求，学生就会缺乏实际理想和个性特征，这是极其片面的，也难以有效、持续对学生成长提供动力支持。社会是由一个又一个的人组成的，没有一个又一个个人理想的实现，社会共同理想就会落空。德育工作者要引导学生实现个人理想和社会理想的有效融合。

2. 引导学生分辨科学理想和错误想法的能力

学生在青少年时代，会产生很多天真烂漫的理想遐想，如想当飞行员、探险家等。随着年龄增长，他们的理想会逐步趋向现实，根据自己的实际情况和现实可能，确定比较稳定而具体的奋斗目标。德育工作者要对这一过程进行引导，使学生能够在客观认识自己的优势和不足的基础上，审时度势，制定出具有个性色彩的具体理想目标。同时，随着社会的发展与改革，人们的思想呈现出多元化特征，德育工作者也需要引导学生在确立理想的过程中，不断提高自我鉴别能力和思想修养，使他们懂得人们的追求和理想有正确和错误之分，也有高尚和庸俗之别；要教会他们反思自己的追求和理想，不断修正和完善自己的理想，抵制不良影响，克服错误看法，把个人追求与国家、人类利益联系起来。

3. 继承和发扬革命传统

老一辈革命者在为祖国的解放和发展打拼、奋斗过程中，形成了良好的革命传统。虽然时代已经迭易，但有些革命传统对于今天青少年的成长仍然有很大启发。德育工作者要引导学生具体认识和深刻感受老一辈革命者的理想树建和拼搏实现的奋斗过程，以使他们能够把那些对于自己为理想而奋斗的过程具有重要指导价值和意义的光荣传统发扬下去。

**（三）集体主义教育**

集体主义是道德教育中一个极为重要的内容。马克思主义认为：“只在集体中，个人才能获得全面发展其才能的手段，也就是说，只有在集体中才可能有个人自由。”①这里，集体主义是主张个人从属于社会，个人利益应当服从集团、民族和国家利益的一种思想理论，是一种精神，最高标准是一切言论和行动符合人民群众的集体利益。习近平总书记在党的十九大报告中指出，要加强思想道德建设，加强集体主义教育。集体主义并非忽视个人价值，而是强调国家利益、集体利益和个人利益相结合。当集体利益和个人利益发生冲突时，一切从大局出发，牺牲个人利益，把集体利益摆在首要位置，优先满足集体利益。

1. 培养学生正确处理集体利益和个人利益的关系

集体主义与利己主义观点是相对立的。利己主义者一切从个人利益出发，当个人利益与集体利益发生矛盾时，首先考虑的是个人利益，自私自利、损公肥私。如果集体中每个人都是利己主义者，那么就会出现一盘散沙的局面，每个人都去竭力维护个人的自我利益，最终导致每个人的利益都在相互争夺、明争暗斗的群体中丧失殆尽。集体主义坚决反对这一极端的利己主义，倡导把集体利益放在首位，当国家和人民的利益与个人利益发生冲突时，首先要考虑维护国家和人民利益。如此，集体利益的“先期”保证才能为个人利益的“后期”的可能获得提供条件。德育工作者要教育学生先人后己，公而忘私，为集体的利益心甘情愿牺牲个人的利益，至少不能为了个人

① 中共中央马克思恩格斯列宁斯大林著作编译局. 马克思恩格斯选集（第一卷）[M]. 北京：人民出版社：1972：82.

的利益而损害集体的利益。

2. 关心热爱集体

集体主义是一种崇高的精神风范。要教育学生处处关心、热爱集体，个人服从集体，少数服从多数。爱护集体财产，维护集体荣誉，不做有损集体的事。



3. 成为集体中的积极成员

集体是具有一定目的的个人集合体，每个人都应当成为集体中的积极成员。只有如此，众多积极成员的共同努力才能形成具有凝聚力、向心力，具有良好的团体风气和文化的集体组织。“集体是个人的教师”，一个人只有在良性集体中才能懂得个人与集体、自由与纪律、权利与义务等关系，才能在集体中与他人友好相处、互相帮助，在集体的运行中获得自我成长的正能量。



4. 克服狭隘的“小团体主义”思想

集体主义的着眼点是全局，如果说一个小组、一个班是一个小集体，而一个学校乃至整个社会、国家就是一个大集体，当小集体和大集体利益发生冲突时，要以大集体的利益为重。德育工作者要让学生意识到可能的“小团体主义”思想，引导学生顾全整个大局的利益。

**（四）劳动教育**

劳动是人类生存和发展的首要条件，劳动创造了人类的物质文明和精神文明。劳动是一切美好生活的源泉，没有劳动就没有人类的良好生存，更没有社会的良性发展。劳动是每一个社会成员应尽的责任和义务，劳动也应是光荣的。德育工作者要让学生懂得劳动是一切财富的源泉，养成劳动的习惯和能力。

1. 树立劳动观念

劳动创造了人，创造了物质财富和精神财富。德育工作者要引导学生充分认识劳动的伟大价值和意义，认识到劳动是光荣和神圣的，从而自觉培养劳动的习惯和能力。

2. 养成劳动习惯

劳动习惯只有通过具体的劳动才能养成。教育者应鼓励学生根据自己的年龄特征和能力大小，参加各种力所能及的劳动，如打扫房间、清洁教室、为学校修理草坪、在家做家务活等。劳动能够让学生体会到劳动的乐趣，激发他们参加劳动的愿望，并逐步养成劳动的良好习惯。劳动习惯的养成可以使学生受益无穷，将来他们会懂得用劳动去创造社会文明，用劳动去获得个人的幸福，用劳动去创造美好的明天。

3. 培养学生良好的劳动风尚

在劳动中，劳动者之间的相互协作对于劳动的顺利进行和劳动成果的取得非常重要，由此劳动也是培养学生与他人交往以及合作能力的重要途径。德育工作者要引导学生在劳动过程中学会分工合作，学会一丝不苟的认真态度，学会与他人团结互助、相互协作的合作精神，学会吃苦耐劳，培养坚忍不拔的劳动品质以及参与劳动竞争的意识。

4. 勤奋学习

学习是学生的主要任务，学习活动也是一种劳动，而且是每个学生必须参与的劳动。今天的学生是未来社会建设的栋梁，为了成为社会主义社会的合格建设者和接班人，青少年学生必须勤奋学习，掌握各种知识和技能。德育工作者、班主任、任课教师等都应注重培养学生勤奋刻苦、不畏困难、大胆探索、积极进取的学习态度和精神。

### （五）社会公德教育

社会公德是指人们在现实生活中应当共同遵守的行为规范和准则，它对人们的言行起一定的约束作用。法律是社会外在对于个人行为的强制性要求，道德是个人内在对于自我行为的自觉规范。一个人离开了道德约束，可能就会任性胡为，而一个社会离开了道德的约束就会变得杂乱无章。自古以来，社会公德对社会的稳定和进步有很重要的作用，在今天的社会中，它更具有深刻的意义。

物质文明的发展使人类物质生活水平大大提高，但是利己主义、金钱至上的思想也开始泛滥，加之不同社会思潮的泛滥和广泛传播，使得社会出现了较多违反社会公德的行为，引发了人民普遍的忧虑。为此，人们呼唤讲公德、充满爱心的社会，许多国家都在中小学阶段开设了道德课、公民课、伦理课等，希望提升本国国民的社会公德水平，创造一个充满温暖和爱心的美好国度。

1. 培养学生的社会公德意识

社会公德是每一个公民必须遵守的，公民遵守社会公德是一个社会进步、文明的重要标志。我国素有“礼仪之邦”的雅称，但是随着社会环境的变化，人们的社会公德意识水平有所变化。2019 年 10 月，中共中央、国务院印发了《新时代公民道德建设实施纲要》，明确指出：在国际国内形势深刻变化、我国经济社会深刻变革的大背景下，由于市场经济规则、政策法规、社会治理还不够健全，受不良思想文化侵蚀和网络有害信息影响，道德领域依然存在不少问题。一些地方、一些领域不同程度存在道德失范现象，拜金主义、享乐主义、极端个人主义仍然比较突出；一些社会成员道德观念模糊甚至缺失，是非、善恶、美丑不分，见利忘义、唯利是图，损人利己、损公肥私；造假欺诈、不讲信用的现象久治不绝，突破公序良俗底线、妨害人民幸福生活、伤害国家尊严和民族感情的事件时有发生。为此，加强公民道德建设是一项长期而紧迫、艰巨而复杂的任务，要适应新时代新要求，坚持目标导向和问题导向相统一，进一步加大工作力度，把握规律、积极创新，持之以恒、久久为功，推动全民道德素质和社会文明程度达到一个新高度。

德育工作者要引导正处于成长发展中的青少年学生，自觉抵制社会中某些不良道德风气，以社会主义核心价值观为导向，培养自身的社会公德意识。

2. 养成学生文明行为习惯

我国社会公德中包含讲礼貌、尊敬长者、扶助弱者、遵守公共秩序和纪律、讲卫生等一些基本的准则。讲礼貌是一个人文明程度的首要表现，德育工作者要教育学生对人有礼貌、说话和气、举止大方、待人真诚友善、尊敬师长、帮助老弱病残。在公共场合要自觉遵守秩序，遵守学校的纪律和各种规章制度，敢于同一切违法乱纪的行为做斗争；爱护公物，维护公共场所的卫生，讲究个人卫生。要使学生摒弃不良行为习惯，做到语言美、仪态美和行为美。

3. 塑造学生的优良品质

品质是道德规范、规则被个体认识、接受、接纳、内化而形成的个人内在素质。良好的品质是一个人文明程度的标志。一个具有良好品质的人，在社会上更容易与他人相处、合作、共赢，从而更容易获得成功，为社会做出更大贡献。教育者要培养学生具备正直、诚实、乐于助人、勇敢、朴素、谦虚等优良品质。要求学生在日常生活中，以社会道德规范来约束自己，不损害公众利益，不破坏社会秩序，与人建立起相互尊重、相互依赖的关系，成为具有良好社会公德的新时代公民。

**（六）民主、法制和纪律教育**

民主与法制的建立是人类社会进步的象征。在充满压迫和专制的社会中，人们饱受屈辱和身心折磨，为争取一个民主、法制的社会，无数人经过了长期不懈的斗争和努力，甚至牺牲了自己的生命。在社会主义中国，人民当家做主，享有充分的民主权利，同时也用法律来维系扬社会之善，惩社会之恶，确保整个社会的安定团结、和谐有序。法制和纪律是规范、约束个体行为的重要途径，是确保社会民主的有效武器。因此，对青少年学生进行民主、法制和纪律教育有助于青少年学生的自我规范和保护，同时也是确保社会有序推进和发展的重要保障。

1. 培养学生民主参与意识

民主是指人们平等地享有参与国事、对国事自由发表意见的权利。这是人们对于集体发展的主人翁意识的表现。德育工作者要培养学生关心时事政治、积极参与民主监督与管理的意识。让学生主动关心自己生活的社区、所在学校发生的事情，并开展自己独立的思考，对问题解决提出合理化建议。要使学生了解行使正当民主权利的途径和方式，养成他们通过民主方式来处理和解决问题的意识和能力。

2. 加强法制观念

法制是一个社会安定团结的保证。当前，社会上先进与落后、真理与谬误、美好与丑恶、真实与虚假杂糅并存，成长中的青少年往往对此感到迷惑，无所适从，一部分人常因法制观念不强，而产生犯罪心理和行为。因此，在青少年成长的“拔节孕穗期”，对学生进行法制教育是十分必要的，也是非常迫切的。教育者可以通过多种途径向学生宣传法律知识，增强他们的法制观念，避免一些人走上犯罪道路。同时，教育者也要让学生懂得用法律来保护自己的正当权益，维护自己的切身利益。

3. 教育学生自觉遵守纪律

法制是靠法律制度本身具有的强制力来规范个体行为的，而纪律是靠人们自觉遵守来发挥作用的。遵守纪律就是要遵守社会、团体所制定的规章制度和秩序。纪律教育要从学生的日常学习和生活抓起，要求学生遵守学校的作息制度，遵守学校、社会的规章制度和秩序，并敢于与破坏纪律的现象做斗争。同时，在纪律教育的过程中，教育者还要积极引导学生正确认识纪律和自由的相对关系，并在此认知的基础上，养成学生自觉遵守纪律的习惯。世间没有绝对的自由，真正的自由都是在纪律遵守保障下的有限自由。自由和纪律并非对立的，只有在纪律的保障下，学生才可能享有真正的自由。认识到一点，才能让学生自觉养成遵守纪律的习惯。

## 第三节　德育的原则

### 一、德育原则概述

德育原则是教育者对受教育者实施德育时必须遵循的基本准则，是处理德育过程中的基本矛盾和关系，提高德育质量和成效的基本要求。它是根据教育目的、德育目标和德育活动的基本规律提出的，是长期以来人们处理德育过程中普遍存在的教育者与受教育者之间的矛盾、德育要求与受教育者之间的矛盾以及受教育者自身思想品德形成过程中存在矛盾的实践经验概括和总结。德育原则指导着德育工作的各个方面及其进程，对德育工作者制定德育目标、确定德育内容、选择德育方法和途径等都具有一定的指导规范价值。正确理解和在实践中合理贯彻德育原则，对提高德育工作者的质量和水平，推动德育工作科学化、取得良好的德育效果具有重要意义。

#### （一）知行统一原则

这一原则是指教育者在实施德育过程中，既要重视对学生进行系统的理论知识教育，又要重视对学生进行实际锻炼，把提高学生的思想认识和培养学生的道德行为习惯联系起来，使其言行一致。

1. 提出依据

在知、情、意、行的品德心理要素之中，知往往是品德形成的先导，在深刻的道德认识的基础上更容易产生强烈的道德情感、坚定的道德意志和稳定的道德行为习惯。行是品德发展的核心目标。没有正确的“知”就很难有正确的行动，只有正确的“知”没有实际训练，也难以形成自然的道德行为和稳定的道德习惯。知行结合才能确保道德知识和实际训练的良性互动和相互提升。因此，德育既要提高学生的品德认识水平，以指导学生的道德实践、规范其道德行为的方向性，以促进学生表现出正确的道德行为，避免盲目或错误的道德行为。同时，德育也要加强实际道德行为的锻炼和训练，以便使学生在“行”中不断巩固、加深和发展道德认识，避免道德认识流于形式或变成空洞教条，以“知”“行”之间的相互统一促进学生道德品质的提升。

**【名人名言】**

道德准则，只有当它们被学生自己去追求、获得和亲自体验过的时候，只有当它们变成学生独立的个人信念的时候，才能真正成为学生的精神财富。

——［苏联］苏霍姆林斯基

2. 贯彻要求

德育工作者在实践中贯彻这一原则时应做到：

（1）联系实际进行道德理论教育，晓之以理。

道德理论教育如果只是单纯讲述是非、善恶、荣辱、美丑等的标准，缺乏与学生直接经验的关联，就会非常抽象、空洞，难以有效进入学生知识结构之中，在学生面对道德情境之时也难以对其分析社会现实、选择道德行为、评价自我和他人道德行为产生实质性的指导价值。因此，道德理论教育要结合学生的社会生活实践，政治课、思想品德课以及其他学科相关内容等的教学要寻找与学生直接经验的契合点，激发学生的学习兴趣，促使其感知道德理论的实践指导意义，加深对理论的理解、认同，使其自觉指导道德实践。

（2）组织学生参加各种社会实践活动，导之以行。

道德本质上就是个体对实践中人与社会关系的处理方式，道德自身就具有很强的实践性。同时，活动、交往等实践也是个体道德形成和发展的最根本动力和途径。学校既要通过学习活动和各种集体活动，提高学生道德水平，还要组织学生参加工农业生产活动、公益劳动以及其他各种类型的有益社会实践活动。道德教育工作者要充分利用这些实践活动资源，使学生提高道德认识、陶冶和形成道德情感、锻炼道德意志、坚定道德信念、培养良好的道德行为习惯。

**【资料链接】**

**捡硬币**

据报载，美国加利福尼亚州有的小学自1990年以来，在学生中开展“捡硬币”活动，借此教育学生珍惜每一分钱。吉尔罗伊的一所小学四年来共拾得100万枚1分硬币，由学校统一存入银行，加上利息，共创造11 114美元的财富。银行为鼓励孩子们将这件有意义的活动继续进行下去，专门派车装上100万枚硬币拉到学校展出。校方决定将这笔钱作为奖学金，奖励品学兼优的学生。

资料来源：纪大海. 德育新视点［M］. 成都：四川教育出版社，1996：117.

（3）教师榜样示范。

言传身教是教师对学生施加教育影响的主要方式。对学生而言，教师是学生在学校生活中接触较多且具有一定教育权威的榜样人物。道德教育中，教师言传与身教的结合，将极大增强道德教育的影响力和感染力，其作用和成效远远超出言教。

**（二）说理疏导与纪律约束相结合原则**

这一原则是指在德育工作中，教育者要循循善诱，以理服人，疏通引导，启发自觉，调动学生接受教育的内在积极性，同时辅之以必要的纪律约束，两者结合共同促进学生品德健康发展。

1. 提出依据

学生是德育活动的主体，只有学生自觉把道德理论内化为自己的道德行为指南，才能真正产生道德教育成效。但是，青少年学生知识经验少，自控能力相对较弱，对于社会现象中的是非、美丑等的辨别能力相对较差，德育工作既要注重发挥学生主观能动性，启发其自觉性，同时又要从外部加以引导、约束。因此，德育工作首先要注意正面教育，说理服人，切不可命令、强制，启发学生学习和内化理论的自觉性，调动其道德形成过程中的主观能动性。尤其是对青春期时期的学生来说更是如此，如果德育的方式、方法不恰当，可能事倍功半甚至事与愿违。同时，青少年学生自控能力还未得到很好的发展，需要德育工作者从外部通过纪律等方式给予一定的约束。

2. 贯彻要求

（1）正面说理，疏通引导，启发自觉。德育工作者要通过摆事实、讲道理等方式，启发学生自觉辨析是非、真假、善恶、美丑，能够知理、明理、讲理，形成正确的观念，以此杜绝不良行为。命令、强制等方式，可能会导致学生口服而心不服，不能真正解决品德形成过程中出现的诸多问题，因此应尽量避免。学生即使一时失足犯了严重错误，德育工作者也要坚持说服教育，让他们从内心深处真正认识到自己的错误之处，在此基础上才有可能更好地改正错误。

（2）以激励为主，坚持正面教育。青少年在成长过程中总会出现一些错误，教师面对学生应坚持正面教育，善于发现学生的闪光点，以表扬鼓励为主，批评处分为辅，引导他们逐步纠正自己的错误认识和不良行为。

（3）树立先进典型，用正面榜样教育引导学生成长。为学生成长树立榜样，容易使学生在具体、生动的榜样人物形象和行为案例中认识到是非、善恶、美丑等的标准，知道哪些是对的，哪些是错的，什么事情应该去做，什么事情不该去做。在树立榜样的时候，德育工作者既要向学生宣传各条战线上的英雄模范人物，还要特别注意宣传学生群体中的先进典型，用身边的榜样人物教育引导学生成长，激励学生向善的上进心。

（4）建立必要的规章制度，把晓之以理、动之以情的说理疏导和必要、严格的纪律约束结合起来。规章制度是思想道德规范的具体化，它既是一种正面引导的手段，也是具有一定强制性的约束方式。说理疏导与规章制度约束学生是相辅相成的，说理疏导强调通过教师的外在说理手段，激发学生形成道德的自觉性和主动性；规章制度强调使用强制性手段对于自觉性缺失或缺乏必要自控能力的学生进行管理和规范。没有必要的规章制度，说理疏导就会变成空洞说教，没有说理疏导，启发自觉，规章制度就难以发挥良好的规范作用。

**（三）尊重热爱学生与严格要求学生相结合原则**

这一原则是指进行德育工作时，既要热爱、尊重学生，同时又要合理、严格要求学生，将两者结合起来，对学生品德发展进行引导。

1. 提出依据

苏联教育学家马卡连可曾经说过，要尽量多要求一个人，也要尽可能地尊重一个人。德育工作中，教育者和受教育者应是民主平等的关系，在德育工作中热爱、尊重学生与严格要求学生是辩证统一的。热爱、尊重、信任是严格要求的前提条件，缺乏爱心、信任的严格要求容易变成无理、无度，甚至可能变成刁难、苛求；热爱是严的基础，严格是教师对学生热爱的体现，失去严格要求的热爱，容易变成放任自流的溺爱，两者紧密结合，才能取得最佳的教育效果。

2. 贯彻要求

（1）热爱、尊重和信任学生。上海市特级教师于漪说过“热爱学生是教师的天职，是做好教师工作的基础和前提。没有这个基础，师生就缺少共同的语言，感情就不能融洽，教育就难有成效”。教师热爱学生，才会把热爱的情感变为想方设法促进学生发展的积极行动。教师对学生的热爱，要面向全体学生，不仅要爱护优秀学生，更要厚爱后进生，一视同仁地对待所有学生。

（2）教师要善于有计划地、严格地向学生提出正确、合理、明确、具体、有序、有恒的要求。正确要求是指教师所提的德育要求应该是科学的，符合教育目标和人民利益的。合理要求是指所提的德育要求，要符合学生身心发展特点和品德的实际发展水平，既不过低，也不过高，是学生经过自身努力可以做到的。明确是指所提德育要求的内容和意义要明晰和确定，是学生能够明确感知和理解的，含糊不清、模棱两可的要求往往会使学生不知所措。具体是指所提德育要求应该是可操作性的，不能抽象空洞。有序是指所提德育要求应是有计划、有步骤地提出来的，是先易后难、逐步提高的，从而逐渐把学生的品德引导到新的高度。有恒是指德育要求提出后要坚持到底，坚决贯彻执行，不能朝令夕改，反复无常或虎头蛇尾，有始无终，这样的德育要求就会失去必要的严肃性、规范性和强制性，难以起到相应的作用，久而久之，教师以及要求就会在学生面前丧失必要的威信。

（3）教师要严于律己，以身作则。孔子曾指出，“其身正，不令而从，其身不正，虽令不从”。如果教师对学生提出某些要求，自己都无法身体力行，就会降低教师威信，影响到学生执行德育要求的意愿。

**（四）依靠积极因素克服消极因素原则**

这一原则是指德育工作要调动学生自我教育的积极性，依靠和发扬他们自身的积极因素克服品德中的消极因素，从而实现品德的良好发展。

1. 提出依据

学生既是教师德育工作的对象，同时也是自我品德发展的主体，只有学生自我发挥主观能动性才能更好地实现道德成长。辩证唯物主义认为，任何矛盾在一定条件下都是可以相互转化的，如优点和缺点、先进和落后等。学生道德品质的形成和发展正是各种矛盾不断转化的结果。

2. 贯彻要求

（1）要一分为二地认识和了解学生的优缺点。

学生的优点是其形成新的思想品德的基础，是克服自我品德中的不良因素和抵制外在不良影响的重要内在、主体力量。学生的缺点是其进步的障碍，缺点的存在极易为不良影响的渗透打开缺口。每个学生都是优点和缺点的合体，只有优点而没有缺点的人是不存在的，只有缺点而没有优点的人也是不存在的。因此，无论对于优秀学生还是后进学生，我们都应该一分为二地看到其优点和缺点以及道德发展中的积极因素和消极因素。对于后进生，他们品德中的缺点可能较为明显，优点和长处较为微弱，也可能其优点暂时被缺点掩盖，不易被他人发现。教师必须善于发现学生身上的闪光点，并让学生知道自己的优点，提高他们的自尊心和自信心，激发他们成长的内在动力，使其能够扬长避短，以将优点发扬光大为契机，克服缺点，从而形成良好品德。对于优秀学生，教师也要一分为二地看待，在看到优秀生诸多优点的同时，也要客观认识他们的不足之处，采取积极措施帮助其改正，从而不断完善自己。

（2）引导学生发扬优点，调动积极因素去克服缺点。

教师要引导学生依靠并逐步扩大自身的优点，调动积极因素去克服缺点、错误，化消极因素为积极因素，使优点成为思想品德发展中的主导方面。事实表明，这样比直接通过批评缺点、错误去帮助学生矫正缺点的教育效果要好很多。当学生看到自己的优点，就能够增强改正缺点的信心和积极情绪，而直接批评容易挫伤学生自尊心，进一步加剧其自卑和消极心理。

**（五）集体教育与个别教育相结合原则**

集体教育与个别教育相结合原则是由苏联教育家马卡连柯提出来的，他又将其称为“平行教育”原则，是指在德育工作中，教师既要注意组织和培养好学生集体，利用、依靠和通过集体活动、舆论、优良风气及传统来教育影响集体之中的每一个成员，同时要注意个别教育，通过教育个人来影响和促进集体的形成和发展，把集体教育和个别教育结合起来，提高德育工作的质量和效率。

1. 提出依据

学生在学校开展的各种活动及人际交往，大多数都是在班集体影响下进行的。每个人都有融入与归属一定集体、被集体成员接纳和认可的内在愿望。学生也是如此，学生有参加集体生活、与集体中的他人进行交往的心理需要，因此就会重视集体的活动、舆论和要求。苏联教育学家马卡连柯曾指出，教育了集体，团结了集体，加强了集体以后，集体自身就能成为很大的教育力量了。学生集体不仅是教师的德育工作对象，也是德育的重要主体。把学生群体培育成具有较强凝聚力、优良风气和文化氛围的集体之后，集体就会对身处于其中的每一个人产生有形或潜移默化的影响。当然，集体是众多学生共同构成的组织，集体的建设和发展也需要每一个人的努力，尤其是集体中的核心成员对集体的建设走向发挥着尤为重要的作用，因此，个人的成长进步会影响到集体的培育过程，而集体的培育又会反过来影响其中的每一个人，培育集体和培养个人两者是辩证统一的。

2. 贯彻要求

（1）培养优秀的班集体。

集体的力量是巨大的。实践证明，一个风气良好的集体可以培养学生的各种优良个性，改变学生的不良行为习惯；一个风气不佳的集体，可能会使学生沾染各种不良习气。德育工作者一定要高度重视班集体的培育和建设。教育者要善于调动班级学生的积极性，共同努力做好班级建设工作：要使学生群体形成共同的奋斗目标，以目标为导向加强学生群体的凝聚力；教师通过主题班会、文艺体育活动、生产劳动等活动来培养学生集体，密切集体成员之间的相互关系，锻炼和培养学生骨干，形成坚强的集体领导核心，塑造健康的舆论氛围和文化风气。

（2）充分发挥学生集体的教育作用。

教师要发挥学生集体的教育作用，就要把集体当作教育的主体，先把教师的教育意图转化为对于集体的要求，然后指导和支持学生干部做好工作，发挥他们的积极性和组织才能，把集体要求转变为成员的成长要求，以此教育和帮助集体成员。同时，教师还要为每个学生提供参与集体管理和服务集体的机会，锻炼学生才能的同时增强学生对集体的责任感。另外，集体对个人的影响大多数都是潜移默化的，都是通过班级文化风向影响学生的，因此，教师也要通过有计划的、形式多样的、生动活泼的集体活动，引导班级舆论方向，促进集体和个人的共同进步。

（3）注重个别教育，实现集体教育和个别教育的统一。

个人是集体中的个人，集体是个人组成的集体。集体中的各个成员不仅有着某些共性，同时又是各具特性的。个别教育与集体教育在德育工作中，应该是相辅相成的关系。如果只抓集体教育，忽视对个别学生的培养、教育问题，尤其是具有不良行为习惯的个别学生，就会影响整个集体的发展进步；反之，如果教师只抓个别教育，不抓集体教育，就无法有效发挥学生集体对于每个成员的教育、规范作用，德育工作就会陷入被动局面。因此，教师要把集体教育和个别教育两者有机结合起来，做好个别学生的教育工作之后，就可以以之为典型带动全体，从而推动集体成长；抓好集体教育工作之后，就可以对每个人起到一定的约束和引导作用。

**（六）因材施教原则**

这一原则是指德育工作要充分考虑到学生的年龄特征、个人特点、思想状况等，选择恰当的教育内容和教育方法，有的放矢地进行教育。

1. 提出依据

这一原则是根据学生身心发展的个别差异性规律提出来的。德育工作要促进学生思想品德的发展，就必须以学生的生理、心理发展为基础。不同年龄阶段的学生其生理、心理发展水平各不相同，思维、情感、意志、行为等都具有不同的年龄特征。只有从不同年龄阶段学生的实际情况出发，德育教育才能被学生接受，才能促进学生的品德发展。同一年龄阶段的学生，虽然有其生理、心理发展的共性特征，但是因其成长环境、教育条件和个人主观能动性发挥程度不同，每个人也都有着不同的个性特征。德育工作者必须据此因材施教，才能取得较好的德育效果。如果抹杀学生身心发展的年龄特征和个性特点，脱离学生实际，而采取成人化、统一化的做法，德育工作就不可能取得成功。

2. 贯彻要求

（1）全面深入了解学生。

教师只有充分了解学生，对学生特点心中有数，才能有针对性地采取德育措施。教师对学生的了解要全面、深入且面向全体。全面是指教师要对学生德、智、体特别是品德、个性等要全面了解，避免出现只见其一、不见其二，只见树木不见森林的现象；深入是指教师要深入了解学生，研究学生，就要深入学生的内心世界，不能停留于对其表面现象的了解上，不能只做表面文章；面向全体是指教师对学生的了解，既要了解各个不同阶段的学生年龄特征，也要了解个别学生的个性特点，对学生身心发展的一般规律和个性特征都要准确把握。教师了解学生必须经常接触学生，关心和爱护学生，做学生的知心朋友。教师可通过观察、谈话、分析材料、调查研究等方式了解学生。

（2）德育工作要有针对性。

各个阶段学生的身心发展特点各不相同。教育者要研究掌握这些特点，并在德育要求、内容、形式和方法等方面体现一定的针对性。例如少年时期，学生的抽象思维已得到一定发展，自我意识正迅速发展，独立性不断增强，对他们要用说理、解释的方法，启发其自觉性，尊重其独立性和自尊心，使其能够深刻理解道德规范的社会意义，并据此形成道德信念。在青年初期，学生此时的思维具有更高抽象性和概括性，他们能够独立且深刻地思考社会、道德、人生理想等诸多问题，自我意识发展也已经发展到较高水平。此时，教师要多引导他们进行自我教育，并在思考问题的立场、观点和方法等方面进行相应的引导，以此加强他们科学世界观和人生观的教育。

同一阶段学生在遵循这一年龄阶段共同的身心发展规律的基础上也会有不同个性。德育工作者要了解学生的生活环境以及思想和品德发展的实际情况，针对每个学生的个性特点，采取不同的德育内容，运用恰当的方法，争取做到“一把钥匙开一把锁”，有针对性地进行教育。

### （七）德育影响一致性与连贯性原则

这一原则是指进行德育工作时，教师应有目的、有计划地把来自学校、家庭、社会各方面对学生的教育影响，按照德育目标和要求，加以组织调解，使其相互配合，步调一致，前后连贯地开展，以保障学生品德按照教育目的的要求发展。

1. 提出依据

德育过程是教师指导下学生能动的道德活动过程，这一过程是在学校、家庭、社会各方面的影响下进行的，是一个长期、反复、逐步提高的过程。学校、家庭、社会德育相互之间存在着一定的矛盾，而且前后连贯性较差，如果不加以组织，必将削弱学校德育对学生的影响，甚至导致三者之间在内容、方向上产生较大偏离，抵消学校德育的正面影响，使学生品德发展处于低效、反复状态。尤其是当前，社会环境尤为复杂，学生从书刊、影视、网络等方面接受的信息量较以往大大增加，而青少年学生接受新鲜事物能力比较强，辨别意识和能力较差，更容易受到社会等不良信息源的影响，因此，教师更应加强学校对各方面教育影响的控制和协调，促使三者形成强大的教育合力，确保学生的品德按照教育目标要求健康成长。

2. 贯彻要求

（1）建设教师集体，形成校内教育力量的合力。

思想品德教育工作不是单纯的任课教师、班主任或者思想教育部门的任务，而是贯穿学校全部工作的重要内容，是学校全体教职员工以及各级组织、部门需要合力完成的重要任务。学校需在校长的领导下，统一内部的各种教育力量，按照培养目标及德育要求、内容和计划，关心学生的成长，主动参与学生的思想品德教育，共同对学生进行教育，使之成为一个分工合作的优化群体，以此形成推动学生进步的巨大合力。在同一个班上，班主任、各科教师和团队组织对学生的影响必须一致，特别是班主任要积极主动联系各科教师，争取他们的配合与支持，各科教师也要自觉地承担起教书育人的责任，积极配合班主任做好德育工作。

（2）发挥学校的主导作用，协调学校、家庭和社会的各种教育影响，逐步形成以学校为中心的“三位一体”的德育网络。

当前，青少年学生的社会生活与交往具有广泛性、多样性、复杂性，尤其是信息传播手段日益现代化的今天，学生的道德成长不可能通过学校教育的一己之力就能很好地形成和发展起来。学校教育如果不协调、控制、调节家庭和社会各方面的影响，就会被其散发出来的不一致甚至是消极有害的负面影响所弱化。

学校要主动联系家庭，共同分析研究学生的道德表现，协调一致做好学生的德育工作。面对社会影响，学校要把社会中的积极因素组织到德育中来，对消极影响因素采取各种措施予以坚决抵制，并引导学生辩证认识和分析社会中的不良道德因素。同时，学校也要和校外教育机关以及社会各部门、各团体加强相互联系，共同研究、协调对学生的教育，指导学生的校外活动，安排好学生的假期生活，开展学生所喜爱的活动，使学生校内校外都能得到良好环境的影响和熏陶。

（3）加强德育的计划性和连贯性。

学校教育具有鲜明的有目的、有计划、有组织、有系统的特点，以此才能保证学校教育对学生成长的有效性。德育是学校教育工作的重要组成部分，也应在德育目标指导下，体现出明显的计划性和系统性等特点，随意性、不连贯的德育活动无法确保良好的德育效果。德育工作者要根据学生身心发展特点和水平，对学生提出由易到难的德育内容和要求。在学生不同年龄阶段和同一年龄阶段的不同年级之间，德育要求、内容、方法上都应该有所区别，也要加强相互联系和衔接，共同构成德育教育体系。





以上原则之间并非单独、孤立的，而是相互制约、协调配合的。德育工作者要根据实际情况，综合利用这些德育原则，使之形成完整的德育原则体系，从而发挥其整体效应。

## 第四节　德育途径与方法

### 一、德育的基本途径

德育的基本途径是学校开展各项德育活动和工作过程中，有目的、有计划地采用的基本德育组织形式。它是学校德育对学生思想品德发展产生影响的基本方式和来源。德育工作不仅要有正确的内容，还要有恰当的途径和方法，才能提高德育质量，确保德育成效。因此，学校和教师有必要了解德育的基本途径和方法，以便能够在德育情境中灵活选择和应用。

德育的基本途径主要涉及学校、家庭和社会三个德育主体的学校内外、课堂内外的多种实施途径，如思想政治课、社会实践等。

#### （一）教学

教学是学校有目的、有计划、有系统地对学生进行德育的最基本、最常用且最有效的途径。根据教学任务不同，教学又可分为德育课教学和其他各学科教学。

其中，德育课教学是所有德育活动之中最直接、最系统的途径。按照年级不同，它又可分为小学的品德与生活课、品德与社会课，初中的思想品德课，高中的思想政治课等。这类教学对于帮助学生树立正确的政治方向，人生观、世界观和价值观以及培养良好的品德等都具有重要作用。

其他各学科教学是指教师向学生传授学科知识的同时进行德育活动，它是德育活动不可缺少的补充途径。赫尔巴特曾指出世界上没有无教育性的教学。教学的教育性规律就意味着各学科教学既承担着向学生传授学科知识的重要任务，也担负着对学生进行思想品德教育的重要职责。教师要结合各学科特点，把德育思想渗透到各科教学内容和教学过程之中。

#### （二）班主任工作

班级是学生学习和成长的基层组织，也是学校施加德育影响、学生展开德育自我教育的组织单位。班主任是班级的领导者和管理者，也是班级德育工作的直接实施者。班主任工作是培养学生良好思想品德、促进学生道德健康发展的重要途径。班主任应结合本班学生的实际情况，组织、建设好班级组织并做好个别教育工作，在有目的、有计划、有系统的德育活动中形成班级良好的班风，以此影响班级中每个成员的发展。同时，班主任要注意调动学生的主观能动性，培养学生的自我教育能力。另外，班主任还要注意协调本班、本年级各个学科教师的相关工作，使其形成德育的巨大合力；联系家长，校外教育机构等，形成学校、家庭、社会“三位一体”的德育网络。

### （三）共青团、少先队、学生会工作

共青团、少先队、学生会都是在学校的组织和领导下由学生组成的正式组织，是青少年学生自己的集体组织。这些组织所开展的活动中蕴含着丰富的德育因素，是学生自我教育的重要组织，也是协助教师完成德育任务及其他任务的组织形式，是学校德育中最有生气的力量。学校可以引导团、队、学生会根据各自任务和工作特点，开展健康有益、生动活泼的活动，以此引导学生树立远大理想和良好的风尚道德，提高自我教育和自我管理能力。

### （四）劳动与社会实践

劳动是培养学生道德品质的重要方式。教师指导学生参加自我服务性劳动和必要的家务劳动等，可以培养学生热爱劳动、尊重劳动人民、珍惜劳动成果的思想感情和艰苦奋斗的行为作风，培养乐观向上、克服困难的品性，培养学生的自尊心、自信心和自豪感。

社会实践是学生获取直接经验，提高道德认识的深刻性，培养强烈的道德情感，坚定道德信念的重要手段。组织学生参观访问、远足、进行社会调查以及参加社会服务和军训等实践活动，可使学生开阔眼界、认识国家、了解社会、增长才干，这样可以把理论和实践结合起来，增强其辨别是非的能力。

### （五）活动课程与课外活动

学校和班级组织的各种科技、文娱、体育及班团队活动是促进学生身心健康发展，培养学生道德情操的重要方式和途径。学校要有计划地开设多种活动课程，组织学生开展丰富多彩的科技、文艺、体育等课外活动，包括课外兴趣小组和各种社团活动，在发展学生个性特长的同时，教师可通过活动有意识地培养学生的良好道德情操、意志品质和生活情趣，提高他们的审美能力。

### （六）校外教育

学校虽然是德育的主阵地，但是校外蕴藏着很多的德育资源，学生道德发展也需要校外多方主体的协作配合。因此，校外教育也是培养学生健康文明生活方式，提升学生思想品德修养的一个重要阵地。学校要充分发掘和利用校外资源条件，主动与少年宫、少年儿童活动中心、图书馆、文化馆、博物馆、纪念馆、科技馆等校外的文化教育单位建立联系，通过与这些校外机构进行合作，共同组织学生参加各种活动，利用这些专门场所和社会文化教育设施，在活动中施加德育影响。

### （七）心理咨询

学生成长过程中或多或少会出现一些心理困惑，尤其是处于青春期的学生，生理和心理发育的不平衡等会让学生品德发展遇到诸多问题，心理咨询是帮助学生解决心

理问题、引导学生品德发展的重要途径。教师可以通过谈心、咨询、讲座、热线电话等形式，为学生提供帮助，提高他们的心理素质，培养他们面对挫折时的回弹力。

**（八）校园环境建设**

校园环境是学校隐性课程的重要组成部分，其氛围会对学生产生潜移默化的影响。通过校园环境建设和优化，对学生施加德育影响，提升学生品德修养，应成为学校德育工作的重要构成。学校可以充分发挥校歌、校训和校风对学生的激励和约束作用，利用黑板报、壁报、橱窗、广播、影视、图书馆等多种宣传资源，为学生创造良好的德育物质环境和文化舆论环境，使学生受到良好的熏陶和影响。



**（九）家庭**



家庭是学生成长的第一个重要场所，家庭的养育方式、智力活动氛围等都会对学生行为习惯的培养、学生品德的形成以及学生个性的健康发展发挥极其重要的作用。这些作用主要通过亲子之情的感化、家庭生活的熏陶及家长的言传身教等方式发挥出来。学校可通过家访、开家长会、设立家长接待日、开展家庭教育咨询、建立家长委员会等多种形式，与家长进行联系、沟通和交流，切实形成良好的家校合作局面，共同促进学生品德发展，贯彻和落实德育目标。

**（十）社会**

根据国家有关法律和中央有关文件的规定，各级政府和社会各部门都有履行关心、促进和保护青少年健康成长的义务。对此，各级教育行政部门以及学校、教师应主动与社会相关机构尤其是有关政府部门取得联系，充分发掘和利用社会中的德育资源；加强对于社会文化市场及娱乐场所的管理与规范，为青少年提供丰富多彩、健康有益的精神食粮；充分发挥革命前辈、各行各业先进模范人物等榜样教育作用；充分依靠关心下一代协会、社区教育委、村民委员会等各种社会团体，发动协调社会力量支持和参与学生的德育工作。

## 二、德育的方法

德育方法是指在德育过程中，为达到一定的德育目标，教育者、受教育者参与德育活动时所采取的各种方式和手段的组合。它既包括教育者传道施教的方式，也包括受教育者自我教育、提高自我修养的方式。德育活动是师生的双边活动，德育方法是师生共同活动的方法。只不过有些方法偏重于以教师活动为主，如说服、奖惩，有些方法主要是教师引导下以学生的自我教育为主的方法，如锻炼、修养等。方法总是服务于一定的目标和内容的，因德育目标和内容不同，德育方法也会不同。一般而言，学校德育基本方法主要有以下六种：

**（一）说理教育法**

说理教育法是教育者在德育过程中，借助语言形式，通过摆事实、讲道理，启发学生自觉，使学生明辨是非，提高其思想意识，理解并接受某种道德观念，改变或形成某种道德态度，形成某种道德行为的方法。

说理教育的方式大致有下列几种：讲解和报告、谈话法、讨论和辩论、指导阅读。

1. 讲解和报告

讲解和报告是教育者通过口头语言系统地阐述思想政治准则和道德规范，提高学生认识水平和思想觉悟的方法。一般由学校教师和领导担当讲解者和报告人，学校也可以邀请革命英雄、模范人物和科学家等担任。这一方法较多使用于德育性质的课程、时事政策报告会或有关思想道德问题的专题讲座。

这种方法主要通过教师讲、学生听的方式进行，可以充分发挥教师的主导作用，便于教师控制德育过程，对学生进行引导和启迪；能够帮助学生在短时间内获得大量的、系统的思想道德知识，通过教师讲解与师生互动等形式可提高学生明辨是非、真假、善恶的能力。但在这种方法中，学生处于相对被动地位，如果方法使用不当，可能不能很好地发挥学生在德育过程中的自觉性、主动性和积极性。

因此，这种方法在使用过程中应该注意：第一，目的明确，有的放矢。第二，观点鲜明，主题突出。第三，内容系统，具有科学性和思想性。阐述的道理要符合真理，符合客观实际。讲解的内容要在深度和广度上符合学生的年龄特点、认识水平和接受能力。第四，讲解要民主。讲解要启发学生思考，使之心悦诚服地接受所讲道理，不能强迫或威胁其接受所讲观点，允许学生保留自己的意见。第五，讲解语言要形象生动，通俗易懂，富有幽默感和感染力。

2. 谈话法

**【资料链接】**

**一首歪诗的风波**

1939年7月，陶行知在重庆附近的台川县古圣寺创办了主要招收难童入学的育才学校。一天，育才学校育乐组的壁报《小喇叭》出刊了。壁报前人头攒动，越涌越多。同学们边看报边议论。外围的人向里挤，里面的人不愿让。有人建议："读一下，读一下吧！"只听得一个油腔滑调的声音开始朗诵了："人生在世有几何？何必苦苦学几何。学习几何苦恼多，不如学习咪嗦哆！"这首诗不胫而走，传遍了全校，引起了争论，多种评价，褒贬不一。其实，陶行知早就看了这首小诗。但他没有马上找到这位小作者进行简单粗暴的批评教育，也没有马上召集学生进行集体训话。次日，他邀请小作者到自己的办公室，进行了促膝炎心。他和小作者研究起了人生与数学的密切关系。从吃饭穿衣谈到音阶频率的振动；从种田做工讲到国家大事，哪一件都少不了数学，离不开数学。因此，人人要学数学，数学对人们就像人们离不开空气、水分、阳光、营养品一样重要。小作者听到陶校长的谆谆诱导，连连点头说："校长，我这下真的明白了你为什么要我们把学好语文、数学、外语、科学方法论这四门功课作为开启文化宝库的四把钥匙的道理。我检讨……"陶行知马上接过话头说："现在我们是民主讨论，不是榫会，你能认识问题，提高思想，就是进步。"小作者连连点头说："我们音乐组不少同学都有这种思想，让我去说服他们！"陶校长眯着双眼放心地说了一句："好啦！我们今天的民主探讨到此结束。"

资料来源：徐吉志. 一首歪诗的风波［J］. 人民教育，2007（20）：59.

谈话法是教师就某一思想道德问题与学生交谈、讨论，以便使学生明白某一道理的方法。谈话法中，学生可以直接参与交流思想感情，因此，这种方法更容易激发学生思考，调动学生解决品德问题的积极性和主动性。而且，这种方式不受时间、地点和人数的限制，简便易行，在实践中适用范围较广，使用较多。谈话法形式多样，如讲解、讨论思想品德问题时的启发性谈话，考查学生品德行为的表扬性或批评性谈话，讨论品德问题时的指导性和总结性谈话，面对学生集体或个人的集体谈话或个别谈话。

运用谈话法，必须做到：第一，谈话必须要有针对性，了解谈话对象的思想状况、个性特点和其所受的社会影响，在此基础上，确定谈话内容和方式。第二，谈话要讲求时机。根据实际需要选择谈话时机，充分利用不同时机下的不同谈话类型，不要在学生有错误时才谈话，无错就不谈话，避免学生误解个别谈话的意义，从而对谈话产生抗拒情绪。第三，谈话过程要民主。谈话要尊重事实，态度诚恳，有情感交流，使学生感到亲切，创造平等和谐的氛围。第四，谈话要启发学生思考。谈话法要调动学生思考问题的积极性和主动性，使学生通过认真思索明辨是非，得出结论，谈话结束时教师要引导学生对谈话做出适当总结。

3. 讨论和辩论

这是在教师的组织和指导下，学生就某一个或某一些思想问题展开相互讨论或辩论，在各抒已见、思想相互碰撞过程中得出结论，从而提高思想认识和能力的方法。这种方法充分调动了学生德育的主体性，是较为典型的学生自我教育的方式。讨论法可以活跃学生思想，使学生在民主、平等的相互讨论或辩论中，调动自我思考问题的积极性，借助自我思考和探索得出的结论更容易让学生信服。但是讨论法需要学生具备一定的分析和解决问题的思维能力，因此，它常在高年级及以上学生群体中使用，且如果结合讲解和报告、阅读指导、参观访问法等方式进行，其效果更好。

讨论法的使用也要注意以下问题：第一，问题选择要恰当，教师要能够提出学生最关心、最迫切需要解决且能够引发讨论的问题。第二，讨论之前要指导学生搜集材料，做好发言准备，启发和鼓励学生勇于发表自己的意见。第三，在讨论过程中，教师要循循善诱，使讨论围绕主题由浅入深展开，最终得出结论。要防止个别学生在讨论中占据讨论霸权以及个别学生沉默不语的情况，防止讨论过程中冷场、偏离主题等情况。第四，讨论结束后，教师要做好总结，并对讨论中争执不下的问题发表自己的意见，同时允许学生保留自己的看法。

4. 指导阅读

这是教师指导学生阅读有关书籍、报纸、杂志和文件，以领会和掌握有关思想道德规范方面的知识，提高学生品德认识水平和能力的方法。这种方法形式多样，如教师可以结合政治课和品德课的讲解，组织学生进行半独立性阅读和独立性阅读等。这种方法有助于发挥学生德育过程中的主体作用，培养学生在读书过程中独立思考问题的良好习惯和进行自我道德教育的能力。学生的阅读还可以弥补教师口头讲解的不足，扩大学生的知识面，以主体性阅读提升学生在思想道德方面知识上的兴趣和爱好。

教师指导学生的阅读要注意以下三点：第一，教师要引导学生阅读德育性质的相关材料，如根据德育计划，结合讲解、谈话、讨论的重点话题，引导学生阅读有关书报文章、英雄传记、革命回忆录及文学艺术作品等。第二，教师要合理安排阅读，把课内和课外阅读充分结合起来。第三，教师要对学生阅读进行指导，如指导学生制订阅读计划、掌握阅读方法，使学生学会做摘记、提纲、概要和读书笔记等。教师还可通过组织读书座谈会、报告会，写心得体会，开展书评等形式让学生书写阅读总结，交流阅读心得，巩固阅读收获和效果，以此提升学生辨别是非的能力和思想评价的意识水平。

【知识考查】

通过谈话、讨论对学生进行德育的方法，属于（　　）。

A. 情感陶冶法　　B. 榜样示范法

C. 实际训练法　　D. 说服教育法

答案：D

**（二）陶冶法**

陶冶法是指教师自觉利用环境和自身的教育因素，对学生进行潜移默化的熏陶和感染，使其在耳濡目染中受到感化的方法。陶冶法直观具体、生动形象、情景交融，易为学生理解，也容易激起学生情感共鸣，从而产生强烈的感化、熏陶、激励作用，因此，陶冶法具有较强的非强制性、愉悦性、隐蔽性和无意识性。古代教育家孔子就提倡用诗歌和音乐陶冶学生的性情。

陶冶法主要有以下两种方式：

1. 教师人格感染

教师的身教重于言教，身教之中最为重要的一点就是教师的人格影响。教师利用自身的人格魅力及其对学生真诚热爱的情感来对学生进行陶冶。教育者对受教育者真诚的、无微不至的关心爱护及教育者自身具有的高尚人格，可以触动、感化、熏陶学生，促进其思想转变。教师的威望越高，对学生的关怀和爱越真挚，对学生人格感化的力量也就越大。

2. 环境陶冶

教育者自觉利用环境中的教育因素对学生的品德情感进行潜移默化的陶冶。健康文明的文化环境可使学生形成良好的道德规范和健康向上的风尚，在优美的自然环境中，学生可以通过美的事物的熏陶，激发强烈的美感体验，从而对自己保护美、创造美的道德行为产生一定的约束和激励作用。环境陶冶的主要方式有：

（1）自然环境陶冶法。教师组织学生游览祖国各地的名胜古迹、名山大川等，使学生能够在欣赏祖国美丽河山的过程中增强热爱祖国、热爱大自然的美好情感；美好的校园环境的创设，使学生能够在教室宽敞明亮，环境清净整洁，四季花繁叶茂、鸟语花香的校园环境中得到轻松、愉快的心理情感体验，而且还能够激发学生爱校、爱集体的情感。清洁、舒适、雅静的家庭学习、生活环境，能够给学生带来美的享受和良好的学习环境。学校可以组织学生自己动手，净化、美化、绿化校园和自我的家庭环境。

（2）人文环境熏陶法。优良的校风和班风对于学生而言是重要的人文环境。校风和班风是通过教育、培养等环节逐步形成的集体在情绪、言论和行动上的共同倾向，是全校、全班成员精神面貌的反映，是全校、全班共同价值规范的集中体现。学生长期生活于其中，受其熏陶就会产生与之相对应的良好思想、情操和行为方式。良好的家规家风能够使家庭成员民主平等、团结互助、友爱和谐、文明向上，对于学生道德品质提升也是一个不可或缺的重要人文环境因素。

（3）文艺陶冶。文艺陶冶法是指教师借助于音乐、美术、舞蹈、雕塑、诗歌、小说及影视等文艺手段创造的生动形象，感染学生，使其在欣赏、评论、创作及演出过程中受到陶冶。艺术来自生活，又高于生活。文艺作品一般形象概括，寓意深厚，感人至深，不仅给学生以美的感受，而且可以熏陶他们的性情。教师应重视组织学生阅读文学作品、聆听音乐、欣赏画展、观赏影视或者引导他们自己去创作、表现，从中获得启示、受到陶冶。





**【知识考查】**

"让学校的每一面墙壁都开口说话"，这属于（　　）。

A. 陶冶法　　B. 说理教育法　　C. 榜样示范法　　D. 行为锻炼法

答案：A

运用陶冶教育法的要求：

第一，创设良好的情境。

学校和教师应认真规划和设计良好的校园情境，尤其是班主任应通过各种途径和手段为学生营造一个良好的班级微环境。同时，学校要主动与家庭及社会相关机构沟通合作，尽可能改变和消除对于学生道德成长产生不良影响的外在环境。

第二，陶冶与启发说理相结合。

教师为有效发挥情境的陶冶作用，应结合启发说理方式，引导学生积极主动关注与德育目标相关的环境因素，充分利用环境的有益影响培养学生的良好品德和作风。

第三，引导学生参与情境创设。

良好的教育情境需要学校管理者和教师的积极创设，也需要学生的主动参与。学生可以向学校表达自己内在的感受以及对构建有益情境的意见和建议。

### （三）榜样示范法

榜样示范法是用榜样人物的高尚思想、模范行为、优异成就来影响学生的思想、情感和行为的方法。向榜样人物进行学习是人成长过程中重要的间接学习方式之一。榜样人物能够把道德观点和行为规范以具体化、人格化的形式呈现在学生面前，榜样人物的故事具体、形象、生动，学生更容易接受，对学生具有更强的感染力和吸引力。个人信服的榜样总能给人带来巨大的示范、引领和激励作用。对于青少年学生而言，他们可塑性强，模仿能力也强，喜欢模仿有威望、有名气的人，尤其崇拜伟人和英雄。"其身正，不令而行，其身不正，虽令不从""上行下效、耳濡目染""桃李不言，下自成蹊"等都说明了榜样示范法的重要作用。但是，青少年学生的辨别意识和能力较差，学校和教师要对青少年的榜样学习行为进行引导，使其模仿行为朝向积极、良性的方向，这样才能对他们的成长产生巨大的推动力。

用来示范的榜样主要有家长和教师、同学、英雄人物、革命领袖、历史伟人和文艺形象。革命领袖和英雄模范人物这类榜样也称典范，他们情操高尚，形象、思想和事迹典型性强，其伟大业绩、崇高品德容易引起学生的敬仰之情，也最容易成为学生敬仰、热爱的榜样。

优秀同学或同龄人，如“三好”学生、优秀学生干部、优秀集体等，这些榜样与学生们生活在一起，年龄相近，经历相似，环境影响也差不多，所表现出来的好思想、好行为是学生们比较熟悉的，容易为大家所理解和信服，也易于他们效仿和学习。

在学校德育中运用榜样示范法应注意以下三点：

第一，选择适合学生学习的榜样。选好榜样是榜样示范法的前提和基础，学校教师可根据时代要求和中小学生的实际情况，为学生树立良好的学习榜样，同时也可以指导他们根据自己的实际情况，为自己的成长选择合适的榜样，从而以榜样之力为学生指明前进的方向，激发学生前进的动力。

第二，激起学生对榜样的敬慕之情。教师要引导学生了解榜样人物的事迹，分析值得学生学习的重要品质，让学生在了解榜样人物的基础上对榜样产生敬慕之情，从而产生向榜样学习、不断前进的巨大力量。

第三，要向学生提出明确的目的和要求，使之根据榜样行为提高自身修养。只有学习目的确定了，才能明确学生学习方向，才能促使学生用榜样来引导和调节自身行为、提高修养。教师要引导学生把对榜样人物的敬慕之情转化为道德行为和习惯养成的动力上来，使之根据榜样人物的重要品质调节自身行为。

**【知识考查】**

“桃李不言，下自成蹊”，这属于（　　）。

A. 榜样示范法　　B. 说理教育法　　C. 行为锻炼法　　D. 学生自我修养法

答案：A

**（四）实践锻炼法**

行为锻炼法是指教师有目的地组织学生参加一定的实践活动，在实践中进行锻炼，以提高品德认识和实际活动能力，形成良好品德行为习惯的方法。

实践锻炼法包括学习活动、委托任务、组织活动、执行制度、行为训练等。

1. 学习活动

学习是学生的主要活动，这一活动需要付出艰苦、持久的脑力和体力劳动。学生的日常学习生活是学生实践锻炼的重要方式之一。教师要引导学生在学习过程中克服困难，培养对于学习的责任心、义务感、意志力，养成刻苦、认真、细致、不畏艰难等优良性格品质。

2. 委托任务

教师或学生集体可以委托学生个人或群体完成一定的工作任务，如担任班干部、办黑板报、筹办晚会等。这不仅可以提高学生的工作能力，还可以通过让其执行任务培养他们的工作责任感、集体责任感和集体荣誉感等品质。

3. 组织活动

学校和班级可以根据教学时间安排和资源条件实际，组织学生参加各种实践活动，如课外活动、生产劳动和一定的社会实践活动。课外活动有助于学生培养遵守规则规范、克服困难等良好品质。生产劳动不仅可以使学生形成科学的劳动观、积极的劳动习惯、较高的劳动技能，还能培养学生的勤劳俭朴、坚忍顽强等劳动品质，提高其道德素养。社会实践如社会调查和社会服务等活动可以给学生提供接触社会、关心民情的机会，有助于他们更加深刻地理解党的路线、方针、政策，清晰认知自己肩负的使命，并形成正确的世界观和人生观。

4. 执行制度

没有规矩，不成方圆。学校的规章制度和学生日常行为规范是学生健康成长、形成良好道德素养的重要资源。教师可指导学生据此进行经常性训练，如校园常规、卫生常规、礼貌常规和图书馆、阅览室规则等的训练，可使学生形成集体观念、时间意识，养成自觉的组织性和纪律性。

5. 行为训练

教师在讲明道理的基础上，指导学生进行反复的练习，以培养青少年的良好道德行为和道德习惯。教育者首先要讲明道理，提出要求，具体指导，督促检查，反复训练，以指导学生反复练习巩固，形成道德习惯。

运用实践锻炼法也应注意以下要求：

第一，坚持严格要求。严格的要求和督促才能确保实际锻炼效果；否则，学生不严格遵守规范和要求，就会使实践锻炼变成敷衍了事，流于形式。

第二，调动学生自觉锻炼的主动性。教师提出锻炼目标，学生是锻炼活动的主体。如果没有学生积极参与和配合，锻炼活动效果很难保证。教师要引导学生认识锻炼的必要性、价值性和可行性，学生在内心深处才会产生自强不息、努力拼搏的动力，才会自觉以目标严格要求自己，获得最佳的锻炼效果。

第三，注意检查和持之以恒。良好品德行为习惯的形成是一个长期而反复的锻炼过程，虎头蛇尾、一曝十寒都无益于品德的培养，教师也应适时给予监督、检查，肯定其锻炼的成绩，指出不足，鼓励其继续努力，坚持不懈，持之以恒。

**（五）品德修养指导法**

它是指教师指导学生自己教育自己（自觉学习、自觉反省、自我行为调节），使自身品德不断完善的教育方法。我国古代也很重视修养。孔子提倡君子要注意“内自省”“内自讼”，曾子强调“吾日三省吾身”，孟子主张“自反”“自强”，荀子指出“君子博学而日参省乎己，则知明而行无过也”。他们都注重通过自我认识、自我体验来提高个人的品德。

品德修养指导法包括学习、座右铭、立志、自我认识、自我体验、自我控制等。

1. 学习

这是指为提高思想道德修养而进行的学习。个人修养的提高有赖于人类积累的科学知识和道德经验的掌握，教师须注意指导学生善于通过学习吸取高尚的思想营养来提高自己。

2. 座右铭

这是引导学生依据自身品德中的弱点或所确定的奋斗目标，选出有针对性的名人、名言置于显眼处，用以自警、自律、自励的方法。它能够帮助学生抓住个人的主要问题，有针对性地加以解决。

3. 立志

树立人生志向、确立远大理想是个人前进的方向和巨大动力。它既是修养的一种方法，也是修养的一个重要内容。德育工作者应加强学生的理想教育，引导他们根据社会的需要和自身的条件、特点设计恰当的奋斗目标，并支持他们为实现自己的志向和目标而坚持不懈地努力。

4. 自我认识

自我认识是指受教育者对自己思想、言行的对与错、优点与缺点的判断。这是学生自我教育的前提。学校和教师要帮助学生通过认识别人来认识自己，通过道德评价活动学会自我评价。自我评价是一个人的自我认识结构中的高级成分，它是在自我感觉、自我印象和自我概念基础上逐渐形成的。自我评价过高对道德发展不利，自我评价过低易导致自卑和抱负水平低。我们要指导学生积极参与班级内部道德问题的讨论，开展批评和自我批评，引导学生做出适当、稳定的自我认识（含自我评价），这是道德教育的重要任务之一。只有能够正确进行自我认识、自我评价的个人，才能发现自己的不足，找出自己与别人、与社会、与教育要求的差距，并产生对自己的不满情绪、态度，激起改进和提高自己的要求与愿望。

5. 自我体验

伴随自我道德认识和评价时所产生的情感体验就是自我体验。它是对自己思想、言论、行为做价值判断时产生的道德情感。要引导学生在践行中体验自己的情感，要通过道德认识升华道德情感，要注意通过审美和创设情景使学生获得情感体验，要抓住契机引导学生体验自我放纵的痛苦和战胜自我的愉悦。

6. 自我控制

学生在道德意志行为中自觉地掌握和支配自己的情感和行为。自我控制是最重要的调节机制，也是心理成熟的标志。要创设困难情境，磨炼自己的意志，指导学生自我激励、自我誓约、自我命令、自我禁止、自我监督、自我检查。

指导学生的自我教育首先要激发学生自我教育的动机，指导学生自我教育的方法，养成自我教育的习惯。教师可向学生介绍自我教育的多种方式，如仿效榜样、格言激励、艺术熏陶、语言暗示、自我奖惩、自我检查等。

这种方法是指在教师引导下，学生自己教育自己，进行自觉的思想转化和行为控制的方法。学生品德能否提高同学生个人能力能否自觉主动地进行道德修养的培养紧密相关。教育家苏霍姆林斯基指出，真正的教育是自我教育。指导学生自我修养要注意遵循以下要求：培养学生自我修养的兴趣、指导学生掌握修养的标准、指导学生参加社会实践。

**【知识考查】**

班主任让学生写反思日记，这属于（　　）德育方法。

A. 学生自我修养法　　B. 行为锻炼法

C. 榜样示范法　　D. 陶冶法

答案：A

**（六）品德评价法**

这是根据一定的要求和标准，对学生的思想言行做出肯定或否定的评价，促进其品德积极发展，帮助他们改正缺点与错误的方法。品德评价法的主要方式有：表扬与奖励、批评和惩罚、操行评定。学生自身的思想品德状况提高得怎么样，一方面靠自我反省与他人的对照来判断，另一方面，教育者要及时给予反馈，使受教育者了解自己的优点，知道自己的缺点，继而不断地修正错误，发扬成绩，以此来提高自己的品德水平。

运用品德评价法要注意以下要求：

第一，公平、正确、合情合理。做到当奖则奖、当罚则罚，奖励与处罚一定要符合实际、实事求是，不主观片面，不讲情面。

第二，发扬民主，获得大家支持。奖惩是由少数人决定的，难免主观武断、出现差错，得不到群众支持。只有发扬民主，听取群众意见，才能使奖惩公平合理，富有教育意义。

第三，注重宣传与教育。奖励与处罚不仅是为了教育被奖励者或被处罚者，也是为了教育全体学生，所以要在一定范围内公布，以便收到更好的效果。

**理解与反思**

1. 谈谈你对德育原则的理解。
2. 谈谈对不同的德育方法的认识，思考下每一种方法的适用情形。

**拓展阅读**


［1］檀传宝. 学校道德教育原理［M］. 北京：教育科学出版社，2000.

［2］鲁洁，王逢贤. 德育新论（新世纪版）［M］. 南京：江苏教育出版社，2000.

［3］张世欣. 道德教育的四大境界［M］. 杭州：浙江教育出版社，2003.

［4］王本陆. 教育崇善论［M］. 广州：广东教育出版社，2001.

［5］杜时忠. 德育十论［M］. 哈尔滨：黑龙江教育出版社，2003.

# 第十一章 班级管理与班主任工作

## ■学习导航

(1) 了解班级的概念、班级组织的原则。

(2) 掌握班集体构成要素、发展阶段和培养方法。(重点、难点)

(3) 掌握班级管理的作用、原则和模式。(重点)

(4) 理解班主任的角色、职责、工作内容及专业素质。(重点)

## ■思维导图

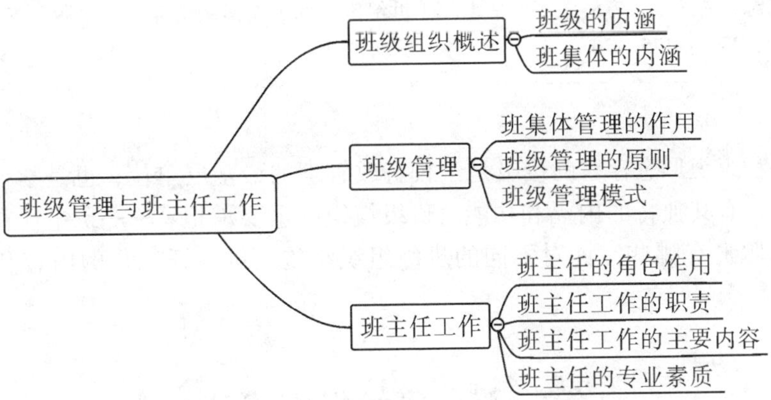

■教育瞭望

**插上理想的翅膀**

很多学生满怀信心地迈入高中，可是由于高中课程比初中加大了难度和知识容量，而一时不适应高中阶段的学习，成绩不理想，思想负担重，许多学生找我诉苦。有的甚至产生了厌学情绪，心理受到严重的挫折。针对这种情况，我想到要用远大的理想来激励学生。我在征求学生意见的基础上，把班级命名为“远志班”，并发动学生制定了班风及解说词。

班风是：志向高远，素质全面，品格高尚，为形成团结进取的班集体而奋力拼搏。

解说词是：理想是石，敲出星星之火；理想是火，点燃希望的灯；理想是灯，照亮前行的路；理想是路，引你走向黎明。没有理想的生命就像没有风的帆一样空虚。“不经历风雨，怎么见彩虹，没有人能随随便便成功。”汗水是滋润灵魂的甘露，勤奋是理想飞翔的翅膀。新的世纪，新的曙光，新的挑战，需要的是素质全面、品格高尚的人才，让我们用理想的经线，拼搏的纬线，编织未来，编织人生，编织新世纪！

学生很快就能背诵班风及解说词了，并树立了自己的远大理想。我让学生把自己的理想书写在卡片上，贴在课桌的右上角，随时提醒自己。每个学生有了自己的理想以后，我又及时地告诫学生，有了远大的理想是好事，但理想和现实之间有很遥远的路途，要付出努力和汗水。在理想实现的过程中会遇到各种各样的困难，要有勇气和信心克服。我又让学生制定班歌——《真心英雄》，用歌词“不经历风雨怎么见彩虹，没有人能随随便便成功”来激励学生，增强他们的抗挫折能力。经过恰当的教育和激励，学生的抗挫折能力增强了，克服了学习中的困难，学习积极性上来了，成绩大幅度提高，顺利完成了从初中到高中的过渡。

资料来源：周达章，方海东，王平杰. 21世纪班主任工作案例精粹（中学版）[M]. 宁波：宁波出版社，2004：175-176.

作为一种组织形态存在的班级是学校行政管理的最基层单位，也是学校各项活动的基本单位，有其独特的内涵和功能。班级组织的重要承担者——班主任在班级管理中的地位和职责有哪些？针对不同的班级组织结构，班主任工作的内容和方法有所差异。

## 第一节　班级组织概述

班级作为学校开展各项活动的基本单位，不仅是育人的组织，也是学校行政管理的最基层组织，带有组织的性质。班级在其历史发展过程中经历了数次的历史演变，在运行过程中发挥着相应的作用与意义。班集体不同于班级，有历史演变和发挥功能的不同，有特定的内涵和构成要素，班集体管理有着特定的原则和班集体管理内容。

## 一、班级的内涵

### （一）班级的发展

“班级”是近代工业化推动学校教育变革的产物，学校教育的最初组织形式是个别教学。

率先使用“班级”一词的，是文艺复兴时期的著名教育家埃拉斯莫。他在 1519 年的一个书简中描述了伦敦保罗大教堂学校的情形：在一间圆形的教室里，将学生分成几个部分，分别安排在阶梯式座位上。这是最早的对班级的描述。率先采用班级教学的是欧洲的一些学校，如法国的居也纳中学、德国的斯特拉斯堡学校以及一些教会学校。

1632 年，捷克教育家夸美纽斯在他的《大教学论》中第一次从理论上对班级加以了论证。

1806 年，德国教育家赫尔巴特发表了《普通教育学》，提出了教学过程四个阶段理论（明了、联系、系统、方法），设计和实施了班级教学，使班级教学得以定型。

1939 年，苏联教育家凯洛夫科发表了第一本马克思主义性质的《教育学》，提出了课的类型和课的结构概念，进一步完善了班级教学。

我国最早采用班级授课的是 1862 年的京师同文馆。1903 年《癸卯学制》的颁布和实施，标志着大面积实施班级教学的开始①。

### （二）班级的概念

班级是与个别教学的组织形式相对应的形态，从班级的发展历程来看，班级能够面向更多的处于同一发展水平的学生，进而更好地实现教育目的。由此可见，班级是指在教育目的的指导下，学校根据学生的发展水平所组成的，进行学校各类活动的学生组织。班级是学校的细胞，是最基层的行政组织，是学校开展教育教学活动的基本单位。

班级作为一种组织形态存在于学校组织之中，其组织性、计划性、目的性在教育教学活动及各类班级活动中得以体现，可见，班级是一种兼具教育教学和管理职能的正式群体②。

### （三）班级组织建立的原则

作为组织形态的班级，其建立需要遵循相应的原则，才能更好地发挥促进个体健康成长、促进班级和谐发展的目的。

1. 教育性原则

教育性原则是班级组织建立的首要原则。建立班级组织的目的是更好地促进学生的健康成长，有利于教育教学活动的顺利开展，保障教育成效。影响班级组织教育教学活动开展及培养目标实现的做法与举措，均不能视为建立班级组织原则的基础，因为这有违教育性原则。

2. 一致性原则

一致性原则主要指目标一致，即在同一班级组织的个体有着一致的发展目标，这

① 张东良，周彦良. 教育学原理［M］. 北京：北京理工大学出版社，2017：301-302.

② 王守恒，查啸虎，周兴国. 教育学新论［M］. 合肥：中国科学技术大学出版社，2004：277.

是指引班级组织发展的内在动力。众所周知，班级组织内的学生会在教师特别是班主任的带领下，进行有针对性的学习，参加各类活动，致力于促进个体健康全面发展。这便是一致性原则的体现。

3. 遵循教育规律的原则

班级组织开展的各类活动需要考虑社会发展需要，活动的内容、形式均应符合所处社会发展的要求，体现时代特性，与国家保持一致；同时，也需要考虑儿童身心发展特点，从儿童发展实际出发选择合适的活动内容，开展的各类活动应有利于促进儿童身心健康发展。





## 二、班集体的内涵

班集体是班级组织的主要表现形态，与班级根据学生发展水平进行聚类集结的方式相比，班集体在概念、特征、构成要素、历经的阶段、培养方法等方面均有所不同。

### （一）班集体的概念

“班集体”这个概念的产生晚于“班级”的概念，最初产生于苏联。十月革命胜利以后，学校集体教育一直是苏联教育科学领域中重要的课题之一。著名教育家克鲁普斯卡娅、马卡连柯、苏霍姆林斯基等对集体教育进行过广泛的研究和实践。“集体教育”“学校集体”“班集体”是苏联教育界普遍关注、使用频率相当高的教育学概念①。

目前，对“班集体”这一概念的论述，主要代表性的观点有：

班集体是由整个班级所组成，以完成学校教育任务为共同目标，有一定组织机构、规章制度的学生共同体②。

班集体是按照班级授课制的培养目标和规范组织起来的，以共同学习活动和直接性人际交往为特征的社会心理共同体③。

以上关于“班集体”的概念界定，虽然在表述上不尽相同，但可在理论与实践的结合中找出其共通的方面，如以共同的目标为指引、以共同活动为主要的人际联结形式、以规章制度为约束、以组织机构为存在的物质形态、属于一种共同体。由此，“班集体”的概念可界定为：班集体是按照班级授课制的培养目标为价值引领，以共同活动和直接性人际交往为主要的人际联结形式，以班级组织机构为存在的物质形态，借助规章制度对个体进行规范和约束的社会共同体。

### （二）班集体的特征

班集体因与班级从内涵上有较大差异，也表现出自身的独有特征。

1. 班集体是由学生非正式群体组成的正式群体

毫无疑问，班集体是学校的基层组织机构，有明确的目标、规章制度、组织机构等，具有正式群体的性质，形成了班集体的主流文化，形塑着班级的社会文化基因。但是，身处班集体这一正式群体的学生却因兴趣爱好、性格特征、发展水平等组成了类型多样的非正式群体，这些非正式群体组成了不同的亚文化，有些亚文化是合乎主

---

① 赵海霞. 班集体建设智慧与策略［M］. 长春：东北师范大学出版社，2010：2.

② 顾明远. 教育大辞典（第一卷）［M］. 上海：上海教育出版社，1990：139.

③ 王宝祥，牛志强，陈燕慈. 班主任词典［M］. 北京：中国工人出版社，1992：112.

流文化规范的，而有些则不合乎主流文化规范。对不合乎主流文化规范的亚文化就需要进行相应的干预与引导，使其成为促进学生非正式群体的积极力量，进而促进正式群体的健康发展。

2. 班集体以促进全体学生的全面健康发展为目标

班集体开展的活动内容多样、广泛，以课堂教学活动为中介，整合学校、社会、家庭的教育影响，开展形式多样的辅各类班团活动。不管是教学活动还是班团活动，其主要目标均是促进全体学生的全面健康发展，这是由班集体的共同愿景决定的，也是教育性的直观体现。

3. 班集体是有直接的人际互动构成的社会共同体

班集体成员间在各类活动中通过集体与个体、集体与环境、个体与个体的相互作用，构成了富有情感和心理效应的直接人际互动，这一互动中不仅有知识的习得，更有价值观的引领、能力的训练、情感的丰富、集体归属感的培养等。这是班集体从形成到发展成熟完善在主体性发展水平上的重要体现。

### （三）班集体的构成要素

自德国哲学家与社会学家斐迪南·滕尼斯将人类生活类型划分为共同体（community）与社会①后，共同体被用于管理学、教育学、心理学等各领域。

班集体作为一种共同体，在构成要素上也具备一般共同体的要素。

1. 共同的目标

班集体会在班主任引导下，确立近期、中期、远期目标，这些目标是班集体每一位成员的共同目标。因此，每位成员都积极努力构建班级文化，组织各类活动确保目标的实现。

2. 共同遵守的规则

班集体建设之初的重要任务之一便是确立班级管理规章制度及班级守则，这是班集体每位成员行为的准则与依据，也是班集体各类活动顺利开展的保障和前提。

3. 班级组织机构

班集体的组织机构主要有班委会、小组等，其成员各司其职、明确分工，确保班集体各类活动的有序开展，班级组织机构是班集体赖以有序运转的物质保障。

4. 人际联结

班集体成员间通过各类活动进行面对面的、直接的人际互动，这一过程，增进了成员间的情感，营造了良好的心理氛围，使班集体成员形成热爱集体、关爱班集体成员的积极情感，使其从内心深处形成班集体归属感，维护班集体的荣誉，共同形成一种集体合力。

### （四）班集体历经的阶段

班集体从组建到成熟大致要历经四个阶段。

1. 组建阶段

这一阶段班集体处于雏形阶段，班集体属于松散群体。班集体成员虽同属于一个班级，但实际上还没有形成凝聚力，是一个个独立的个体。班集体主要依赖班主任，

① 赵健. 学习共同体：关于学习的社会文化分析［D］. 上海：华东师范大学，2005：13.

班主任对学生提出集体目标和班级规章制度，并通过引导学生积极开展各类活动将班级规章落到实处，促进班集体的发展。这一阶段是班集体的形成时期，如果班主任对学生不严格要求，对班级规章执行或监督不力，势必影响班级的后续发展，使班集体逐渐变得松散、缺乏凝聚力。

2. 形成阶段

经历第一阶段后，在班级组织机制在这一阶段基本稳定时，师生之间、学生之间有了一定的了解，产生了情谊和信赖，一批团结在班主任周围的积极分子在班主任的引导与培养下开展各项活动，成为实现集体发展目标的核心，凝聚力在这一阶段有所显现。但此阶段，班集体还离不开班主任的组织与指挥，班主任一方面要善于发现积极分子，从中选拔出具有一定管理能力、热心为班集体服务、关心团结集体的班干部，另一方面要善于培养积极分子，指导与帮助其提高班级管理能力，在维护其威信的同时对其严格要求。

3. 发展阶段

这一阶段，班集体已成为教育主体，多数学生能够互相严格要求，教育要求已转化为集体成员的自觉需要，也无须外在监督，学生已能管理和教育自己。同学之间团结友爱，形成强有力的舆论与良好的班风。

4. 成熟阶段

成熟阶段是班集体发展趋向成熟的时期，集体的特征得到充分而完全的体现，并为集体成员所内化，全班已成为一个组织制度健全的有机整体，整个班级洋溢着一种平等、和谐、上进、合作的心理气氛。学生具备了自主管理、自我教育、自己解决集体问题的意识与能力，在必要的时候，他们会对班级管理方式进行灵活变革，以更好地适应班集体与成员发展需求。

**【案例分析】**

**见面**

开学了。

看着四十个坐得东倒西歪的孩子，我说："以后我们就要常常在一起了。从现在开始，你们心里和我的心里，会渐渐地长出一根线，这根线会越长越长，最后连在一起结成一个结。"

"今天开始，我要为你们每个小朋友都写上一篇小文章，等你们再长大一点，就读给你们听，给你们看。好吗？"

"好的，好的。"一阵三三两两的回答。

这是在……应付我吗？好奇怪。

哦，可能是这样的。

我不是他们"亲生"的语文老师。他们的班主任兼语文老师病休，后来去他校任教，然后由我接班。我是这个班的第几个……我掰着手指头数，第几个班主任了呢？第三个？如果包括其间五六个临时的代理班主任，这么算起来，我应该是他们的第九个班主任了。对他们来说，只不过是又来一个班主任，有什么可奇怪的呢？

“那么，我们开始上课吧。”我刚说完，左边一阵稀里哗啦的响声。不知是谁的凳子翻倒并把后桌的桌子一起带倒了。

我扶起倒在地上，又差不多在同一时间站起来的孩子，问他疼不疼，伤到哪里没有。他拍拍双手，说：“没事儿，那个老师，不疼，真不疼。”

他叫我“那个老师”，这真是个特别的称呼。

这怎么会不疼呢？

后面的女生说：“这个老师，他差不多每天都会这样摔倒的。”

哦，又变成“这个老师”了。

是吗？他是变形金刚吗？每天都会摔一次？而且，每次都不疼？

带他到医务室。医务室的老师果然对他很熟悉，看了看，说：“没事的。”

我们回到教室，我发现教室有点像座猴山。

我站在他们面前，伸着手指头数，一个，两个，三个……

一个坐在前排的女生问我：“老师啊，你在数什么呢？”

我啊，数猴子呢！

资料来源：高华芳. 第九个班主任［M］. 宁波：宁波出版社，2017：3-4.

**思考：**这位新来的班主任该如何组建这个班级？

### （五）班集体的培养方法

班集体的形成基本上都会经历组建、形核、发展与成熟四个阶段，班集体形成的四个阶段有不同的目标与任务，培养班集体的方法也需依此进行。

1. 确定班集体的发展目标

发展目标是能为集体发展提供的明晰的方向和动力，班集体也需要在明确发展目标的支持下发展。明确的发展目标能使班级成员在班主任的带领下统一认识与行动，促进班集体的发展成熟。班主任在班集体的组建阶段就应精心制定班集体发展目标，将目标分为近期目标、中期目标和长期目标，并且让每一位班集体成员均知晓班集体发展目标，使班集体目标成为班级成员为之努力奋斗的共同目标，班集体由易到难、由近到远地通力合作逐步实现发展目标。

2. 建立班集体的核心队伍

班集体组建之初，就会出现团结在教师特别是班主任周围的积极分子，他们能辅助班主任进行班级事务管理，以实现班级的发展目标。当班集体形成后，班主任会在这些积极分子中发现和在全体学生中培养班集体的核心队伍，班集体的核心队伍是由班长、副班长、团支书（初中及以上）、学习委员、体育委员、劳动委员、文艺委员、科代表、小组长等人员组成的班委成员，核心队伍在班主任的带领下对班级进行组织与管理。一方面，班主任要善于发现和培养积极分子，鼓励积极分子带动班级全体同学开展活动，在活动中发现学生特别是积极分子的管理长处，并有目的地对其长处进行培养。另一方面，班主任应合理培养积极分子。在班集体发展趋于成熟后，班主任应学会放手，将班级事务交由班级核心队伍管理负责，锻炼学生能力的同时，增强学生的集体荣誉感与使命感。

3. 建立班集体的正常秩序

正常秩序是维持班集体正常运转的前提，是学生在学校开展学习、活动的条件保障。班集体的正常秩序包括必要的规章制度、共同的生活准则及一定的活动节律。在班集体组建之初，班主任就应制定班级规章制度、共同的生活准则及一定的活动节律，并要求每个人严格遵守，对不遵守的学生和教师需给予相应的惩罚，以彰显班级规则的严肃性，显示班主任的人格魅力。班主任需使学生对规章制度、共同的生活准则及一定的活动节律的遵守从班集体建立之初的外在规约逐渐内化为习惯式的自觉执行。

4. 组织形式多样的教育活动

各类教育活动为学生健康成长、施展才能提供了宽广的平台，是班集体各项规章落实的载体之一，可在一定程度上凸显班主任和班集体核心队伍的组织管理能力，也能看出班集体全体成员的集体凝聚力和向心力。班级教育活动由日常性教育活动和阶段性教育活动两大部分组成，在两大部分的教育活动中均会涉及的内容主要有：主题教育活动、文艺体育活动、社会实践活动等。针对不同的活动内容，活动的形式就会有所不同，所要实现的教育目的也有所差异。

5. 培养正确的舆论和良好的班风

正确的舆论和良好的班风具有巨大的教育力量，以显性和隐性的方式激励、熏陶、感染和约束学生，有利于养成学生健康心理、规范学生行为。正确的舆论和良好的班风是形成、巩固班集体和教育集体成员的重要手段，是衡量集体觉悟水平的重要标准。正确的舆论有助于形成良好的班风、学风，良好的班风是班集体成员总体的精神状态的共同倾向性，具有潜移默化的教育力量，无形中支配着班集体成员的行为。班主任在培养正确舆论和良好班风方面：一是需要通过言传身教、榜样示范的方式加强引导；二是以形式多样的活动将班级规章制度、准则等融入活动中，严格要求，反复实践。

6. 引导非正式群体成为班集体的积极力量

班集体属于正式群体，但在班集体内部还有集体成员自发形成的非正式群体。非正式群体是人们基于社会交往需要的原则，依据兴趣爱好、心理相容度等自发形成的、未经任何权力机构批准或承认而形成的群体。当非正式群体与正式群体目标一致时，对班集体的发展是有利的，反之亦然。因此，班主任不能对班集体的非正式群体放任自流，也不能采取高压措施加以压制，而应正确地加以引导，以发挥其积极作用。一方面，班主任应善于发现非正式群体成员的优势，并鼓励成员利用其优势为班级建设服务；另一方面，在班集体活动开展中，引导非正式群体积极参与活动，让其感受到来自班集体的鼓励与关爱。总之，班主任应采取多种途径引导并鼓励非正式群体成为班集体的积极力量，充分发挥其积极作用，增强班级凝聚力，形成团结向上的班集体氛围。

## 第二节　班级管理

班集体在班级组织运行过程中发挥着重要的作用，形成了不同的结构。因发挥的作用与结构的不同，班集体管理内容呈现多元特性。

## 一、班集体管理的作用

班集体管理对全体成员、每一个体均发挥着作用，促进班集体全体成员的健康全面发展，促进每一个体的社会性发挥和个性的张扬。

### （一）保障全体学生的全面发展

班集体在共同目标的指引下，在健全的规则制度约束下开展各类教育教学活动，构建和谐的人际关系，营造良好的班级氛围，这些努力而为之的一系列举动其出发点都是为了全体学生的全面发展。班集体管理是面向全体学生的，体现人人享有平等的教育权的法理原则；同时，班集体管理面向每一个学生的全面发展。全面发展包括身心全面的、健康的、和谐的发展。班集体各类活动均为全体学生的全面发展提供有力保障，作为班集体的主要管理者——班主任应引导班集体建设朝着好的方向发展，在班级管理中班主任也应具备预测、处理、干预危害学生全面发展的不良因素的能力，为全体学生的全面发展提供有利的、健康的成长环境与条件，促进其健康、全面、和谐发展。

### （二）促进学生社会性的发展

站在教育社会学的视角看班集体，班集体是一个社会组织系统，班集体有共同目标、组织结构、角色分配、人际互动，履行学校相应的社会职能。因此，从这一视角出发，班集体管理对于发展学生的社会性，培养其对社会生活的适应能力有积极的促进作用。

首先，班集体管理有利于发展学生的人际交往能力。班集体是学生最主要的学习、交往和其他各种活动的环境，班集体中的每一个体在各种活动中构成了教师—学生、学生—学生、学生—教师、学生群体—学生群体等人际互动形态，构成了多种人际关系。班集体的人际关系是社会组织及社会关系的反映，作为班集体的一员，学生如何在人际互动中处理与不同个体或群体的人际关系，是对学生人际互动能力的锻炼。班集体为学生参与社会性的实践活动创造条件和机会，需要学生根据互动主体的不同，表现出不同的行为模式。这一系列的模式互动有助于学生人际交往能力的发展。人际交往能力是现代社会非常重要的社会性能力，是学生适应社会必备的基础性能力。

其次，班集体管理有利于学生养成初步的政治民主意识与能力。班集体中一个非常重要的组织机构是班委会，班委会由哪些人担任，不是班主任一个人决定的，而是由民主选举决定的。从这一层面来看，班集体管理有利于学生养成初步的政治民主意识，就选举人而言，从最开始就需要学会合理使用自己手里的权利与义务，公平、公正地进行班委会人员推选；就被选举人而言，从最开始也应遵循选举原则，不违反规定，正视选举结果。政治民主意识是国家公民合理参与社会政治生活的基础与前提，是公民政治民主能力发展的意识保障。

最后，班集体管理能促进学生形成角色意识与相应的能力。学生总是在班集体中扮演着一定的角色，并按照这一角色进行行为。在静态的班集体组织中，每一个成员都有不同的角色；在动态的班集体活动中，学生扮演不同的角色，承担不同的任务，受到不同的期待，收获不同的体验。角色意识对学生而言具有心理暗示作用，使其在实践活动中积极参与、主动进取，学生在角色意识的形成中发展其相应的能力。角色意识与相应的能力为学生今后参与社会生活实践奠定了一定的基础。

**【名人名言】**

班集体不仅是教育对象，而且是巨大的教育力量。班集体为学生提供了个性社会化的机会，使每个学生有可能获得社会生活必要的经验和发展自己最好的个性品质。班集体的科学管理亦成为“未成年人社会”与“成年人社会”“未来社会”之间的桥梁。

——魏书生

### （三）促进学生个性的发展

由于个体的差异性，学生在班集体活动中发展社会性的同时，也彰显个性化的特征。促进学生个性发展也是班集体管理中不应忽视的重要方面。

一方面，班集体为学生个性发展提供有利条件。班集体在关注全体学生的同时，也面向每一位学生个体，促进学生个体的全面发展。班集体开展的各种活动正是发挥学生个性的良好时机，一项班集体活动的顺利开展也需要不同学生在不同方面给予支持，学生根据自己的个性特点与兴趣喜好，在活动中承担不同的角色与任务，保障班集体活动的顺利开展，同时，班集体活动为学生个性发展提供了有利机会和条件。

另一方面，班集体促进学生特殊才能的施展与发挥。教师对班集体中有特殊才能的学生应予以鼓励与重视，使其产生积极的情感体验，形成积极进取的个性；反之，则可能形成消极的个性。教师应秉持关注班集体每一位学生发展的理念与原则，为学生提供施展其特殊才能的机会和条件，让每一位学生都体会到自己在班集体发展中的价值。对学生个性的鼓励与肯定反过来又会使班集体形成更强劲的凝聚力，促进班集体的和谐发展，形成班集体发展的良性循环。

## 二、班级管理的原则

### （一）方向性原则

方向性原则是指在班级管理中必须坚持正确的政治方向，用正确的思想引导学生的发展。班级管理中坚持方向性原则是由我国社会主义教育的方针、目的、任务、特点及内容决定的[①]。坚持方向性原则有利于班级管理目标的有效实现，从而形成更加有向心力、凝聚力的班集体。

一方面，坚持方向性原则，要求班主任班级管理坚持政治方向的正确性。用马克思主义教育理论、中国特色社会主义理论体系为思想纲领指导班级管理工作，工作中做到有理有据，章法得当。另一方面，坚持方向性原则，要求班主任在管理中体现时代性。班主任在班级管理工作中坚持政治方向的基础上，还需随时代发展变化而进行，在时代变化中把握时代脉搏，与时俱进地进行管理，不断提升自我的教育管理理念、了解学生动态，做到班级管理的胸有成竹。

### （二）全面管理原则

班级管理的内容主要包括班级组织建设、班级日常管理、班级活动管理及班级教

① 赖怡. 学校发展与班级管理［M］. 昆明：云南大学出版社，2017：191.

育力量管理等方面，可见，班级管理是一项全方位的工作，班主任及班委需要对各项事务进行全面管理，而不是顾此失彼。坚持全面管理原则有利于班级各项活动的积极开展，确保班级各种管理要素得到充分的利用。

贯彻全面管理原则，班主任需要做到：首先，班主任特别是新手班主任需要明晰班级管理的具体内容，班级组织建设、班级日常管理、班级活动管理及班级教育力量管理等方面的内容在班级管理中并不是孤立的，而是有所交叉重叠的。其次，班主任需要对班级管理事务进行合理规划，不同内容的班级管理所要实现的目标、活动形式、人员配备都是不同的，班主任需要与班委成员提前做好规划，以便更好地进行人员分工。

### （三）自主参与原则

班级管理不是班主任的单打独斗，班主任是班级管理的引导者与参与者，班集体的建设与发展需要每一位成员的自主参与和积极努力。自主参与原则有利于激发班级成员的主人翁意识，发展学生的团队协作能力，有助于班级管理制度的优化与完善。

坚持自主参与原则，班主任需要做到：第一，班主任需要增强民主意识。树立每位学生都是班级一分子的理念，每位学生均有权利参与到班级管理事务中来，使学生深切体会到自己是班集体不可或缺的一员，保障学生的主人翁地位与权利。第二，班级管理应强化学生的合理监督。每位学生都有权利和义务为班集体建设出谋划策，提出自己的意见，班主任应及时采纳学生的合理化意见和建议，形成良性的班级监督管理机制。第三，班主任应学会向班委会等组织赋权。在班集体组建之初，班主任对班级管理更多的是亲力亲为，随着班集体的发展成熟，班主任应学会赋权，逐步扩大班委会等组织的权限，鼓励学生参与班级管理，体现民主化管理，培养学生的参与意识与集体意识。

### （四）教管结合原则

在班级管理工作中，管理是手段与途径，育人是目的，这与班级组织建立的第一原则——教育性原则是一致的。因此，班级管理不能纯粹地将组织管理的原理运用到班级管理中，而应结合儿童身心发展特点与规律有目的地开展，将班级的教育工作与班级的管理工作辩证地统一起来。教管结合原则有利于班级规章制度的完善，促进学生的全面健康发展。

坚持教管结合原则，班主任需要做到：一是，与学生共同制定并完善班级的规章制度。班级管理的相关规章制度是进行科学管理的依据和准绳，在班集体发展成熟后，随着学生参与班级管理的深度与频度加强，班主任引导学生根据实际情况制定新的班级规章制度，并对原来认为不合时宜的规章制度提出合理化改进意见与举措，进行必要的修订。二是，班主任针对学生存在的问题，应以科学引导为主，动之以情、晓之以理，通过启发诱导，鼓励学生从中发现错误并改正。

### （五）全员激励原则

全员激励原则是班级管理育人目标的直观体现，是学生为本理念的彰显，与班级管理的自主参与原则有密切的关联。全员激励原则有助于学生的积极性的激发与集体荣誉感的培养，有利于良好的班级氛围的形成。

坚持全员激励原则，班主任需要做到：一方面，班主任应平等地对待每一位学生。在班级管理中，做到公正无私，一视同仁，用同样的标准、尺度和情感对待每一个学生。另一方面，对不同学生应运用不同的教育方法。善于发现学生身上的闪光点，对不同学生运用不同的教育方法，做到因材施教，和学生一起确立发展目标，并将目标转化为切实的行动。

**（六）平行管理原则**

平行管理原则是苏联教育家马卡连柯的教育主张，指班主任既通过对学生个体的直接管理影响班集体，又通过对班集体的管理间接地影响学生个体，从而把对集体和个体的管理结合起来，以收到更好的管理效果。

坚持平行管理原则，班主任需要做到：第一，班主任应建立良好的班集体。良好的班集体所形成的正确舆论和良好班风将对班集体中的个体产生积极影响。从班集体组建开始，班主任就应明确班集体发展目标、任务，确立明确的规章制度，以促进良好班集体的形成。第二，班主任在班级管理中应善于发挥班集体的教育作用。班集体组织的各类活动对每一位学生均具有教育价值，在每次活动开展之前，班主任就应明确活动的目标（远景目标、中景目标与近景目标）与任务，最大限度地发挥班集体活动的教育作用。第三，班主任应加强班集体学生的个别教育。针对班集体中的部分学生，班主任应加强个别教育与引导，将集体教育与个体教育紧密结合。

**【知识考查】**

下列论述不正确的是（　　）。

A. 平行管理主要强调班主任的集体管理

B. 平行管理是要通过个人管理影响班集体，通过班集体管理影响个人

C. 班主任运用平行管理原则应加强班集体学生的个别教育

D. 平行管理的理论源于马卡连柯

答案：A

## 三、班级管理模式

**（一）常规管理**

常规管理是通过制定和执行规章制度进行班级管理的一种模式。规章制度是班级成员学习、工作和生活必须遵守的行为准则，具有管理、约束和教育作用。规章制度的遵守有利于学生养成良好的行为习惯，有助于形成优良班风。

班级常规管理以班级规章制度为核心开展工作。一般来说，班级规章制度主要由三部分组成：第一是教育行政部门统一规定的有关班集体与学生管理的制度，如学生守则、日常行为规范等；第二是学校根据教育目标、上级有关指示制定的学校常规制度，如考勤制度、奖惩制度、课堂常规等；第三是班集体根据学校要求和班级实际情况讨论制定的班级规范，如班规、值日生制度、考勤制度、作业要求等。

首先，需要制定合理的班级规章制度，并严格执行。班主任不应将学生区别对待，让每一位学生都严格遵守班级规章制度，体现班级规章制定的权威性与班级的纪律性。其次，班主任要引导班集体成员对班级规章制度做适当的修订。随着班集体发展成熟，最初建立的班级规章制度可能就不适宜了，就需要进行必要的修订，班主任应引导班集体成员共同商议进行修订，体现学生的自主参与性，发挥学生的主体性与积极性。

**（二）平行管理**

平行管理是班主任通过对班集体的管理影响个体，又通过对个体的管理影响集体，是将对集体与个体的管理结合起来的一种管理模式。

班级平行管理理论源于著名教育家马卡连柯的“平行影响”的教育思想。马卡连柯认为，教师要影响个别学生，首先要去影响这个学生所在的班级，其次要通过班集体与教师一起去影响这个学生，这样就会产生巨大的教育力量。

首先，要充分发挥班集体的教育功能，使班集体真正发挥教育的正向力量；其次，要通过转化个别学生，促进班集体的管理与发展。总之，要实施对班集体与个别学生双管齐下、互相渗透的管理，促进个体与集体的共同进步与发展。

**（三）民主管理**

民主管理是班级成员在服从班集体的正确决定和承担责任的前提下，参与班级管理的一种管理模式。民主管理旨在发挥每一位学生的主人翁精神，让每一位学生都成为班级的主人。

实施班级民主管理需要做好两大方面的工作：第一，组织全体学生参加班级全程管理，即在班级管理的计划、实行、检查、总结的各个阶段都让学生参与进来，班主任与学生共同实施管理活动；第二，建立班级民主管理制度，如干部轮换制度、定期评议制度、值日生制度、值周生制度、民主教育活动制度等。班主任要通过这两大举措，将民主落到班级管理的实处。

**（四）目标管理**

目标管理是班主任与学生共同确定班级总体目标，然后转化为小组目标和个人目标，使其与班级总体目标融为一体，形成目标体系，以此推进班级管理活动的一种管理模式。

目标管理是由美国管理学家彼得·德鲁克（Peter F. Drucker）提出的，其理论核心是将传统的他控式的管理方式转变为自我控制的管理方式。该理论认为自我控制意味着更多的激励，意味着更高的目标和眼界，因此，自我管理的目的在于通过一位合适的管理者更好地调动被管理者的积极性以实现目标。

在班级中实施目标管理，班主任需要围绕班集体全体成员共同确立班集体的奋斗目标，将学生个体进步与集体发展紧密地联系在一起，并在共同目标的指导下，实施学生的自我管理，以此培养学生的自律意识和责任意识。

# 第三节　班主任工作

## 一、班主任的角色作用

### (一) 班主任是班级的领导者

班集体在从组建到成熟的发展阶段中，离不开班主任对班级的组织与领导，班级作为学校最基层行政管理单位，学校委任班主任担任班级的组织者和管理者，对班级工作进行组织与领导。但是班主任作为领导者，不能单纯以行政命令的方式对学生进行领导，而应是班级活动的参与者、指导者与顾问。班主任应与学生一起积极参与各项活动，并对班委会的各项活动进行指导及提出建设性的合理建议。

班主任要想成为班级成员认可的好的领导者，一方面，班主任要树立自己不是单纯的管理者的意识。班主任在担任班级管理的同时，也是班级的任课教师，是多种角色的统一，在教育活动中同时行使管理和育人职责。因此，班主任要用自己的学识、人品、工作态度、教学方法等因素去熏陶和感染学生，树立自己的威信，充分发挥班主任在班级中的影响力。这是班主任取得成功的前提条件①。另一方面，班主任应在日常班级管理中，与学生加强沟通与交流，通过组织各种班级活动，信任、尊重每一位学生，增进友谊，形成良好的集体氛围，培养积极向上的班级文化。

### (二) 班主任是学生发展的引导者

学生发展是学校教育工作的出发点与落脚点，也是班主任工作的重要方面。班主任在工作中着眼于学生发展，关照与引导学生走向全面发展。

首先，班主任应引导学生学会做人、学会做事。班主任不仅仅是单纯地向学生传授知识，亦不是简单地对学生说教，而应在教育实践中以自身力量为感召，教会学生做人、做事。班主任的自身力量包括：班主任的言谈举止、穿衣打扮、人格魅力、工作态度、价值信念、教育情怀等，这些大多以潜移默化的形式对学生产生深远影响，教会学生为人处事的道理。

其次，班主任应帮助学生充分发展其潜力。班主任在教学活动及各项班级活动中，通过参与学生活动，与学生沟通交流，发现学生的个性特点、兴趣爱好、特殊才能等，并对学生的个性差异性给予更大程度的包容与支持，提供各种条件鼓励学生的兴趣爱好、特殊才能与个性特点，充分挖掘其潜力，使学生的潜力得到最大程度的开发与发展。

再次，班主任应引导学生形成自我教育的意识与能力。班主任应通过显性教育与隐性影响使学生养成积极的生活态度和进取心、坚持的品性、坚韧不拔的意志，在活动中使每位学生都有成功的积极情感体验，帮助学生疏解心理问题，并引导学生学会自我教育的意识与能力，增强学生的心理抗压能力。

最后，班主任应为学生健康全面发展创造条件。班主任应借助可利用的一切教育

---

① 全国十二所重点师范大学联合编写. 教育学基础［M］. 3版. 北京：教育科学出版社，2014：306.

资源为学生的全面发展创造条件，促进学生整体素质的提高，使其在德、智、体、美、劳五个方面健康、全面、和谐地发展，增强学生发展的范畴与持续力。

### （三）班主任是联系与沟通教育相关主体的纽带与桥梁

首先，班主任是联系任课教师的纽带。为了更好地实现培养目标，班主任不可能一个人完成所有的教育目标与任务，因此，班主任需要与任课教师一道构成教育力量，共同承担起教育学生的责任。一是班主任应及时与任课教师沟通，了解学生在每门科目的学习情况，获得精确信息。这有利于班主任开展班级管理工作，做到有的放矢、因材施教。二是班主任应与任课教师就班级管理、学生发展、教学管理等相关问题一起探讨，达成统一且有针对性的教育策略与共识。这样做的目的在于形成统一共识，便于班主任对学生进行引导，同时使学生了解各科教师的要求与班主任的期待，以提升教学效果。三是班主任应信任与支持任课教师。班主任对任课教师的信任与支持能促使教学团队形成正向的教育合力，以取得更好的教学成效。

其次，班主任是沟通学校与家长、社区的桥梁。班主任所需要处理的关系是多元的、全方位的，不仅需要处理好与学生及任课教师的关系，还需要代表学校处理好与家长及社区的关系。一方面，班主任应与家长保持持续联系，沟通交流，了解学生的家庭状况、学生在家庭中的行为表现及学习状况，并将学生在学校的发现反馈给家长，做到对学生信息的全面了解与整体把握。另一方面，班主任作为一种“动态教师”，应积极与社区进行沟通与联系，为学生发展营造良好的社会生态环境。班主任与家庭及社区的紧密联系，是为了通过积极沟通，形成学校教育、家庭教育与社会教育的教育合力，实现教育效果的最优化。

## 二、班主任工作的职责

2006 年，教育部发布的《关于进一步加强中小学班主任工作的意见》① 指出“中小学班主任与学生接触较多，沟通便利，影响深刻，肩负着育人的重要职责”；2009 年教育部发布的《中小学班主任工作规定》② 提出“班主任是中小学日常思想道德教育和学生管理工作的主要实施者，是中小学生健康成长的引领者，班主任要努力成为中小学生的人生导师。班主任是中小学的重要岗位，从事班主任工作是中小学教师的重要职责”。由这两个文件可以看出，国家层面很重视班主任对中小学全面发展的引导，在此过程中，班主任承担如下职责：

### （一）做好中小学生的教育引导工作

对学生进行教育引导是班主任的重要职责与任务，班主任要做到全面了解班级内每一位学生，深入分析学生的思想、心理、学习、生活状况。班主任应和任课教师及家长等教育主体一道，采取多种方式与学生沟通，有针对性地进行思想道德教育，引导学生明辨是非、善恶、美丑，增强爱国情感，弘扬社会主义核心价值观，确立远大志向，养成积极向上的生活态度与行为习惯，促进学生德、智、体、美、劳全面发展。

### （二）做好班级管理工作

班主任通过班级的日常管理，致力于创设良好的班风和强烈的班级凝聚力，从而

① 中华人民共和国教育部. 教育部关于进一步加强中小学班主任工作的意见［R］. 2006-06-04.

② 中华人民共和国教育部. 教育部关于印发《中小学班主任工作规定》的通知［R］. 2009-08-12.

维护班级良好的教学和生活秩序。坚持正面教育为主，对学生的点滴进步及时给予表扬鼓励，对有缺点错误的学生要晓之以理、动之以情，进行耐心诚恳的批评教育。在班集体建立之初就着力培养学生的规则意识、责任意识和集体荣誉感，营造民主和谐、团结互助、健康向上的集体氛围，形成有特色的充满活力的班级和团（队）文化。做好学生的综合素质评价工作，科学、公平、公正地评价学生的品行，并针对学校的奖惩制度提出有建设性的意见与建议。加强安全教育，增强学生的自护意识和能力。

**（三）组织好班集体活动**

班主任作为班级的领导者，有职责指导班委会、少先队中队、团支部开展工作，担任好少先队中队辅导员，组织并指导开展丰富多彩的班级活动；以参与者、指导者的身份积极组织开展班集体的社会实践活动、课外兴趣小组、社团活动和各种文体活动，充分发挥学生的积极性和主动性，注重培养学生的组织纪律观念和集体荣誉感，并在各项活动中做好安全防护工作。

**（四）关注每一位学生的全面发展**

班主任要从宏观层面教育学生明确学习目的，端正学习态度，掌握正确学习方法，养成良好学习习惯，增强创新意识和学习能力；了解和熟悉每一位学生的个性特点和潜能，科学、综合地看待学生的全面发展，及时发现并妥善处理可能出现不良后果的问题；注意倾听学生的声音，满足其合理需求，关注其成长过程中的心理问题，有针对性地学生进行教育和引导，为每一位学生的全面发展创造公平的机会。

**【知识考查】**

保证班主任工作科学性、针对性与实效性的前提是（　　）。

A. 管理与辅导学生　　B. 了解与研究学生

C. 指导与关心学生　　D. 评价与发展学生

答案：B

**（五）综合利用各类教育资源**

班主任是学校教育第一线的骨干力量，是学校教育工作最基层的组织者和协调者。履行好班主任的职责，必须树立正确的教育理念，遵循中小学生身心发展的规律，运用科学的教育方法，善于利用各种教育资源。班主任不仅要努力协调好各任课教师，做好班级的管理和建设工作以及学生的教育和引导工作，积极支持少先队、共青团、班委会开展班级活动，还要成为沟通学校、家庭、社会的纽带，及时了解学生在家庭和社区的表现，引导家长和社区配合学校共同做好学生的教育工作，努力形成教育合力。

## 三、班主任工作的主要内容

班主任工作包括日常工作和常规工作，日常工作与常规工作有交叉与重叠，具体而言，班主任工作的主要内容包括：

**（一）做好班主任工作计划与总结，做好班级管理**

班主任工作计划分为学期计划、周或月计划以及具体的活动计划。学期计划比较完整，一般包括三大部分：班级基本情况；班级工作内容、要求与措施；本学期主要的班级活动与安排。

班主任工作总结是对整个班主任工作过程、状况和结局做出全面的、恰如其分的评估，进行质的评议和量的评估。

班主任工作总结一般在学期末或学年末进行，可分为全面总结和专题总结。全面总结是班主任对某一时段内的工作进行的综合性的、全方位的总结。这一类总结在内容上面面俱到，便于全面了解班主任工作情况。专题总结则是班主任侧重对某一时间段内的就特定主题（如班团建设、学生发展、家校沟通等）进行的总结，这类总结针对性强，深入具体。

班主任总结应注意两点：一是班主任平时就应注重对班主任工作资料的收集与积累；二是班主任应善于做阶段小结。当这两方面工作做好后，班主任在进行学期末或学年末的工作总结时便会得心应手、从容应对。

### （二）对学生进行思想品德教育

思想品德教育是班主任工作的重要内容，班主任应全面了解班级内每一位学生，深入分析学生的思想品质、心理状况、学习状况、性格特征、成长经历、家庭状况及社会生活环境等，并与任课教师及家长沟通交流，依此对学生的言行进行客观、科学的剖析，从而有针对性地进行思想道德教育，帮助学生增强热爱祖国的情感、树立远大志向，形成正确的价值观，在生活中形成真善美的价值判断体系，养成积极向上的生活态度与良好的生活习惯，促进学生的全面健康发展。

### （三）引导学生热爱学习

学习是学生的首要任务，帮助与引导学生热爱学习是班主任工作的重要方面。班主任应从整体上把握学生的学情，对学习成绩好的学生采取鼓励措施，使其保持强劲的学习动力；对学习成绩不理想的学生，班主任应从学生的问题是学习方法运用不当、是知识基础不牢靠，还是人际关系不和谐等方面着手分析，以鼓励、引导的方式，帮助学生解决学习上的困惑，使其热爱学习。

### （四）指导学生课外、校外生活与活动

指导学生的课外活动与校外活动是课堂教学的必要补充，是促进学生综合素质提升的重要途径。课外活动与校外活动属于包含与被包含的关系，课外活动可分为校内活动和校外活动，两者的区别不在于地域上的界限划定，而在于组织指导的不同，课外的校内活动是由学校宏观领导、班主任负责组织指导的活动；课外的校外活动通常是由校外教育机构或部门组织指导的活动，班主任会全程参与。

班主任指导学生开展类型多样的课外校外活动，在活动中获得知识的同时，发挥学生特长，锻炼学生能力，丰富学生的课余生活，促进学生的身心健康发展。

### （五）协调各任课教师的工作

班主任是联系任课教师的纽带，仅靠班主任一己之力不可能完成教育任务与培养目标，班主任协调与各任课教师之间的关系，是创建优秀班集体的基础与前提。首先，班主任与任课教师沟通协商，确立统一的目标与一致的步调，在促进学生发展上达成共识。其次，与任课教师建立信任，互通有无，共同处理教育教学中的问题。班主任及时与任课教师沟通，从任课教师那里获知学生的状况，并把自己掌握的信息反馈给

任课教师。最后，与任课教师携手并进，形成教育合力。班主任应主动协助任课教师开展教育教学工作，使任课教师工作得以顺利开展，班主任与任课教师以诚相待，在班集体中建立教师威信，形成教育合力。

**【名人名言】**

如果五个能力较弱的教师团结在一个集体里，受一种思想、一种原则、一种作风的鼓舞，能齐心一致地工作的话，那就比十个各随己愿地单独行动的优良教师要好得多。

——［苏联］马卡连柯



## 四、班主任的专业素质

班主任在学校教育管理工作中具有举足轻重的地位，其专业素质的高低在很大程度上影响着班级发展的走向，决定着班级管理工作的整体成效。胜任本职工作，班主任需具备思想品德素质、知识素质、能力素质、身心素质四大方面的素质。

### （一）思想品德素质

具备良好的思想品德素质是作为班主任也是作为教师必备的专业素养，主要包括坚持正确的政治方向、秉持坚定的教育信念、发挥为人师表的榜样示范作用。

1. 坚持正确的政治方向

班主任是学生全面健康发展的引路人，坚持正确的政治方向对于培养下一代至关重要。在正确的政治方向的引领下，培养学生的爱国情怀，树立民族自信与文化自信，大力弘扬传统优秀文化，引导学生树立正确的政治观点和辨别是非的能力，培育与践行社会主义核心价值观，培养学生的社会正义感、集体归属感，创建团结、奋进、和谐的班集体。

2. 秉持坚定的教育信念

信念是心理学名词，主要是指主体对自然和社会的某种理论、思想坚信无疑的看法。它是人们赖以从事实践活动的精神支柱，是人们自觉行动的激励力量。信念一旦确定之后，就会给主体心理活动以深远影响，决定一个人行为的原则性和坚韧性①。坚定的教育信念为班主任开展工作做好了心理准备，并成为指导班主任行为的心理动力机制。坚定的教育信念能让班主任从全体学生的全面发展出发，了解学生、尊重学生、关爱学生，并严格要求学生，在班主任工作中克服困难，耐心工作。

3. 发挥为人师表的榜样示范作用

班主任与学生的接触相对更多，影响更大，班主任的言谈举止、思想品德、价值观念等均会对学生潜移默化地产生影响。班主任应为人师表，一言一行对学生起到表率，发挥班主任的榜样示范作用。同时，班主任工作是个体性与集体性的统一，班主任需要处理好与学生、任课教师、学校各部门、家长及社会相关人员的关系，使学生感受到班主任对各方主体的尊重、支持与团结协作，让学生感受榜样的力量。

---

① 林传鼎，陈锦永，张厚粲. 心理学大辞典［M］. 南昌：江西科学出版社，1986：307-308.

【名人名言】

要学生做的事，教职员躬亲共做；要学生学的知识，教职员躬亲共学；要学生守的规则，教职员躬亲共守。

——陶行知

（二）知识素质

班主任一般情况下都承担教学任务，教学是班主任的主要职责和任务，因此，班主任的知识素养就包括广博的通识性知识、精深的专业知识、灵活的教师教育知识和班主任工作相关的知识。前三类知识是作为教师和班主任均需具备的知识，最后一类知识可以说是班主任所特有的知识。

1. 广博的通识性知识

通识性知识是指班主任所拥有的有利于开展教育教学工作的广博的文化知识，在于培养学生多方面的探究兴趣，培养学生的核心素养，包括自然科技、人文社科、艺术欣赏等领域的知识。拥有这类知识并非一日之功，班主任要广泛阅读，提高文学、美学、科技等领域的综合素养，实现文理渗透、中外渗透；同时具备相应的生活知识，唤起学生热爱生活、创造未来的热情。

2. 精深的学科专业知识

学科专业知识是班主任所具有的自己任教学科的专业知识，如，语文、数学、英语、物理等学科专业知识，解决的是“教什么”的问题，强调知识的系统性与专业性。学科专业知识是班主任专业知识体系的核心部分，是班主任顺利开展教学工作、保证教学质量的前提和基础。班主任需融会贯通本学科的内容知识、章法知识和学科的历史发展及趋势，系统掌握学科知识的逻辑架构，了解认识世界的独特视角方法。

3. 灵活的教师教育知识

教育知识是帮助班主任从事教育活动的专门性知识，是班主任顺利开展教学的重要保障，包括教育学、心理学、学科课程与教学论等方面的知识。教育知识解决的是教师“如何教”的问题，是班主任从事教育教学工作的理论依据，有利于班主任树立正确的教育理念，熟悉教育的基本规律与方法，更好地指导教学实践，有效地向学生传授知识，促进学生的人格完善与全面发展。

4. 班主任工作相关的知识

班主任工作相关的知识是班主任在实际的班主任管理工作中需要熟悉和掌握的相关知识，这类知识为班主任开展班级管理工作提供理论依据与参考，包括班级管理、组织建设、心理团队辅导知识、生涯规划指导知识、课外活动方面的知识等。当然，这类知识中也应包括教育学、教育心理学等知识，便于班主任根据学生的身心发展特点与个性差异，因材施教，提出有针对性的教育策略。这类知识有利于班主任组建具有凝聚力的班集体，灵活地开展班团活动，并使班主任树立在活动中促进学生发展的教育意识与理念。

（三）能力素质

能力是个体在完成活动任务时所表现出的个性心理特征。不同的工作与活动对能力的要求有所不同。班主任工作除教师所应具备的能力素质外，还需具备其特有的能力素质，主要包括教育教学能力、组织管理能力与人际沟通能力等能力。

1. 教育教学能力

教育教学能力是班主任从事班主任工作和教学工作的综合能力体现，但不能将班主任的教育教学能力仅局限于课堂教学中，班主任对全体学生进行的思想教育、针对学生个体进行的有针对性的教育引导，均属于班主任的教育教学能力的范畴。一方面，班主任需要明确学生发展的目标，根据目标确定教育教学的内容、方法、手段等。从这一层面来看，教育教学能力又是班主任教育引导力的一种体现。另一方面，班主任的教育教学是全体与个体的有机整合。针对全体学生提出整体要求，针对学生个体提出有适切性的要求，做到共同性与差异性的结合。

2. 组织管理能力

班主任作为班级管理的主要负责人，需要具备一定的组织管理能力。班主任的组织管理能力表现为合理计划、组织、协调各项活动，在活动中表现出较强的决断能力，并能创新性地完成相关工作。首先，班主任应该善于合理规划、组织与协调各项活动，对活动的目标、活动的形式、活动的注意事项、活动预期达成的效果等在活动前做好预估，并组织相关人员对活动负责，并协调好各个环节、各个人员间的通力合作，便于活动有序、顺利开展。其次，班主任在活动中应具有决断能力。活动方案的设计、活动目标的确定、活动场地的选择等均需要班主任的参与，在这一过程中涉及选择与决策，因此，班主任需要对各种情况特别是突发情况果断地做出决断。最后，班主任应具备创新能力，保证一次次活动的推陈出新，使学生在每次活动中都有不同的体验与感受。

3. 人际沟通能力

班主任的工作从另一个层面看是一个人际沟通工作，班主任需要和学生、教师、学校管理者、家长、社会人员等不同主体构建和谐的社会关系，营造良性的人际互动，以促进学生的全面健康发展。良好的语言表达能力和善于沟通的能力是人际沟通所必需的，一方面，班主任需要具有较好的语言表达能力，在与不同主体交流沟通时，能将心中所要传达的意愿准确地用语言表达出来。另一方面，班主任需具备善于沟通的能力，语言表达能力是基础，能准确表达但不代表能沟通得当，因此，班主任需要对所掌握的相关知识进行融会贯通，实现能力的转化与提升，掌握沟通的技巧与方法，提升沟通的成效。

**（四）身心素质**

班主任工作内容多样、责任重大，班主任在完成班主任工作时需要持续性的体力消耗，也承受着较大的心理负担，因此，具备良好的身心素养是班主任不可或缺的基本素质。

1. 强健的身体素质

身体素质是个体身体机能在活动中的展现，外在表现为个体体质的强弱。身体素质的强弱、好坏受遗传影响，但后天的营养与锻炼对身体素质的影响更大。班主任需坚持锻炼，加强营养，保持健康的体魄、充沛的精力，并通过各类活动带动学生积极参与身体锻炼，增强体质，同时也提高班级活动的成效。

2. 健康的心理素质

健康的心理素质是班主任从事工作所必需的素质，总体上，班主任工作要求班主任具备稳定的情绪、良好的性格、坚强的意志，能与外部世界保持良好的人际互动。班主任的优良心理品质将会对学生产生积极影响，有助于培养学生广泛的兴趣、坚定的信念、和谐的人际关系、合理的情绪表达、顽强的意志等优秀品质。因此，健康的心理素质将能成为推动师生共进的强大动力，促进每一位个体身心健康、平衡、和谐的发展。

总之，班主任应具备的专业素质是全面的、立体的、综合的。班主任应热爱教育事业，进一步增强责任感和使命感；努力学习业务知识，不断提高自身素养；自觉反思总结，强化教育的针对性；研究借鉴成功案例，不断增强实践操作能力。以此为提升路径，促使班主任走向专业化，着力建设班集体的凝聚力与向心力，促进学生综合素质的发展与提升。

**理解与反思**

1. 请分析班级与班集体的关系。

2. 假如你是在新学期接手了一个班的班主任，你应如何将这个班级培养成优秀的班集体？

3. 一名专业的班主任，应该具备哪些素质？

**拓展阅读**

[1] 周达章，方海东，王平杰. 21世纪班主任工作案例精粹（中学版）[M]. 宁波：宁波出版社，2004.

[2] 马卡连柯. 马卡连柯教育文集（上卷）[M]. 吴式颖，等编. 北京：人民教育出版社，2005.

[3] 魏书生. 魏书生班主任工作艺术 [M]. 南京：河海大学出版社，2005：81.

[4] 赖怡. 学校发展与班级管理 [M]. 昆明：云南大学出版社，2017.

# 第十二章 教育评价

## ■学习导航

（1）理解教育评价的内涵、类型与功能。

（2）掌握教育评价的原则和常用方法。（重点）

（3）通晓教育评价的主要内容。（难点）

## ■思维导图

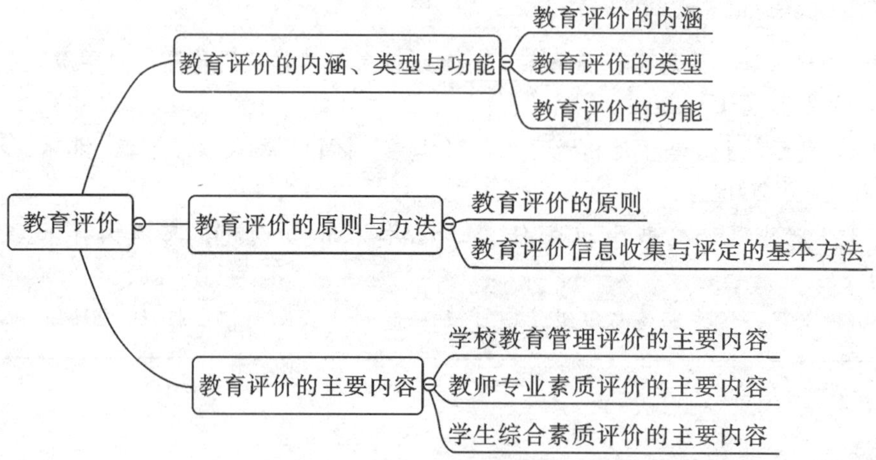

**■教育瞭望**

**评价引领变革　教育创造未来**

——第二届长三角基于大数据的区域教育评价变革论坛在安徽安庆成功举行

2019 年 12 月 4 日至 5 日，由上海市教委、安徽省教育厅指导，上海市闵行区教育局和安徽省安庆市教育体育局共同主办的第二届“长三角基于大数据的区域教育评价变革论坛”顺利举行。来自上海、南京、苏州、杭州、宁波、温州、台州、合肥、安庆等长三角三省一市 9 个地区，以及部分其他省市的教育行政领导、专家学者、校长教师等 400 多名代表齐聚安庆，共同探讨新时代基础教育评价变革的走向，探索长三角教育一体化发展的新机制。

评价引领变革，教育创造未来。在各级各方的共同推动下，基于大数据的区域教育评价变革论坛已成为展现长三角教育发展水平的区域性盛会，成为共商发展大计、共用最新教育成果的平台。

资料来源：安庆市教育体育局. 评价引领变革　教育创造未来 [EB/OL]. (2019-12-05) [2019-12-30]. http://jtj.anqing.gov.cn.

泰勒的“八年研究”使得教育评价开始以严肃的姿态进入教育理论研究者与实践研究者的视野。随着世界教育改革的不断推进，教育评价愈来愈受到高度重视。从宏观层面到中观层面再到微观层面，教育的理论研究或实践探索所产生的成效如何，均需要对教育活动过程与结果进行判断与评估。可见，教育评价是教育活动必不可少的组成部分，科学、合理、客观的评价能为教育实践活动与理论研究提供全面、可靠与科学的信息，并为教育可持续健康发展提供有益决策，促进学生的全面健康发展，推动教师专业大力提升，保障教育质量全面提升。

## 第一节　教育评价的内涵、类型与功能

评价伴随于一项活动之中，可以说教育评价与教育活动相伴而生。但将教育评价与理论研究相结合开展实证研究却是 20 世纪三四十年代才开始的。教育评价作为教育评价的重要组成，有着独特的内涵，在不同的分类依据下有着不同的类型，并发挥着自身应有的功能。

### 一、教育评价的内涵

一直以来，人们对教育评价的概念理解不一，表述更是种类繁多。较有影响的有以下几种观点①：

1. 着眼于效果，强调通过评价判断教育目标或教育计划实现的程度

泰勒（R. W. Tyler）在“八年研究”《史密斯—泰勒报告》中指出“评价过程在

① 马永霞. 教育评价 [M]. 北京：当代世界出版社，2001：19-20.

本质上是确定课程和教学大纲在实际上实现教育目标的程度的过程”。

2. 着眼于信息，强调通过评价搜集资料，为教育决策服务

克龙巴赫（L. J. Cronbach）在《通过评价改进课程》一文中指出：“所谓教育评价，是为获取教育活动的决策资料，对参与教育活动的各个部分的状态、机能、成果等情报进行收集、整理和提供的过程。”“一个搜集和报告对课程研制有指导意义的信息的过程。”



3. 着眼于方法，强调评价是成绩考查的方法或调查的方法

斯塔弗尔比姆（D. L. Stufflebeam）认为：“评价不应局限于评判决策者所确定的教育目标所达到预期效果的程度，而应该是收集有关教育方案实施全过程及其成果的资料，为决策提供信息的过程。”



4. 着眼于过程，强调评价信息收集信息的过程、提供决策依据的过程、判断效果的过程、教育优化的过程以及价值判断的过程等

比贝（C. E. Beeby）把评价定义为：“系统地收集信息和解释证据的过程，在此基础上做出价值判断，目的在于行动。”

5. 着眼于价值，强调教育评价的关键在于价值判断

日本学者桥本重治认为：“评价是与教育的目标和价值有明确关系的概念，是按照教育目标和价值观对学生的学习成果及教育计划的效果等进行测量的过程，因此，教育评价概念的重点在于以教育目标为标准的价值判断。”

本书通过对教育评价内涵的梳理，结合教育工作的特点与实际，总结出教育评价的内涵：教育评价是指在正确的教育价值观引领下，依据教育评价工作的目标，结合教育工作的内容与环节，确定相应的评价标准与指标体系，采取科学的方法，运用公正、公开、合理的程序对参与教育中的主体（学生、教师、管理者、学校等）进行多主体、全方位的评价，以获得科学、全面的评价信息与数据，评定教育工作各环节与各领域的得与失，分析问题，寻找原因，解决问题，达到改进与提高的目的，促进学校教育教学各项工作的改进与完善，为相关教育职能部门提供教育决策依据与参考的一种活动过程。

**【名人名言】**

评价最重要的意图不是为了证明，而是为了改进。

——［美］斯塔弗尔比姆

## 二、教育评价的类型

教育评价范围广，内容多，依据不同的标准可分为不同的类型，现主要介绍以下几种常用的分类：

### （一）根据教育工作的内容范畴，将其分为单项评价和综合评价

单项评价指对教育在某一工作方面的评价，如教学评价、管理评价、学校办学评价、学生评价、教师评价等均属于单项评价。单项评价因将精力聚焦于某一项具体的工作或事务上，能使评价对象集中精力做好该方面的工作；但又因其仅关注某一具体

事务，若在实践中过度强调，可能会使作为整体性的教育工作出现顾此失彼的状态，进而影响教育工作的全局成效。

综合评价指对教育工作的各个环节进行系统的、全程的、较长时期的、循环反复的评价，如期中总结、年度考评等。综合评价着眼于教育工作的全局性、系统性工作或事务，能达到通观全局的效果；但教育工作包括诸多方面，当每一方面同时评价时，可能需要投入更多的人力、物力。

**（二）依据评价主体，将其分为自我评价与他人评价**

自我评价，又称内部评价（internal evaluation），指评价客体根据一定的标准，遵循一定的评价原则、方法对自己所进行的评价。这里的评价客体可以是集体，也可以是个人。集体自评是在本集体内部依照相应的标准、原则和方法对集体自身进行某一领域的单项评价，也可进行综合性评价。评价所获得的数据信息可用于集体内部进行系统的纵向比较，也可进行集体内部各单位间的横向比较。个人自评主要涉及学生、教师、行政人员等对自己的学习、教学及行政工作进行相对客观的评价，以自省的形式发现问题。自我评价易于操作，简便易行，有利于激发被评价者的积极性，实现自我行为控制。但由于自我评价不能保证信息获得的全面性与客观性，容易发生偏差，因而极少单独使用。

他人评价，也叫外部评价（external evaluation），指评价客体以外的组织或个人依据一定的评价标准，遵循相应的评价原则、方法对评价客体进行评价。它包括领导评价、专家评价、同行评价、社会评价等。领导评价是上级对下级的评价，具有一定的行政性质，权威性高，如何确保评价的公正、科学及不流于形式是在评价开始前需要周全考虑的。专家评价是由相关主管部门委派某一领域的专家对教育的某一领域或综合领域进行评价，具有很强的专业性与权威性。同行评价是同行、同事之间进行的评价，同行或同事之间相互评议是相互学习、相互借鉴的重要方式，有利于通过借鉴他人经验，改进自我不足。社会评价是社会组织或个人对教育工作或人员的评价。社会评价不具有行政意义上的强制性与约束力，但其所搜集的资料能在一定程度上为政府的教育决策提供信息。他人评价以较强的客观性与真实性、要求严格等特点而受到欢迎，但由于在组织实施的过程中耗费的人力与财力都比较多，因而不宜频繁进行。

**【知识考查】**

对教师的期末考评中，某中学校领导要求教师与学生集体共同对教师进行评价，在进行评价时主要涉及哪几类主体？（　　）

A. 领导评价、学生评价、教师互评、自我评价

B. 领导监督、学生评价、教师评价、同行互评

C. 领导评价、学生评价、同行评价、自我评价

D. 领导监督、学生评价、同行比较、教师互评

答案：C

**（三）依据教育评价功能，将其分为诊断性评价、形成性评价和总结性评价**

诊断性评价是在某项教育活动开始之前进行的评价，其目的是了解评价对象的概

况与基础，发现存在的不足与问题，以便及时采取适当措施，在后续的教育活动中做到有的放矢，有针对性地解决问题，弥补不足。如对小学办学条件的诊断性评价就应放在教育质量评价之前进行，从硬件、软件等方面获得小学办学条件是否达到要求等有用信息与线索，为顺利开展下一步工作提供指导。对学生的学业诊断性评价一般在学年初或学期初进行，获得学生在知识与技能、过程与方法及情感态度与价值观方面的大致情况，以便学校或教师能对学生的学力有明晰的把握，更好地做到因材施教。诊断性评价所获得的信息数据为教育工作的进一步开展提供指导与依据，如果搜集到的诊断性信息数据被搁置，那么诊断就失去了本来的意义与价值。

形成性评价，又称“即时评价”，是在教育活动进行中进行的评价，评价活动本身的效果，用以调节活动过程，保证活动目标的实现。形成性评价的目的有：一方面在活动中进行评价，能使评价主体根据客体的反馈调节自己的行为，使评价客体及时获取反馈信息，了解自己的优势与不足，适时调节控制，以缩小与目标偏离的差距，实现目标的有效达成。另一方面，形成性评价能使主体能清楚地认识到自己工作进程中的问题与不足，总结经验教训，达到及时改进的目的。如针对教师在教育活动中的问题，相关评价主体及时提供教师优缺点、长短处的反馈信息，使学校能采取适当的措施帮助其更好地获得专业上的成长。形成性评价可以及时探寻影响教育工作质量和目标实现的原因与影响因素，以便及时采取行动措施进行修正、完善与提升。

总结性评价是在教育活动（一单元教学、一门学科教学、一个学期或学年等）结束后对该项工作的最终成效所进行的评价。其目的是评价某一活动达到预期目的的程度或总体效益。如学生对期末考试用于测验学生的知识基础掌握情况是否达到了教学目标的要求，以便教师在下一学期的教学中进行改进与完善。总结性评价还可用于教师教学效能的核定，为有关教师聘任、提升及增薪等人事决策提供信息。总结性评价以预先设定的目标为评价标准，如果目标不具体、不明确、不客观，那么总结性评价的最终结果将会受到影响；总结性评价具有“事后检验”的性质，虽对评价客体当时的改进与完善作用不大，但能促进其在下一轮的活动中有意识地进行改进。

**（四）根据教育评价资料搜集的处理方式，将其分为常模参照评价、标准参照评价及个体内差异评价**

常模参照评价（norm-referenced assessment），又称相对评价，指在一个团体内，以自己所处的地位与他人所处的地位相比较的评价，其评价参照系设在所属团体之中，其目的在于明确个体在团体中的地位。如，根据学生的考试成绩高低排名次，划分优、中、差等级；根据教师教学状况给予分数，并在全体参评教师中进行评比，得出名次。常模参照评价结果多以分数、名次等形式出现，这样一方面有利于教育管理活动中的甄别与选拔，另一方面有利于进行量化统计。同时，排名次、分等级在一定程度上有利于主体竞争意识的培养。但是，这一评价也有不可避免的不足：以甄选为主要目的的评价并不能很好地调动主体的积极性，可能会给主体带来一定的心理负担，也不能很好地起到改进教育教学工作的作用。

标准参照评价（criterion-referenced assessment），又称绝对评价，指以评价对象实际达到的目标与既定标准比较而得出评价结论的评价。评价标准与评价对象所处的团体无直接关系，主要关注的是评价对象是否达到了既定的教育目标及其达成程度如何。

一般而言，期末考试属于这类评价。标准参照评价是以预先确定的目标为基础的，一方面增强了行动的目的性与方向性，另一方面，目标越具体、越明确，操作性越强，越有利于评价的落实。同时，标准参照评价是一个单向封闭系统，对评价工作的各项要求与限制较少，易于被大多数人掌握与运用。但标准参照评价也有其自身难以克服的弊端：过于强调结果评价，而忽视动态的过程性评价，不利于改进教育教学工作；所预先设定的目标并不能预设到可能出现的所有情况，对出现的非预期目标行为该如何评价，这是标准参照评价难以解答的；个体发展是全面综合的发展，不能用某单一的标准来判定教育效果，这不符合现代教育的指导思想。

个体内差异评价，指把评价对象的各个元素的过去和现在相比较，或者把一个元素的若干侧面相互比较。根据这一概念界定，就有两种情况：比如，小学二年级第二学期，某学生数学第一学期期末考试成绩 88 分，第二学期期末 96 分，说明该生数学学习成绩提高了；评价小学语文教师的教学情况，可以从知识、方法、情感价值观等多个方面考察，进而发现该教师在教学中的优势区域与弱势区域。个体内差异评价强调对个体或个体某些方面进行比较评价，不会对个体产生较大心理压力。但其也有不可回避的不足之处：个体内差异评价没有确立参照标准，也不与他人比较，所得评价结果较难令人信服，也易使评价对象不能客观认识自己。因此，个体内差异评价常与常模参照评价结合起来使用①。

**（五）依据评价的分析方法，将其分为量化评价与质性评价**

量化评价（quantitative evaluation），是采用数学量化统计的方法，搜集和处理数据资料，对评价对象做出定量结果的价值判断。其以教育测量为基础，为教育工作中招生选拔、优劣甄别、教学评比等提供最终的数量依据。

质性评价（qualitative evaluation），不采用数学量化统计的方法，而是根据对评价客体平时行为表现的观察，并对其进行分析与归纳，然后进行定性结论的价值判断。由于质性评价需要评价主体的深度参与，并站在客体的角度理解问题的来龙去脉，从而找寻解决问题的线索，因此评价主体的主观情感对评价事件本身的影响大小便成为很重要的因素。

在教育实际工作中，有些指标可以进行量化测量，有些则不能或不易进行量化测量，应将量化评价与质性评价结合起来使用。

## 三、教育评价的功能

**（一）鉴定功能**

教育评价的鉴定功能是指通过评价活动依据一定的评价标准判断与认定评价对象是否合格、优劣程度、水平高低等。鉴定功能是教育评价的基本功能，其他功能是在科学鉴定的基础上实现的。通过鉴定，评价主体能确切了解与知晓评价客体的水平与概况，以便于确定、筛选与选拔；同时，评价客体也可以从评价结果中找到自身存在的问题，为未来努力提供方向。可见，教育评价结果鉴定为教育决策提供参考依据，在教育发展中发挥积极的促进作用；但因其过于看重筛选与优劣排序，在教育实践中

① 肖远军．教育评价原理及应用［M］．杭州：浙江大学出版社，2004：14.

对评价客体也带来一定的消极影响。教育评价在早期发展中相对比较偏重评价的鉴定功能，选拔出适合教育的学生成为教育评价的重要功能，划分等级、名次以进行筛选便是鉴定功能的现实体现。随着我国基础教育改革与发展的不断推进，教育评价制度进行了改革，不进行名次排序，以降低或消除教育评价鉴定功能的消极影响。





**【案例分析】**

**为小学考试成绩取消“百分制”叫好**

《江西省教育事业发展“十三五”规划》提出，要完善小学生考试成绩呈现方式，取消“百分制”，实行“等级加评语”的评价方式，在有条件的地方推行小班教学，全面提升学校办学品质。笔者以为，在小学阶段取消“百分制”的做法，不仅兼具人性化与科学化，更有利于学生综合能力的养成，值得为之叫好。

客观来讲，“百分制”在激励学生比学赶超方面确实发挥了重要作用，不少家长和教师也将分数的高低作为衡量学业是否成功的主要标准。但随着社会对素质教育的呼声越来越强烈，“百分制”也日益表现出它的局限性，其负面影响也逐渐受到社会各界的诟病。比如“高分低能”“唯成绩论”等，可见，这种单一的教育评价体系，既不客观，也不科学，而且还阻碍了学生综合素质的提高。

江西省逐渐取消“百分制”，改用多元化的评价方式，是在素质教育道路上值得称道的一大进展，其价值和意义不容小觑。多元化评价方式的优势在于，一方面它把学习的目的从单纯地关注分数转移到综合能力上来，对“重分数轻能力”的现象起到了一定的扭转作用；另一方面，它刻意淡化、模糊了考试分数在教育评价体系中的决定性地位，真正变“以分为主”为“以学为主”，从根本上改变了以往“唯分数是瞻”、以偏概全的教育模式。取消“百分制”，是对学生除考试分数之外的其他才能加以肯定和鼓励，既兼顾特长又呵护创新能力，引导他们全面发展，这其实正是素质教育的精髓所在。

总之，取消“百分制”，它降低了老师和学生对分数的关注，避免陷入“分分计较”的怪圈，将着眼点重新回归对学生自身发展真正有益的能力、素质和知识上来。对于这一做法，我们应给予掌声和鼓励，毕竟勇于改革，比不做探索强。但社会尤其是家长长期习惯了学生成绩以“百分制”呈现，取消“百分制”肯定会面临一定压力。因此，在这一教育新风被社会普遍期待进而被认识、接受和推广的同时，我们也应给予其合理化的意见建议，帮助其尽快地成熟科学起来，让素质教育迈出更具实质性的步伐。

资料来源：陈小兵. 为小学考试成绩取消“百分制”叫好［EB/OL］.（2016-11-15）［2019-09-30］. www.jxedu.gov.cn/info/11901/1068.htm.

**思考：**人们为什么为小学考试成绩取消“百分制”叫好？

### （二）导向功能

教育评价的导向功能是指教育评价可以引导评价对象趋向理想的目标。教育评价活动具有很强的目的性，具有明确评价目标、科学的评价标准、规范的指标体系及严格的评价程序，犹如一根无形的“指挥棒”，为评价活动指引努力的方向。评价对象为了获得理想、满意的评价结果，就需要按照目标要求达成评价标准，否则就得不到好的评价。当教育活动与目标相一致的时候，教育评价的导向功能可以引导某项教育活动朝正确方向发展。当活动与目标偏离的时候，便会通过一系列的转向活动使其逐渐趋于或接近目标。如，在提倡发展学生核心素养的教育新时代，传统的“知识、考分、升学”的评价标准转向以“核心素养”为核心的“知识、能力、全面发展、个性完善”的评价标准，是教育评价导向功能发挥其积极作用的体现。

**（三）诊断功能**

教育评价的诊断功能是指通过评价发现教育工作中的成效、问题及困境，并对其做出判断。教育评价需要遵循科学性、客观性、可行性等原则，保证评价过程的科学性。科学的教育评价过程需要经历收集评价信息、整理与分析评价信息、评定评价信息等环节，每一环节都严格运用科学的评价方法，最后根据评价标准进行评价，做出价值判断，分析与诊断出教育工作中的成效与问题，找出原因，并提出改进的途径与措施。教育的诊断功能具有肯定成绩、改进问题的功效，在改进问题方面强调针对存在的问题找出原因所在，“对症下药”，精准地提出改进措施与解决问题的方案。学校通过诊断，能有力、精准地提升教育工作的质量与成效。

**（四）反馈调节功能**

教育评价的反馈调节功能是指在教育评价活动中，评价主体与评价客体根据对方表现所得到的反馈信息，自主调节自身的教育教学工作或学习行为。一方面，评价主体根据评价客体的行为表现调节自己的目标及进程。教师在课堂教学活动中会根据学生接受知识的快慢情况，自主地调节教学目标与进度。当发现学生接受知识较快时，教师就会将教学目标提高，加快教学进度，反之，则降低教学目标，放慢教学进度。另一方面，评价对象根据评价主体的反馈信息，及时地获知自己的优势与不足，主动调节自己的工作步调，在后续的工作中做到有的放矢。借助教育评价的反馈调节功能，对教育活动目标进行合理的调整；同时，教育评价反馈调节的结果又将影响下一轮的评价活动。教育评价的反馈调节功能使教育评价活动形成不断调整的、周而复始的循环链。

**【名人名言】**

评价是一个确定实际发生的行为变化的程度的过程。评价过程实质上是一个确定课程与教学计划实际达到教育目标的程度的过程。

——［美］拉尔夫·泰勒

**（五）激励教育功能**

教育评价的激励功能是指有效、合理运用教育评价，以激发评价客体的内在动力，提高其工作的主动性、积极性和创造性，从而达到提升教育管理成效的目的。教育评价的激励功能是鉴定功能的延伸，借助鉴定结果的优劣程度对评价客体采取有差异化的激励措施，是差异化管理的集中体现。要有效发挥教育的激励功能，就应充分保证评价标准不宜过高，也不宜过低。过高的评价标准会让评价客体有畏难情绪，不易调动工作的积极性与主动性，不利于下一步工作的改进与完善；过低的评价标准会让评价客体产生工作不重要的不合理认识，进而敷衍了事，较难提升工作成效。较为适宜的评价标准是评价客体在经过一定的努力后能达到的，这样才能起到激发内在动力的显著效果。在评价中，对进步较大的组织或个体应结合其原有水平、努力程度等方面的状况加大激励力度，强调过程性评价与结果性评价相结合，公平、客观、科学地发挥评价的激励功能。

## 第二节　教育评价的原则与方法

### 一、教育评价的原则

教育评价原则是开展教育评价活动应遵循的基本要求和准则，是教育评价规律的内在反映和表现。教育评价除了应遵循教育评价的方向性、客观性、科学性、可行性、公平性、效用性等原则之外，因其自身特有的工作内容还应遵循一些特殊原则。根据教育评价的实际与评价工作范畴，这里主要论述发展性原则、激励性原则、多元性原则及系统性原则四种教育评价原则。

#### （一）发展性原则

发展性原则是指对教育活动进行评价时，不应仅以结果作为评价结果的依据，而更应关注评价客体在教育活动过程中的一系列行为表现、情感态度价值观发展等方面的内容，发展性原则是实施教育评价最基本的原则。运用发展性原则需要注意：

首先，以发展、动态的眼光看待教育活动。发展性原则要求在评价过程中不能以一成不变的眼光看待人和事，而应运用发展、动态的眼光看待教育活动的方方面面。就教师工作而言，在关注教师原有知识基础和能力水平的基础上，以发展、动态的眼光关注教师日常教学工作所表现出的思想素质、专业知识、教学技能等专业内容，通过沟通与交流了解教师专业发展的内在需求，在期末鉴定的时候对教师做出科学、客观、公正、合理的评价。就学生学习而言，不能以某一次的表现或成绩作为评价该生优异与否的标准，给予学生足够的信任与尊重，以发展的眼光充分肯定学生的优点和进步，理性对待学生的不足与错误，鼓励学生努力进步，超越自己。

其次，评价主要在于改进工作，奖惩不是主要目的。发展性原则要求在评价过程中以提高和改进评价客体为主，而不以评价结果作为奖惩的依据。对学生的学习评价而言，运用发展性原则主要目的在于看到学生在学习过程中的优势领域与不足之处，找出解决问题的办法，帮助学生改进不足与解决问题，促进学生学业的提高。在这一过程中，学生感受到的是来自外界的理解与尊重，并能从评价结果中获得方向与动力。若将奖惩作为评价的主要目的，则会使评价的效果受到影响。

#### （二）激励性原则

激励性原则是指通过一定的手段和方式使评价客体的需要和愿望得到满足，以充分激发其工作的积极性和创造性，使其潜能得到最大限度的发挥，增强自信心，从而获得向更高目标前进的动力。激励性原则根据激励物的不同，有不同的激励方式，有物质激励、精神激励、目标激励和榜样激励等方式。运用激励性原则需要注意：

第一，将多种激励方式相结合，提倡激励的多样性。运用激励性原则对学生进行评价时，既可给予物质奖励，也可给予精神奖励；既可以根据目标的达成程度给予奖励，也可依据向榜样学习的情况进行奖励；既可以是非正式的口头表扬，也可以是正式的有证书的表扬。总之，对评价客体进行评价时采取多样化的激励方式，可以避免因激励的单一性而导致评价客体产生厌倦心理。

第二，激励不宜过度，需注意激励的适时性与适度性。在进行他人评价时，特别需要注意激励原则的适时性与适度性。他人评价特别是领导、专家、同行等对教师进行评价时，针对该教师的某一次课堂教学的进步与成长，要及时给予肯定与鼓励；对教师的进步进行评价时要适度，过度的激励会带来负面效应，如教师容易产生自满情绪，而减少了自我成长的动力①。

第三，激励是针对某一表现而给出的，需体现一定的针对性。在运用评价的激励性原则时，针对评价客体的不同表现采取恰当的激励方式。针对某一小学生在课上认真思考，回答问题的情况，教师可采取口头表扬的方式；期末综合考评后，针对学生原有的基础与水平，结合该生的发展状况与平时表现，可采用物质奖励与精神奖励相结合的方式进行。有针对性的激励方式能在很大程度上提高评价客体对评价工作的认可度与接受度，提高其对工作的热情，增强工作的实效。

**（三）多元性原则**

多元性原则是指在进行教育评价工作中，评价的视角、方法、参与主体等方面均应采取多元化的方式，以保证评价数据的全面性、系统性，评价方法的科学性、客观性，评价主体的全员性、主体性。在评价视角上，在进行评价时，不仅需要对涉及教育评价工作的基本流程、环节及过程进行评价，也需要对在其中的主体所体现出的理念、能力、效果等进行评价。如，在对小学教师课堂教学进行评价时，不仅需要对教师的教学环节、教学过程进行评价，还需要对教师在此过程中的教学理念、教学能力、课堂管理能力及师生互动等进行评价。在评价方法上，在评价时不仅涉及量化评价的方法，也会运用质性评价的相关方法，同时，还需要将过程性评价与结果性评价相结合，以获得相对系统、全面的评价数据，保证评价的科学性与客观性，将误差降到最低。在评价的参与主体上，评价应以他人评价与自我评价相结合，他人评价也应鼓励多主体参与。如，对学生进行评价时，需坚持他人评价与自我评价相结合，其中，他人评价应包括教师、同学、相关管理者及家长，一方面可以获得相对全面、客观的信息，另一面能有效调动主体的积极性，达到促进学生健康发展与学校教育质量提升的目的。

**【知识考查】**

“多一把衡量的尺子，就会多出一批好学生”，这句话说明对学生发展评价时应坚持的原则是（　　）。

A. 科学性原则　B. 激励性原则　C. 方向性原则 D. 多元性原则

答案：D

① 刘义兵. 教师专业发展［M］. 北京：高等教育出版社，2017：257.

**（四）系统性原则**

系统性原则又称为整体性原则，系统性原则是学校管理的原则之一，也是教育评价应该遵循的重要原则。整体性原则应坚持整体大于部分之和的理念，以系统整体目标的优化为准绳，协调教育活动各个领域的相互关系，使其臻于平衡。运用系统性原则需要注意：

首先，系统性原则应坚持用动态的、发展的眼光，对教育工作的各个环节进行综合评价。如，在教育评价工作中，评价小学生发展状况时，应从学生的知识基础、技能表现、情感态度价值观等方面着手进行，不是某一方面的内容或某个时间内的行为表现，更不能用静态的、不变的眼光评价该学生。在评价中，评价者既要注重评价结果，更要看重学生在发展过程中所带来的身心全方位变化；既要考虑评价的外部因素，更要注意评价的内部影响；既要进行定量评价又要进行定性评价。评价者全面系统地收集评价信息，以保证评价的科学性、客观性与准确性。

其次，注意评价过程中的个体差异性。在学校教育中，由于每个参与评价的个体均来自不同的家庭文化，有着不同的生活背景、个性心理、行为方式等方面的差异性，因此从整体上出发制定评价目标和确定评价标准及指标时，还应确立个性化的评价内容，选择相应的评价方法，对参与评价的个体提出针对性的改进建议、目标要求和发展计划等，以充分挖掘其发展潜能。这样一来，系统性原则在顾及整体、全面的同时，考虑到个体的发展与需求，体现出教育评价的人文关怀。

## 二、教育评价信息收集与评定的基本方法

教育评价从流程上需要经历评价信息收集、整理与分析、评定等环节。不同评价环节有着不同的任务与要求，针对不同评价环节选择和确定合适的评价方法尤为必要。为了便于理解与操作，特将教育评价信息的整理与分析和教育评价信息评定放在一起进行论述。

**（一）评价信息收集的方法**

教育评价信息收集是科学、客观地开展评价工作的基础和前提，全面、可靠、客观的信息收集，是评价结果可靠性的重要保障。在教育评价信息收集环节，涉及的方法主要有以下四种：

1. 问卷法

问卷法是依据评价目的和评价内容，确定合适的调查维度与指标体系，制定科学的问卷，由评价对象根据一定的要求进行作答，并以此获取信息的方法。如对某小学教师专业素养进行评价，采取问卷法获取信息，首先在制定问卷时应该对教师专业素养进行维度划分，确定问题与指标体系。问卷由该校全体教师作答。评价者将收回的问卷进行整理、分析和统计，从而获得翔实的评价信息。问卷法是获取信息相对经济、快捷的途径，能在较短时间内调查足够多的个体，但由于其更多关注可量化的指标与内容，较难获得涉及个人情感等更深层次的信息。且限于文字的要求，对小学生特别是小学低年龄段的学生运用问卷法进行评价信息收集时，需要在成人（教师或家长等监护人）指导下进行。

2. 访谈法

访谈法是以面对面的交流、适用性强为主要特点直接收集信息的一种方法。访谈法并不是漫无目的的面对面交流，和问卷法一样，也需要根据评价目的和内容制定访

谈提纲。与问卷法相比，访谈法可以对任何文化程度的人进行访谈，设计合理的访谈可以获得更深层次的信息，但访谈法对评价者的素质提出了更高的要求，这种方法不仅要求评价者熟悉访谈法的技术，同时由于访谈法收集到的信息以质性数据为主，如何对这些质性数据进行整理分析，也是评价者需要考虑的。

3. 观察法

这种方法是教育评价中使用频率最高的方法，评价者一旦进入评价场域，就观察着周遭的人和事。观察法根据不同的分类可分为不同的类型：以评价者是否卷入其中，分为参与式观察与非参与式观察；根据所处的场景，分为自然观察和实验室观察；根据正式程度，分为日常观察与正式观察。以日常观察和正式观察为例对教育评价中学生发展评价进行说明：在日常观察中，教师、学生及家长在日常的教育教学活动与人际交往中，对学生的思想道德、行为习惯、情感态度价值观、学习状况等方面的内容进行观察，不同的评价主体将观察获得的信息进行交流，以获得更加全面系统的信息。在特定或正式观察中，如针对学生课堂表现，教师在上课的过程中观察学生的学习注意力集中程度、回答问题积极状况、对老师讲授的理解程度等，以此可以做出即时性评价——这个学生在这节课的状态如何。即时性评价的结果不是终结，而是发展性评价的过程性资料，也是结果性评价的参考依据。

4. 文本分析法

文本分析法是通过查阅有关评价对象的文本，以获取评价资料的方法。与教育工作相关的档案、教师的教学日志、学生的操行评语、学生成长档案袋、学生的作业及试卷等各种记录、学校工作年鉴等都属于文本的范畴，评价者对这些文本进行阅读、整理、比较、分析，获取有关的评价信息。文本分析法是教育评价获得资料信息的重要补充，通过对这些文本的阅读与整理，能够获得更加鲜活的过程性资料。“在工作中留痕迹”便是以文本的形式留下的痕迹，这有利于工作的回顾与总结。由于文本内容较多，且多为质性数据，这就要求评价者全面、综合、多元地阅读与整理文本，最大限度地保证评价的科学性与客观性。

**【知识考查】**

借助学生成长档案袋对学生进行评价，这类评价属于（　　）。

A. 形成性评价　　B. 配置性评价　　C. 总结性评价　　D. 准备性评价

答案：A

当然，收集评价信息的方法还有很多种，以上主要介绍了四种常用的收集教育评价信息的方法。在收集信息的过程中，不是某一种方法的简单运用，而是多种方法的综合使用，评价者应将量化评价与质性评价、发展性评价与终结性评价相结合，以确保收集到全面、系统、翔实的评价信息。

**（二）教育评价信息评定的方法**

从教育评价信息的分析方法和结果的呈现方式上看，主要涉及量化与质性两种方法。在评价信息评定的方法选择上，也以量化评定法与质性评定法的分类展开论述。

1. 量化评定法

量化评定法一般包括：记分评定法、名次排序法和等级评定法。

（1）记分评定法。记分评定法是一种教育评价常用的评定方法，确定每项评价指标的满分和权数，根据收集来的评价信息评定出每项评价指标的分值和权重，并将其直接填写在评价表中，不做任何语言描述，用评价结果所得分数与权重分比较后得出评价结论。如对教师教学评定时，分别从几个维度对教师教学进行评定，每一维度下再细化为若干指标，每一指标对应不同的权重分数，专家评委结合教学指标对该教师的教学给出分数。记分评定法因其简便、易操作而受欢迎，但当过分强调分数时，很容易造成不合理的竞争氛围，特别是在不公正评定的情况下，很容易使人产生"分数不等于能力"的观念，这将不利于良好文化氛围的形成，不利于学校整体工作的推进。

（2）名次排序法。名次排序法是依照一定的评价标准，根据评价对象的表现或成绩评定其达到评价标准的程度，并依此对其用自然数呈现优劣好坏的先后次序①。一般在各类考试或竞赛活动中可用这种方法来表示，排列出名次顺序。如教师教学技能评比，首先确定教师教学技能的评价标准（即参赛规则），根据每位教师的具体表现进行评分，可以根据得分的高低，排出名次顺序，从中区分优劣。名次排序法能一目了然地使人们了解评价对象的优劣状况，在一定程度上能激发评价对象的积极性与主动性，促进其进步；但名次排序法实际上和记分评定没有本质上的差异，其背后也是对分数的强调，将对名次靠后的评价对象产生消极影响。同时，也不是所有的教育活动都适合名次排序。

**【案例分析】**

**末位淘汰制**

刘校长是苏南某中学的校长，前任因政绩不好被市教育局调离，所以刘校长接任后便苦思提高教学质量的良策。"全国高考看江苏，江苏高考看南通。"刘校长带领全体高三教师去江苏南通名校 A 校取经。A 校确实有不少值得学习的经验，如实行集体备课制、首席教师制、功勋教师制等，但是最吸引刘校长的是末位淘汰制，A 校每学年评定教师的考核等级，连续两次考核结果最差的两名教师，学校将中止对其的聘用。

刘校长回来后，很想引入这项制度，于是，在行政会议上提出了这个问题。班子内部意见不一。李副校长说："人家的末位淘汰制是厉害，你看看我们学校里的有些教师，工作不认真，却热衷于打麻将、玩游戏，确实需要一种刚性的制度来个杀鸡给猴看。"张副校长说："这恐怕不好办吧，万一真的末位淘汰出局，让他到哪儿去呢？人家是名校，下面还有二三流的学校，而我们属于农村中学，再退让总不能让他退到小学或者家里去吧？"教务处李主任说："从今年排课的情况来看，不少主课还缺教师，语文组的老赵年过五十五，身体又不太好，仍然担任高三两个毕业班的教学工作，真的来了末位淘汰制，缺了那么多的教师谁来上课？"刘校长听着下属的话陷入了沉思："怎么在人家那里搞得很好的制度，轮到我们偏偏就不行了？"

资料来源：王延东. 如何看待末位淘汰制［N］. 中国教育报，2005-02-08（6）.

**思考：**从该案例能得出什么启示？末位淘汰制有何利弊？

① 刘义兵. 教师专业发展［M］. 北京：高等教育出版社，2017：286.

（3）等级评定法。等级评定法是事先确定每项评价指标的等级数，同时每一等级都提出相应的客观标准，再以客观标准为依据，根据掌握的评价信息，对评价对象评定等级①。客观标准的表述有两种：第一种是以合乎程度来表述，优、良、中、差或A、B、C、D的四个等级。“优”表示完全符合；“良”表示大部分符合；“中”表示部分符合；“差”表示完全不符合；85~100为A，84~70为B，69~60为C，60以下为D。第二种是以每项评价指标里含有的不同等级程度的词为标准来划分等级。比如，依据第一种标准评定小学办学水平的领导工作计划维度下“体现正确的办学方向和本校办学特色的长、中、近期发展规划”这一指标时，可以确定四个等级（优、良、中、差或A、B、C、D），同时提出每一个等级对应的客观标准，“优”表示完全符合；“良”表示大部分符合；“中”表示部分符合；“差”表示完全不符合。也可将根据每项评价指标的分值范围确定等级，如，85~100为A，84~70为B，69~60为C，60以下为D。依据第二种标准，将“能体现正确的办学方向和本校办学特色的长、中、近期发展规划”这一标准表述划定为优秀，将“能体现学校办学方向，切合本校实际的发展规划”这一标准表述划定为良好，将“顾及学校办法方向，有发展规划”这一标准表述划定为中等，将“无发展规划”这一标准表述划定为差等。四个等级体现出不同标准在语言表述上的差异。将评价信息与等级标准进行对照，判定该项指标体系属于哪一等级，并将确定的评价结果填入表格中。等级评定法以等级的形式呈现评价结果，很大程度上淡化了“分数”意识，有利于形成合作共赢的学校文化氛围。

2. 质性评定法

质性评定法与量化评定法不同的是不采用数理统计的量化方法，而是通过观察、访谈、文本分析等方法全方位地收集评价信息，并对教育工作进行解释式评价的一种评定方法。这里主要针对质性评价法的分析评价法进行论述。

分析评价法是将分析与评价密切结合的一种方法。评价者不仅需要根据评价数据信息描述出评价对象的现状，而且要进行深层次的分析，通过对质性数据的分类与编码，对数据进行解释性分析，在肯定成绩的同时，指出其存在的问题，并在此基础上提出改进的意见与措施。分析评价法是在信息整理的过程中进行分析与评价，因此，评价信息整理分析方法中的质性分析法在这里依然适用。

需要指出的是，在评价的不同阶段运用相应的方法开展评价工作时，应以动态、发展的眼光看待评价结果，结合校本实际，以激励为主，坚持量化分析与质性分析、过程性评价与结果性评价相结合的方式系统、多元地考量与评价教育工作。因此，从评价信息的收集、整理、分析与评定的各个环节均应注重评价的系统性、全员性与全面性。





① 王汉澜．教育评价学［M］．开封：河南大学出版社，1995：350.

# 第三节　教育评价的主要内容

教育评价涉及教育工作的方方面面，不仅包括微观层面的学校工作评价、教师发展评价及学生成长评价，还包括宏观的教育政策评价、教育运行评价等。从微观层面的学校工作评价、教师发展评价及学生成长评价三大领域中寻找共同的评价内容——课堂教学评价，以更加精准地聚焦教育评价工作。课堂教学评价是与学校、教师、学生密切相关的内容与领域，于学校而言，是学校实施教学管理评价的重要内容；于教师而言，是教师开展教育教学活动的“主战场”；于学生而言，是学生获得成长，发展核心素养的重要场所。

通常情况下，当论及“课堂教学”时，人们会惯常地认为课堂教学的主体是教师，由于课堂教学是学校工作的中心，是学生成长成才的重要场所之一，基于此，人们对课堂教学评价的内容进行设定的时候，试图采取学校—教师—学生三主体统合的视角全方位设定课堂教学评价内容及指标体系。当从不同主体出发论述课堂教学评价工作时，实际上是从不同的视角出发的，因此针对不同主体在评价工作中的侧重点是有所差异的。

## 一、学校教学管理评价的主要内容

教学管理分为教学前的目标计划与组织管理、教学中的教学督导及教学后的考核与评价等内容。

### （一）教学前的目标计划与组织管理评价

一方面，目标是开展教学活动的指引。学校在开展教学前应确定明确的目标，包括长远目标和近期目标，每一位教师结合任教班级的具体情况与自身专业状况，将学校确定的目标进一步细化到每一学期、每一周、每一节课。这里，需要确立目标计划的具体标准，以此作为评价的依据与参考，以便管理者调控教学过程，一旦出现突发情况，便于灵活采取补救措施。另一方面，组织管理是学校顺利开展教学工作的组织保障。具体包括以下内容：①建立有效的教学指挥系统，形成在校长领导下，包括教导主任、教研组长、备课组织等在内的指挥网络。②根据教学需要和教师特点与专长，合理安排教师的教学工作，调动每位教师的积极性，充分发挥每一位教师的作用。③合理安排教学活动时间，包括学年总学时、学期总学时、学周总学时、各学科总学时和每个单元学时的安排。④建立适合教师工作特点的切实核心的管理制度①。

### （二）教学活动中的教学督导

教学活动是学校工作的重中之重，课堂教学在整个教学活动中居于中心环节。从学校管理的视角出发，教学督导的具体内容包括：①教学目标明确。教学目标是开展教学的出发点与归宿，对教学活动具有指导作用。将学生发展的三维目标及核心素养贯穿于教学过程中，将全面发展的目标融入教学目标中。科学可行的教学目标的确立

---

① 侯光文. 教育评价概论［M］. 石家庄：河北教育出版社，1996：435.

有利于教学活动朝着预设的理想方向迈进。②教学设计合理，方法得当。如果说目标是教学活动的指引，那么教学设计就为教学活动框定了活动的界限，合理的教学设计使教师能运用得当的教学方法，重点突出，难点突破，能很好地处理教师是教学的主导与学生是学习的主体性的关系，注重师生互动，根据学生反馈及时调整教学进度；教学工具使用合理，能有效运用口头语言与肢体语言，调动教学氛围，板书设计合理。③教学内容科学合理。教学内容体现科学性与思想性的高度统一，在帮助学生获得知识的同时，注重学生精神的陶冶。在对教师的课堂教学开展教学督导时，可从以上三大方面的内容着手进行，参考确定的评价指标与标准，开展科学、合理的课堂教学评价工作。

### （三）教学后的考核与评价

课堂教学活动不是单纯的课前备课与课中的课堂教学活动，还包括课后的教学考核与评价。教学考核与评价是学校教学工作的重要内容，因为考核与评价直接对评价对象产生积极或消极的影响，因此，科学、客观、公正的考核与评价在学校教学工作中显得尤为重要。具体内容包括：①一定时间后对学校工作的考评。一般以学期或学年为一个考评周期对教学工作展开考评，具体考评一段时间内学校在教学、学生发展、教师队伍建设等方面所取得的成绩及存在的问题。学校教学工作的考评多以综合评价为主，辅之以单项评价。②一定时间后对教师课堂教学的考评。重点从理念与师德、专业知识及专业能力三方面对教师开展评价，师德“一票否决”是从师德方面对教师进行评价，听公开课主要是对教师在专业知识与专业能力方面的评价。③一定时间后对学生学习状况的考评。从培养学生核心素养的目标出发，对学生从知识与能力、过程与方法、情感态度价值观三个方面进行全方位的评价，而不应只关注学生的知识获得。

## 二、教师专业素质评价的主要内容

依照《教师专业标准》对幼儿园、小学教师、初中教师专业素质的要求，我们将教师专业素养从教师专业理念与师德、教师专业知识与教师专业能力三大维度进行划分。在对教师专业素养进行评价时，也遵照《教师专业标准》关于教师专业素养的划分维度进行。

### （一）教师专业理念与师德

教师专业理念是教师专业素养的组成部分，是教师对教育本质理解的基础上形成的理性观念与认知[①]，专业理念是教师的教育实践行为的理论先导，换言之，教师的教育实践行为总是反映着某种专业理念。结合《教师专业标准》对教师专业理念的要求，对教师专业理念的评价，主要包含以下内容[②]：①教师职业的理解与认知。教师应贯彻党和国家教育方针政策，遵守教育法律法规；理解教育工作的意义，热爱教育事业，具有职业理想和敬业精神；认同教师的专业性和独特性，注重自身专业发展；具有良好的职业道德修养，为人师表；具有团队合作精神，积极开展协作与交流。②教师对学生的态度与行为。关爱学生，重视学生身心健康，将保护学生生命安全放在首位；

① 周红．浅谈教师专业理念素养的生成途径［J］．中国成人教育，2009（14）：70．

② 教育部．小学教师专业标准（教师［2012］1号）［R］．2012．

尊重学生独立人格，维护学生合法权益，平等对待每一位学生；信任学生，尊重个体差异，主动了解和满足有益于学生身心发展的不同需求；积极创造条件，让学生拥有快乐的学校生活。③教师教育教学的态度与行为。树立育人为本、德育为先的理念，将学生的知识学习、能力发展与品德养成相结合，重视学生的全面发展；尊重教育规律和学生身心发展规律，为每一个学生提供适合的教育；引导学生体验学习乐趣，保护学生的求知欲和好奇心，培养学生的广泛兴趣、动手能力和探究精神；引导学生学会学习，养成良好的学习习惯。④教师的个人修养。教师应富有爱心、责任心、耐心和细心；乐观向上、热情开朗、有亲和力。

师德即教师职业道德，是教师在从事教育劳动中所遵循的行为准则和必备的道德品质。师德是社会职业道德的有机组成部分，是教师在教育教学中遵守的行为准则，是教师从事教育活动的必备素质。根据《中小学教师职业道德规范》与《小学教师专业标准》对教师职业道德的要求，对教师师德的评价应包括以下方面的内容：①坚持社会主义方向。教师须拥护中国共产党的领导，拥护社会主义，具有一定的马克思主义理论素养，并将此贯穿于教育教学中，对学生起到积极的正向引导；依法治教，全面贯彻国家教育方针，自觉遵守教育法律法规，遵守学校的各项规章制度，依法履行教师的职责与义务，尊重学生的各项权利。②热爱教育事业。教师应爱岗敬业，志存高远；热爱学校，团结同事，关爱学生，尊重家长；善于自我调节情绪，保持平和心态；衣着整洁得体，语言规范健康，举止文明礼貌。③教育育人，终身学习。遵循教育规律，实施素质教育，不以分数作为评价学生的唯一标准；潜心钻研业务，勇于探索创新，不断提高专业素养和教育教学水平；勤于学习，自觉拓宽知识视野，更新知识结构。

**（二）教师专业知识**

教师专业知识是教师从事教育教学的基础，具体包括：①教师教育类知识。这部分知识是教师从事教育教学活动的专门性知识，是教师顺利开展教育教学的重要保障，主要包括教育学、心理学、教育心理学、教育测量、课程论、教育史等知识。教师教育知识解决的是教师“如何教”的问题，是教师从事教育教学工作的理论依据，有利于教师树立正确的教育理念，熟悉教育的基本规律与方法，更好地指导教学实践，有效地向学生传授知识，促进学生的人格完善与全面发展。对教师教育类知识评价时应重点关注：教师的教育观是否正确，在教育教学中是否尊重教育规律和学生身心发展特点；能否自觉地利用教育心理理论指导教育实践；能否对教学实践进行理论思考与研究。②学科专业知识。学科专业知识指教师所具有的自己任教学科的专业知识，如，语文、数学、英语、物理等学科专业知识。学科专业知识解决的是“教什么”的问题，强调知识的系统性与专业性。学科专业知识是教师专业知识的核心部分，是教师顺利开展教学工作、保证教学质量的前提和基础。评价教师的学科专业知识需要注意：教师对学科专业知识的掌握有一定的深度和广度；既懂得本学科的历史，又掌握该学科的新进展；对本学科知识形成了系统的、体系化的认知结构，能从整体上把握学科专业知识；通晓与学科相关的知识，在教学中能帮助学生进行学科间知识的融合与迁移。③通识性知识。通识性知识是教师所拥有的有利于开展教育教学工作的广博的文化知识，在于培养学生多方面的探究兴趣，培养学生的核心素养。包括自然科技、人文社科、艺术欣赏等领域的知识。④实践性知识。实践性知识是一种经验性的隐性知识，是教师关于教育情境和处理教育中遇到的困惑与问题的知识。对教师实践性知识的评价要求教师拥有坚定的教育信念、积极的情感态度、强烈的批判反思及娴熟的操作策略等方面的知识。

### （三）教师专业能力

教师专业能力是指教师在从事教育教学活动时所具有的本领。教师专业能力有多方面的能力要求，这里主要选择与教师教育教学密切相关的关键能力进行评价内容的设定，主要包括：①教育教学能力。教师在教育教学中应具有向学生传授知识、锻炼学生能力、锤炼学生品格等方面的能力。这就要求教师一方面在教学目标指导下，具备对教学目标、教学任务、受教育者特点、教学方法与策略以及教学情境的分析判断能力，主要表现为：能理解教学目标与分析掌握课程标准；具备课程开发与分析处理教材的能力；能够根据教学目标，创设学习情境；全面了解学生；选择和运用ICT等教学媒体的能力。另一方面，教师应具有在实现教学目标过程中的语言沟通与表达能力。主要表现为：教师的言语表达能力，如语言表达的准确性、条理性、连贯性等；非言语表达能力，如言语的感染力、表情、手势等；能与学生进行有效的言语与非言语的互动交流。②教学反思能力。教学反思是教师在教育教学活动中的边实践、边思考、边体悟，以此发现问题，总结经验，促进教师专业化。教学反思不是一项独立的实践活动，是教师个体或群体在实践中反思、在反思中实践的一种活动。对教学反思能力的评价，可以通过课堂观摩、行动研究、专家会诊发现教师在教学过程中的优势与不足，为其发展指明方向，达到改进教学、促进教师发展的目的。但由于反思活动具有内隐性的特征，因此，对教师的教学反思能力的评价也需要参考教师在日常教学中所写的教学案例、教学日志等文本资料。③教育科研能力。在“教师即研究者”的国际教师教育改革的号召下，教师的教育科研能力日益受到重视。教师教育科研能力的评价依据主要有：能够正确选择研究课题，科学设计研究方案；掌握科学研究的流程与研究方法；全方面搜集资料，并开展深入分析；能将教育科研与教学密切关联；形成一系列研究成果的能力。

**【资料链接】**

库珀和麦金太尔（1994）想要知道在教师和学生心目中什么样的课可称得上是成功的。因此，他们采访了13位教师和325名11岁或12岁的学生，大家一致认为，一堂成功的课要包括以下这些方面：

学生掌握了具体的知识或技能。

学生执行并完成了任务。

学生进行深入思考并得出新的见解。

学生在课堂上很投入并喜欢参与学习活动。

干扰课堂的行为出现得很少。

师生之间和学生之间相互合作，氛围融洽。

教学方法行之有效。

资料来源：克里克山克，詹金斯，梅特卡夫. 教师指南［M］. 4版. 祝平，译. 南京：江苏教育出版社，2007：177.

## 三、学生综合素质评价的主要内容

学生发展是教育教学活动的出发点和落脚点，因此，学生评价在教育评价工作中占据的重要地位就不言而喻了。学生发展是各方面素质都得到全面发展，而不是仅关注学生的学业成绩，我们还应关注学生作为一个整体性的人的其他方面。因此，学生发展应是知识与能力、过程与方法、情感态度与价值观等方面的协调发展，这是与布鲁姆关于教育评价目标分类的划分相契合、与学生核心素养培养的要求相一致的，也是我国培养德智体美劳全面发展的社会主义建设者和接班人的教育目的的直观体现。在进行教育评价体制改革的今天，强调以全面的立体的内容关注学生发展，有利于学生身心健康发展、创新精神的养成、良好品格的培养，有利于培养学生的核心素养，促进学生终身学习。教育部《关于积极推进中小学评价与考试制度改革的通知》① 将中小学生发展目标分为基础性发展目标和学科学习发展目标，学生发展评价内容是通过评价目标体现的。因此，本节内容综合参照《关于积极推进中小学评价与考试制度改革的通知》与中国核心素养对中小学生的培养要求，主要从基础性发展领域与学科学习发展领域两大部分论述学生发展评价的主要内容。

【名人名言】

学习中经常取得成功可能会导致更大的学习兴趣，并改善学生作为学习的自我概念。

——［美］本杰明·布鲁姆

### （一）学生基础性发展领域的主要内容

学生基础性发展领域涉及学生发展的总体方面，对其全面健康发展具有指导性的引领意义。其主要内容包括：①道德品质。热爱祖国、热爱人民、热爱社会主义，具有国家意识，了解国情历史，认同国民身份，能自觉捍卫国家主权、尊严和利益；具有文化自信，尊重中华民族的优秀文明成果，能传播弘扬中华优秀传统文化和社会主义先进文化；了解中国共产党的历史和光荣传统，具有热爱党、拥护党的意识和行动；理解、接受并自觉践行社会主义核心价值观，具有中国特色社会主义共同理想，有为实现中华民族伟大复兴中国梦而不懈奋斗的信念和行动。具有全球意识和开放的心态，了解人类文明进程和世界发展动态；能尊重世界多元文化的多样性和差异性，积极参与跨文化交流；关注人类面临的全球性挑战，理解人类命运共同体的内涵与价值等。②学会学习的能力。乐学善学，能正确认识和理解学习的价值，具有积极的学习态度和浓厚的学习兴趣；能养成良好的学习习惯，掌握适合自身的学习方法；能自主学习，具有终身学习的意识和能力等。勤于反思，具有对自己的学习状态进行审视的意识和习惯，善于总结经验；能够根据不同情境和自身实际，选择或调整学习策略和方法等。具有信息意识，能自觉、有效地获取、评估、鉴别、使用信息；具有数字化生存能力，主动适应“互联网+”等社会信息化发展趋势；具有网络伦理道德与信息安全意识等。

---

① 教育部. 关于积极推进中小学评价与考试制度改革的通知（教基［2002］26号）［R］. 2002.

③运动与健康。热爱体育运动，养成体育锻炼的习惯，掌握适合自身的运动方法和技能，具备锻炼健身的能力、一定的运动机能和强健的体魄，养成健康文明的行为习惯和生活方式。珍爱生命，理解生命意义和人生价值；具有安全意识与自我保护能力。健全人格，具有积极的心理品质，自信自爱，坚韧乐观；有自制力，能调节和管理自己的情绪，具有抗挫折能力等。能正确认识与评估自我；依据自身个性和潜质选择适合的发展方向；合理分配和使用时间与精力；具有达成目标的持续行动力等。④人文与审美。养成阅读的习惯，注重人文领域知识的积累；尊老爱幼，关切人的生存、发展和幸福；关爱大自然，协调处理人与自然的关系。注重艺术知识、技能与方法的积累；能理解和尊重文化艺术的多样性，具有发现、感知、欣赏、评价美的意识和基本能力；具有健康的审美价值取向；具有艺术表达和创意表现的兴趣和意识，能在生活中拓展和升华美等。⑤科学精神。具有理性思维，崇尚真知，能理解和掌握基本的科学原理和方法；尊重事实和证据，有实证意识和严谨的求知态度；逻辑清晰，能运用科学的思维方式认识事物、解决问题、指导行为等。勇于探究，具有好奇心和想象力；能不畏困难，有坚持不懈的探索精神；能大胆尝试，积极寻求有效的问题解决方法等。敢于批判质疑，具有问题意识；能独立思考、独立判断；思维缜密，能多角度、辩证地分析问题，做出选择和决定等。⑥公民素养。具有劳动意识，尊重劳动，具有积极的劳动态度和良好的劳动习惯；具有动手操作能力，掌握一定的劳动技能；在主动参加的家务劳动、生产劳动、公益活动和社会实践中，具有改进和创新劳动方式、提高劳动效率的意识；具有通过诚实合法劳动创造成功生活的意识和行动等。具有一定的社会责任，自尊自律，文明礼貌，诚信友善，宽和待人；孝亲敬长，有感恩之心；热心公益和志愿服务，敬业奉献，具有团队意识和互助精神；能主动作为，履职尽责，对自我和他人负责；能明辨是非，具有规则与法治意识，积极履行公民义务，理性行使公民权利；崇尚自由平等，能维护社会公平正义；热爱并尊重自然，具有绿色生活方式和可持续发展理念及行动等。

### （二）学生学科学习发展领域的主要内容

学生学科学习发展领域是基础性发展领域的具体化，学生学科学习领域中的部分已在基础性发展领域不同程度地有所体现，由于不同学科对学生的发展要求上有所不同，因此，学生基础性发展领域以不同的形式有所侧重地体现在不同学科中。美国教育心理学家布鲁姆从认知、情感和动作技能三大领域来确立教育目标分类系统，这一目标分类对我国教育理论研究与实践探索产生了重大影响，我国在布鲁姆目标分类的基础上，结合自身教育教学实际，提出了知识与技能、过程与方法、情感态度价值观三大维度。就如何实现学生学科学习发展领域的内容，也主要从知识与技能、过程与方法、情感态度价值观这三大维度来考量。①知识与技能。知识包括基础性的通识性知识和学科基本知识。通识性知识是基础性发展领域关注的内容，学科基本知识则落脚于不同的学科。与学科基本知识相对应的是基本能力，包括获取、处理和使用信息的能力、创新和实践能力及终身学习的能力。这些基本能力作为基础性发展领域的内容需要通过具体学科知识的学习得以真切落实。②过程与方法。过程是师生在教育教学过程中的交往互动、情感体验和主体对环境的感知等。方法涉及主要的学习方法，包括自主学习、合作学习和探究学习等。过程与方法体现为动态地运用某种方法获得某方面的发展内容，是一种带有途径性质的领域。这一领域的内容具有较为普遍的通约性，可以较为广泛地运用于不同学科。③情感态度价值观。这一领域的内容，在不同学科上的侧重点有所不同，需要针对不同学科特点有所侧重地加以关注。

需要指出的是，基础性发展领域与学科学习发展领域并不是相互割裂的，基础性发展领域是学生发展中的普遍性内容，需要通过学科学习发展领域的落实得以实现；学科学习发展领域的内容与基础性发展领域的内容看似重复，实则是基础性发展领域内容的学科具体化，借助于具体学科内容，促进学生全面健康发展。因此，在对学生进行发展评价的时候，不能简单地从某一领域入手，而应将两者紧密结合起来，全面综合地加以分析。

最后，对学校、教师和学生进行评价时，应坚持发展性评价与总结性评价、量化评价与质性评价、单项评价与综合评价相结合的原则，立足本校实际，全面、系统、多元地对三大主体进行评价，评价应坚持以激励为主，其目的在于促进主体工作的进一步改进和完善。

## 理解与反思

1. 试论述教育评价的功能。
2. 教师进行教育评价时应坚持的原则是什么？
3. 学生的综合素质评价包含哪些内容？

## 拓展阅读

［1］布鲁姆 B S，等. 教育评价［M］. 邱渊，王钢，夏孝川，等译. 上海：华东师范大学出版社，1987.

［2］王汉澜. 教育评价学［M］. 开封：河南大学出版社，1995.